中外文稀有版本文献

《自然辩证法》

③

自然辩证法

【德】弗里德里希·恩格斯 ◎ 著
杜畏之 ◎ 译

中央编译出版社
CCTP Central Compilation & Translation Press

前　言

《自然辩证法》基本上由恩格斯于一八七三年至一八八三年期间所撰写，一八八五年至一八八六年期间，又进行了个别补充，并在其完成《资本论》出版的相关工作后，进行了进一步的整理。哲学作为时代精神的精华，既是一种对历史与当下的总结与反思，也是对未来之路的思忖与展望。正如恩格斯在《自然辩证法》一书“总计划草案”中所展示的那样，该书既是对当时自然科学最新成果的总结与概括，也是对辩证法理论的剖析与建构。同时，这项工作是艰难不失的。因此，恩格斯对自然辩证法的关注和研究长达四十年之久，并留下了大量的、丰富的研究成果。虽然《自然辩证法》是一部未完成的遗稿，但却是一部具有划时代意义的著作，是恩格斯关于自然科学和自然界辩证理论的结晶。

一　《自然辩证法》的主要内容

我们所看到的《自然辩证法》的材料有四束，恩格斯在逝世前不久把他有关这一著作的所有论文和札记都分列在这四束里，并冠以下列标题：《辩证法和自然科学》《自然研究和辩证法》《自然辩证法》《数学和自然科学。各种札记》。这里看不出这些材料是按内容划分还是严格按写作时间顺序划分。这四束中只有两束（第二束和第三束）标有恩格斯编的目录，列出了该束所包括的材料。

第一束共一百二十七篇，共由两部分组成：（1）札记，写在有恩格斯编号的十一张对折页上，其中每一张都有标题《自然辩证法》；这些札记彼此之间有区分线分开，它们都属于一八七三年至一八七六年这一时期，并且是根据它们在各页手稿上编号的次序按年代先后写成的。（2）二十张未编号的单页，每一页都有一个较长或几个较短的彼此之间有区分线分开的札记；其中仅有极少数札记包含有一些使我们能确定其写作日期的材料。

第二束共六篇，包括《关于现实世界中数学的无限的原型》《关于“机械的”自然观》和《关于耐格里的没有能力认识无限》这三个大札记；还包括《〈反杜林论〉旧序。论辩证法》，一篇论文《劳动在从猿到人的转变中的作用》和一个大片断《〈费尔巴哈〉的删略部分》。从恩格斯所编的目录可以看出，这一束本来还包括两篇论文：《运动的基本形式》和《神灵世界中的自然科学》。但后来恩格斯从第二束的目录中勾去了这两篇论文的标题，把它们改列入第三束。

第三束共六篇，包括六篇最接近完成的论文：《运动的基本形式》《运动的量度。——功》《电》《神灵世界中的自然科学》《导言》和《潮汐摩擦》。

第四束共四十二篇，包括未完的两篇论文《辩证法》和《热》；十八张未编号的单页，其中每一页都有一个较长或几个较短的彼此之间有区分线分开的札记；几张数学计算。在第四束的札记中有《自然辩证法》的两个计划草案。这一束札记的写作日期只有极少数可以确定。

从《自然辩证法》四束手稿的内容可以看出，还包含恩格斯原定写作计划之外的一些文稿：《〈反杜林论〉旧序》、《〈反杜林论〉三则注释》（《关于现实世界中数学的无限之原型》《关于“机械的”自然观》和《注释（1），凯库勒》）、《〈费尔巴哈〉的删略部分》、《劳动在从猿到人的转变中的作用》和《神灵世界中的自然研究》等，此外还有几篇短小的札记材料。

一八九五年八月五日，恩格斯逝世，《自然辩证法》后来以手稿的形式与读者见面，且是一部未完成的遗稿。

二 《自然辩证法》在国外的传播

自《自然辩证法》问世以来，已经被翻译为多种文字出版，产生了巨大而又深远的影响，但《自然辩证法》是一部尚未完成的遗作。在恩格斯生前，《自然辩证法》的材料并未公开发表过。因此，关于其国内外主要版本和传播情况的研究，首先是它的出版。

恩格斯逝世后，马克思和恩格斯的遗稿由马克思的女儿爱琳娜和德国社会民主党中央负责保管。在一八九八年爱琳娜逝世之后，伯恩施坦代表德国社会民主党中央负责处理马克思与恩格斯遗稿。

鉴于伯恩施坦对辩证法的敌视，恩格斯《自然辩证法》遗稿的公开发表，被搁置了。德国社会民主党中央曾委托党员、物理学家列奥·阿龙斯（Martin Leo Arons）去研究马克思和恩格斯关于自然科学和数学的遗稿是否可以发表。阿龙斯到伦敦审读了这些手稿后，认为内容太陈旧，完全不能发表。这为伯恩施坦阻挠《自然辩证法》的发表提供了借口。但事实上，阿龙斯是个坚持狭隘的经验论立场、没有哲学头脑的实验物理学家。因此，在四束内容丰富的遗稿中，伯恩施坦只发表了两篇。一篇是《劳动在从猿到人的转变中的作用》，发表在一八九六年的《新时代》杂志上，且发表时还未说明出处。另一篇是《神灵世界中的自然科学》，发表在《一八九八年世界新历画报》年鉴上，发表时才透露这是一系列关于自然辩证法的完整论文中的一篇。

直至俄国十月社会主义革命胜利以后，俄共（布）中央派马克思恩格斯研究院（成立于一九二一年一月）院长梁赞诺夫前往柏林德国社会民主党档案馆，全面组织马克思和恩格斯遗稿的照相复制工作，才发现《自然辩证法》手稿。

一九二四年春天，梁赞诺夫找伯恩施坦谈《自然辩证法》手稿的出版问题，伯恩施坦才把这部手稿送交爱因斯坦审读，根据爱因斯坦的建议来考虑是否可以出版。爱因斯坦于一九二四年六月三十日给伯恩施坦回复了这样的意见："爱德华·伯恩施坦先生把恩格斯的一部关于自然科学内容的手稿交给我，托付我发表意见，看这部手稿是否应该付印。我的意见如下：要是这部手稿出自一位并非作为一个历史人物而引人注意的作者，那么我就不会建议把它付印，因为不论从当代物理学的观点来看，还是从物理学史方面来说，这部手稿的内容都没有特殊的趣味。可是，我可以这样设想：如果考虑到这部著作对于阐明恩格斯的思想的意义是一个有趣的文献，那是可以出版的。"

因此，由于马克思恩格斯研究院的努力，在恩格斯逝世三十年之后的一九二五年，《自然辩证法》遗稿以德文原文和俄文译文对照形式终于在莫斯科由苏联国家出版社正式出版了。同时，在德国法兰克福由国际出版社出版了德文版。《自然辩证法》的第一个版本，它的编辑、校订和翻译工作都做得比较粗糙。编排次序完全按照写作年代，编者不但不考虑恩格斯自己写的计划草案，甚至还把它们随意删掉，而且还加进一篇不属于《自然辩证法》遗稿的悼念肖莱马的文章。

恩格斯《自然辩证法》的手稿在一九二五年以德文原文和俄文译文对照的形式在苏联第一次正式出版。接着，日文版、中文版、英文版等多种文字的版本也相继问世。《自然辩证法》的出版发行，促进了自然辩证法在世界各国的广泛传播，引起了许多科学家和哲学家的兴趣和关注。

一九二五年《自然辩证法》出版以后，一九二七年和一九二九年又分别再版了德文版和俄文版。这个俄文版也收在一九二八年至一九四六年出版的二十九卷本俄文版《马克思恩格斯全集》第一版的第十四卷中，并于一九三五年分别出版了德文和俄文的单行本。

一九四一年，联共（布）中央马克思恩格斯列宁研究院出版了《自然辩证法》的新版本。此版本的编辑与梁赞诺夫持完全相反的观点。马克·鲍里索维奇·米丁（Mark Borisovich Mitin）负责编辑出版了这一版。米丁版本修订了一九二五年版的一些重大错误，编辑形式与梁赞诺夫版不同，其主要是根据恩格斯草拟的写作计划草案而不是简单地按照时间次序重新整理了遗稿，并将恩格斯的遗稿，以完成稿的面目予以出版发行。

一九五四年至一九六六年出版的三十九卷本《马克思恩格斯全集》俄文第二版第二十卷（中译本一九七一年出版）中的《自然辩证法》，就是沿袭一九四一年版的。

在日本，恩格斯的《自然辩证法》日译本问世之前，关于自然辩证法的研究工作已经开始。如，一九二六年十月，黑田房雄翻译了恩格斯的《劳动在从猿到人的转变中的作用》；一九二七年由大山彦一翻译的苏联德波林的论文《唯物辩证法和自然科学》在日本公开出版发行，该文的公开发行被视为自然辩证法在日本传播的标志。《自然辩证法》的最早日译本是由加藤正·加古祐二郎翻译的，上卷于一九二九年由岩波书店出版，下卷于一九三二年由希望阁出版。在此之后，还有不同的译本。

一九三九年十月，英国生物学家约翰·伯顿·桑德森·霍尔丹（J. B. S. Haldane）为《自然辩证法》写序，该序言对该著作中的诸多思想进行了评述，并认为自然科学家不能再忽视马克思主义。该序言被收入杜德（Clemens Dutt）所翻译的《自然辩证法》之中。

此外，在德国东柏林马列主义学院和莫斯科马列主义学院的支持下，一九七五年重新开启了《马克思恩格斯全集》（Marx-Engels-Gesamtausgabe，简称MEGA）编辑出版的相关工作；一九八九年后，该工作在国际马克思—恩格斯基金会指导下，由柏林-勃兰登堡科学院继续进行。其中，德国柏林洪堡大学一个多学科的研究小组重新编辑恩格斯的《自然辩证法》，其排序是严格按照年代的顺序进行编排，即按照材料写成的先后次序进行编排。

三　《自然辩证法》在中国的传播

恩格斯的《自然辩证法》作为马克思主义的重要组成部分，于二十世纪二十年代进入我国，并产生了广泛的社会影响。《自然辩证法》的中译本首先是该著作的部分篇章。如早在一九二八年，上海春潮出版社出版了由陆一远翻译的《马克思主义人种由来说》，这是恩格斯的《自然辩证法》中的《劳动在从猿到人的转变中的作用》，这也是恩格斯《自然辩证法》最早被翻译成中文的篇章；一九三〇年，上海泰东图书局出版了由成篙翻译的《从猿到人》，其中包括《人类进化的过程 》即《自然辩证法·导言》中的一段，以及苏联郭烈夫的论文《马克思主义观点的达尔文主义》等；一九三〇年，《动力》月刊一卷二期发表了杜畏之翻译的《导言》的全译文，题目改为了《辩证唯物论的宇宙观与现代自然科学之发展》。

《自然辩证法》全书是一九三二年八月由神州国光社出版，翻译者为杜畏之。该版本是《自然辩证法》的第一个中译本。该版本根据苏联一九二五年首次公布的《自然辩证法》德俄对照本译出，但该版本的译者依据自己的主观意愿按照文章的性质对编排次序作了根本性的更动，因此，译本显示出了很大的混乱和任意性。同时，原书编者所写的注释也全被删去。但该版本作为第一个全译本，在二十世纪三十年代到四十年代之间，曾被八次印行，在自然辩证法思想传播中有过较大的影响。一九四九年，译者参考新的俄文版，进行了大量删减，出版了《自然辩证法》的“新译节本”。

第二个中译本于一九五〇年九月由北京三联书店出版，翻译者为郑易里。该版本根据一九三五年的俄译本和一九三〇年的日译本转译，至于编排次序依据的是一九四九年的俄文新版（即一九四一年版）而作了改动。同样，原书编者的注释也全部未译。

第三个中译本是一九五五年二月人民出版社出版的，翻译者为曹葆华、于光远、谢宁，是根据联共（布）中央马克思恩格斯列宁研究院编、一九三五年出版的《马克思恩格斯全集》德文版和一九五三年的俄译本译出的，编排次序完全按照俄译本（也就是一九四一年版的），俄译本的附注也全部译出。

第四个中译本是一九七一年三月人民出版社出版的，译文由中共中央马克思恩格斯列宁斯大林著作编译局对一九五五年版本的译文略作了一次校订而成，校订所依据的是《马克思恩格斯全集》第二版德文版第二十卷。

于光远等所译编的《自然辩证法》于一九八四年由人民出版社出版，是第五个中译本。这个新译本除了在译文、附属材料、注释、索引等方面作了改进和重新审校之外，还对《自然辩证法》全部材料进行了重新编排。其特点是：按照恩格斯《自然科学的辩证法》的构思来编辑；增加了三篇以前未收入的恩格斯为准备写作《自然辩证法》而作的有关书籍的札记；把马克思恩格斯通信中和在恩格斯其他著作的序言中有关写作《自然辩证法》的文字作为附录；另外有我国学者和出版者作的注释和索引。

在国内，《自然辩证法》既以单行本的方式发行，也以被收录在《马克思恩格斯全集》《马克思恩格斯选集》以及《马克思恩格斯文集》的方式发行。

《自然辩证法》是马克思主义理论的重要文献，是马克思主义哲学的经典著作之一。尽管这是一本最后没有完成的著作，但它涉及人类社会史、科学技术史、工业生产史等领域，涉及自然科学的各门基础学科，涉及哲学的基本原理和各种哲学史问题，具有广泛的知识性、哲理性和实践性。因此，这部文献一经整理出版，就受到理论界、思想界和自然科学界的高度重视，并产生了广泛深远的影响，引发了多方面的理论研究热情，尤其是受到广大哲学工作者和科技工作者的欢迎，同时，也引起了多种不同的思考与解读。

为向国内学者提供权威的版本资料，进一步推动《自然辩证法》的思想研究，中央编译出版社此次整理出版了《自然辩证法》在全世界流行较为广泛的德文版和英文版，以及中国出版的第一个中文全译本和它的节译本。如有不当之处，敬请批评指正。

（本文整理自中央编译出版社二〇一七年出版的《恩格斯〈自然辩证法〉研究读本》一书。）

恩格思著

自然辯證法

杜畏之譯

神州國光社

自然辯證法

恩格斯原著

杜畏之譯

神州國光社出版

自然辯證法

民國三十八年一月四版

著者 恩格斯
譯者 杜畏之
出版者 神州國光社
發行者 神州國光社 上海福州路三八四弄四號

實價

自然辯證法目錄

附錄

黃特序

一

哲學史上的玄學時代是已經過去了，觀念論哲學也由于物質世界的進展而站不住腳，代之而興的便是作爲研究「自然，人類社會（歷史）以及思惟之發展法則」的新哲學——辯證法的唯物論。哲學研究在過去曾被看做是空虛無聊，言之無物，或是神祕莫測，玄之又玄的一回事；也就惟有在新的哲學代之而起，幷爲一般人所普遍地認識和接受以後，才有可能把這些誤解和非議加以克服與清算了。而在今天，新哲學的研究就決不再被單純地看做僅僅是宇宙原始，人生終極等問題的探討而已，本質上新哲學無疑的乃是把握了活生生的現實，幷推動現實向前進展的最有力又是最有效的武器。

尤其當客觀存在起了激烈巨大的變化底時候，作爲認識及實踐之主體的人類，爲了把握整個的變化過程，和它的發展底必然的趨向，對于新哲學的研究——學習和應用，自然更是必要的了。很明顯的，惟有藉着正確的哲學認識，我們才能自覺地，理性地，能動地去貫徹一個鬥爭的實踐。

我們當前的抗戰建國的鬥爭實踐，就正是一個非常偉大的突變過程，雖則由于客觀歷史法則所啓示的必然性，以及三年以來無數客觀事實所表現的勝利的眞實，我們已可以毫無懷疑地確定了最後勝利必屬於我們的一信念，可是我們却決不是神祕的歷史宿命論者，會迷信勝利的來到只是天數；同樣我們也就決不像機械論者一樣，抹殺了主觀能動的積極意義。相反的我們承認，要將這一勝利的可能轉化爲勝利的現實，我們底主觀努力是必要的，是絕對必要的。

因此有許多人認識了抗戰期中對于新哲學研究的重要性，就決不是偶然和無意義的。我們理解，所謂主觀的努力，決非單純的一個抽象的概念，而實實在在是一種艱困的行動，積極的作爲，以及無數痛苦的掙扎底總匯。而這樣一個艱巨的任務。在事實上確不是任何個人所輕易担負得了的，在這裏，新興哲學又提供了她的不可計數底寶貴貢獻了，因爲唯有對于一個正確的世界觀底確定，一個有力的人生觀底建立，一個戰鬥的方法論底應用，以及勝利來到之客觀歷史必然底全面和澈底的把握，才足保證一個堅強的戰士能永遠睜大眼睛，永遠活躍身心，永遠堅定信念，永遠樂觀積極，而不畏縮地，無猶豫地去執行歷史所賦予他的非常底使命。并進一步順利地完成了她，斯賓諾沙說，『認識必然便是自由』，當前對于新哲學的研究以及應用，就正將通過了抗戰和建國，而帶我們跨入「自由的王國。」

中國的抗戰建國是現實的，是客觀地存在的，因此在抗戰期中的哲學研究，自然必須和抗建的實踐最密切地聯繫起來，但這却明顯地決非意思說對于哲學理論的學習是不需要的了。相反的，我們是完完全全看到有着這樣的需要。我們必須警覺，在抗建期中用着各式各種不同的姿態而出現的，任何一個荒謬和反動的理論，總是僞裝在一定的假面具下而和大家見面的，譬如那些托派和汪派的勾當，就是事實的明證。假使我們不提高我們的哲學修養，那麼悅目的現象會掩蔽了它醜惡的本質，美麗的形式將隱蓋了它毒辣的內貌，我們也許亦會跟着不自覺地上了大當，而影響到抗建的就實在太大了。

這樣，我們更進一步的看到，爲了適應新哲學學習的需要，在出版工作方面，一方面固然應該提供大量的通俗讀物，深入大衆而可以盼望得到普遍的良好影響，但他方面，同樣不能忽視的，是新哲學經典著作的廣泛的傳佈給讀者羣。因爲在新哲學的學習上，經典的學習不只可以達到事半功倍的效果，同時它又必然能帶來了更深刻的理解和更正確的認識。

這一個辦法又是和當前的學術中國化運動底總的方向完全相脗合的，學術中國化運動一方面要求表現方式的通俗化和內容的現實化，但他方面正是同樣要求着研究的深化，而才可以避免造成公式主義，機械主義和教條主義。對于經典兼著作的修鑽，也就正是研究深化的一個必要的條件。

因此，言行出版社在今天準備把已經出版了多年而已經絕版的恩格斯底巨著自然辯證法，重新排印出版，就決不是一件無意義的事。

二

自然辯證法是恩格斯的與其費爾巴赫論，以及反杜林論齊名底天才著作，是唯物辯證法底最偉大的文獻，而也正是新哲學底最古老，最重要的經典之一。我們知道，作爲新哲學的鍛鍊者之一的卡爾·馬克思，由于他是致全力對資本主義的社會構造作精密深博的研究，以及化費了畢生精力在完成他的資本論的大著，因此幷沒有專門的哲學著作遺留給我們。而且這個工作——新哲學體系之正面的建立，便由卡爾的摯友，科學的社會主義的始祖之另一人，佛德里區·恩格斯來完成了。而足以包含了新哲學體系之全部內容的，也便正是他的那三個特出的著作，費爾巴赫論，反杜林論，以及這一本自然辯證法。因爲這三本書，已經相當全面的說明了「自然，人類社會，以及思惟的發展法則」了。前二本（費爾巴赫論和反杜林論）在敍述上是比較一般性的，即就自然，人類社會，以及思惟諸方面都有所探索，有所論述；但這本自然辯證法却是專門化一點了，它是集中在對于自然界的發展法則底研究上的，這本巨著帶給了我們以一個十分可寶貴的結論，那便是，自然界的發展也完完全全是遵循着辯證底規律的。

恩格斯的這三本經典巨著以及其他許多著作，由于它們都是我們這一時代中的進步人羣之必讀的讀物，因此在世界各國，莫不有着譯本，就是在中國，緊跟在一九二五到二七的那一次大革命之後，在那次進步文化猛烈抬頭的囂狂的浪潮之中，也都一一的介紹了過來，我們中國的讀者羣，也就有機會一一讀到費爾巴赫論，反杜林論，以及這一本自然辯證法了。

可是從銷路上看，顯然後者是沒有像前二者一樣普遍地深入中國的讀者羣，而爲讀者羣所接受的，這就自然辯證法過去之所以會絕版的一點上也可以看出來。并且另一個事實也指出了同樣的結論，你假使去詢問一下一般喜歡學習哲學的朋友，那麽他們大都讀過了費爾巴赫論和反杜林論，却很少有人讀過自然辯證法的。這是什麽緣故呢？是不是自然辯證法的學術上的價值不及那二本著作呢？是不是自然辯證法的內容上存在着什麼理論的錯誤呢？我相信都不是，唯一近似的原因，還是由于中國學術界普遍的對于自然科學研究的疏忽和淡漠，從而也影響到一般讀者羣，對于涉及自然科學特別是理論科學的著作，就都會望而生畏，感到頭痛了。自然辯證法就本質上看自是一本哲學的權威作，但因它以自然界的發展法則作爲研究的特殊對象，因此竟然在中國的讀書界比較的走了一步蹇運。

這種態度自然是不正確的，我們更自然應該加以糾正。特別是在今天，一個以民族工業的抬頭爲主要根據的新中國的建立，已決不是什麼久遠的事，爲了提高社會生產力，對于自然科學的研究和發展，因此也就是急不容緩的事，而在自然科學的研究和發展上，理論科學正是和實踐科學同一的需要，而理論科學的內容又正必須要求正確的哲學的原則作爲指導的。我相信這一本自然辯證法，正是綜合了最進步最高級的實踐哲學和理論科學，而將有助于中國新的也是正確的自然科學領域的建立，因此也正是有助于新中國的建立。

三

自然辯證法不是恩格斯一口氣寫完的一本完整的有系統的著作，却是集合了所有恩格斯對于研究自然的發展法則的論文和材料而組成的，因此就它的目錄看來，似乎是十分散漫零亂，它裏面包括了反杜林論的舊序和反杜林論的一些附註，也有着費爾巴赫論上有關于自然科學和自然科學的一些字句的摘錄，更有着恩格斯本人的不少讀書的雜記，筆記之類的東西，再加上好些獨立的論文，甚至還有一篇某一個出名的化學家的略傳，可是這些形式上的雜亂却并沒有絲毫妨礙了自然辯證法一書整個精神上底完整性和一致性。本書的譯者在辯證法與自然科學（本書本文的第六部分）裏所寫下的註，對于那些短小的札記所作的頌揚和珍視，我覺得對于自然辯證法的全書都是適用的，我就且把他的原文引在這裏：『……他們的身體雖然短小，他們的排列雖然沒有秩序，但是他們每一個都是一顆珠，一片玉，雖然已過了五六十年却然是光彩射人，輝煌可愛。當然了，恩格斯寫這些東西時，正是十九世紀的八十年代初葉，距現在已將近六十年，在這六十年中自然科學的進步之速度更超過了恩格斯那時所看到的速度，六十年中科學研究的收穫更有些恩格斯所意想不到者。所以恩氏這些札記中所寫的東西似不免有陳舊過時的地方。然而過時者只是恩格斯所引的幾許事實，至于他所做的結論則幷未過時，幷未陳舊，而且永遠不得過時，永遠不會陳舊。」

從十九世紀末葉到二十世紀以來的自然科學的發展，已經證實了恩格斯所闡明的種種自然發展規律底正確。正像伊里奇所指出的，二世紀以來的自然科學的研究還是浸沉在爲形而上學方法論以及觀念論哲學所控制的危機裏，可是這幷沒有妨礙，事實的眞理有力地強使這些研究的結論，不得不逐漸表現和辯證規律的一致。恩格斯從他親眼所看到的細胞的發現，能力互變的發現，以及達爾文生物進化律的發現，它們使關聯，連續，變化，發展，一元的觀點建立了起來，而使恩格斯確定了自然界的發展是絕對的符合了辯證的規律的，他所沒有能看到的自然科學的更新的發現，却同樣的證實了他所發現的眞理底不可動搖性。我們現在且就十九世紀末葉到二十世紀以來的一些自然科學上的重大的發見，簡單的說明一下，而證實上面的見解的不爲錯誤。

第一，X光線以及放射體的發現：X光是在一八九九年爲德國的物理學家欒琴（W. K. Rattgen）所發現的，因此又稱做「欒琴線」。在眞空管中放電，陰極所放射出來的光線叫做陰極線，它衝擊固體所生的光線就是X光線。而白格勒爾（Becyuerel 1852－1908）後來又發現了鈾也能放射光線，居利（Curie）夫婦又發現了同樣性質的鐳。其他如釷，錒，鏷，鏝等放射體也都是相繼的發現了。這些證明了恩格斯的稱自然界內『沒有不可調和的對立，沒有固定的境界線和區別』的命題是何等的正確有力。因爲當X光尙未發現以前，光和電在自然科學上本來是被認爲是二個截然不同的東西的，經X光的發現，才將他們統一了起來，所謂X光根本就是電子所發生的作用。此外在化學上有許多外表是不可破壞的，不可分解的元素，現在却被證明是可以破壞，可以分解的了，譬如那些放射體就可因爲放射電子而崩解，在今天科學幷且已經有成效地可以變化鐳的元素爲氦的元素。

這些科學上的新發現，曾引起了庸俗的科學家的恐懼。有名的法國物理學家潘加爾，在他的著作科學的價值裏，就聲言物理學上重大危機的到來。「偉大的革命家——鐳」，顛覆了物質不滅的原理，好像一切自然科學的成果都將消滅了。然而却不，正像伊里奇在唯物論與經驗批判論裏所指出的，那只是證實了自然辯證法的正確而已。

第二，物質電子論和物質量子論：關于物質，人類對它的認識是一天天的在進步之中。當古希臘時代，雖然已經有了物質原子說，但那是幷不十分科學的。到道爾頓(Da-lton—1766—1814)，才首創了近代的原子論，而認爲一種微粒狀態的原子，便是組成物質的最後單位。但由於電學以及放射物質的研究底成功，證明了原子還是由一種更小電子所構成的。物理學家的實驗幷且證實了電子的運動，達到光速的三分之一，幷逐漸的把電子的性狀描摹爲接近是一種能力。一九〇〇年，白郎克（Planck）更倡導量子論，說量子只是非物質的電氣團塊的能力或是作用。因此「物質已消滅了」的這句話，很可以在近代物理學家的著作裏找尋出來，而這種「原子非物質化，物質消滅」的論調，也正是合了自然科學的唯心論者底心意，他們原是根本不承認有什麼物質存有的。

這個發現是不是否定了自然辯證法所啓示的物質的客觀實在性的眞理呢？答覆無疑的是反面的，原來自然的辯證法所啓示我們的物質的概念，既不是指了特定的原子，同樣也不是指分子或電子，而是指普遍的在我們意識之外的客觀實在。固然物質在我們的各個認識階段上有着各種特殊的形態，但這幷不是說物質的性狀無規則地不斷在變化，而只是因爲我們的認識能力是逐漸在發展的緣故。因此目前我們到達的對于物質的認識底境界，還不是最後的，不變的，和絕對的。若說物質電子論，就是物質的消滅，一切客觀存在的消滅，那眞是荒謬絕倫之談，這完全是由于他們不了解「物質消滅」及物質轉化爲電氣的眞義所致。其實物質消滅最大限度的解釋，也只能認爲物質在我們今天所認識的限界形態下是消滅了。我們的知識透入益深，則對于物質的性質，像從前所認爲是絕對的，不變的，和本原的礙性，惰性，質量等，如今是益發變成相對的了，只是屬于物質的某種狀態，而這些是幷不妨礙我們去肯定物質的唯一也是根本的性質——哲學上的唯物論和它的承認有決定的結合——是「客觀的實在」的性質，是「獨立存在于我們意識之外」的性質。這樣，物質又何曾消滅了呢？承認物質的客觀實在性的自然辯證法的眞理，又何嘗有絲毫的動搖呢？

第三，相對論的發明，是更證實了自然界發展，也完全是依照了辯證底規律的，相對論原爲當代大科學家愛因斯坦所發明，愛氏在一九一五年發表了那有名的「普遍相對論提綱」，接着一九一九年英國的一羣科學家和天文家，在南菲和南美觀察日蝕現象，證實了他的學說底正確，于是引起了世人的驚異和注意。相對論可以說是現代物理學內的一個最新成果，一個學術上的偉大革命，他改變了我們對于宇宙的認識底舊有的觀念，而提供了一種更進步的新的觀點，它的發明，在客觀上很有可能把自然科學的研究，從形而上學的方法發展到辯證的方法。譬如相對論把物質，運動，能力，時間，空間等都作統一的解釋，而主張沒有物質，便也無所謂時間和空間，時空都是依附了物質而存在，也只有在時空四元的宇宙底交錯點上，才能認識物質。同時物質和時空又都是運動之中統一地存在着，而運動則又是能力的表現形態。這樣，他淸除了牛頓以來的物理學的形而上學性，取消了對于物質，運動，能力等的絕對觀念，并且也打擊了能力論和否定物質論的觀點，因此大體上是全部印證了自然辯證法的眞理。當然在相對論還沒有發展到爲一個完整的學術體系之前，它是很容易爲人誤解和歪曲的，就有不少人藉着相對論而故意在推翻任何知識的客觀性和眞實性。因此我們講到相對論，就决不能忘了伊里奇曾經說過的如下幾句話：「馬恩的辯證法無條件的包含着相對論，但是他不等於相對論：這就是說，承認我們的一切知識的相對性，而并不否認客觀眞理的存在。因爲否認客觀眞理，就是不可知論和主觀論。」

當讀者全部讀完恩格斯的這本巨著自然辯證法後，他將十分驚奇于在恩格斯逝世以後的自然科學的發展，在在都印證了恩格斯在這個著作裏所寫下的每一字句，是含有着如何輝煌的眞理性。

四

本書的譯者所根據的本子是里雅沙諾夫編的德俄對照本，據本書初版裏譯者的說明，里雅沙諾夫在出版德俄對照本的「自然辯證法」時，并沒有依照恩格斯遺留下來的材料底原來的分析，而是對它們作過一番年代的整理，然後依照年代的先後而排成他的目錄。譯者對于這些材料的排列，又給了一個很大的更動。他的更動底理由是，里雅沙諾夫出版它時是把它當作文獻而出版，所以用年代做標準來排列他的目錄是當然的。譯者的譯它并且在中國出版，是希望把它當作自然哲學的緒論，把它當作用辯證法研究自然的教科書，所以就依照了現在的次序來排列目錄，他把幾篇有引論性質的文字以及對辯證自然觀作一般介紹的文字都移到前面了。因此德俄對照版中的第六篇成了中文版中的第一篇，第八篇提爲第二篇，第四篇提爲第三篇，第五篇作了第四篇，而第十四篇則作了第五篇。其餘十一篇則依照其重要性之大小而排列，德俄對照版中的第一篇作了第六篇，第七篇仍爲第七篇，第九作第八，第十作第九，第十一作第十，第十二作第十一，同時第二篇降作了第十二篇，第三篇降作了第十三篇，冗長而意義較小第十三篇，作了第十四篇，第十五篇和第十六篇以及附錄都依舊。此外譯者又將他自己寫的一篇辯證法與相對論作了附錄中的第二篇。

關于恩格斯怎樣研究自然科學以及怎樣寫成這本自然辯證法，在里雅沙諾夫那篇二萬多字的既洋且盡的長序裏，都有了說明，讀者可以一讀，在這裏是不須要贅述了。

里雅沙諾夫的序

一

馬克思第一本大著是他的博士論文，書名叫作「德莫克利塔斯與伊壁鳩魯自然哲學上的差異」。馬克思在這本著作中雖然時常講到物理學，講到原子之性質，但實際上他却沒有跳出了純粹哲學討論的圈子。他所最注意的是將這兩位希臘思想家的見解及差異作一較爲正確的陳述。那是一種歷史武斷的研究。雖然在十九世紀四十年代時原子問題已重新作了化學討論中最重要的對象，但是馬克思却並沒有拿現代自然科學的眼光去研究伊壁鳩魯及德莫克利塔斯的原子論，而且並一絲一毫的企圖而無之。

我們可以十分肯定的說，在四十年代之初，馬克思的自然歷史觀整個地還沒有脫離了黑格兒自然哲學的圈子。馬克思並沒有獨立地去研究自然科學。

在馬克思傳中我們可以看到，他在一八四二年之前所研究的東西只不過是法律，哲學與歷史。他在德國舊式的古典的中學畢業之後，進了大學，而那種中學中自然科學與數學是很馬馬虎虎的。馬克思的少年生活主要的是消磨在中學裏，他在中學時這些功課是很壞的。他最好的科目是古代文字與德文。我們知道馬克思在攷試的時候，他的數學（代數學與幾何學）與物理學都不過剛剛及格。

誠然，他在柏林大學時他聽過里特（Karl Ritter）及斯特芬斯（Henrich Steffens）兩教授的講演，這兩位教授講的自然是自然科學方面的。里特是科學的地理學的建立者之一，他敎的是比較地理學，斯特芬斯是一位色林派，是位自然哲學家，同時又是一位最大的地質學家及礦物學家，他教的是人類學，這兩門科目使馬克思感了很大的興趣，算是他學歷史時的附帶學問。第一門科目的講演中談到自然條件（水，氣候及其他自然條件）對人類的影響，却沒有說到這種影響是怎樣地隨時間而變化，但是第二門科目已談到了人類歷史與地球歷史之關係。這位教授在其「地質學的人類學」中指出了地質學的條件及礦石學的條件對人類歷史及人類種族劃分上之影響。我們以後可以看到馬克思一直到死還保存着這兩門學問的興趣。

昂格斯同馬克思所受的教育根本不同，他一開始是在眞正的學校中讀書，他對物理學與化學兩門功課立下了很鞏固的基礎。但是他馬上又沉湎於文學與哲學，最後又轉向政治經濟學。當這兩位朋友在巴黎會面的時候，他們已經都是費葉爾巴赫派。但是在開始的時候，這新的唯物論的宇宙觀並沒有引起他們自然科學獨立研究的志願。他們依然保存着他們『人類學的觀點』，同費葉爾巴赫一樣把人類看作自然的產物。

但是在「神聖家族」一書中我們已看到了他們——特別是馬克思——顯著的進步。

『批評的批評家是否想過，他假若丟開了人類在歷史運動中所發生的理論的及實際的作用，即是自然科學與工業，他又怎樣去初步地了解歷史的實際？他是不是想過，他不研究一個時代的工業——不研究這個時代的直接生產方法，他能否實際地了解這個時代？』

馬克思在「費葉爾巴赫大綱」中已經堅決地同抽象思想的唯物論分離，而指出了自然中，人類中，社會中的同樣的歷史性——即辯證法。於是唯物論成了歷史的，辯證法的。

在「德意志的思想」一書中這個大綱已有了較清楚的形式。

『我們只曉得一種唯一的科學——就是歷史科學。歷史可以兩方面去看，也可以分作人類史與自然史。但是不能讓這兩者分離，人類存在一日，人類史與自然史的相互影響便延長一日。我們現在所研究的不是自然史，不是所謂自然科學。我們所應研究的是人類史，因爲全部思想不是對此種歷史作一錯誤的了解便是對他加以完全的抽象。思想本身不過是這歷史的一方面。』

馬克思在「哲學的貧困」中很深刻地指出了自然中及社會中一切現象的歷史性。一切現象都是歷史的，變動不居的產物，是依照辯證法的某種運動之結果。

一八四八年的革命使馬克思與昂格斯離開了純粹理論的研究。過了幾年之後，那時這兩位朋友都在英國住（這是反革命的波浪把他們打到那裏去了），於是又開始了他們科學的研究工作。這時馬克思在爲「紐約論壇」上做文章，努力於他最主要的經濟著作。這時昂格斯也不得不費很多時間重來經營『腐敗的商業』，替「論壇」寫了很多文章，同時也很努力地去研究軍事學與哲學。

直到一八五八年時昂格斯才來研究自然科學，這在他倆的通訊中可以看出。他對化學，特別是有機化學很有興趣，這是他的實際需要所引起。昂格斯從一個辦公員升作了工廠管理員之一，不能不對化學發生特殊的興趣。剛好在這個時候在顏料化學中發生了一次革命，這革命使紡織工業中第三個大部門——染印工——不得不根本改變。李比希(Liebig)的學生，何夫曼（Hoffman）在這種工作的指導中有最大的作用，他是位理論家，又是個提倡者。他從德國移居英國在倫敦組織了一個化學院。很多年輕的化學家都跟他到英國來，紹萊美爾（Schorlemmer）便是其中之一，他於一八六一年遷居曼契斯特。

很有趣味的是在一八五八年的時候，他們又開始「歸依」黑格兒，這是馬克思開始的，昂格斯繼之，這在他們的通訊集中可以看出。一八五八年一月十四日馬克思寫信給他的朋友，說要準備出版他的「政治濟經學批評序言」：

『談到研究的方法，不能不歸功於那種偶然的情形，因爲我很偶然地又讀到了黑格兒的「邏輯」——這幾本黑格兒的著作本來是巴枯甯的，是佛列里格拉找到寄到我這裏來。如果有時間，我將很欣然地去做這種工作，寫一本幾十頁的小册子把這•••合理的方法通俗化，使其適合於一般入；這本來是黑格兒發現的方法，但是在他手中時，還沒有能夠脫離神祕的形式。』

此後不久，拉薩爾的「黑拉克里塔斯論」便出版了。這算是討論黑格兒辯證法的一個新動機。這個討論是馬克思用通訊的方法來開始的，在曼契斯特昂格斯家裏繼續下去了，因爲一八五八年五月，馬克思爲着要休養，所以跑到曼契斯特來找昂格斯。我們知道，昂格斯對於拉薩爾這本書是不大贊許的，當馬克思從曼契斯特囘來時，他寫封信給昂格斯，寫道：

『我想在這本書中再找一些關於你對黑格爾辯證法的關係的批評材料。雖然這個辯證法無條件地是哲學中的最後一言，但是從另一方面我們應當使他脫離其在黑格兒手中獲得的神祕的外殼。』

這個討論引起了昂格斯重讀黑氏著作的決心，特別是他的自然哲學。

一八五八年七月十四日他寫封信給馬克思說道：

『最後我要來讀黑格兒的自然哲學了。我現在多少研究了一些生理學，我還準備去研究比較解剖學。用哲學的觀點看來，這些學問中有很多重要的東西，但是這些東西都是不久之前才發現的。我很想知道，老頭子是否預先看到了這些東西。毫無疑義地，假若他在目下寫他的自然哲學，那末他可在各方面找到他的證據。但是在最近三十年中，自然科學所得到的成績，他知道的很少。對於生理學有決定的意義有下面幾點：第一是有機化學之超常的發展，第二是顯微鏡，他的精確的運用不過是最近二十年的事。最後這件東西在生理學中能比化學得到更大的結果。最重要的事實是細胞的發現，施萊登

(Schleiden)發現了植物中的細胞，施汪(Schwann)發現了動物中的細胞(約在一八三六年)。這個發現使全部生理學起了一個革命，而使比較生理學成了可能的科學。一切都是細胞。細胞的本身是黑格兒的存在物，而其發展又剛好經過一個黑格兒的過程，然而所發展的却不是一個「觀念」而是一個有機體。」

「還有一個結果，也是黑格兒所最喜歡的，便是物理學中力之相互關係，卽力之互變律，譬如在某種情形之下，一種機械運動或一種機械力(如經過摩擦)可以變作熱，熱又可以變作光，光可變作化學的愛力，化學的愛力(例如在弗特電池中)可以變作電力，電力又可以變作磁力。這種轉變也可以換種樣子，前後互變，次序顛倒。現在一個英國人(他的名字我不記得了)證明這些力量在互相轉變時有一種固定的數量的關係。例如某種力量如電的若干數量可以等於任何其他力量的某種數量，例如等於若干的磁力，光，熱，化學力(正的或負的，綜合的或分解的)，及運動。於是那些不通的潛熱論遂消聲匿跡。這難道不是一切互相轉變的最好的物質的證明麼?」

「無論如何，你在研究了比較生理學之後，便會對以人爲萬物之靈的唯心的誇大狂加以最大的鄙視。每一步你都可以看到人類的構造與其他哺乳類的構造是何等地完全相同。在幾個根本點上，與脊推動物，與昆虫與甲殼虫與爬虫都有很多相同的地方，不過不很顯著而已。黑格兒那種由數量跳到性質的歷史可從此中很清楚地看到。最後，在最下等的水中微虫滴蟲(infusoria)中我們又看到一種模型，一種簡單的獨立生活的細胞，他和最下等的植物絕無分別（如葡萄及馬鈴薯中的病菌便是由一個單細胞構成），同高級植物的胚，同人類的卵及精虫都無區別，同一切活的有機體中任何一個細胞都無根本的不同（如血球皮膚細胞等等）。」

讀者或者還記得在「費葉爾巴黑論」中昂格斯曾指出過自然科學的進步是怎樣地幫助了自然界中各種過程相互關係之認識。三種發現有決定的作用：（一）細胞之發現，(二)能力互變之發現，(三)達爾文的生物界進化律之發現。

當一八五八年七月十四日昂格斯給馬克思寫信的時候，他已經曉得兩個發現。直到一八五八年八月時在剛剛出版了一個專門雜誌上在倫敦林耐學會開會的報告中才公佈了華勒士與達爾文的作品，其中包含了『第三個大發現』。昂格斯怎樣注意這個問題，由下面的事實也可以看出，就是當達爾文的偉大作品於一八五九年十一月二十四日出版後，不幾天內昂格斯就把他買來讀了。

他於十一月的最後幾天曾寫信給馬克思道：『此外，我現在所讀的達爾文的作品是很好的。久未打倒的目的論現在完全打倒了。向來沒有證明自然界中歷史發展的非常企圖，更沒有這樣好的結果。當然了，他同一些粗俗的英國方法還不無妥協的地方。』

馬克思這時正在同佛希特(Vogt)爭論，直到一八六〇年末他才來讀達爾文的著作。他於一八六〇年十二月十九日寫信給昂格斯道：『雖然這本書中一切觀點的發展都帶有英國的蠢態，然而他包含我們的理論之自然歷史的基礎。』

馬克思要拉薩爾注意這本書，他於一八六一年一月十六日寫信給他，其中包括他自己的觀點及恩格斯的意見：

『達爾文這本書有很大的意義。我以爲他可作爲歷史的階級鬥爭的合適的自然歷史基礎。當然其陳述中不無英國人的蠢態。雖然他有很多缺點，但是他給自然科、中的目的論一個致命的打擊，而且用經驗說明了目的論的合理的意思。』

不久之後，在一八六二年六月十八日他寫信給昂格斯，重新提到了達爾文。我們看到在從前馬克思是重述昂格斯的意見；現在馬克思有了他自己的意見，而以後的昂格斯却來一字一句的學他了。

『我把達爾文的東西又重讀一遍，有一點使我發笑，就是他自己講，他把「馬爾薩斯學說」也同樣地用到植物上及動物上，好像馬爾薩斯理論的焦點不在把這學說應用到動植物上，而把他用人類上（有幾何級數的增加），而他却能把他反轉過來應用到動植物上。最有趣味的是達爾文在這些動植物中又找到了他的英國社會，連同其分工，競爭，新市場之發現，與馬爾薩斯「生存競爭」論之「發明」。這眞是霍布斯的用一切反對一切的戰爭（Bellum omniun contra ownes），同時又使我們想起了黑格兒的「現象學」，他在那本書中把資產階級社會看成了「動物的精神的王國」，而達爾文却只把他看成資產階級社會。』

馬克思在研究地租問題時就附帶去研究農學（Agronomie）與農業化學，而在研究機器時就要研究力學與數學（註）。馬克思對於普通的數學習題是不大高明的，但是對於高級數學却很有把握。在六十年代之中葉時，馬克思覺得對於高級數學已經有很深的造詣，已經可作別種知識勞動過度時和休息時的娛樂，他還有胆子冒險有作別種獨立的數學的功夫。

（註）他寫信給昂格斯道：『在力學方面的成績同在語言學上面差不多。數學上的東西我自然懂得一些，但是要我解決一個需要觀察的實際的最簡單的技術問題，眞要難爲煞了我，那時我還不如一個完全沒有學過的人。』（一八六三年一月十八日）

這兩位朋友都很注意這個自然科學中特別是在英國於六十年代初所發生的革命之各階段。此外，馬克思又去聽技術學的專門講演，又去聽大衆公開講演（主要是對工人而設的），講者都是當時的最大專家。

在一八六四年七月四日馬克思寫信給昂格斯，告訴他，他最近又重讀了卡本特的生理學，洛爾德的生理學，凱立克的顯微解剖學，施卜海的腦與神經系的解剖學，及施汪與施萊登關於細胞的著作。他指給昂格斯說洛爾德對腦骨學（Phrenologie）有很好的批評。又提起黑格兒「現象學」中的一處，馬克思繼續寫道：

『你知道，我呢，第一，總是晚來一步，第二，我時常跟着你的脚步走。因此，我或者在休息的時候要來研究研究生理學與解剖學。此外我還去聽伴有試驗的講演。』

還有一封很有趣味的信件，這是昂格斯於一八六五年三月二十九日寫給「工人問題」與「唯物論史」的作者蘭格的信，信中曾有如下的關於黑格兒及其自然哲學的意見：

『閣下曾有一點論到老頭子黑格兒，說他缺少深刻的數學的與自然史的教育，這一點我是很注意的。黑格兒是一位很好的數學家，以致他的學生中沒有一個人能夠把他關於數學的扎記整理付印出版。我相信只有一個人可以完成這個任務，充分地明白了他的數學與哲學，這就是馬克思。至於說到他自然哲學之不很高明，這一點我與閣下是同意的；但是他眞正的自然哲學是在其邏輯的第二部，論到實質的一段，那是全部學說的精華。現在關於自然諸力相互作用的自然史的學說實在是黑格兒關於因，果，相互作用，力等等見解之另一種表現或積極的證明。我，現在，當然了，業已不是黑格兒派，但是我還保存着對這位偉大的老先生之敬意與尊重。』

馬克思又來告訴昂格斯使他注意美國天文家克爾苦對拉卜拉斯宇宙形成假說所給的變動。馬克思在陳述了克爾苦的觀點之後（一八六五年八月十九日）又引來『老頭子黑格兒』反對牛頓『玄學』見解的批評札記，馬克思追蹤黑氏之後，指出凱卜來的功績。在另一方面　昂格斯也寫信給馬克思論到丁達爾（Tyndall）的著作「運動之一種——熱」（一八六六年一月四日）。

馬克思與昂格斯對於法國地質學家及地理學家特利模（Trémeaux）的著作曾有一段很有趣的爭論，但是我們對於這個問題不能詳談。馬克思十分與高采烈地把特利模同達爾文列到一流去，而昂氏却拒之以很激烈的批評，證明他的著作一錢不値。結果是馬克思承認了說：『這本書寫得很糟糕，地質學上的錯誤連篇纍牘，禁不起少許歷史著作界的批評。』（這都是昂格斯所指出的缺點）『但是，一般地說來，我總覺得這本書比較達爾文總算更進一步。』（見給庫凱爾曼的信）

特利模書中有一個思想是馬克思所最喜歡的，就是，動物世界（人亦在其中）之發展決定於這些社會所在的土壤肥瘠之程度。這個思想同斯特芬斯在他地質人類學中所講述的思想差不好多。

馬克思爲着辯護自己的觀點，所以就提醒昂格斯去回想居維同德意志自然哲學家的爭論：

『你說，「他全部的理論一個錢不值，因爲特利模不懂得地質學，禁不起最簡單的著作的與歷史的批評」，你可以差不多一字不易地在居維的著作「地球上諸種革命之討論」（Discours sur les révolutions du globe）中找到，他這本書是反對德國自然幻想家的形態可變說，而他所取笑的自然幻想家實際上已經完全發揮了達爾文的根本思想，不過不能加以證明而已。然而這事實却不害居維之仍爲偉大的地質學家，博物大家，著作歷史的批評家，然而他錯了，而說出新思想的人却是正確的。特利模的根本思想是關於土壤之影響（當然了，他沒有注意到這土壤影響之歷史的變化，（我把農藝中土壤之化學的改變也算入歷史的變化中），也沒有注意到各種生產方法下之各種影響），據我看來，我們應該發揮這種思想以求在科學界中博得一公民權，至於特利模本人的著述如何，我們却不必過問。」

昂格斯在覆信中對以上幾點略有讓步。下面讀者可以看出，他完全採納了馬克思對「德意志幻想家」所給的評價。

當馬克思與昂格斯在互相討論的時候，正是前者完成「資本論」第一卷而將付印的時候。我應當指明，一八六四——一八六六諸年，及馬克思在第一國際中活動的諸年在這全部著作的著述與構造甚至議論上都留有很清楚的痕跡。現在應該加上一點，就是我上面所指出的向黑格兒的『轉回』與對自然科學問題興趣之加強在「資本論」中也都留有不少的痕跡。

我們在「資本論」第一卷中可以找到很多很多從自然科學與數學中取來的有趣味的方法論的暗示與模擬（如數學，天文學，力學，物理學，化學，解剖學，生理學，地質學等等）。

至於說到向黑格兒的『回轉』，則馬克思在第二版中有下面的解釋：

『我的辯證的方法不但根本上異於黑格兒的，而且剛剛和他的相反。據黑格兒的意見，思想過程（他有時稱之曰觀念，會轉成獨立的主觀）是實際的主宰，而實際卻不過是他的外部的現象。而我以爲剛剛相反，觀念的（東西）不是別的，不過是人類腦筋中再造過的複製過的物質的（東西）。黑格兒辯證法的神祕主義的一面，我差不多在三十年以前已經批評過他，那時他還是很時髦的東西。而也正是那個時候，我正在寫作「資本論」第一卷的時候，那時候，一些蹩脚的，假斯文的，低能的徒子徒孫們正在德國的教育界出風頭，也正在心滿意足地躢踏黑格兒，眞好像萊辛的時候，英俊的摩西曼德生(Moses Mendelssohn)祖述斯賓諾莎一樣，就是把他述成了「死狗」。因此，我坦白地宣佈，我是這位大思想家的學生，在論到價値論的一章中我乾脆地用黑格兒的東西來修飾潤色，在很多地方我用了他所專有的名辭。黑格兒手中辯證法的神祕化絕對無害於一個事實，就是黑格兒是第一個給與了他的運動的一般形態一個詳盡的被認識的眞象。黑格兒的辯證法是脚朝天的。應該把他翻轉過來，脚朝地，以便在神祕的殼中現出合理的種子。』

從上面這一段看來、「資本論」第一卷之引用黑格兒不僅僅是希望對舊讀者消滅『歷史的謬誤』。馬克思相信黑格兒是首先對辯證運動之一般形態給以詳盡的被認識的眞象的人，他就用上面這一段話表示了自己的意見。在「資本論」第一卷第一版的時候，他已經鄭重聲明，辯證律不僅對社會有意義，便對自然界也是同樣地有意義。

在「剩餘價値之率與積」一章中，馬克思說並不是一切任意的款子或價値都可變成資本，反之，此種轉變之前提是某一個錢主或貨主手中的金錢或交換價値的固定的最低數

「只有當其手中的由生產所進益的最低數遠多於中古的最高數時，那時，錢主或貨主才能眞正地變作資本家。在這裏同在自然科學中一樣，黑格兒在他「邏輯」中所發現的寇律也同樣地可以應用，這定律是，純粹的數量變化達到某種程度時會轉成性質的差異。」

在這個地方，馬克思於資本論之第一版時曾作下面的註解：「現在化學中的分子說早已被洛南及熱拉爾所指出過，而巴黎的伏爾釆教授加以科學的發揮闡明，其實這分子說也根據這個定律。」

在馬克思和昂格斯的書信集中我們也可找出這一點的說明。剛好當「資本論」印好的時候，昂格斯寫信給馬克思（一八六七年六月十六日）道：

「何夫曼的作品我讀過了（註）。這新的化學理論雖然有很多錯誤，然而比起從前的原子論來總算是一個大進步。分子被八看作能夠獨立存在的最小的物質之部份，這是個完全合理的範疇。正如黑格兒所說，「一條線」雖能加以無限次的分割而不盡，但是要產生一個新的性質上的差異。以前大家把原子看作了不可分割的邊界，但是現在看來，他不過是一種關係，雖然何夫曼先生一步一趨都想轉回舊概念，以爲眞有不可分的原子存在。在這本書中所確定的其他化學上的成績實在是很大的，紹萊美爾說道，這個革命直到現在還繼續着，而每日都有發生新革命的可能。」

（註）此處所指何夫曼的作品大概是指他的「現代化學入門」(Introduction to modern Chemistry)，此書在一八六五年出版於倫敦。

馬克思於一八六七年六月二十二日寫信回答昂格斯寫道：

「至於說到何夫曼，你的意見完全是正確的。但是你在我第三章的結論中也可以看見，那裏說手工業老板依數量的變化而變作了資本家，在那文中我引用了黑格兒所發現的純粹數量的變化轉成性質的定律，說這定律不論在歷史中，不論在自然科學中都可同樣的應用。在註解中（我那時正在聽何夫曼的講演）我並且提到了分子說，然而不是何夫曼的分子說（何氏在這一點上沒有什麽供獻，除了他的微點說），而是洛南，熱拉爾與伏爾采的分子說，而三人中又以伏爾采爲主要的活動者。你的信使我想起了這一點，使我重新來翻閱我自己的筆記。』

昂格斯（在一八六七年七月二十四日）寫信給馬克思，引用紹萊美爾的話，指示馬克思說，分子說的創製中最主要的脚色還有熱拉爾與凱庫爾，而伏爾采不過把這個學說加以潤色與通俗化而已。因此，馬克思在「資本論」的第二版的上引註解中就把伏爾采的名字塗去了，但是並沒有加上凱庫爾的名字。

馬克思在「資本論」第一卷中不但指出了他的辯證方法之特點及其與黑格兒辯證法之差異。他並且十分深刻地指出他所宣傳的唯物論與缺少歷史過程的抽象的自然科學唯物論中間之差異。這後者的缺點『在其擁護者的抽象的方法論的觀念中已經顯露出來，他們都自限於其專門學問範圍之內而不願超越一步。』

馬克思在這裏所指的大半是德國的唯物論者，**路易布希涅爾**（Ludwig Büchner）亦在其中，這個人從六十年代初年起已成了唯物論宇宙觀最出名的權威，不但在知識份子中如此，即在工人中亦然。這個人同佛希特（Fogt）與莫來紹特（molsschott）是不同的，然而與蘭格相同，他是參加工人運動的。他致第一國際的日內瓦大會以熱烈的祝辭。他在這封信中勸工們反對自由派資產階級與政治民主派，勸他們不但要担心本階級的利益，而且要作社會主義者。布希涅爾同蘭格在一起都是一八六七年洛桑會議的代表。當馬克思到了德國的時候，他就看到，便是他的同派也並不完全明瞭馬克思昂格斯的辯證唯物論與布希涅爾的唯物論之間的區別。

很可能的，在這個時候，昂格斯已經（自顧地或受了馬克思的影響）想來批評布希涅爾的觀點，用自已的觀點來反對他的觀點。布希涅爾的新作品又出版了，他是位十分筆健的作家，他這本新書中包括他的一些關於「達爾文的形態變異說及有機世界之最初由來，同時又把變異說應用到人類，又關於這個學說與進步論之關係，及其與過去及現在唯物哲學之關係』的講演（註）。這本書的出版出乎作者意料之外地引起了很多誤會；使人對自然歷史的唯物論取一種批評的態度，但是沒有像「唯物論史」中的蘭格一樣，卽是沒有作再生的康德主義之犧牲品。

(註)"Secho Vorlsungen uber die Darwinsche Theori von der Verwandlung der Arten und die erste Entstelung der Organismwelt, sowie uber die Unwendung der Umwandhwgtheoeie auf menschen, das Verha'tnis dieser Theorie zur Lehre von Fortschritt und der Zusammenhang desselben mit der Vergangenheit und Gegenwort" 1868.

馬克思於一八六八年十月十八日寫信給昂格斯道：

『布希涅爾的佳作引起我很大的興趣，這書裏面引證了許多德國人對達爾文主義的研究作品，如葉希爾（維也納）與黑克爾兩教授的作品。根據他們的意見，細胞是個最初的形式，因此是個出發點，因此就是個不成形態的可大可小的蛋白質的圓球。這個假設後來被坎那大的發現證明了（後來又有巴瓦利與別處的發現）。這個最初的形態應該是可由化學製作的。而現在也正找這條路子。』

後來布希涅爾又把這本書直接送給馬克思看（註），又使馬克思二次折回這個問題（一八六八年十一月十四日）。

（註）這是經過庫凱爾曼的介紹，庫氏曾將馬克思的「資本論」送一本給布希涅爾。

『偉大的布希涅爾贈送我一本他的大著「達爾文學說六講及其他」。他這本書出世的時候正是我住在庫凱爾曼家中的時候。他送給我的這一本已經是第二版。做這本書所用的方法是十分方便的。例如，布希涅爾自己說，他那論到唯物哲學的一章有一大半是汲水於蘭格（凡是讀過蘭格這本書的都會自己知道）。而布希涅爾本人對於亞里士多德居然也居高臨下的可憐他，其實他對亞里士多德的知識都是由道聽途說得來。最使我不能忘記的是下面關於卡板尼斯著作的一處：『當你讀（卡板尼斯）下面一段的時候，「腦之對於思想，亦如胃之對於消化，肝之對於血中膽汁之分泌等等，」你會覺得這是佛希特在講話。』據這段看來，布希涅爾以為卡板尼斯抄襲伏希特。假設一個反過來的過程——這實在抬高了可敬的布希涅爾之批評的能力。但是據我看來，他不過是經過蘭格曉得一些卡板尼斯！然而這都是了不得的學者！』（註）

（註）昂格斯於一八六八年十一月二十[illegible]日寫信給馬克思說道：『可敬的布希涅爾之奇異的最初的體質，

對於我們還是個神祕的不可名狀的東西。你能把他的書送給我們？』我們二字是代表昂格斯與絡萊美爾。

現在我們還應當把馬克思關於蘭格的意見引來，這意見見於馬克思與庫凱爾曼的信中（一八七〇年六月二十七日）。

『蘭格先生（在他的大著「工人問題」中）大大地把我誇獎了一番，然而只是爲着更抬高他自己的身價，——就是爲着這。蘭格先生造成了一個大發現。一切歷史應該在自然的一個大法則下進行。這大法則盡於"Struggle for life"（生存競爭）一語（達爾文的話用在此處只變作了一個簡單的口頭禪），而這句話的內容却是馬爾薩斯的人口論或更確切一點說是人口過剩論。這樣看來，當分析「生存競爭」一語時，看他在各種不同的社會形態的歷史上是如何的情形，只有把一切具體的鬥爭都屈膝於「生存競爭」一句口頭禪之下，而這句口頭禪却屈膝於馬爾薩斯的人口幻想之下。這實在是思想中最高傲的，冒牌科學的，趾高氣揚的蠻橫無理之最深刻的方法。蘭格先生關於黑格兒的方法及我對此方法之運用的議論眞是道地的幼稚。第一，他絲毫不懂得黑格兒的方法，因此，第二，對於我應用此方法時之批評態度更是莫明其妙。在這一點上他使我想起了摩西曼德生。這個胸無點墨的標本寫信給萊辛道：「閣下爲什麼這樣重視這匹死狗——斯賓諾莎！」同樣地，蘭格先生也很奇怪，黑格兒這匹死狗，布希涅爾，蘭格，杜林，費希涅爾諸人早已商量妥當把他掩埋起來，而昂格斯與我居然這樣重視這位死狗黑格兒。蘭格很糊塗地說我在實際經驗的材料中「運用得萬分靈活」。而他却向來沒有想過；這種「材料中之靈活運用」不是別的，正是研究材料之著名的方法之精意，這方法便是辯證的方法。」

馬克思在「資本論」的第二版中曾有論到辯證法的一段註解（這段註解有些像是上引這封信的重述），除了這段註解之外，這一段批評蘭格的話算是馬克思論到歷史與自然中辯證法問題之最後的意見。

可惜從昂格斯來到倫敦之後（時在一八七〇年秋）他倆的通訊使很少了。誠然，自從一八六九年初起直到一八七〇年，他倆通信中關於哲學與自然科學的議論使很少了。這主要地是因爲馬克思與昂格斯兩人都忙着去做第一國際的工作去了。對巴枯寧的鬥爭，德意志與法蘭西的事變，愛爾蘭的革命運動等事佔據了他們的注意力。昂格斯正在努力搜集材料準備寫一本關於愛爾蘭的大書。自從他到倫敦之後，特別是在馬克思重病之後，他把他大部份的時間都放在國際的事務上了，一直到一八七二年九月的海牙會議爲止。

二

直到一八七三年昂格斯才得到可能以重新踏入自然科學中辯證法問題之更有系統的研究。一個很僥倖的偶然使我們得到一個很重要的證據。馬克思於一八七三年五月三十日到了曼契斯特，到紹萊美爾那裏去休養。昂格斯趁了這個時機來與他的朋友解决他腦筋中關於自然科學中辯證法一問題的許多思想：

『自然科學的對象是動的物，是物體。物體與運動是不能分開的，物體的形態與形式只有在運動中才能被人認識，說到運動之外的物體，與其他物體沒有關係的物體，是沒有這回事的。物體只有在運動中才能現出他的眞象。因此，自然科學只有在物體的相互關係中，在運動中才能認識他們。對運動之各種形態的認識即是對於物體的認識。因此，研究運動之各種形態便是自然科學之主要目的。（很好，這正是我的觀點——紹萊美爾註）（註）

（註）昂格斯信中有很多紹萊美爾所加的小註。

『第一，運動之最簡單的形態是地位之移動（爲着使老頭子黑格兒滿意，我們加上，在時間之內）——這是機械的運動。

『甲，個別的物體之運動是沒有的。但是相對的說來，下落可以稱作此種運動。運動是走向諸體共同的一個中心點。一個個別的物體不應當走向中心，而應當依照其他方向運動，但是，他依照下落的定律而下落了，然而這定律却是變形了。（完全正確！——紹萊美爾註）

『乙，在拋物線的定律中(Gesetze der Flugbahn)，直接地引向幾個物體之相互運動——如行星等之運動，天文學，均衡——這相互運動或是臨時的，或是運動中好像如此。但是這種運動的實際結果歸根到底總逃不出運動物之互相接觸，他們相互下落。

『丙，接觸力學——互相接觸的物體。最簡單的力學是槓桿，斜面等等。但是，這並沒有包盡了接觸的結果。他直接表現爲兩種形態：摩擦與碰擊。這兩種都有一個共同的性質，就是在某種強度與某種環境之下，他們可以產生新的，不是純粹機械的結果，可以產生，熱、電與磁。

『第二，嚴格說來，物理學便是研究這些運動形態的科學，他把每個運動形態個別研究之後，做一個結論道，在某種情形之下，他們都可以互相轉變。歸結來說，依照着不同的運動物體而產生不同的強度，而在某種強度之下又可引起物理學範圍之外的行動，引起物體內部構造之變化——化學的變化。

『第三，化學。在研究上面的一些運動形態的時候，不大注意這運動是否由於內動的物體所引起，還是由內靜的物體所引起。誠然，內靜的物體可以把這些現象表示得最爲純粹。反之，化學只能去認識起於生命過程中的諸重要物體之化學的性質。他的主要的任務一天比一天地更走向物質之人工的適應。他漸漸轉爲有機的科學；然而只有化學已經完成這個實際的轉變或正完成的時候，辯證的轉變才是可能的。（問題正是在這裏——紹萊美爾註）

『第四，有機體。在這裏，我一切辯證法都暫時不談。』（我也是這樣——紹萊美爾註）

這封信使我們能夠確定昂格斯在什麼時候才最後決定用辯證的方法去論列他當時自然科學的結果。所以我們這本書的第一篇是昂格斯筆記中關於反對布希涅爾與蘭格的一段短小的大綱，而第二已是關於自然科學中辯證法的一段札記。讀者馬上可以看到這裏面有一段差不多逐字逐句都與我們上引的信雷同。

我們可以說，自從一八七三年之後，昂格斯卽專心一志去準備寫一本關於辯證法與自然科學的大著作，除了很少幾篇爲社會民主黨刊物上所做的文章之外。在我們所刊印的遺稿中，有很多很多札記，片斷，這都是準備後來用的。昂格斯另外一封信（一八七四年九月二十一日）使我們對此著作的過程有更多的明瞭：

『我深深地沉湎在關於實質的學說之中。我從傑席島囘來了，我在這個地方看到了丁達爾與赫胥黎在倍爾法(Belfast)的演說，這些演說又可以表示這些人在自存物中之可憐與困難，又可看出他們對於害怕哲學之意見。在第一星期的一切瑣務之後，我又囘到辯證法這個題目。因爲自然研究者的理智是很貧弱的，所以我們在應用黑格兒的大邏輯的時候，我們只能用一部份，雖然在辯證法的本身中他的邏輯最能深刻地抓着事物之本質。反之，百科全書的行文好像專門爲着這些人，其中之例證與說明大部份取之於自然科學，而且是十分清晰的，而且因爲行文十分通俗，所以也擺脫了一些唯心論的氣味。而我呢，完全不能，也完全不願意解放他們跟黑格兒學習時所受的處罰，這裏正是一個眞正的寶庫，而且，老頭子直到今日還在這些先生們的面前立下了許多十分困難的問題。不過丁達爾的演說總算是這種會議(註)上最勇敢的演說，而且也曾十二分地鬨動一時。顯然地，黑克爾行動之更堅決的態度會使他坐不安席。……他們對伊壁鳩魯的承認是會使你滿意的。無論如何，向更深思的自然科學之回轉在現在的英國比較在德國要鄭重些，他們不在叔本華，霍卜特曼身上去求救，却找到了伊壁鳩魯，笛卡兒，休謨與康德。誠然，他們與十八世紀的法國人還沒有會過面。』

(註)在勃列顚科學社大會上的講演。

在從卡爾巴德來的信上（一八七五年九月八號）馬克思曾作了下面的滑稽小註，這小註也可以證明昂格斯在當時的確想寫本關於辯證法與自然科學的專著：

『你要提防着，卡爾格龍(Karl Grün)想同你競爭。他想在明年出版他的自然哲學的著作。維斯從柏林寄來一本「天秤」雜誌(Wage)來，上面有格龍的預告。』

但是，命運作了別種決定。昂格斯不得不來寫另外一種著作。

下面我們將對於昂格斯關於自然科學與辯證法的札記及散文作更詳細的描寫。第一組(甲)正如我們上面所說的一樣是由一些散亂的札記，片斷所組成，有時沒有名目，有時是指出札記中某一個名辭或概念。昂格斯給這一組起個總題目叫「辯證法與自然科學。」再看一看，就可看出，是他自己用一個總題目來概括了，編集了這些札記，——或者是他人替他編的也不一定，因爲裏面並沒標上一貫的號碼——，而詳細地，注意地研究研究，就可看出這些札記在年代上屬於兩個時期。如果關於布希涅爾的片斷是七十年代初寫的，如果根據他一八七三年五月間給馬克思與紹萊美爾的信，則關於辯證法與自然科學的大綱便是一八七三年五月之前寫的，而其餘一些札記就是一八七三年與一八七六年之間寫的。昂格斯已經引證了而且攷究了拉夫羅夫在「思想史初稿」(一八七五年)的第一輯中所發表的見解。引證了一些阿爾曼與丁達爾在「自然雜誌」(Nature)上所發表的文章，而這期雜誌是一八七五年到一八七六年一月出版的。此後我們就找到了關於現代社會主義的一段札記，這是「反杜林論」的另一序言。

此後的一段札記曾引錄留保克(Lubbock)的話，應屬之於一八八二年。

我們記起了昂格斯在「反杜林論」第二版序言中的下面的一段話：

『唯有馬克思與我才把有意識的辯證法從德意志的唯心哲學中拯救出來，而把他移入唯物自然觀與唯物歷史觀之中。但是要想來研究辯證的而又是唯物的自然觀必須熟知數學與自然科學。馬克思對數學很有根柢，但是我們對於自然科學的知識却都是局部的，片斷的，散亂而不一貫的。因此，當我一丟了商業的寫字間而跑到倫敦時，我馬上盡可能地把我的全力都放在數學與自然科學的研究上，致力於李比希所說的『換毛』過程，把我倫敦八年居停之大部時間都放在這上面了。正在這個換毛過程中我却不能不來研究杜林先生的所謂自然哲學。」

甲組中的札記可算是昂格斯『換毛』於數學與自然科學中之證據。他研究的結果還都沒有最後整理清楚，完全出人意外地不得不應用於與杜林的爭論中。我這裏所說的是那本書的第一部，是關於哲學之一般問題之一部。

我們相信讀這本文錄（自然辯證法）的人大概都曉得這次爭論的主要對象與爭點。在一八七五年九月的哥達大會上拉薩爾派與愛辛那希派差一點沒有統一起來。大會上通過的綱領不但可以證明拉薩爾派理論水平的低，而且可證明自稱爲馬克思主義者的愛辛那希派政治水平之低。當時德國社會民主黨的中央機關報中有形形色色的派別。布希涅爾的唯物論搶了上風。攷茨基那時正在研究達爾文主義，馬爾薩斯主義與社會主義之綜合。他們竟登載了比沙列夫的「美學之淪亡」一論文之譯文。莫斯特不但努力想把馬克思通俗化，同時也寫文章論到哲學與自然科學諸問題。李布克內西自己是中央機關報的總編輯，然而對這些問題都弄不清楚，他只是很本能地覺得這個報紙是個配合很壞的四音合奏曲。當社會民主黨的隊伍中開始了對杜林的景仰的時候，當莫斯特，佛利奇與柏恩施坦都作了這位柏林的講師的狂熱的追隨者時，當各方面送來許多擁護杜林的文章時，李布克內西曉得他必須對此問題發表固定的意見了。莫斯特送來的一篇文章使他不得不去找昂格斯。

李布克內西於一八七六年五月十六日寫信給昂格斯道：「我想莫斯特這篇稿子可以告訴你，杜林的瘴氣把很有理智的人都迷到了。必須答覆這個問題。」

於是昂格斯就去和馬克思交換意見，馬克思認爲要批評不是批評杜林的門徒，而是批評他本人；昂格斯同意這一點，於是馬上就開始了這件工作——不過不甚樂意。

他於一八七六年五月二十八日寫信給馬克思道：

『你說得很容易，你可以坐在溫煖的沙發上，特殊地研究我國的土地關係，一般地研究地租問題，沒有任何人來打擾你；而我呢，却要坐在粗硬的板橙上來喝冰冷的葡萄酒，我又要中斷我自己的鑽研而來與這位無聊的杜林比拳脚。』

他可差堪自慰者是他可以立出自己的觀點來反對杜林的自然哲學。

『我對古代歷史的溫習與對自然的研究在我與杜林的交涉中是很有益的。他們相當地減輕了我的工作。特別使我覺得，在自然科學的領域中，我的地理已經頗爲熟悉，我雖然還要愼重從事，但是我已經可以很有把握地，很自由地縱橫馳驅。爲着這種工作，我已經可以開始很淸楚地瞄準。這些東西在我胸中漸漸有了定形。』

他破費了幾個月（一八七六年全夏季）去涉獵杜林的主要著作及其批評。直到十一月末昂格斯才把書的前二章寄交李布克內西（從他與李氏的信中可以看出）。一八七七年一凡「前進」上才開始發表這些論文。第一部——「緒論與哲學」——到五月間才寫完，馬上便出版成爲單行的小册子。第二部——「政治經濟學」——於一八七七年十二月三十日才寫成，而第三部——「社會主義」——則寫成於一八七八年七月。

昂格斯爲着書的每一版都寫一個很長的序，我們這本文錄中也收的有。最後他用個短序代替了長序，或者是他想更詳盡地來發揮其中的思想。原書所刊的序是一八七八年六月十一日的日期，則舊序的日期亦决不會晚於一八七八年五月十五日。

但是在一八七六年到一八七八年中間他又寫了兩個大綱，也是關於這個問題的。我們把他印作綱要第二與第三。第一個大綱的題目是「奴隸制之三個主要形態」（"Die drei Grundfragen der Knechtechaft"），是昂格斯在一八七六年夏天時答應替「前進」報寫的。這大綱後來又變名爲「工人之奴役」（"Knechtung des Arbeiters"）。但是這篇作品是很亂雜的材料。昂格斯只趕出一個緒論來，題目是「從人到猿過程中勞動之作用」。這個題目又是論奴隸制度札記中的第一條。

昂格斯死後，柏恩施坦把這些材料公佈於一八九六年的「新時代」上，但是他沒有告訴讀者這是從那一組的札記中取出來的，因此使這札記的日期的確定多多少少發生了一些困難。

另外一個大綱是「精神世界中之自然科學」。這大概是一八七七年寫的。他的目的在乎指出這自然科學專家在他們專門之外是何等的不通而又不中用，何等地容易作江湖派的犧牲品。精神主義(Spiritualismus)曾風靡於英國，其崇信者如華勒斯與克魯克斯等人都是很有名的學者。在俄國也很風行，阿克莎攷夫與著名化學家勃特烈洛夫及動物學家瓦格湼都是其中的主要領袖。昂格斯所說的彼得堡科學社實際上是彼得堡大學附設的物理學會，這學會曾於一八七五年秋由曼德列夫的提議組織了一個特別委員會來研究精神現象。阿克莎攷夫懷着這個目的出國了，爲一八七五年十月攜迴了兩位通靈術士柏狄兄弟兩人，後來在一八七六年一月又請來了一個英國婦人，名叫克拉葉爾，克魯克思曾用他作過實驗。委員會很精細地研究了精神現象(靈學現象——譯者)而得了一個相反的結論。這個委員的報告經過曼德列夫的編輯遂於一八七六年末出版。(書名：「精神主義討論材料」)

我們不能確定昂格斯的文章在一八七七年及一八七八年是不是發表過。無論如何他是準備好要付印了。或是他在什麼工人雜誌上公佈過了。柏恩施坦在一八九八年把他重新出版了一次，並註出這篇論文是關於自然科學中之辯證法的許多論文中之一篇。

昂格斯結束杜林之後又來繼續他本來的研究了。在遺稿中有三篇篇幅很大的「反杜林論」的註解。這些註解實在是這本書很重要的補充：(甲)實際世界中數學「不盡數」之例證；(乙)機械的自然科學；(丙)奈格里(Nägeli)不能認識不盡數。這些文字都寫於一八七八年之下半或寫於一八七九年之初。

但是在昂格斯研究的過程中自然科學界中發生了一個變化。最奇怪是昂格斯在寫論文反對杜林的時候，他已經研究了曼德列夫的原素週期表。如果我們去讀一讀紹萊美爾與羅斯高兩人合著的化學大著的第一卷(他的序言是一八七七年寫成的)則可看到那化學史概述中並沒有提到曼德列夫的名字。曼德列夫最出名的著作是他關於氣體彈性的一本。

昂格斯在「反杜林論」單行本的註解中也爲這本書提到曼德列夫。曼德列夫自己寫道：『想了解週期律、，十分重要的是要注意到，他不能馬上被一切人所承認，他有很多反對論者；只有在事實的積累中，只有他所預料的結果得到證實時，他才能成爲眞理。』直到一八七五年留保克發現了銪（Scandium），一八七九年尼爾遜（Nillson）發現了鎵（Gallium），這兩個新原素都合了曼德列夫的在一八七一年時的預言，才使這個新學說得到了勝利。只有在紹萊美爾與羅斯高化學的第二卷中曼德列夫定律才得到了他應有的評價。昂格斯過去只是研究有機化學，現在也敢確定說『黑格兒的定律，不但可行於固體中，並可行於化學的原素中。』『曼德列夫不自覺地應用了黑格兒數量變爲性質的定律，成功了一個科學的偉績，可與列維里的發現並駕齊驅，列氏計算出了尙未發現出來的行星海王星的軌道。』

在七十年代之末昂格斯很努力地研究了物理的化學，特別是電化學及物理學，而特別集中其注意力於電及磁的研究。我們知道馬克思在他暮年也很注意電力科學之進步。

一八八二年十一月二十三日昂格斯與馬克思信中寫道：

「電學給了我一個小小的勝利。笛卡兒與萊布尼茨曾有一個爭論，這爭論關於運動之尺度 mv 及 mv^2 的問題，你或者還記得我對於這個爭論的見解。這爭論的內容是 mv 是機械運動的尺度，是機械運動仍繼續爲機械運動時的尺度，反之 $\frac{mv^2}{2}$ 是運動形態變換時的尺度，機械運動依此尺度而轉變爲熱，電等等。這麼樣子，在電學中還是實驗物理學佔優勢，電動力(Elektromotiv)算是電力的代表，電動力的尺度是弗特(Volt)，符號是E，電流的尺度是安派爾(Ampere)，符號是C，電阻力是奧姆(Ohm)，符號是R，其公式是：

$$E = C \times R$$

「這樣子，電力在常態之下不會變爲別種運動形態，這是很可靠的。而現在西門斯在勃列顛學會最後一次會議的主席演說詞中又提出了一個新的單位叫瓦特(Watt)(符號是W)。瓦特表示電流的眞力(當然是對別種運動形態而言)，等於弗特乘安派爾，

W＝E×C。

『這樣，

$$W=E\times C=C\times R\times C=C^2R$$

『電力中之電阻力等於機械運動中的質量。這樣看來，不論在電中或在機械運動中，這個運動（有時是速度，有時是電流）表現爲可以數量的形態時，假若這運動只有簡單的持續而無形態的變換時，他只是個一次方的簡單分子；反之，假若有了形態的變換時，則表現爲二次方。這是我第一次做成的運動的總定律。我現在應該很快地把自然辯證法一書寫成。』

但是結果又是事與願違。三個月之後（一八八三年三月十四日）馬克思死了，於是整理馬克思遺稿的新任務又落在昂格斯肩上而使他不能完成他的著作。

在一八八五年九月「反杜林論」的第二版的序言中昂格斯寫道：

『我的任務並不在乎把辯證律自外而內的引用於自然界，而是在自然中找出他們，在自然中發展他們（他們指辯證律）。但是想在各門各部中完成這個任務，實在要寫成一本龐大的著作。不但他所包括的各部門是無邊無際的，即自然科學本身所經過的變革之有力過程，也是一個人用畢生精力所研究不完的。但是自從卡爾馬克思死後，我的時間完全放在一個不可卸肩的責任上了，因此中斷了我本來的著作。因此，我只能在這本著作中作一些暗示，而靜待將來，或者我還有個機會把我研究的結果與馬克思遺下的很重要的數學札記搜集來以出版問世。」

此後經過了四十年，直到現在昂格斯的遺稿才與讀者相見。我現在不去很詳細地敍述這些事件的理由了。在別處我已談過了這個問題。想解釋爲什麼對這兩位革命的共產主義的開山者有此種犯罪的行爲，要費很大的力氣才能找出他的原因。

這裏面最大的犯人自然是柏恩施坦，他是唯一的曉得這些遺稿尙在世間的人，但是當這些遺稿在他們手中時，他們不懂得這些散亂稿件的意義，而且也不能了解他們。而且像柏恩施坦這種人，自從一八九六年之後，便想證明辯證方法最有害於馬克思主義，這種人怎樣能了解昂格斯的札記呢？

當我從柏恩施坦手中索出這些昂格斯的札記，而加以柏照時，他又舉出了另外的遁辭。好像一切的罪愆都在已故的里奧阿隆斯(Leo Arons)身上，阿氏是位社會民主黨員而且是位學問很好的的物理學家。

柏恩施坦寫道：

「昂格斯死後不久，當時德國社會民主黨的中央委員會即將馬克思與昂格斯關於自然科學與數學的遺稿交給很出名的物理學家黨員阿隆斯，委託他去研究，究竟這些札記是不是宜於公佈。阿隆斯懷着這個目的到了倫敦，他很細心地審查了這些手稿（這些手稿大部份在愛梁諾拉馬克思愛維林手中，另外一部份則在孜茨基夫人手中）。據他向我講，他說這些東西完全不能發表。自然科學或自然哲學的著作太陳舊不堪了，而數學的稿本也不過是小學生的成績。對於這件事情，這個人是最合宜不過的，這是無可懷疑的，而這個人的純潔也是很可靠的——可惜這個人已經死了。因此，黨便不願意單獨出版這些著作。而此後（三十年之後！——里雅沙諾夫註）我曾想過阿隆斯對於昂格斯自然科學的作品不會沒有成見及偏見，因阿隆斯是非常反對辯證法的，雖然他是個很當眞的實驗家。當本年春天里雅沙諾夫找我談遺稿問題時，我也把我的意見同他說過。此後不久，我為着弄清楚這個問題，我便去找愛因施坦，也是一位很大的人物與思想家，我把這許多情形告訴了他，要求他對於這些「自然辯證法」的札記發表一點意見。」

愛因施坦同意了，一九二四年六月三十日他把他的意見送交了柏恩施坦。現在我們把他的意見整個引出，而不用柏恩施坦的重述。

『柏恩施坦先生把昂格斯關於自然科學的札記送到我這兒來，要我發表意見看他們是不是可以出版。我的意見如下：如果這些札記的作者不是一位值得注意的歷史人物，那末我就不勸他出版這些札記，因為不論用現代物理學的眼光看，不論用物理學史的眼光看，這些札記都無特殊的價值。但是我覺得這些札記是值得公佈的，因為這是明瞭昂格斯精神意義的有趣材料。』

阿隆斯是一位好人，但不是一個馬克思主義者，他不但是一位實驗家，而且是德意志工人運動中一切「澈底主義」的最厲害的反對者。柏恩施坦竟把阿隆斯的庸俗的意見敍述出來，這件功績眞不高明，因爲阿隆斯雖然是個黨員但是完全不了解昂格斯的歷史意義。札記上還留有一些阿隆斯的小註，從這些小註中可以看出，他所看過的札記只不過他所專長的那一部份。昂格斯一八八一年八月十八日信中所指的那些馬克思的數學作品他完全沒有看到。他手中只有馬克思的數學練習薄。

愛因施坦的意見證明他的科學家的良心。但是我們不曉得他所看到的是那一些札記。從柏恩施坦的信中語來推測，或者他只看到了「自然辯證法」那一細札記，裏面包括很長的關於電與磁的文字，這些文字在現在也不過只剩下了他的純歷史的意義。

三

現在我們看一看究竟昂格斯所遺下的有什麽手稿。許多他摘錄數學與自然科學的筆記本子我們除開不算。我們只選擇一些多多少少有些批評意義的手稿及多少含有述評意義的筆記。

昂格斯沒有能夠把他們組成一個整體。他只把他的札記分爲四組而札在一起，每組給一總題目，他以此自足了。就作品之內容來看，每組之間都有相互關係，但是他並有企圖他組成一個有機的整體。

四組的題目如下：（甲）辯證法與自然科學；（乙）自然研究與辯證法；（丙）自然辯證法；（丁）數學與自然科學。我所說的分組情形完全依照在柏恩施坦處接此札記時的情形而言。很顯然地，他與阿隆斯都把這札記弄紊亂了不少。或者有些札記遺落了，將來在馬克思昂格斯別種遺稿中或者還可找到。

甲組的札記並不是從訂成的本子中錄成，而是由散亂的單頁綴成。昂格斯所親自標出的最前十一條總題爲 Naturdialektik（自然辯證法）。其餘諸條都沒有標上號碼。無論前後諸條都有一條橫線以作劃分。大概每條都以特殊的字或概念起頭：布希涅爾，糊塗的無限，力，認識等等之類的字。在一個沒有號數的散頁中錄有很多從留西巴斯(Leucippus)及德莫克利塔斯兩人引來的希臘名句，是馬克思寫的。任何一頁上都沒有標明年月日期。

我在上面已經說過，這一組的起首一條是關於布希涅爾的札記，據我的意見這條札記是七十年代初寫的。再就是自然辯證法的綱要，這一條的日期，昂格斯一八七三年五月給馬克思的信中十分確定了。其餘諸條可分兩組，關於「現代社會主義」的一條介乎兩組中間。這一條可算是反杜林諸論文之緒論的變體，大約是一八七六年九月寫的。後來的一條是論「認識」的札記，還附有從一八八二年出版的「自然雜誌」(Nature)中摘錄來的句子。因此，我以爲此條以後諸條都是一八八一年到一八八二年這個時期中寫出的。當然了，這種假設或不免有誤。或者這組中有一兩條是一八七七年之前寫的。但是無論如何，這許多條中沒有一條是準備直接出版公佈的。有些地方用速記附號來代字，有些删改塗抹得很厲害。這樣看來，昂格斯寫這些東西完全爲着自己。

第二組，乙組，自然研究與辯證法却帶有另一種性質。他已經不是一些零星的札記，而是三篇較長的文字（「反杜林論」的註釋）及幾個已經成熟的綱要。除了題名之外還有昂格斯親手寫的目錄，這目錄隨時發生了一些變更。

最初的目錄如下：

（一）讀書雜記（Noten）。

（甲）實際界中數學「不盡數」的例證。

（乙）論機械的自然科學。

（丙）論奈格里不能懂得「無限」（或不盡——譯者）。

（二）「反杜林論」舊序。論辯證法。

（三）精神世界中之自然科學。

（四）從猿到人過程中勞動之作用。

（五）運動之基本形態。

在以上五個題目中有三個是重新改作過的，就是第三，第四，與第五。後來又添了一章新的，題目是「費葉爾巴赫論摘錄」，又編作了第五。這可以證明這一組發生的第一次變更是昂格斯摘去了老第五號「運動之基本形態」，而代之以新第五號。此後，「精神世界中之自然科學」一文也摘去了。因此，本組只剩下了第一號，第二號，第四號，與新第五號（「費葉爾巴赫論摘錄」）。然而號頭却沒有更動。

這一組的新更動是柏恩施坦做的，他把這組中的第四篇在「新時代」上公佈了。但是他沒有將原稿歸還原來的位置，反放到別的稿中去了。而柏恩施坦却塗去了第四號數字，而加上「公佈過了」數字。

第三組，丙組，總題目爲「自然辯證法」，內客包括六個綱要，其目錄則見於封皮上。因爲目錄與手稿的內容不符合，所以我們列出下面的一張小表把他們比較一下：

「自然辯證法」

在目錄上	在內部
(一)運動之基本形態。	沒有題目，而每頁上都寫有「運動」一字。
(二)運動之兩種尺度。	運動之尺度——功。
(三)電與磁。	電。
(四)精神世界中之自然科學。	精神世界中之自然科學。
(五)舊序。	沒有題目。昂格斯親手寫有「完整」(Kam-plet)一字。
(六)潮汐摩擦，康德與湯姆生台特。	地球轉動與月之吸力。

由此可以看到昂格斯把從(乙)組中摘下的兩個綱要放在這組裏面了：(一)運動之基本形態及(二)精神世界中之自然科學。但是這兩篇綱要都沒標明日期。「舊序」，由此題目看來昂格斯還準備寫一篇自然辯證法的新序，至於舊序大概是一八八〇年左右

寫的。文中說細胞之發現已四十年（一八三九年）可依此推定其日期。「運動之根本形態」與「運動之兩個尺度」大約是一八八〇年或一八八一年寫的。關於電的一篇大文，其中曾摘引一八八二年「自然雜誌」的文句，推測起來大概是一八八二年下半年寫的。關於內部摩擦的文字大約也寫於八十年代之初年。

第四組，丁組，題目是「數學與自然科學。合論」。其中有很重要的幾頁，昂格斯在上面記得有全部著作的總計劃。我們現在又要回到這裏。以後再來研究標有「辯證法」一語的手稿。有幾頁是昂格斯自標的號數，而數目字前面又加有辯證律的縮寫字。羅斯高紹萊美爾合著的化學之第二卷是一八七九年出版的，昂格斯却引了他裏面的文句，由此推測，則此綱要的寫成不會早於一八八〇年。而且昂格斯曾提到銷，但是還沒有曉得一八七九年尼爾遜對鉫的發現。此後便是一篇沒有寫成的短稿，標題為「熱」。此外，本組中還包括一些很短小的札記，最大的一篇是論數學的，這些小札記有時也和甲組中一樣標有小目。這些東西大概都是一八八一——一八八二年寫的。其中有一條帶有玩笑性，他註有日期，是一八八二年五月十七日。

現在我們來看一看昂格斯所思想的著作大綱如何。

著作的前面應有：

(一)歷史性的緒論：因自然科學本身之發展，所以玄學的宇宙觀已不可能。

(二)黑格兒以來德國歷史發展之行程(舊序)(註)向辯證法之回轉是不自覺的，因此是矛盾的而且是遲緩的。

(註)「反杜林論」舊序，在甲組中。

以後應當敘述辯證法之總定律。

(三)辯證法是規律關係的科學。主要的定律是：數量向性質之轉變；極端對立當走到邊際時之互相溶調與互相轉變；經過矛盾之發展，或否定之否定——螺旋形的發展形態。

在辯證法總定律之後昂格斯另闢一部來作一科學的分類並述其相互關係。

(四)科學之互相關係。數學，力學，物理學，化學，生物學，聖西門(孔德)及黑格兒。

以後應用辯證法的觀點來對各門科學作批評的陳述。

(五) Apercus (略述)關於每門科學及其辯證法的內容：

(子)數學：辯證法的輔助工具——數學的無限之實際存在。

(丑)天體力學現在變成了一個過程。惰性一語不過是運動不滅的消極表辭，現在力學已走出了他的範圍。

(寅)物理學。相互分子運動之轉變。克勞西斯(Klaucius)與勞施米德(Loschmidt)。

(卯)化學。理論。力。

(辰)生物學。達爾文主義。必然與偶然。

(六)認識之界線。杜堡烈莽(Dubois-Reymond)與奈格里。海爾姆何茨(Helmholtz)，康德與休謨。

(七)機械論。黑格爾。

(八)簡單的靈魂。黑格爾與奈格里。

(九)科學與學理。維爾霍夫(Virchow)。

(十)細胞國家。維爾霍夫。

(十一)達爾文主義的政治與社會學說。黑克爾與勞施米德，人類由於勞動之分化。

政治經濟學屬於自然科學。海爾姆何茨關於『勞動』的學說(通俗講演第二部)。

依照着這個劃分，照着這個樣子，我們可以處置我們現有材料之全部。我與沙克謝教授曾作過這樣的企圖。他們雷同之點雖然很多，但是他們總還是「主觀的」。一切讀者都可要求編者儘可能地少用『主觀主義』。在昂格斯所寫的綱目上不難依照其組的劃分而分配這些綱要與札記。

同時在出版昂格斯的手稿的時又不能依照柏恩施坦手中的分組法。我在上面已經指示出來，但何人都不能保證昂格斯的遺稿未被他人弄紊亂，甚至有幾條札記乾脆地失落了都不敢保。所以直到現在沒有找到昂格斯在「反杜林論」中曾提過的古史綱要。因此我才來排列其年代的次序，儘可能地在馬克思與昂格斯的書信集中找出年代的出發點。

主要的時期都已經自己指出（一）一八七三年至一八七六年的著作是「反杜林論」之前寫的，而且應用於「反杜林論」中；（二）「反杜林論」及其「附錄」是一八七七年到一八七九年寫的；（三）一八八〇年至一八八二年的作品。我們本書中所刊的第一篇，總題目爲「辯證法與自然科學」，第二篇爲「從猿到人的過程中勞動之作用」，第三篇爲「精神世界中之自然科學」的綱要，這三篇都歸第一組。第四篇「反杜林論舊序」——論辯證法，與第五篇「反杜林論註解」都歸第二組。

第六篇到第八篇都屬第三組。這一組的首篇是「自然辯證法舊序」（全書第六篇）。以後是一八八一年到一八八二年寫的札記，搜集來成爲獨立的一篇（第七篇）。甲組中之一部份及丁組中之全部札記都收入此組。我們努力以求不失落昂格斯一個小小的思想，不失去一段小小的札記。此後（第八篇）我們印了一篇長札記；是論辯法是關係科學，其中只討論了辯證法的一個定律：數量向性質及相反的轉變律。如果昂格斯實現了他的計劃，則此大綱應收入第三部。

第九篇是「運動之基本形態」，第十篇是「運動之兩種尺度」，第十一篇是「潮汐摩擦」應歸入力學述略中。論「熱」的札記（第十二篇），及最長的著作論「電」的作品（第十三篇）都是昂格斯研究物理學時的結果。

第四組（從第十四到第十六篇）包括一些已經發表過的材料，大概都是一八七五年到一八九二年之間寫的。我們認為「反杜林論」第二版的序言是值得重印的，因為他對昂格斯關於現代自然科學中辯證法的觀點作了一個總結（第十四篇）。我們從乙組中取出了「費葉爾巴赫論摘錄」，這大概是校正版時（一八八六年）補入的。第十六篇是昂格斯所寫的他的朋友紹萊美爾的略傳，是一八九二年在「前進報」上發表了的。大家很少人知道這篇文字是昂格斯個人精神發展史上的材料，其實昂格斯研究化學的時候，紹萊美爾給了他不少的幫助。

四

在結語時我要對昂格斯著作的內容說幾句話。有學識的馬克思主義者當談到馬克思主義的根本問題時並不能在這本著作中找出絲毫『新鮮的』東西。他知道，馬克思與昂格斯的唯物論是從費葉爾巴赫的唯物論中蛻化出來的，但是與費氏的唯物論根本不同，與一切抽象的自然科學的唯物論也是根本不同，因爲他是辯證的，他確定了社會現象與自然現象的歷史性，而不論在社會中或自然中，這歷史的完成不由於外來的推動力，而由於這些現象所具有的『對立』之辯證的發展。

昂格斯在我們前面引過的序中（昂格斯在這序中不無對自家著作的自誇）寫道：

『在這些數學與自然科學的研究中，我所認爲最重要的是在特殊方面（在一般方面我久已深信無疑）相信在歷史事件的貌似偶然中的運動辯證律也同樣地統治於自然界一切變化的渾沌中；穿插於人類思想發展史中的定律也漸漸浸入能思想的人們的意識之中；黑格兒首先把這定律發展成爲無所不包的形態，雖然是神祕的形態，我們想（這是我們的任務之一）擺脫這種神祕形態，而把他的單純性與普遍性印入人們的意識。」

昂格斯自己曉得，假若他準備把他研究數學與自然科學的結果公佈出來，這些材料是會「過時的」。

「或者理論的自然科學之進步會將我的著作之大部或全部變成過餘的東西，因爲理論的自然科學必須把許多日積月纍的純實驗的發現加以系統化，這便造成了他的革命，而這革命又迫使最當眞的實驗家不得不承認自然界現象的辯證性。而舊的，冷結了的矛盾與清楚的，不可越過的界線都漸漸消逝了。」

昂格斯是正確的。說到「特殊方面」時，說到某門科學時，他的著作的大部份是「過時了」。當然他不會知道他的天才的著作會落入低能的實驗家與庸俗人的手中，對於這些人，他的著作已「過時」三十年了。但是如果現在他還能繼續這部著作，則他可以自信，其『過時』何等的不久，其著作之根本思想是何等地年青的新鮮，在研究的方法方面是何等地有效果。例證與論據『從各方面向他飛來』。

『要承認，這些矛盾與差異在自然界中雖然存在，但只有相對的意義，反之，加之於自然界中的固定性與絕對性不過是我的反映給與他的。這個承認是辯證的自然觀之根本要義。自然科學中所積纍下來的事實日漸證明辯證自然觀之正確，如果用這些事實的辯證性來與辯證發展諸規律之認識比較一下，則更容易接受此種觀點。』

當昂格斯寫這幾行的時候，他已經曉得了曼德列夫的原素週期律及麥契尼攷夫(Mechnikow)的白血球說。但是他還不知道馬克斯威爾(Maxwell)著作的大意義。誠然，全學術界也只有在海爾茨的實驗之後才了解了他的意義，然而昂格斯却沒有能夠等到這個實驗。他死了，沒有看到放射物之化學與發光學(Rentgenologie)之進步，沒有看到他死後三十年中數學與自然科學所經過的偉大變化。

昂格斯這集作品中最『過時的』要算他論電學的一篇，然而因爲正如此，他對維德曼（Wiedemann）的漂亮的批評可以證明後者的理論在一八八二年時已經過時了，雖然當時的專門雜誌十分獎譽他的作品。在這裏最好舉出我們的同國人（俄國人）克斯洽孜夫斯基批評維德曼的作品來作證。昂格斯對於維德曼電學理論的批評並沒有走錯路子，從下面一條札記中可以看出：

『在敍述化學分解及再成中電花之行動時，維德曼說這是化學問題。但是化學家却說這是物理學的事。由此看來，在分子問題與原子問題發生衝突時，這兩種人都承認了自己的沒有辦法，但是，可以生出最大的結果的也正是這裏。』

因爲馬克思與昂格斯的辯證唯物論是個唯物論，是唯物的自然觀與社會觀，所以他免不了『過時』的危險。自然研究與社會研究中一切新的發現都有這個『危險』。但是馬克思主義却歡迎這種『危險』，雖然這『危險』使他不得不重新『修正』他的見解。馬克思主義眞實地需要此種『修正』。列甯在與經驗批評論者爭論時所說的話是很正確的，他說，昂格斯唯物論之『形態』的『修正』，其自然哲學見解之修正，不但絲毫沒有現存的『修正主義的』意味，反之，正是馬克思主義所必然需要的。

我們希望，這些自然科學專家，如果他們的見解還未被經驗主義的繩套所纏死，如果他們還未被階級的道爾頓主義所毒透，如果他們不畏懼辯證批評之利劍砍破了資產階級社會思想基礎之完整，就請他們來研究昂格斯的著作，而且請他們用簡單平白的話告訴我們，究竟他的哲學與自然科學的作品『過時了』幾許。

* * * * *

校勘昂格斯的手稿及付印之準備是在曹伯爾指導之下進行的；譯文出於猶施凱維奇的手；德文本與俄文本的讀校工作是在魯美爾指導之下進行的；昂格斯從各著作中所引用之文句，及其校勘與編爲附錄都出於沙克謝教授之手，他又參加了手稿的校勘與德文版校對的工作。

傑波林在編輯與校正上都很努力地參加了。

在這裏也要提及印刷工人，他們都很努力地作工以求得正確的排版。

雖然我們有這大的努力，卻仍不能避免勘誤表，但是如果讀者把他拿來同德國出版的勘誤表比較一下，則不能不承認我們的自謙與客氣。

里雅沙諾夫

（此序作於一九二五年——譯者）

自然辯證法

自然辯證法舊序

現代自然科學算是得了各方面的有系統的科學的發展；現代自然科學和古代的天才的自然哲學的謎不同，也和十分重要的蹊徑自闢的而大部份是無結果的亞拉伯人的發現不同，現代自然科學同新時代的歷史一樣佔了一個著名的時代，這個時代我們德國人稱之爲宗教改革（這眞是我們沒有法子擺脫的民族的不幸），法國人稱之爲再生，而意大利人則稱之爲五百年（Cinquecento），其實這三個名稱沒有一個能完全包括他的內容。這個時代是從十五世紀中葉開始的。國王的政權依靠在市民身上擊碎了封建貴族，建立大規模的，實際上卽是民族的君主國；現代歐洲的民族，現代的資產階級社會在這種基礎上得到了發展。這個時候貴族及資產階級相互間的鬥爭還不十分酷烈，而德國的農民戰爭又預言地指出了未來的階級撕殺，因爲在農民戰爭中，不僅有暴動的農民登場

——這並不新奇——而且在農民後面還有現代無產階級的第一次露面，手裏打着紅旗，口裏喊着財產公有的要求。在比山庭滅亡時所救出的手抄本，在羅馬底廢墟裏所掘出的古代雕像，在驚異的西方之面前開了一個新世界——希臘的古代。在現世的影像之前消逝了中世紀的幽靈。在意大利達到了空前未有的藝術之光華；這的確是古典的古代之反照，而且以後的發展也未能再達此種高度。在意大利，在法國，在德國都出現了新的破題兒的現代文學。英國與西班牙也很快地走到了他們的古典文學時代。大地底舊界限被打破了；只到了此時才發現了地球，才立下了近代世界商業的基礎，才立下了從手工業到手工廠制度轉變的基礎，而手工廠制實在是現代大工業的發軔。教會底精神獨裁被打破了；日耳曼民族的大部份接受了新教教義，而在羅馬民族中，擺脫了亞拉伯人而浸潤於新發現的希臘哲學中的樂天的自由思想漸漸根深蒂固，準備了十八世紀的唯物論。

這是個歷來人類社會中所發生的最大的進步的變革，這時需要偉大人物，同時他產生了偉大人物，這些人物在思想之能力上，在熱情上，在性格上，在淵博上，在多學上都算是偉大的。造成現代資產階級的統治的無論如何都不是那些資產階級蠢才。反之，都是些當代的冒險的脚色。那時差不多沒有一個大人物不作過很長途的遊歷，不通四五國的語言，不弄過幾種創作。里昂那德·達·文齊（Leonard Da Vinci）不僅是偉大的藝術家，而且是個偉大的數學家，機械學家，工程師，他在物理學的各方面都有很重要的發現；亞爾卜列希特·杜烈爾（Albrecht Dürer）是個藝術家，木刻家，雕刻家，建築家，此外他還發明了築城學的系統，其中所包含的理想在很久之後孟達崙拜爾及德國其他最新築城學者才加以發揮。馬奇威里（Macchiavelli）是個政治家，歷史家，詩人，此外他還是第一個值得紀念的新時代的軍事作家。路德不但掃除了教會的積穢，他也打掃了德國語言中的積穢，他創立了現代的德國散文，他製作了許多歌曲，其中充滿勝利的感覺，成了十六世紀的「馬賽曲」。那時的人還沒有作分工的奴隸，他們的子孫却作了這種奴隸，而常常有低能的小氣的行動。但是他們有個特點，就是，他們差不多全都生活於當代底一切興趣中，參加一切實際鬥爭，他們總要不加入這個黨便加入那個黨，有人用舌頭，有人用筆，有人用劍，有人用這或用那，但總是鬥爭的。因此才有了他們品性之飽滿與有力，所以才從他們中間造成許多完人。書齋裏面的學者在那時只算是例外；這大概是第二流或第三流的人，或是一切老好好的鄉愿，不願意野火燒了自己手指頭。

自然科學在當時普遍革命的環境中發展了，他自身便是個澈骨革命的，因爲他在當日還要爲着自己的生存權而鬥爭。許多偉大的意大利人開闢了新哲學，他（科學）同這些意大利人一道兒送了許多殉道者給異端裁判所的火堆及囚室。很特別地，是新教徒也跟在天主教徒之後來搜捕自由的自然科學。謝爾維特（Servet）快要發明了血液循環說了，加爾文（Calvin）燒死了他，在燒時還要活烤兩個鐘頭；而異端裁判所對於勃魯諾（Jiordano Bruno）只簡單地燒死便已很稱心快意了。

許多不朽創作之出版實在是一個革命行動，自然科學以此宣佈其獨立性，好像是學步路德焚毀教皇的諭旨一樣。哥白尼用他的書的出版——雖然是在死後——算是把手套擲給了自然事務中教會的權威。從此時起，自然科學算是擺脫了神學，雖然有許多個別問題的說明一直延到現在，在許多人心中還沒有弄清楚。從此時起，科學有了長足的發展，這發展可以說與其從出發點距離（時間上的）之平方成正比例。

在發展的當時的初期自然科學的主要任務是怎樣處置當前現有的材料。在各門中都要從頭來。在古代有歐克里幾何，有託萊米的太陽系統；亞拉伯人則有十進數法，有代數學，有現代計數法，有煉金術；基督教的中世紀則一無所有。在這種情形之下，佔首要位置的自然是自然科學中最要素的各門，如地球與天體之力學，及與他並列而服務於他的數學方法之發明與發現。這裏做成了很多大事。這個時期以牛頓與林乃（Linné）爲顯著，在這個時期的末期，這些知識部門中有了很顯著的發現。最重要的數學方法在根本上都已經奠定了：主要的是笛卡兒對解析幾何，尼波爾（Neper）之對對數表，萊布尼茨及牛頓之對微積分。同時固體力學也大概是如此，一下子把他所有的規律都闡明了。最後在太陽系的天文學中凱卜萊發現了行星運動法，而牛頓却說明了物質運動的一般法則。自然科學之別個部門都還趕不上這些。液體與汽體的力學只有在這時期的最末尾才有了若干的研究。就嚴格意義上說來，這時的物理學才不過是最原始的階段，不過光學却是個例外，光學因天文學中的實際應用而得到了進步。化學則因燃燒試驗而脫離了煉金術。地質學在這個時候不過是礦物學底胚胎階段，因此還不能夠有古生物學。最後在生物學方面，主要的是在植物學，動物學及解剖學特別是生理學的廣博的材料加以收集及整理。至於生命形態之比較，地理分佈及氣候及別種條件之研究，還談不到。這裏只有林乃的研究使植物學及動物學有了若干的成績。

然而這個時期亦有個特點，就是形成了一個完整的世界觀，這世界觀底中心是關於**絕對不變的**自然界之學說。根據這種學說，不論自然是怎樣成立的，只要他是現成存在的，那末，他存在一天，便永遠如此不會改變。行星及衛星，既有一個玄祕的「第一推動力」把他們引入運動，便照着他們的軌道運轉下去，一直到萬萬年，或是到一切東西都完結的時候。星宿們都永遠牢守着他們固定的位置，因『萬有吸引力』而互相維持。地球呢，從皇古以來，或是從創造以來（不論是怎樣創造的）便是如此這般的，一成不變的。現在的『五大洲』是永遠如此的，山陵，谷，江河，氣候，植物，動物都永遠地維持着原狀，除了人爲的變動之外。植物及動物底種別在成立時一經固定便永遠如此不會改變，相同的總產生相同的，林乃有時說，因爲雜交也常常可以產生新種，這話已經是很大的讓步。人類歷史是在時間之中發展出來的，而自然歷史剛剛相反，他只成立於空間之中。否認了自然底一切變化，一切發展。原來革命的自然科學這時突然間立在極端保守的自然之前面了，在自然中現在的一切都維持着太初的狀態，而且一直會維持到世界之末日，就是說，他以後的萬萬年都會維持其太初的狀態。

十八世紀初葉的自然科學高過了希臘的古代，不論就知識之淵博及材料之整理上來講都是如此，但對於這些材料之觀念上之克服來講，對於總的宇宙觀來講，他却遠遜於希臘。希臘的哲學家以爲在實質上世界是從渾沌中產生的，是發展的，是變更的一件東西。而這個時期的自然科學家則以爲是固定的，不變的，而且大半是一次造成的東西。

科學還深深地埋在神學中。他在各處尋尋覓覓打算找一個最後的原因，自然本身所不能解釋說明的外來的動力。如果吸引力（牛頓很自得地名之曰萬有吸引力）是物質之眞實性質，那末造成行星軌道的不可解的離心力的源泉又在那裏？動植物之無數類別何由而起？特別是人類是怎樣產生的？大家都可很堅決的斷定他不是本來存在的。自然科學家對於此種問題之解答往往乞援於萬物之創造者。哥白尼在這個時期之初棄絕了神學，而牛頓却以神的第一推動力之要求結束了這個時期。這個時期自然科學的最高的總的觀念是自然過程底目的性，十足的伏爾佛的目的論（Wolfsche Teleo'ogie）。據這學說，生貓是爲着吃老鼠，生老鼠是爲着要給貓吃，而全部自然爲着是證明造物者底智慧。當時的哲學着實有很大的德性及光榮，他們沒有承受當時自然科學底蠢才的觀點的影響；從斯賓諾莎起到偉大的法國唯物論者止都很堅定地要在宇宙的本身中來說明宇宙，他以詳細證明的工作交給了未來的自然科學。

我把十八世紀的唯物論者也歸入這個時期，因爲他們所支配調遣的自然科學材料也不過是上面所描寫的。康德底劃時代的著作是他們所不知道的，而拉卜拉斯（Laplace）離他們更遠。可是，不要忘記了，雖然科學的進步完全打翻了這個腐老的宇宙觀，而十九世紀的前半期實在還在他影響之下，其實直到目下各學校所教授的還是這些東西。

打在這個宇宙觀底堅壘上的第一彈不是自然科學家而是哲學家打的。在一七五五年康德的書「大自然史與天論」(Allgemeine Naturgeschichte und Theorie des Hinrmels) 出版。在這裏取消了第一動力的問題；地球及整個太陽系是在時間的行程中**成立的**。牛頓以預先警告來表示其自己的恐怖，他說：物理家，你小心着玄學家啊！如果大部份的自然科學家在自己腦筋中沒有感覺到這種危險，那末他們就應當從康德底天才的發現中尋求一點結果，可以節省他們在邪路上無頭無尾的彷徨，可以節省他們在錯誤的方針上所耗費的巨量的時間與勞力。在康德底發現中包含着一切未來進步底胚胎。如果地球本身是個發生的東西，那末他現有的一切地質的，氣候的，地理的狀況，他的動物及植物也應當是發生的東西，而他自己不但應在空間中而且應在時間中有歷史。如果照着這個方向馬上開始堅决地工作，則現在的自然科學必然比現在有更多的進步。但是哲學那能開出什麼門堂？很久很久康德底著作沒有發生什麼直接影響，直到拉卜拉斯及亥色爾(Herschel)發展了充實了他的內容，而造成了「星雲假說」的勝利之後。以後的發現鞏固了他的勝利，最重要的發現是恆星自轉底確定，宇宙大空中有阻力物質之存在底證明，用光線分析確定了宇宙物質之化學共同性，而火質的雲霧大塊之存也一如康德所想像。

現在還有個可以懷疑的地方，就是自然是**自存**，**自在**，**自生**，**自滅**，假若沒有別的東西來幇助這種發育着的見解，則自然科學家是不是會想到兩個學說中的矛盾呢，一個說變動的地球，一個說地球上面的不變的有機體。地質學成立了，他不但要說明現存的，在形成時一個比一個晚，在排列上一個在一個上的地質層，並且要研究各層中所保留的死動物底甲殼及骨頭，及地上不再有的植物之幹，葉及果實。到這時就不能不承認，不但整個地球，而且地面及其上面的動植物都在時間中有歷史。在一開始這種承認是不容易的。居維(Cuvier)關於地球革命的理論，只在口頭上是革命的而在實際上却是反動的。他擯棄了神造說而代之許多類似的創造行動，從神蹟中製造了自然底眞實本源。只有雷爾（Lyell）才把一種健康的思想引入地質學，他捐棄了突然的，由造物主一時興發所引起的革命，而代之以地球慢慢形成底漸進動作。

雷爾的學說同有機種類不變說比從前的學說更難調和。地球表面漸次形成及其生活條件漸次形成底學說必然直接地引向有機物體漸次形成的學說，引向對變化的環境之適應說，引向物種可變說。但是傳統思想不但在天主教會中，即在自然科學中亦有力量。雷爾自己在很多年中沒有發覺了這種矛盾，而他的一些學生更差。只有用當時自然科學中底分工來說明這種現象，每人都自限於其專門的知識部門中，沒有人能夠融會貫通顧到全體。

然而物理學中發生了很大的邁進。在物理學中有名的一八四二年，三個人同時做了一個結論。梅葉爾（Mayer）在海德爾堡（Heidelberg），儒列（Joule）在曼契斯特證明了熱可以變作機械力，而機械可變作熱。熱之機械力等量之確定打消了這個問題底一切疑問。同時格羅夫（Grove，並不是一個職業的自然科學家，他是個英國律師）把當時堆積的物理材料略加整理與研究之後就證明了一切所謂物理力者——如機械力，熱，光，電，磁，及所謂化學力——在某種條件之下都可互相遞變而無所耗失，這樣子，用物理學的方法也可證明笛卡兒學說之正確，他說宇宙中運動之數量是不變的。因此，各種物理力（即所謂物理學中的不變『類別』者）都不過是等差的，依某種規律而互變的物質運動之形態。在科學中擺脫了物理諸力各種數量之偶然性，因爲已經證明了他們相互的關係及變通。物理學同天文學一樣走到一個不可免的結論，動的物質之永遠的周轉成了最後的結論。

拉瓦謝（Lavoisier）特別是道爾頓之後的化學之飛快的發展另外地破壞了舊的對自然的觀念。用無機的方法來造成有機體中的化合物證明化學的定律不但適用於有機體，而且適用於無機體，向來的直到康德之後還有的有機與無機中間之鴻溝算是填平了一部份。

最後，地質學的研究在上世紀（十八世紀——譯者）中葉開始了有系統的，有組織科學的旅行與攷察，在全世界的歐洲殖民地上都有那裏特養的專家來作精確的研究，同時古生物學，解剖學，及生理學都有了很大的進步，特別是顯微鏡之系統的運用及細胞之發明，由此種種積壘了很多材料，使比較研究法之應用成爲可能的而且是必要的。同時因爲有了比較自然地理學，所以就確定了各種動植物之生活條件，對於各種有機體的相同器官都有了比較的研究，這不但對成年如此，對於生命發展之各段都是如此。此種研究越是深刻越是精確，固定的有機自然界的傳統形式越是難於維持。不但很絕望地消滅了有機無機之差別，而且發現了一種動物如 Amphiaxes 及 Lepidosiren 兩物實在是超出了過去的一切舊的種類，他們是一種有機體但是不歸入而且不能歸入動物或植物。古生物學紀年中的空白多多少少塡補了一些，因此使最頑固的學者都要承認有機世界全體的發展史及每個有機物的發展史之間存在一種可驚的平行發展，這是一條阿利亞特尼（Ariadne）的線可以引出那動物學及植物學多年迷失的迷宮。很特別地是康德出來攻擊太陽系永恆說的時候，差不多是同時，在一七五九年，渦爾夫(Wolff)出來對物種不變說施以第一次的搥擊，而公佈了其發展說。但是，這在他不過是一種天才的卓見，後來到了奧根((ken)拉馬克(Lamarck)及拜爾(Baer)手裏才有了較爲具體的形式，而在一百年之後，在一八五九年才被達爾文勝利地引出。原生質與細胞本來是久已被人承認爲一切有機體之最後組成要素，現在同時被人承認了他們都以最下級的有機形態而獨立生存着。因此，有機與無機中間之鴻溝差不多已經小到最低限度，而用發展的方法來研究有機體發生之最重要的障礙算是掃淸了。於是近代世界觀之基本諸點已經齊備了。一切永恆的解體了，一切堅固的蒸發了，一切所謂永久的都是可變的，而整個的自然界亦存身於永久的急流與旋渦中。

『現在我們回來看看希臘哲學底偉大的開創者的概念，他們說，從最小的分子到最大的大塊，小自一沙粒大至太陽，自蚊虻至於人，總而言之，全部自然界都存身於永恆的生與滅，不斷的川流，不停的運動及變化中。然而這在古代的希臘不過是個天才的破謎，而在現代却是嚴格科學的經驗的研究之結果，因此有了十分更固定更清楚的形式。的確，此種周轉之經驗的證據還少不了許多空白，但是空白比較已經固定的要少，而且這空白也一天一天地塡補起來。要記起科學之主要部門如星宿天文學，化學，地質學才不過有一世紀的歷史，生理學中之比較方法才不過五十年，而一切生命發展之根本形式，細胞之發現才不過四十年。」

旋轉的星雲，其運動之規律要經過很多世紀的時間來觀察星宿的自轉才能知道，這些星雲中間因冷却及消滅產生了許多太陽，及我們的太陽系，我們的太陽系則限制在最偉大的星環——銀河之中，那是個宇宙的星羣。很顯然地，這種發展並不是在各處都用同樣的速度。天文學現在不得不承認在我們的星系中有黑暗無光的非行星體存在，即無光星的存在。同時（根據賽奇 Secchi）我們星系中的雲霧體是還沒有成功的太陽，而據梅德萊說，這些星雲是很遠很遠的獨立的宇宙星羣，而其發展的程度要用分光鏡來決定。

拉卜拉斯用很詳細的，空前絕後的方法說明了怎樣從星雲中發展了太陽系，最新的科學不過證明了他的思想而已。

在最模範的個體中——在太陽，行星，衞星中——最初充滿着一種物質運動的形態，我們稱之曰熱。在那種溫度之下，如現下的太陽一樣，談不到什麽原素之化學的化合；更進一步地觀察太陽使我們知道熱能夠變成電與磁；現在差不多已經十分肯定了，太陽上面所發生的機械運動，他的唯一的來源是熱與重之鬥爭。

單個的星體越小則其冷却愈快。開始冷的是衞星，流星，隕石；我們的月亮早已滅了。行星冷得較慢，而中心的大星冷得更慢。

隨着漸進的冷却，首先開始了互相變通的運動之物理形態的互相行動，最後到了某一點時，開始分成各種化學原素，化學上無差異的原素相互分化起來，每個得了一種化學性質，而可以互相化合。此種化合隨着溫度之降冷而變化。溫度之變冷不但影響於每一個原素而且要影響他們的化合物，隨着這種變化，氣體變成了液體，液體又變成固體，因此就造成了新的條件。

當行星得到一個硬殼時，他的表面就慢慢地積蓄了很多水，到了這個時候，他本身的溫度同他從中心星所取得的溫度比較起來，就慢慢地減少了作用。於是他的氣圍就成了隕石的活動場。用現在的話來講，行星的表面成了地質變化的場所，在表面上形成了大氣圍，他的比重慢慢地增加了，而地心火液對表面之行動則慢慢減少。

最後，溫度降低到了某種程度，——最低限度在地面之某一部——超過了一定的界線，到這時蛋白質已經能夠存在了，而在適當良好的化學條件之下，就形成了原生質。直到現在我們還不曉得這種適當的良好的先決條件怎樣。這個並不奇怪，因爲直到現在我們還不曉得蛋白質的化學公式，甚至不曉得在蛋白質中有幾種化學原素。差不多在十年之前我們知道了完全不成形的蛋白質具有一切生命作用，消化食物，排洩，運動，消耗，對刺激的反動，繁殖。

不曉得過了幾千幾萬年，造成了一種條件使此過程能夠前進一步，於是從這無形態的蛋白質中因核及膜的形成而產生了第一個細胞。隨着第一個細胞立下了有機世界形態組成的基礎。我們根據古生物學的紀年的材料我們可以假定最初產生的是各形各色的無細胞的或是有細胞的原生物(Protist)，堪那登斯(Canadense)告訴我們這些東西。從這些原生物中慢慢地分化出了原始的植物與原始的動物。從原始的動物中經過更多的分化產生了綱目科屬種的分類，最後產生了一種動物，到了發展到了完滿的時候，產生了神經系統，特別是脊椎神經，而最後，經過了脊椎神經，大自然就認識了自己——就產生了人。

人是由分化產生出來的，這分化不但有個體的意義，由單細胞變到自然界中最複雜的有機體，而且有歷史的意義。經過了幾千幾萬年，兩手才從脚中分化出來，才有直立的行走，從此人才同猿猴分途，從此才建立了語言發達及腦筋大發達的基礎，而且因爲有了腦子及語言的發達所以才形成了人與猴之間的不可渡越的鴻溝。因爲手的特殊作用發達了，所以才出現了工具，工具可說明人的特殊的行動，人對自然發生了作用，這就是生產。動物也有工具，但只在很窄的範圍內，他只能以其身體之一部作爲工具，譬如螞蟻，蜜蜂，水獺等等；動物也生產，可是他們對周遭自然界的生產作用只等於零。只有人才能夠對自然留得一點痕跡，他們不但可以移植動物與植物，他並且可以改變其住處的氣候與形式，他並且可以改變植物與動物，他們行動的結果只有到地球死滅時才會消滅。

他之所以得此，首先的主要的是因爲有手。汽機在現在算是最有力的改變自然的武器，但最後還是要用到手。而跟着手的發展又發展了頭，產生了意識——在開頭時不過是些有益的實際的行動，後來在條件良好的民族中慢慢覺得了這種有益的行動就是自然的法規。一方而增加了對於自然規律的認識，一方面跟着就發展了自然行動之方法。人不只在手的幇助之下創造了蒸汽機，假若腦筋不跟着手的發展而發展，則這還是不可能的。

我們以人的資格走入歷史。動物亦有歷史，就是他的發生及慢慢進化到現在狀況的歷史。但是這歷史只經過他們，爲着他們，而他們自己也親身參加的，但是却不依照他們的知識及希望。人離嚴格的獸越遠，則越能覺到自己的歷史，則不能預見的因子不能節制的力量對歷史的影響亦愈小，而先定有目標的歷史行動亦越能得到較多的符合的結果。如果我們以這種規模而研究人類的歷史及現代最發達的民族的歷史，則我們可以看到立定的鵠的及得到的結果之間還有很多大的不調協存在，這不可預知的勢力還依舊統治着，不可節制的力量比起運動中有計劃的力量還要大得多。這是沒有辦法的，人類最重要的歷史活動，人類以之脫離禽獸的活動，這種活動組成了人類一切別種活動的基礎，這滿足人類生活需要的生產，到了現代就是社會生產，當這種生產還是不可節制的力量之不可預見的行動之盲目的遊戲時，當人類所立定的目的實現起來只是一種例外或是結果完全相反時，總是如此的。在最進步的工業國家裏我們可以克服自然的力量使他服務於人類。我們因此可以無限制的擴大生產，而到了現在一個小孩子做的事都比過去幾百個成年人做得多。但是這種生產擴大的結果如何呢？剩餘勞動的增長，貧困的增加及每十年一次的大破壞。經濟學家宣揚自由競爭與生存鬥爭爲最偉大的歷史勝利，而達爾文却證明了這些東西是禽獸世界的常態，當他這樣做時，他給人類特別是他的同鄉開了個頂苦辣的頑笑，這他自己也知道。只有有計劃的生產與有計劃的消費即是社會生產的自覺的組織才可以使人在社會關係上超乎其餘的禽獸，因爲他這樣做才可以把生產抬舉到特殊的意義上。只因爲有了社會發展所以才使這種組織一天天有可能。從此開了一個新的歷史時代，在這個時代中人類及其各種活動特別是自然科學都有了很大的進步，一切過去同他比較起來都不過是個陰影。

一切生的都要滅。過去了幾百萬年幾千幾萬代生了滅了，時光毫不姑息的前進，當太陽的熱力窮盡時兩極所堆積的冰必然會散佈開，那時密集在赤道上的人類必然也有人工取煖的必要，那時有機生活的最後殘跡也必然會慢慢地消滅，那時的大地成了冷却的死了的球，同月亮一樣，那時他將在死了的太陽之周圍循着一天比一天短的軌道在深邃的黑暗中運轉，最後便落在太陽上面。別的行星也要遭受同樣的命運，有的比地球晚有的比地球早。一個冷的死的球繼續着在宇宙太空中很單調的行走，代替以前的調協地多元的，有光的，有熱的太陽系。我們太陽系遭際此種命運，我們宇宙星海中無數的別的系統也將遭受同樣的命運；有些星星，當人類存在還有眼睛能夠看到他們的光時，他們的光還沒有走到地球，但是他們也逃不了這種命運。

當這些太陽系完結了這些生命之環而遇到了固定的命運時，當一切都是犧牲的死滅時，以後怎樣辦呢？太陽體是不是會以簡單的大塊在無窮的太空中滑溜，難道以前的各形各色的分化出的自然之力會變成永遠一成不變的運動的唯一形式——吸力麼？賽奇(Secchi)曾問過（八一頁）『或是在自然中有一種力量能夠把死了的系統恢復到火熱的星雲的原始狀態，能夠喚起新的生命？我們不會曉得』。

當然我們不會曉得，正如我們不曉得二乘二等於四是爲什麼，不曉得爲什麼物體之吸引力同物體距離之二次方成反比例。在理論的自然科學中，力求把自己對自然的觀念統一成爲調和的整體，沒有這東西連近代最有辦法的實驗的理論都不能前進一步，我們時常要乞靈於不全知的數目，而邏輯及思想之澈底應當經常的把知識之空白處塡補起來。現代的自然科學必須從哲學那裏借來運動不滅說，不然他便不能存在。但是物質的運動不但只有一種呆板的機械運動，不但只有簡單的位置移動；物質的運動有熱，光，電的及磁的引力，化學的化合及分解，生命及最後的意識。假如說物質只有一次，同永恆的時間比較只有很有限很有限的一個短期中可以分化成為各種形式，以後就要把運動底一切豐富形式交還，而自己永遠以簡單的位置移動而滿足，這等於說物質是死的而運動是無常的。運動不滅說不但要從數量的意義上同時也要從質量的意義上去了解他。物質——他的機械的位置移動雖然在某種合適的條件之下也可以變作熱與電，化學作用及生命等等，但是他自己不能夠產生這些條件——這種物質只耗費運動；運動——假若沒有能來變作他本身所蘊含的幾種形式，這種運動雖然有動力（Dynamie）却沒有能(Energie)，這樣就會消滅一部份。但是這兩種情形都是不可想像的。

可是無論如何有一點是無可懷疑的，就是有一個時候我們的大宇宙的物質把很多運動變作了熱，他的數量到現在我們還不知道，不過據梅德萊爾說，最低限度從這些運動中可以產生二千萬個太陽系，這些太陽系當是早晚是要消滅的；這是我們堅決地相信的。究竟怎樣變的呢？我們所知道的同賽奇一樣地少，將來的我們太陽系的殘骸是不是會重新變作生原料以準備建造新的太陽系。對這個問題我們或是不得已而乞靈於造物者，或是做一個結論說製造我們大宇宙中的太陽系的火熱的原料是用天然方法起來的，用運動轉化的方法，他出於自然底運動的物質，雖然幾千萬萬年之後，雖然以多少偶然的形式，但必然有這個時候。

現在我們應當一天一天地更要承認這種轉變底可能。一般學者都不得不相信，星宿之最後命運是互相碰擊，他們必然排洩出很多熱力，這是在這種衝突之下必然會產生的結果。天文學所通知的新星之突然出現，及許多熟知的舊星之突然地增加了光明，都很易得來證明此種衝突之假說。在此時不要忘記了，不但我們這一羣行星繞着太陽轉，而我們的太陽也在大宇宙星羣中移動，而我們的全宇宙星羣又要在宇宙太空中移動，他要同別個宇宙星羣維持一種暫時的相對的均勢；因爲，卽令是一個自由運行的個體他的相對均勢也只有在某種條件所限制的運動中才能存在，許多研究者證明，在宇宙太空中各處的溫度並不是一致的。最後我們知道除了極少數的例外，我們宇宙星羣中之無數太陽之熱力都消滅在太空中，但還很難增高太空溫度攝氏寒暑表百萬分之一度。這些大量的熱力以後的遭遇究竟如何呢？是不是葬身於烘煖太空之嘗試中呢？是不是實際消滅而只因為增加比零大一點的溫度，是不是只在理論上存在於這個事實中呢？這種論斷等於否認了運動不滅說。這替一種假說開了門，這假說說因各星之互相碰擊，一切實在的機械運動都變成了熱，這些熱將消散於宇宙太空中，因此雖然『物力不滅』，但所有的運動都會停止（因此可見，用物力不滅一語代替運動不滅一語是何等的不成功）。我們由此可得到一個結論，消散在太空中的熱力應該以一種方法（這種方法只有將來的自然科學才能知道）轉變成運動之別種形態，熱力將這種形態中重新積聚起來，重新發生作用。在這種情形之下，那死了的太陽們便會返轉來變成火霧，這問題之主要困難都沒有了。

然而，宇宙在無窮的時間內永遠重複着繼續出現不過是在無限太空中有無數宇宙同時存在一語的邏輯推論：連楊克（美國八——譯者）德拉派爾（Draper）底反理論的腦筋都不能不承認這個斷語之強制的必然性。

物質在永久的旋流中運動，這旋流在漫漫的長時中完成其拋物線的運動，其時間之長，我們地球上的年份是不能作單位的。在這旋流中時間有了最高的發展；有機生命，特別是自覺存在物之生命所佔的時間，其小得可憐等於這些生命及自覺所佔的空間；在這旋流中一切物質存在底個別形態——不論是太陽或星雲，一個動物或是一種動物，化學的化合或分解——都毫無差異地，一樣地是無常的；這其中沒有永住不滅的東西，除了那永遠變化永遠運動的物質及這運動與變化之規律。但是，不論這旋流怎樣屢次地怎樣不憐惜地在時與空中完成；不論有幾多太陽幾多地球會生與滅；在某一個太陽系內某一個行星上會出現一種有機生活的必要條件，不論這個要等好久；不論在有能思想的腦筋的動物出現以前有幾多種類動物會發生會死滅，而這些能思想的動物又只能於極短期間存在於適合於他們生活的條件之下，而以後還要毫不慈悲地滅絕——不論如何，我們總相信，物質在其一切變化中還是永遠如此的，他沒有一個德性會消滅，因此他在地球上所射出的最高光芒——思想的精神——雖然會以鐵的必然性而消滅，但是他也會以同等的鐵的必然性在另一時間內在另外一個地方將他重新產生出來。

辯證法科學之一般性質

（以辯證法為關係的科學，而發揮其一般的性質，與玄學對立。）

由此看來，辯證法的定律是從自然史與人類社會史中抽引出來的。然而他們並不是別的東西，不過是這兩種歷史發展及思想發展之最普泛的定律。老實說來，他們應總結為下面三個定律：

從數量到性質，與從性質到數量的轉變定律。

對立互相溶調之定律。

否定之否定的定律。

黑格兒在他的唯心論的容態中把這三個定律發揮成為思想之簡單定律：第一個定律在邏輯之第一部，在談存在說時；第二個在邏輯之第二部，也是最重要的一部，在談實質論時；而第三個則爲其全部思想系統中之根本定律。他的錯誤在乎不從自然與歷史中抽引出這些定律，而只把他們作爲思想之定律。由此出來一個糊塗的，甚至可怕的結論：世界（不論他願意不願意）應與邏輯系統相符合，其實所謂邏輯系統也者不過是人類思想發展某一階段中之產物而已。如果我們能把這種關係扭轉過來，則一切都很明白易解，而在唯心哲學中好像極端神祕的辯證定律也會馬上變爲簡單的明白的定律。

但是，凡是稍稍讀過點黑格兒著作的人都曉得，黑格兒曾由自然科學與歷史中引出千百可驚的例證以確定其辯證定律。

我們並不準備寫一本辯證法的巨著，我們只希望指出辯證的定律是自然發展之眞實律，其在理論的自然科學中也是眞實的。因此我們不再來談論這些定律之內部關係。

（一）從數量到性質與從性質到數量的轉變定律。爲着說明這個定律，我們可用下面的話：在自然界中，要發生性質的變化（每次都有特殊的原因），除非是經過數量的遞加，或是物質的數量遞加，或是運動的（所謂能的）數量遞加。

在自然界中一切質量的差異，或是基於化學成份之不同，或是根據運動（能）之不同數量與不同形態，或根據兩者——實際上也往往如此。這樣子，無論何種物體，假若他沒有物質之增加與減少，假若他沒有運動，即是沒有數量的變化，他便不能有性質的變化。黑格兒神祕的命題有了這種形態之後，不但得到了合理的形式，而且完全清楚了。其餘各形各色的物體之綜合狀態或同素異性態度（這完全由於分子組合之不同），也依據於這種物體之運動量之多少；這也是不用再解釋的。

然而運動，即所謂能的形態之變化又如何去解釋呢？我們可以把熱變成機械運動，反之也可把機械運動變成熱，此時性質是變了，但是數量却依然如故。這是不錯的，說到運動形態之變化時，我們可以引用海涅論罪過的話：善行可以自己覺出，但是說到罪過，則必需有兩個人。運動形態之變化是個過程，這過程至少要發生在兩個物體之間，其中有一個物體必然失去某種質量運動（例如熱）之固定數量，而另一物體則取得另一種運動（如機械運動，電，化學分解）之相等量。因此，在這裏性質與數量是互相符合的。直到現在還沒有能夠在一個個別的，孤立的物體中使某種形態的運動變成另一種形態之運動。現在我們所說的只限於無機物體。這種定律也可同樣地施用於有機物體中，然其情形却異常地複雜錯綜，到現在還不大能夠進行其數量的測計。

我們試舉任何無機物體，我們盡量地把他分割成爲細小的部份，仍看不到任何的性質的變化。但是這種過程也有一定的邊際。例如我們在蒸發的時候可以求得分子，此時我們還依然可以繼續分割他，然而却會來一個完全的性質變化。分子分解成爲個別的原子，其性質完全異於分子。分子是由不同的化學原素所集成，其成份爲原素之原子或分子。而原素分子之成份則爲自由原子，其行動之性質完全異乎前者。例如，在發芽態度中（In Statun. scendi），酸素（即養氣，即氧——譯者）之自由原子永遠不會同空氣中酸素之原子結合爲分子。

即是分子，他與他所隸的體塊(Körpermass)有性質上的不同。當這個體塊靜止不動的時候，分子可完全不依賴於這體塊而自成其運動；他又可自作熱的振動；他可因與鄰近分子關係之變化而產生另一種綜合狀態或同類異性狀態的物體。

這樣，我們看到，純數量的分割也是有止境的，到這止境時就會變成性質的差異。體塊是由一種分子組成的，但是他在本質上異於分子，亦猶分子之異於原子。正因有此種差異，所以力學才能分化出來，成爲關於天體與地上體塊的科學，脫離了分子力學——物理學，脫離了原子物理學——化學。

在力學中我們看不到任何性質，無論在何種情形之下，如均衡，運動與勢能等等都基於運動之可量的變動，因此就可用數量的方法來表現。因此，如果此處發生了性質的變化；也必然決定於相符合的數量的變化。

在物理學中，我們把物體看作化學上無變化與化學上無差異的東西。我們在這裏只能談到分子狀態之變化與運動形態之轉變，這兩種情形必有一種，然後分子才能運動。在這兒，一切變化都是由數量到性質之轉變，都是因爲這物體有了數量的變化，或是承受了某種形態之運動之一定數量的作用。「例如，水的溫度在一開始的時候，對他的液體狀態並不發生何種作用；但是如果繼續增加或減少這水的溫度，則必然會來一個狀態變化的時刻——或是變成水汽，或是變成冰。」（黑格兒，「百科全書」，第六卷，第二一七頁。）這樣，必須有若干最低限度的電流才會使白金絲發光；每一種金屬品都有其自己的鎔化溫度；任何一種液體，在固定的壓力之下，都有其自己的冰點與沸點（假若我們能夠用我們現有的方法求得適當的溫度）。這樣子，在最後，每一種氣體都有一種危機點（Kritischen Punkt），到了此點時，在某種壓力某種加冷之下會變成液體。總而言之，所謂物理學的常數（Konstante）也者大都不是別的東西，不過是交點（Knoten-punkt）之另一稱呼；在這交點上，運動數量的增加或減少會引起相當物體之狀態上的性質上的變化，當然在此種狀態之下，數量就轉變成爲性質。

黑格兒所發現的自然定律在化學的領域中也取得了大大的勝利。化學這門科學研究是那在數量成份變化之下的物體之性質的變化。黑格兒自己已經曉得了這一點。例如酸素，假若他不是照常地由兩個原子組成分子，而由三個原子組成分子，那末我們就得到了一種臭氧(Ozone)；這個物體的氣味與行動都十分異乎普通的酸素。至於比例不同也會產生差異，例如酸素與窒素化合或與硫磺化合時，如比例不同，則會產生性質上完全相異的物體。例如笑氣（一氧化淡 N_2O）與無水硝酸(Salpetersäureanhydrid 即五氧化淡 N_2O_5，即所謂王水或硝強水——譯者）之區別是何等地大！第一種是氣體，而第二種呢——在普通溫度之下是堅固的結晶體！而二者中最大的區別不過是成份上的一點差異，即後者的酸素比前者多五倍而已；在這兩者中間尙有別種硝酸（$NO, N_2O_3 N_2O_7$），這幾種硝酸又與前兩種不同，而其相互間也自有差異。

在炭素化合物的對稱組中，特別是在最簡單的炭水化合物中更可以證明這一點。在普通膠質中最簡單的是沼氣（Methane 即一炭矯質——譯者）CH_4。在這裏炭素原子有四個單位，每個都伴着四個水素原子。第二種膠質爲二炭矯質（Aethan）C_2H_6——這裏兩個炭素原子是結在一起的，而六個水素原子則成爲六個自由單位。以後我們又看到 C_3H_8, C_4H_{10}，——總之，用代數的公式來寫就是 C_nH_{2n+2}。這樣，CH_2 組中每次的遞加都會造成一種性質上與前物體根本差異的新物體。此組中的最下三員，爲我們前面說過的十六炭矯質$C_{16}H_{34}$，這是一種固體，其沸點爲攝氏溫度表二百七十度。從膠質造成的酒精，其公式爲 $C_nH_{2n}+2O$，及一基脂肪酸（公式爲 $C_nH_{2n}+O_2$），關於這兩種東西，我們都可用同樣的說法（理論上）。究竟 C_3H_8 上面加上數量的增加之後可產生何種性質上的差異，根據下面的試驗可以知道：試吃一種供人飲用而沒有滲雜別種酒精的葡萄酒 C_3H_8O， 下次則吃同樣的葡萄酒卻滲上一些膠性酒精(Amylalkohol) $C_5H_{12}O$（這是酸化醇油的基本成份）。到第二天早晨，卽便會覺到不大好過，而且會覺到這兩次的飲酒不很相同，而且可以說，因有此酸化醇油（膠性酒精之主要成份）所以才有微醺及繼之而來的酩酊大醉；這也是由數量到性質的轉變：一方面是葡萄酒，而另一方面則添上了C_3H_8。

在這一組中，黑格兒的定律還可以別種形態出現。這組中的最下諸位都有一種，唯一的，原子之相互排列。但是，如果組合於分子中的原子數在每組中達到某種限度時，則分子中原子之組合會有好幾種方式。會有兩個或多個不同的等價元(Isomerien)在同一分子中含有C, H, O相同的原子數，但是在性質上却互相差異。譬如在膠質組中，CH_{10}有兩個等價元，而C_5H_{10}則有三個等價元；在高級各員中等價元的數目增加得很快。這樣子看來，又是分子中的原子的數量決定了此種質量不同的等價元的可能，而且決定了他的眞實存在——實驗這樣告訴我們。

不寧唯是。在這幾組中我們已經認識了許多物體，照此類推下去，我們可以算出這幾組中未知各員之物理性質，而且可以十分自信地預測其屬性，如沸點等等（至少對於已知各員後面物體可以知道）。

最後，黑格兒的定律不但可用於複雜物體，而且可用於化學原素的本身。我們現在知道，『原素之化學屬性是他原子量之週期作用』（羅斯高——紹美萊爾：「化學大講義」第二卷八二三頁），這樣看來，原素之性質都決定於其原子量之數量。這已經很漂亮地證明了。曼德列夫告訴我們，在依原子量而排列的原素之各族中還有許多空白，這空白表示，這裏還應當有新的原素發現。他預先描寫了一個未知原素的一般化學屬性（曼氏稱之爲亞鋁，因爲在他列中，他緊隨鋁後），並預言其大約的比重，原子量與原子積。不多年之後，列孜克·德·希瓦保德蘭（Lecog de Boisbaudran）眞是發現了這個原素，而且曼德列夫的預言也相當地證實了，謬誤很少，亞鋁體化於鉫（Gallium）中了（同書八二八頁）。曼德列夫不自覺地應用了黑格兒數量變性質的定律，完成了科學的大功，可比肩於列維里的發現——他計算出了未知行星海王星的軌道。

在生物學中，在人類社會的歷史中也逐步的證實了這定律，但是現在我們只舉出些精確科學中的實例，因爲在這裏數量是可以知道的，而且可以精確測量的。

有些先生們，他們以前把數量變性質的定律看作神祕主義，或不可解的超絕主義，現在却不得不承認他是不難自解的，平平常常的，明明白白的眞理，而且可以吹牛說是他們久已採用了的，因此也不是什麽新鮮玩意兒——這事情是可能的。自然發展，歷史發展與思想發展的總定律算是第一次被人們確定爲公認的原則，這個事實永遠有世界史的意義。這些先生們在多年中讓數量變成性質，但是自己却不曉得做了什麽事情，他們最好去找莫利哀的人物儒爾丹（Jourdain）去共鳴得意，因爲這位先生終身掉文，却不懂得掉的是什麽東西。

（註）這篇短文大概寫於一八八一——一八八二年，是筆記中較長的一篇。在昂格斯原有的劃分中屬於丁組。里雅沙諾夫把他列入第三組，而在俄文版「自然辯證法」中則爲第八篇——因爲那次序是照年代日期而排列的。我把他提到第二篇，因爲他有一般的性質，序言的作用，能給初讀辯證法著作的人一個較概括的觀念——譯者。

論辯證法——反杜林論舊序（一八七八年）

這一本著作絕對不是因受了『內在的高興』之影響而寫的。剛剛相反，我的朋友李布克內西可以證明。他曾費了幾許氣力強要我批評這位杜林先生的最新的社會主義的理論。我既已决定這樣做之後，我就沒有別的辦法，只有把這個理論當作新哲學系統之最終的實際結果而研究他，在他與這個系統的總和關係中來研究他，同時也要探討一下這個系統之全部。於是我就不得不尾隨杜林先生之後步步趨趨來遊覽這個廣博的區域，杜林先生在這個地方把一切都談到了。於是我就寫出了許多論文，陸續地披露在來布齊出版的「前驅」上，自一八七七年初起。這些論文之相互間自然是有關係的。

他這個系統雖然頗爲風行，實際是無所謂的，我之所以要出來批評實在是爲着另一種情形，這是現在的客觀環境所造成的。我這時打着兩個主意。一方面，這個批評使我能夠把我對於目下各種爭論問題的見解，即是在目下有一般的理論與趣與實際與趣的問題之見解積極地發表一下。我雖然沒有十分注意到以另一系統來對抗杜林先生的系統，我所檢討的材料雖然十分駁雜，然而我總希望讀者不要忽略了我所提出的各種見解之相互間的內在的關係。

另一方面，在現代的德國，『自成系統』的杜林先生並不是個唯一無二的現象。老早老早德國已經生出許多哲學系統，特別是自然哲學系統，有如雨後春筍，——其他政治學上的經濟學上的以及其他的新系統更是成羣結隊，不用細說。在現代的國家中，認爲每一個國民都能判斷他所要舉手表决的問題；在現代政治經濟學中，認爲每一個購買者對於他必需買來作爲日常用品的每一件商品都是個專門家，當然了，在科學中也是如此。每一個人對於一切問題都可著書。所謂『科學自由』也者就是說每一個對於他所未曾研究過的一切問題也都有著書權，而且要把他當作唯一的，嚴格的科學的方法。杜林先生就是這種通俗的假科學中最特別的脚色之一。在我們這個年頭，德意志的此種科學正是節節進逼，以其超等第一的空心牛皮之雷鳴來使一切人都耳聾。詩歌中，哲學，經濟學，歷史科學中都有空心牛皮，講座上，論壇上也有空心牛皮，處處都有空心牛皮，空心牛皮這是德意志知識工業之最特殊的大批的生產品，其價格是低廉的，然而價廉而物不美——亦有如別種德國工藝品。所可惜者沒有把他們拿到費城展覽會去陳列。甚至於，自從杜林先生以身作則之後，我們目前的德國的社會主義也指日高陞變成了超等第一的空心牛皮。所幸社會民主黨的實際運動還沒有受了這種空心牛皮的蠱惑，這又是我們德國工人階級本性上特別健全之新證據。在目下，在德國，除了自然科學之外，還有什麼東西沒有染上這個病症呢？

耐格里在自然科學家的蒙中（München）大會上演說時說人類的知識永遠不會得到全知的能力，這可見他還不知道杜林先生的功績。他的功績使我不得不尾隨其後來遊覽許多區域，其實我對於這些東西最多不過是個涉獵者。特別是對於各門自然科學，我直到現在還認爲一個門外漢想在這裏發表自己的意見總是件太不虛心的事情。但是維爾霍夫先生在蒙申所發表的意見（後來他在別處又有更詳細的申述）又增加了我的勇氣，他說，每一個自然科學家走出了他自己的專門科目時都是一個『半通』（Ha bwisser），又往往是個門外漢。一個專門家也往往可以縱覽其鄰近的各門學問，一個專門家在這種情形下面也往往原諒自己字句上的不妙處以及小小的不確切的地方，同樣我也有了勇氣去引用自然過程與自然界的定律以證明我的普泛的理論上的宇宙觀，同時却不否認我有疎忽舛誤的地方。凡是研究理論問題的人都應採取現代自然科學的結果，這是必要的，亦有如現代每一個自然科學家都應該（不管他願意不願意）走向一般的理論上的結論。在這兒大家都是一樣的。如果理論家在自然科學中是個『半通』，那末現代自然科學家在理論的屬地內，即是從前名曰哲學的屬地內也必然是個『半通』。

經驗的自然科學收集了這樣大量的實證的材料，這時就逃不了把這每一個研究科目都加以系統化，而且要用內在關係之觀點去整理他們，配列他們。同樣地也必要確定他們相互間的正確聯係。但是自然科學在研究這些問題時已經走入理論的領域，這時經驗論的方法就不中用了，這時只有把理論的思攷請來才有辦法。但是理論的思攷只是一種能力，是一種天賦的資地。要想使這能力發達以至成熟，除了研究哲學史之外再也沒有其他的方法了。

每一個時代的理論思攷（我們這個時代亦然）都是歷史的產物，他在各個不同的時代中採取各種不同的形態，因此內容也都十分不同。因此，思攷科學也同其他一切科學一樣，是一種歷史的科學，是關於人類思攷之歷史發展的科學。思攷（思想）在經驗領域中的實際應用也還是如此。因爲，第一，思攷定律的理論完全不是一種一成不變的『永久眞理』像一般庸俗思想家加之於『邏輯』一語者。反之，自亞里士多德以至今日，形式邏輯都是最酷烈的爭論之戰場。至於辯證法，只有兩位思想家，亞里士多德與黑格兒才對他作過了若干確切的研究。然而只有辯證法能作現代自然科學之最正確的思攷形態，因爲在談自然界的一般聯係的時候，在從一個研究領域轉入另一研究領域的時候，只有他能作自然中所發生的發展過程之解釋方法。

第二，熟悉人類思想之歷史發展，熟悉各個時代對外部世界總聯繫之獨尊的見解是理論的自然科學所必需的，這是因爲，他從這種熟悉可得到一種標尺以估量這些自然科學所提出的理論。然而在這個地方往往很明顯地露出哲學史知識之缺乏。在幾百年之前哲學中已經確定的意見，哲學中久已冷落的見解往往又重新出世，作了理論化的自然科學家之最新的眞理，甚至成了一時的時髦東西。例如，當機械熱論作了能量不滅論的新證據而將後者擁爲最重要的理論時，這自然是個很大的進步；但是如果物理學家諸位先生能記起笛卡兒已經把這個論斷確定了，他們還能把他當作絕對的新鮮東西麼？當物理學家與化學家專門依靠分子與原子時，自然又重新把古代希臘的原子論哲學擁到前頭來。然而你看最優秀的自然科學家又何等皮毛地來申述這個舊哲學！例如凱古列（在「化學之傾向與功效」一書中）以爲原子論的始創者不是留西巴斯而是德莫克利塔斯，以爲首先承認了性質不同的原素原子之存在的是道爾頓，首先提出各種原子有不同比重的也是道爾頓；然而拉爾的斯的狄奥根尼斯（Diogenes Laertius）告訴我們（見他的著作第十卷第一章第四十三，四十四，與六十一節）伊璧鳩魯已經說過原子各有不同的體積與不同的重量，這樣看來他已經曉得了原子體積與原子重量。

一八四八年的革命對德意志的一切都未加以變動，只有哲學是例外，哲學中發生了一個十足的革命。全國充滿了實際主義的精神，一方面給大工業與投機事業一個推動，另一方面喚起了德國自然科學之強大的發達；在唯物論的遊行佈道者佛希特與布希涅爾等人的領導之下決絕地擺脫了那迷失於柏林舊黑格兒派的風沙中的古典的德國哲學。柏林的舊黑格兒主義完全承受了這一點。但是一個國家如果想立足於科學之極峯，離了理論的思攷是不行的。當自然過程之辯證性日益顯著的時候，即是當辯證法能夠幫助自然科學以克服困難的時候，就在這個時候，他們把辯證法與黑格兒主義一道兒丟到海裏去了；因此自然科學家又都成了舊玄學之最可憐的犧牲品。於是叔本華以及哈德曼的平俗的思想，因爲頗適合於一般俗人之精神水平，所以就很快地蔓延起來；另一方面，惡俗的，佈道式的，各色佛希特與各色布希涅爾的唯物論也有了相當的進展。在各大學中有各種各類的折衷主義互相競爭着，這些折衷主義却有一個共同點，就是他們都是由舊哲學系統之糟粕所築成，他們都是玄學的。古典哲學的殘餘只存身於新康德主義中，他的最大的心得是永遠不可知的自存物，也就是康德學說中最不值得保留的一部份。最後的結果是理論思攷的混亂與紛擾佔了優勢。

你隨隨便便拿一本自然科學的理論書籍來看，你就可以看到這些自然科學家也曉得他們頗苦於這種混亂與紛擾，而任何一種時髦的哲學（原諒我這種說法）都絕對不能給他們找個出路。而實際上，他們如果不想法離開玄學的思攷以歸依辯證的思攷，他們就永遠鬧不出一個淸白。實際上，他們沒有別種出路。

要走向這種歸依也有許多路子。他們純粹依靠自然科學的種種發現也可以闢開一條道路，因爲這些發現再也不能忍耐那舊的玄學的蠻而無理的荒唐語了。然而這是一個艱難而痛苦的過程，在這個過程中要遭遇過量的不必要的阻滯。然而這個過程已經大部通過了，特別是在生物學中。假若理論化的自然科學家願意在他歷史的已有形態中去切實地研究辯證哲學，那末這個過程就可相當的縮短。在這些形態中有兩個形態特別有裨益於現代的自然科學。

第一個就是希臘哲學。在這兒，辯證的思攷還保存着他的原始的單純性，未被那親愛的阻難所破壞；十七十八兩世紀的玄學（英之倍根，洛克，德之萊布尼茨）已經有了這種阻難，這阻難妨礙他從單位的觀念走向全部的觀念，妨礙他走向一切存在總和關係之瞭解。而希臘人却還沒有走到自然之分析與解剖，所以他們依然把自然界看作一個總的，完整的整體。還沒有能夠詳詳細細地證明宇宙現象之總的聯繫，這種聯繫在希臘人那裏還是個直接思攷的結果。這也就是希臘哲學的缺點，正是因爲這一點，所以他到最後還是不得不把他的地位讓給另一種宇宙觀。然而他之勝過一切後來的玄學敵手之優越點也在這個地方。對希臘哲學而言玄學的詳盡是正確的，但是對玄學而言，則希臘人之完整也是正確的。這也是一個理由使我們在哲學中與別種學問中不得不時常回轉到這個小小民族的事業，他的那種博大的天才與活動保證了他在人類發展史上的地位，非任何民族所能奪。還有一個理由使我們不得不研究希臘哲學，就是在希臘哲學之五光十色的形態中包含了最近一切宇宙觀的萌芽與起源。因此，如果理論的自然科學想研究現代一般理論之起源與發展，他們又必須囘到希臘人那裏去。這種觀念慢慢地散佈起來了。過去很多自然科學家，一方面以希臘哲學（例如原子論）的糟粕爲永世不易的眞理，而另一方面又學着倍根的傲慢態度來卑視希臘人，說他們沒有經驗的自然科學，——這種人慢慢地少了。希望這種觀念能夠漸次深入，使他們眞正地來學習希臘哲學。

辯證法的第二個形態與德國的自然科學家最鄰近，這就是從康德到黑格兒以來的德意志古典哲學。這兒的冰好像已經溶解了，因爲經過上面所提過的新康德主義，歸依康德又成了一個時髦東西。他們發現了康德是兩個天才的假說之創造者，這就是以前歸功於拉普拉斯的太陽系生成論與地球自轉因潮汐而漸趨遲緩的理由，現代的理論的自然科學離了這兩個假說是不行的，於是自然科學家又都來崇敬康德了。但是要在康德那兒研究辯證法却是一件不需要的，討人厭的，而且不會有結果的工作，反之，黑格兒的著作中却有一個辯證法的大「百科全書」，雖然這「百科全書」是從一個完全假的出發點所引伸出來的。

從此之後，一方面有了反「自然哲學」的反動，這反動相當深切地揭破了柏林的黑格兒主義的假的出發點及其可憐的墮落，然而到了最後却變成了簡單的謾罵。而另一方面，自然科學在其理論的探索中並不能從現下時髦的折衷的玄學中得到任何滿足——到了這個時候，或者可以在自然科學家的面前再把黑格兒提出一次，或者不至於引起杜林先生的維特跳舞，——這跳舞是杜林先生所特別喜歡的。

首先應當聲明的就是我們在這兒完全不是來辯護黑格兒的出發點，說什麼精神，思想，觀念是原有的，而實際世界不過是觀念的反映。費葉爾巴赫已經擯棄了這一點。我們承認，無論在那一門科學中（不論他是自然科學還是歷史）總應當以已在的事實為出發點，就是說，在自然科學中應以物質運動的各種客觀形態為出發點，因此在理論的自然科學中也不能先虛構一種關係然後用事實來塡補他，却應當從事實中抽出這種關係，而且假如可能時，應當用經驗的方法來證明這種關係。

同樣地，我們也不能說要保留黑格兒系統的獨斷論的內容，像柏林的老黑格兒派與青年黑格兒派所宣傳的一樣。唯心論的出發點沒落了，以此爲基礎的全部系統自然亦隨之而沒落，因此，黑格兒的自然哲學亦當然隨之而去。但是有一點應當牢記，假若自然科學家眞正懂得黑格兒，那末他們的反黑格兒的鬥爭只應當朝着下列兩點：反對他唯心論的出發點，反對他那從心所欲的，與事實衝突的系統之構造。

但是把這些東西都除開之後，還可以剩下一個黑格兒的證辯法。馬克思的功績在乎他反乎『流行的，普遍的，間接的，在德國十分叫囂的門徒』而把人們置之腦後的辯證方法又招回世間，指出他與黑格兒辯證法的關係，及其相異的地方，同時，又在「資本論」中指示出怎樣把這個方法應用到某種經驗科學，政治經濟學的事實上。他的成績是頗有可觀的，以致使德國的最新的經濟學派往往藉口於批評馬克思而剽竊他一點東西（往往偷得不很確切）就可以壓倒一切庸俗的自由貿易派。

在黑格兒的辯證法中也往往有將眞實關係加以塗改的地方，一如其系統之其餘各部。但是馬克思已經指出了：『在黑格兒手中加之於辯證法的神祕化絲毫不能妨礙黑氏之爲第一個用無所不包的有意識的方法把牠（辯證法）變成運動總形態之第一人。牠在他那兒是頭脚倒置的。應該把牠扭轉過來，以便在神祕論的殼中尋得合理的核！』

在自然科學的本身中我們也常常可以遇到一些理論，這些理論中的眞實關係也是頭脚倒置的，他們這裏是反應着客觀的眞實性，所以對他們也應當加以同樣的扭轉。這種理論又往往可以統治一個很長的時期。例如關於熱的學說便是這種情形，大家不把他看作通常的物質運動之形態，而把他看作一種特殊的，神祕的物質，這樣差不多經過了兩百年；只有機械熱的理論才完成這個必要的扭轉。然而同時熱素論所統治的物理學却也發現了很多關於熱的頗爲重要的定律。特別是傅立葉與沙狄卡諾（Sadi Carnot）更是替正確的理論開闢了道路，所謂正確理論也者只要把他的先驅所發現的定律加以扭轉而翻譯成當代的語言便足夠了。在化學中也是一樣，火素論（Die Phlogistische Theorie）用了很多年的實驗工作積得了一材料，在這些材料的幫助之下，拉瓦謝才能發現勃利斯特來所得到的酸素正是空想的火素之眞實的對抗物，他這樣子才能夠推翻那火素論之全部。但是這並不是說把火素論者的一切實驗成績都推翻了。反之，他們却保留下了，只不過對他們的結構加以改變，把他們從火素論的語言譯成現代化學的語言而已。

黑格兒辯證法之對合理的辯證法，亦有如熱素論之對機械熱論，有如火素論之對拉瓦謝的理論。

反杜林論的附註(一八七八年)

(甲)論數學的『無限』在實際世界中的原型

(附在十七十八兩頁:思想與存在之符合。——數學中的無限。)

有一個事實,就是我們的主觀思想與客觀世界都受同一定律的支配,因此,他們無論如何不能互相矛盾,而應當互相符合,這個事實的絕對力量支配了我們的全部思想。這個事實是我們理論思攷之不自覺的,不可缺少的前提。十八世紀的唯物論,因爲在實質上是玄學性的,所以只就這前提的內容爲觀點去研究這前提。他們只去證明一切思想與一切知識之內容都應該從感覺經驗中產生出來,他恢復了一個舊的論斷:凡不存在於感覺中者亦不存在於理性中。只有現代唯心論的——同時也是辯證法的——哲學,特別是黑格兒，才從形態(Form)的觀點上去研究這個前提。雖然這個哲學系統有無數的胡鬧而空想的建造，雖然他的最後之果（思想與存在之合一）是採取了上下倒置的唯心的形態，然而我們却不能否認，這個哲學從各形各色的知識部門中收集了很多的例子來證明思想過程與歷史過程，自然過程之類似，反之亦然，證明同一的定律能支配這些過程。而另一方面，現代的自然科學已經把思想之全部內容之經驗的起源大大地展開了，以至衝破了舊玄學之藩籬與規模。自然科學承認了後得性之遺傳，擴大了經驗的自體(Subjekt)使之不爲個體而爲種屬；並不一定每一個體都必然要有經驗；他的無數前代所留下的經驗之結果可以相當地代替他自己的經驗。現在我們的八歲小兒不要經驗的證明就可了解的數學公理實在是代代相傳年積世累的結果。野人或是海洋洲的黑人雖經過證明也還是很難了解。

在現在這篇文章中，要把辯證法看作一切運動之最一般定律之科學。這就是說，他的定律不但能施用於物理世界與人類歷史的運動中，同樣也可以施用於思想之運動中。

這個定律可以立足於這三部門中之兩個部門上，甚至可以立足於全數三個部門之上，然而陳腐的玄學家却看不出這裏只有一個定律。例如：十七世紀的下半期發現了無限小的計算法（即微積分），那時人都把這個發現高高抬起，認爲是一切知識的理論的進步中人類精神之最大的勝利。而同時，大家又莫須有地把他看作純粹的絕對的人類精神之活動。直到目下，大家在計算無限小時，計算微分時，以及計算各種各類的無限數時，還覺得這是個神妙莫測的東西。這可以證明，直到現在，我們還把他們當作一些人類精神之純粹的，自由的產物，好像在客觀世界沒有任何東西能與他們相符合。而實際上，眞理却剛剛在相反的方面。我們在自然界中可以找到這一切虛數的原型。

我們的幾何學以空間的關係爲出發點，而我們的算學與代數則以數量爲出發點，這些數量都合乎我們世上的關係，合乎我們的體量，力學家稱這種體量爲質量（Die masse），這種質量存在於地上，而且可用人力使之運動。地球的質量同這些質量比較起來眞是無限大了，所以地球力學家也就把他看一個無限大的量了。力學在研究落體定律時的原則是把地球半徑看作無限大（Erdradius＝∞）。但是當我們用天文鏡去觀測星海時，就曉得他們對地的距離往往以若干光年計算，這樣比較起來，地球，太陽系，其中的遠近距離都變作無限小了。這樣一來，我們不但有第一種無限數，並且有了第二種無限數，我們還可以使讀者（假如他們高興）在玄想中虛構出許多更高一等的無限數於無限太空裏。

同時，根據現下物理學與化學中爲主的見解，力學所研究的地球上的質量與物體都由分子所組成，分子是最小之微粒，假若不破壞這個物體之物理的與化學的屬性便不能對分子加更多的分割了。又據湯姆生的計算，最小分子之直徑不會更小於一個米里米突之五千萬分之一。我們更假設最大分子之直徑爲一個米里米突之二千五百萬分之一。無論如何這同物理學，力學與化學之最最小質量比較起來總是個非常微小的量了。然而他却有其相當質量之一切屬性。他在物理學與化學的關係上可以代替那本來的質量，而實際上在一切化學的方程式上他都代替了他。約而言之，他對於其相當的質量而言，具有了其一切屬性，亦有如一個數學上的微分對他的變數而言時所具有的屬性。所不同者，只在於微分是個數學的抽象，因此使大家覺得他是個奧妙的，神祕的，而這兒却是很顯明的，可以說是一目了然的。

自然之運用他的微分，即分子，也依照數學運用其抽象的微分時所依照的定律。例如：x^3 的微分 $= 3x^2dx$，因爲這時我們又可以略去 $3xdx^2$ 及 dx^3。假如我們做出一個相當幾何形體，我們就可得到一個每邊之長等於 x 的立方體，而每邊之增加長度又爲無限小的 dx。現在我們假設用一種易於消散的物體來做成這個立方體，譬如用琉黃。我們假設將某一角的三面遮蓋起來，將其餘三面露在空中。這時把這個立方體放在琉黃氣體中，再把後者的溫度降下到適宜的程度。這時琉黃氣就開始凝結於這個立方體之露出的三面上。我們不願意引用物理學與化學的實驗材料，我們只希望得到這個過程的純淨的形式；我們假設各面因凝結所增加的一層之厚爲一分子。這時立體各邊之長 x 都增大了一個分子直徑的長度，設爲 dx。這時立體 x^3 之容積就增加了，其量等於 $x^3 + 3x^2dx$

$+3xdx^2+dx^3-x^3$。這個時候我們也同數學家一樣，有權柄略去 dx^3，即是恰好是略去一個分子，又可略去 $3xdx^2$，這就是直徑爲 dx 的許多分子排列成的三條線。結果立方體 x^3 的增加量爲 $3x^2dx$，同數學的結果是一樣的。嚴格地說來，一個琉黃的立方體上根本就沒有 dx^3 與 $3xdx^2$，因爲兩個或三個分子並不能在空間立足，因此，這個立方體之容積之增加確切地說應該等於 $3x^2-3xdx-x$。從此可見數學的 dx 實在是個線量(Lineare Grosse)，而這種無寬無厚的線並不能獨立存在於自然界中，因此，一個數學抽象之無條件的意義只存在於純粹數學中。既然 $3xdx^2-X^3$ 也可以略去，那就沒有什麽意義了。關於蒸發亦可作如是觀。如果一杯水的上面一層之分子都蒸發去了，那末水的高度必然也減了一個 dx，這樣一層又一層地繼續蒸發出去事實上就等於繼續不斷地微分。反之，如果水汽受了壓力與溫的影響而凝結起來變成了水，則必然又增加了一層分子；這樣一層又一層地積纍下去（這裏別種複雜的情形與條件都可忽略過去）勢非到杯滿不止，這就是個眞正的積分，其所以異乎數學的積分者只在乎一個出於有意識的人類腦筋，而另一個則出乎無意識的自然。但是這個過程之進行完全類似微積分的過程，不但能從液體變成氣體，也可以反轉過來。化學又把分子割裂成爲原子，他有更小的質量與更小的體積，然而他的量却與前者是一致的；所以分子與原子相互間有一種固定的最後的關係。因此，表現某一物體分子成份之化學方程式也必然採用微分方程式的形態。而實際上，因爲他們內部又聚積着原子重量，所以他們又是積分的。化學所運用的一些微分之數量的相互關係已經確定了。

但是原子也不是個簡單的東西，不能概括地把他當作物質之最小粒子。化學家一天一天地傾向於原子有複雜成份這一個意見，姑且把這一點撇開不說。大多數的物理學家都承認宇宙以太爲光輻射與熱輻射之荷子，這以太就是由很精細的微粒所組成，這些微粒更是十二萬分地細小，他們與化學原子與物理分子之比較亦有如後者與力學質量之比較，就是說有如 d^2x 與 dx 之比較。這樣看來，流傳很廣的關於物質構造的觀念又可以來運用第二等的微分，假若有人高興，臆想自然中還有類似的 d^3x 與 d^4x……誰還能禁止他呢？

但是無論你對物質之構造抱持何種觀點，事實上他都是可分割的，他可以分成相對的，很大的，很易分辨的組；就質量上面講來，每一組之各員都有一種固定的，最後的相互關係；而對最鄰近諸組各員之關係有如對數學上的無限大與無限小。人眼可見的星系，太陽系，地上質量，分子與原子，最後還有以太微粒，他們都各自形成一組。我們能否在這各組之間找到一些中介之環，並沒有好大重要。例如，在太陽系與地上質量之間就有小行星（其中有幾個並不能大過列斯王國）流星等等。而在地上質量與分子之間我們却可以看到有機世界的細胞。此種中介環只能證明，都因爲自然界完全由飛躍所組成，所以自然界沒有任何飛躍。

如果數學家是運用眞數，他就應當平心靜氣地應用這個觀點。據地上力學看來，地球的質量是無限大；而地上質量及其相當的流星到了天文學中就變成無限小了。同樣，假若天文家跳出太陽系的範圍去研究各個星系之構造，他馬上就要把行星之質量與距離看得十分蔑小。但是數學家只死守着他們抽象之堅壘，即所謂純粹數學也者，所以就把這一切類似都忘記了。因此無限就變成了一件完全神祕的東西，因此，他們在分析時所用的方法也就成了完全不可了解的，與一切經驗及一切見解相矛盾的方法。數學家與自然科學家們提起黑格兒的哲學來，都能把這哲學的狗屁不通處講個淋漓盡致；然而他們怎樣呢？他們的方法雖然能很奇異地得到正確的結果，然而數學家却也得到許多不通的地方與愚蠢的地方，他們不能用這些東西去說明他們的方法，却只能去埋怨他們的方法，因為他們的愚蠢與不通的地方還要更甚於黑格兒哲學之最糟糕的，實的與虛的，忘想。他們現在也犯了他們以前用以責罵黑格兒的錯誤，而且錯誤更要大些，就是他們也把抽象應用得達於極端了。他們忘記了一切所謂純粹數學也者正是研究抽象，嚴格地說來，其一切數都是虛數，一切都是抽象，將這些東西引到極端時就變成了不通，變到相反的方面。雖然是不自覺地，然而數學的無限總還是從實際中借來的，因此他不能自說明，不能用數學的抽象來說明他，而只有用實際去說明他。假若我們能從這一方面來研究實際，我們就可以看那數學無限之概念所從來的眞實關係，甚至可以看到這種關係之數學形式之自然的同型。用這就可去說明一切了（黑克爾對思想與存在之同一這個問題之中述是太不成東西了）。亦可（解釋了）聯續物質與不聯續物質之矛盾（黑格兒）。

（乙）論機械的自然科學

（第四十六頁之第二個附註，論各種運動形態與研究這些形態的科學。）

在這篇論文出世之後（一八七七年一月九日「前進報」），凱庫爾（在他的著作，「化學中之科學傾向與效用」）即對力學，物理學與化學加以完全相類似的定義：『假若用物質之實質一個觀念來作基礎，則可以把化學定爲原子科學，而物理學則爲分子科學，於是就出現了一個思想要把物理學中研究質量的一部分封爲一個專門學問，可以稱之爲力學。』這樣看來，力學當爲物理學與化學之基礎，因爲不論是物理學還是化學，當他們對其分子或原子加以相當的估量或計算時，總要把他們看作一個質量。這個概念異乎九月間的前一註解中的概念者不過是固定性較少而已。有一個英國雜誌「自然界」把凱庫爾上面這種思想定成下面的形式，物理學是分子之靜力學與動力學，化學是原子之靜力學與動力學；但是據我看來，把所有的化學過程都歸到純粹機械上面是完全莫須有地縮小了化學的活動領域。但是這種思想居然成了時髦的東西，譬如，黑克爾往往把『機械的』與『一元的』看作意義相同的兩個名辭去運用；據他的意見，『現代的生理學中只能有物理的，化學的，或廣義的機械的力。』

我稱物理學爲分子力學，稱化學爲原子物理學，稱生物學爲蛋白質的化學，我的希望是想表現從這門科學到那門科學之過渡，想表現兩門科學之聯繫與延續性，以及差異與中斷。更進一步地稱化學爲一種特殊的力學，據我看來，是不合理性的。力學（不論就廣義說還是就狹義說）只曉得有數量，只能運用速度與質量，最多再加上一個容積。假若有個性質問題橫在路上（例如水靜力學與氣靜力學），那時他除了來研究分子狀況與分子運動之外，就不能應付得很好了。他的本身只不過是物理學的簡單的輔助科學，是物理學的前提。但是在物理學中，特別是在化學中，不但因數量的變化之結果而得到經常的性質的變化，不但可以看到由數量到性質的過渡，並且還要來研究許多性質的變化，完全沒有方法證明這些性的變化是由量的變化所引起。我們也不否認現代的科學在朝着這個方向走，但是這並不能證明這個方面是唯一正確的，不能證明走這條路子就可以徹底窮究了物理學與化學。一切運動中都包含有最大物質或最小物質之機械運動與移動；對這些機械運動之認識是科學之爲首任務，只是爲首而已。單單有機械運動並不能包盡一切運動。運動絕對不只是簡單的移動，簡單的位置變動，他在超機械的領域中又是性質之變化。思想也是運動。熱就是分子運動，這個發現在科學中劃了一個時代。但是，假若我只能說熱是分子之簡單的移動，此外就沒有別的話講，那還不如閉口不說爲妙。化學已經找到一條新路，由原子容積之關係走向原子重量，於是就說明了各原素的很多物理屬性與化學屬性。但是沒有一個化學家敢說一個原素在梅葉爾曲線（Kurve Loshar Meyers）上的位置能夠把這原素的屬性完全發現出來，誰也不能說把炭素造成有機生命之主要負荷者之炭素的特殊屬性都決定於這曲線上的位置，這種位置也不能決定燐在腦中的必要。然而機械的概念正是要走到這一點。他用位置的變化來解釋一切變化，用數量上的差異來解釋一切性質上的差異，却沒有見到性質與數量的關係是相互的，性質可以過渡到數量，數量也可以過渡到性質，這裏有種相互行動。假若我們把一切性質的差異與變化都納入數量的差異與變化，納入機械的移動，那時我們就必然要得出一個結論，說全部物質都由相同的最小微粒所組成，物質之化學原素之一切性質的差異都由於這些最小微粒結成原子時之數目上的與空間結構上的數量之差異。但是我們離這種結論還遠得很哩。

因爲現代的自然科學家只曉得現在德國各大學中頗爲繁榮的，通常的，惡俗的哲學，此外再也不知道別種哲學，所以他們才能這樣無所顧忌地應用『機械的』這一類的名詞，然而却沒有打算到，甚至沒有夢想到從此可得出什麼樣的必然的結論。物質性質絕對同一論也有他的信徒，想用經驗的方法才證明他或駁倒他都是不可能的。但是拉一些想用『機械的方法』去解釋一切的人，問一問他們是否知道此種結論之不可避免，承認不承認物質之同一性，那時你能看得到幾許不同的回答！

最滑稽可笑的是，把『唯物的』與『機械的』等量齊觀之第一人還要算**黑格兒**，他是想用『機械的』一詞來糟踏唯物論。這是因為黑格兒所指的唯物論（十八世紀的法蘭西唯物論）在實際上也是絕對**機械的**；這簡單因為當時的物理學，化學與生物學才剛剛開始，還不能作總宇宙觀的基礎。同樣地，黑克爾把Causae efficientes譯作機械行動因，把Causae finales譯作目的行動因也是從黑格兒那裏借用來的；而黑格兒所用的機械的是指盲目的，無意識的行動，異乎黑克爾所用的機械行動的意思。但是黑格兒本人却把這個對立看作陳舊的，腐朽的，他在邏輯中曾兩次談到因果問題，然而**却沒有一次提到**這個對立，他只在哲學史中提到了他，並且把他的歷史遠景照出來了（由此可見黑克爾完全不懂得這一點，因為他太皮毛了），在談目的論一問題時（「邏輯」第二卷第三章）又很偶然地提到了他，却把他當作**舊玄學**從此中看取目的論與機械論之對立的形態。總而言之，他把他看作一個久已被克服的觀點。這樣看來，黑克爾是過份地熱衷於其「機械」概念之證據的獵獲了，所以就抄錯了黑格兒的話，因此也就得出了絕妙的結果，說，自然淘汰造成了某種植物或某種動物之固定的變化，這是由於 Causa efficiens；假若用人工淘汰而引起這種變化，就是由於 Causa finalis，一個畜養種植家所演的脚色自然是 Causa finalis。很顯然地，像黑格兒這樣的辯證家絕對不會糊塗於 Causa efficiens 與 Causa finalis 之狹小的有限的對立中。用現代的觀點也不難結果關於這個對立的一切糊塗與廢話，只指出一點就可以了！我們從經驗與理論都可知道，物質與其存在能力，運動都是不能創造的，所以他們就是最後的因。假若我們找出一個在時間上與位置上都是孤立於宇宙運動相互關係上的，或是孤立於我們思想之外的個別的原因，而稱之曰行動的因這時我們並未能增加他一些新的固定，只是把他弄得更複雜了更糊塗了。凡是不能行動的原因都完全不能算是原因。

所謂物質也者只是個純粹的思想結構與抽象。說到物時，我們把他們看作一個體質存在的東西，把物納入物質概念時，我們就把他們的性質上的差異都抽去了。因此，所謂物質者並不同乎固定的存在的物質，他並不是一種感覺上存在的東西。自然科學想尋找出如此這般的唯一物質，想把性質上的差異納入相同的最小微粒之成份上的純數量的差異，這種行動亦有如不去尋找櫻桃，梨子，蘋菓，而去尋找如此這樣的果實，不去尋找貓，狗，羊，而去尋如此這般的哺乳動物，……而去尋找如此這般的氣體，金屬，石頭，化學化合物，運動。達爾文的學說使要求這樣一個哺乳動物，但是黑克爾在這個時候應該承認，假若這種哺乳動物包含了一切現代的與將來的哺乳動物之胚胎，那末在實際上他必然低於現在的哺乳動物，一定是十分粗陋，因此比一切他們都較易變化。黑格兒(「百科全書」第一卷第一九九頁)已經證明過這種見解是一種『片面的，數學的觀點』，根據這種觀點，只能在數量上去規定物質，而在性質上則自古以來都是相同的，「這個觀點正是』十八世紀法蘭西唯物論的觀點。這種觀點簡直是回到皮塔果拉斯去了，他正是把數量的有定(Quantative Bestimmtheit)看作萬物的本質。

（丙）論耐格里之不能認識無限

耐格里第十二與第十三頁（C. Näge'i: Die Schranken der naturwissenschaftlichen Erkenntnis——「自然科學認識之界限」——一八七七年九月）。

一開頭時耐格里說我們不能認識眞實的性質的差異，馬上又緊跟着說，自然界中根本沒有這種『絕對的差異』！第十二頁。

第一，每一個性質上的無限都是繁多的數量上的程度，例如顏色，硬與軟，久與暫等等，他們在性質上雖然是互相差異的，然而却可以計量，可以認識。

第二，單純的性質是不存在的，所存在者只是具有性質的而且具有無限多性質的諸物。兩件不同的物往往同具某種共同的性質（至少有形性 Körperlichkeit 是他們所共有的），有些性質則只有程度上的差異，最後，這件東西所有的性質會是另一件上所完全缺乏的。假若我們拿兩個極端相異的東西來研究一下，——例如流星與人，則其相同點就很少了，至多有重量與有形性是他倆所共有的。但是在這二物之間還有無限多的別種自然物與自然過程，我們可以把他們排列起來塡補於流星與人之間，指出每一物在自然關係中之地位，這樣就可以認識他了。我想耐格里本人也是同意一點的。

第三，我們互相差異的感覺可以使我們得到那些在性質的關係上絕對相異的印象。此時我們經過視覺，聽覺，嗅覺，味覺與觸覺所得到的一些性質是絕對相異的。但是因研究之進步所以這裏這種差異也慢慢地消滅了。大家早已承認，嗅覺與味覺是兩個有親屬關係而互相聯帶的感覺，他們所感覺的性質卽會不相同也是有相互關係的。視覺與聽覺所感受的通通是一種波動。視覺與觸覺是互相輔助的，我們往往可以根據觸覺的性質來斷定某物之形式。最後，同是這一個『我』，在感受了許多相異的感覺印象之後，往往能把他們集結成一個統一的物體。同樣地，同一物所給的各種相異的印象『就是』他的一般屬性，因此使我們有認識他的可能。所以，對這些由不同的感官所得到的相異的感覺與屬性加以說明，確定他們的相互關係就是科學的任務。科學要埋怨我們除了五個專門感官之外沒有一個總的感官，埋怨我們不能夠看到或聽到嗅氣與味道，這是沒有絲毫道理的。

他們告訴我們說『性質上的與絕對的相異之領域』是不可瞭解的，但是無論我們跑到那裏去找，在自然界中總找不到這個地方。全部糾紛都起於性質與數量之混淆。耐格里站在統治的機械的觀點上，認為要想說明一切性質的差異只有等到能把他們完全納入數量的差異的時候（關於這一點別處還要談到）；據他看來，性質與數量是兩個絕對相異的範疇。玄學！

『我們所能認識的只是有限的，等等。』這是完全不錯的，因為我們認識的範圍內只有有限的事物。但是在這個斷語上還需要加以補充：『而實質上我們只能認識無限。』實際上一切真實的，窮究的知識只在乎我們在思想中能從他的（知識的——譯者）單獨(Einzelheit)中抽出一個單獨的，把他轉入特殊(Besonderheit)，然後再從後者轉入一般(Allgeweinheit)，在乎我們能從有限中找到無限，從無常中找到永久。但是一般之形態是個自封閉之形態（Form der Insichabgeschlossenheit），因此也就是無限之形態；他是把許許多多有限物聯結成爲無限之結合。我們知道，綠與水素（輕氣）受了光的作用，在某種温度與壓力之下會結合起來成爲氣體綠化氫，這時必然發生一個爆裂；我們既然知道這一點之後，我們也同樣可以知道假若有了上述的條件，則隨時隨地都可以發生上項事情，至於在這個大宇宙之各天體上只發生了一次這樣事實呢，還是重複了百萬千萬次，却是無關重要的。自然界中，一般之形態爲定律，而對於自然定律之永久性談論得最多者還是自然科學家。耐格里說，如果我們不自限定來專研究有限，如果我們把他與永久混淆起來，我們就把有限造成了個不可解的東西；這樣說來，他不是否認了自然定律的可認識性便是否認了他的永久性，二者必居其一。一切的眞理的對自然的認識都是永久的，無限的認識，因此，這認識在實質上是絕對的。

但是這個絕對的認識亦有他自己的嚴重的困難。他同可認識物之無限是一樣的，他也只是單從有限所綴成。絕對能認識的思想，其無限亦由無限多的有限的人類頭腦所壘成。這些頭腦在認識之無限工程中也往往犯了很多實際的與理論的錯誤，他們往往從一個不成功的，片面的，不正確的前提出發，往往走一切荒謬的，崎嶇的，無希望的道路，因此，往往撞破了鼻子而結果依然是沒有認識了眞理（卜里斯提來 Priestley）。

因此，對無限之認識被兩重的困難所圍困了，所以就本性上說來，他是個無限的，漸近線的過程(imenalich asymptotish Prozess)。據我們看來，這已經足夠使我們敢說：無限是這樣的可認識的，有如他是不可認識的。這就完了，我們也只能用得着這些。

耐格里說這句話時却說得非常滑稽可笑，他說：我們所能夠認識的只是有限，但是我們却能夠認識我們感覺印象範圍內之一切有限。這個範圍內的有限之總和依然是無限，因爲耐格里正是根據這個總和來綴成他自己關於無限的概念。除了這個有限之外他沒有關於無限的任何概念。

（關於無理的無限我們在別處還要談的。）

* * * * *

(對於無限之研究我們應指出下列諸點：)

(一)用空間與時間的觀點來看『至小領域』(Winzige Gebiet)。

(二)『感官之或然的不充分的發展。』

(三)我們只能認識有限的，無常的，變動的，以及各種程度不同之相對的……等等；然而我們却不能知道，什麼是時間，空間，力量與物質，運動與靜止，原因與結果。

這又是陳舊的歷史。一開始就造就了抽象，把他們從可覺諸物中抽攝出來，後來却又希望從感覺上來認識他們，希望看到時間，嗅到空間。經驗論者已經被他用慣了經驗論的實驗所迷着了，想把一切都放在感覺的範圍內。甚至於想把抽象拿來作個試驗。我們知道什麼是一小時，甚麼是一米突，然而我們却不知道什麼是時間與空間！正是因爲，時間不是別的東西，而是小時之總和，空間也不是別的東西，而是立方米突之總和！當然了，兩者都是物質之存在形態（Existanzform），假若沒有物質，兩者都等於無，最多不過是我們腦筋中的空觀念與空抽象。然而我們却不能認識什麼是物質與運動！所以不能者，因爲還沒有任何人能用其他的方法來看到，覺到如此的物質與如此的運動。人們只能與各種實在存在的物質與運動形態打交道。物，物質並不是別的東西，只是萬物之總和，我們從萬物中抽象出這樣一個概念。如此的運動也不是別的東西，只是一切可感受的運動形態之總和。約而言之，這種的物質與運動只是個簡單的縮體，我們把各種不同的可感受的諸物都依其一般的屬性而一總地納入這個縮體中。因此，必須研究物與運動之個別形態然後才能夠認識物質與運動。我們把前者認識了之後才能認識如此的物質與運動。因此，當耐格里說我們不能認識時間，空間，運動，原因與結果的時候，就等於說，我們用我們的頭腦製造了抽象，把他們從眞實世界中抽將出來，後來却不能認識我們自己所創造出的抽象了，這是因爲他們是理性物而非感覺物，然而一切認識却都是感覺量（Sinliches Messen）。這正是在黑格兒那裏所遇到的困難，絲毫不爽，說我們能吃櫻桃與梅子，却不能吃果子，因爲誰都沒有吃過如此的果子。

*　*　*　*　*

耐格里說，在自然界中或者還有許許多多運動形態非我們用感覺所能感受，這話說得眞蠢得可憐。這就等於(至少對我們的認識而言)否認了運動不生定律。我們所不能感受的運動形態可以變成能打入我們感覺的運動，這難道不可以麼！例如，我們要說明接觸電並沒有絲毫困難。

現代自然科學中之辯證法

——「反杜林論」的第二版序言——

我這本書居然會有再版，這是出乎我的意料之外的。引起這本書的起因到了現在早已湮沒了。這本書不但曾一部一部地在一八七七——七八年來布齊的「前進報」上披露過，不但由此會過萬千讀者，並且出過單行本，而且銷路很大。我在幾年之前寫的論杜林的書為什麼到現在還能引起興趣呢？

我想其所以如此暢銷是因為我這本著作，同當時我的別種銷行於當時書籍市場上的著作一樣。在德國禁止發售的結果，因為剛剛在那個時候頒佈反社會主義者特別條例。凡是未被神聖同盟各國之祖傳的官僚思想所完全蒙蔽的人都可以事前看清楚這種條例的效果。被禁各書之銷路反而二倍三倍地增加起來，這可以證明這些柏林的老爺們之無用，他們只能頒佈此項禁令，然而却不能把他實際施行出來。實際上呢，正是因爲蒙了帝國政府的錯愛，我的一些小著作才能得到我所想不到的大銷路。我甚至於沒有時間來校正我所應當校正的本子，我不得不把他拿去照樣重印。

此中還有一種別的情形。我所批評的杜林先生的『系統』包括了拾分遼闊的理論領域，使我不得不跟着他跑，到處處都把我自己的見解去對抗他的見解。因此消極的批評竟變作了積極的，而這個筆戰竟變作了我與馬克思所持護的辯證方法與共產主義宇宙觀之有關係的申述，——而這申述也就包括了十分廣泛的知識領域。我們這個宇宙觀首先發表於馬克思的「哲學之貧困」與「共產黨宣言」上面，以後經過了二十年的潛育時期，直到「資本論」出現時爲止他都沒有能夠很快的普遍到各方面。到了現在，這個宇宙觀已經惹起了注意，在既有無產階級又有科學的，不妥協的理論家的一切國家中都有了他的信從者，甚而至於歐洲以外。這就是說，像是有些讀者羣衆了，他們已經很注意這些問題，他們爲了這本書的積極方面也可以原諒與杜林先生爭論之許多關係中的乾燥無味方面了。

還要附帶指出一點。這本著作中的宇宙觀之大部份是馬克思所創立而發揮的，只有很小一部份是我的，所以我這本著作不經過他的認可是不能出版的。在付印之前，我把原稿讀給他聽了。而關於經濟一部的第十章（「批評史材料」）還是馬克思自己寫的，可惜我却因篇幅的關係不能不把他相當地縮小。這已經成了我們的習慣，在專門問題中我們是要互相幫助的。

這個新版完全是第一版的重印，只有一章是例外。本來有許多地方我願意加以刪改，但是我沒有時間去作個澈底的校正，因爲我現在正在整理馬克思的遺稿以準備付印，我這個責任比一切都要重要得多。這是一方面。此外，良心不願意我作任何的校正。我這本著作是爭論性的，因此我想，我不應當在我的對手之前加以任何的修改，因爲（我所批評的）他已經不能修改了。我現在只有對杜林先生的答覆再加以反駁的資格，但是我並沒有讀過杜林先生反駁我這本爭論的文字，而且非到萬分必要時我是不打算讀他了：我與杜林先生的理論賬目算是一筆勾消了。但是無論如何我對於杜林先生應該保持着文字戰爭中之一切高貴的法規。在我這本書出版之後，柏林大學曾對他加以非常可恥的不公道的行動。但是大學也因此而受了充分的懲罰。在這種情形之下大學竟能取消杜林先生的講授自由，則在同樣情形之下如果施文寧格爾先生(Herr Schwenninger）對他（大學）也加以此種行動，他就沒有資格來表示驚奇了。

只有在第三部的第二章中我對我的『理論』加了說明的補充。而那裏所申述的却是我們宇宙觀的根本要點，所以我的敵方也絕對不能埋怨我，說我想增加一些補充以便得到更大的普及銷路。這兒却有另外的理由。因爲，我這三章（緒論的第一章，第三部的第一章與第二章）是我爲我的朋友拉法格而寫的一本獨立的小册子，拉法格把他譯成了法文；後來又從法文版譯成了意大利文與波蘭文。這本小册子用德文出版時的題目是「從空想到科學的社會主義之發展」。在幾個月之中就銷行了三版，而且又譯成俄文與丹麥文了。在這許多版中，只有對前述的一章加一些補充。同時我覺得如果在新版中依然照着原作的原稿而不把最後幾版中有國際意義的東西加進去就未免太迂腐了。

此外，我還想對兩點加以改動。第一，了解人類的原始歷史的鑰鑰莫爾甘在一八七七年時才給了我們。我在我的著作「家族，私有財產與國家之起源」一書中已把我所能接受的材料加以整理，所以我覺得只指出這本書來就夠了。第二，是對於談到理論的自然科學那一部份。那一部份中的申述是很拙劣的，現在對許多地方本能加以更清晰更固定的申述。如果我覺得不應當把原文改動，那末我就應當做一個序來批評自己一下。

唯有馬克思與我才把有意識的辯證法從德意志唯心哲學中拯救出來而把他移入唯物自然觀與唯物歷史觀之中。但是要想來研究辯證的而且是唯物的自然觀必須熟知數學與自然科學。馬克思對於數學很有根柢，然而我們對於自然科學的知識却都是局部的，片斷的，散亂的。因此，當我一丟了商業的寫字間而跑到倫敦時，我馬上盡可能的把我的全力都放在數學與自然科學的研究上，致力於李比希所說的『換毛』過程（Mauser-ung），我把倫敦八年居停的大部時間都放在這上面了。正在這個換毛過程中我却不能不來研究杜林先生的所謂自然哲學。自然了，我在這個時候往往弄不到適當的專名辭，而且在這理論領域中的馳驅亦頗爲費力。因爲我自家覺得不很靠得着，所以就萬分地愼重，因此，違背當時已定事實的與曲解公認理論的嚴重錯誤還僥倖沒有犯出。只有一個自命的偉大數學家曾在信中埋怨馬克思，說我胆敢汚辱尊貴的√—1。

這數學與自然科學的研究之最重要的結果是使我相信在特殊關係上（在一般方面我早已沒有什麽懷疑了），支配自然界無數變化的混沌之辯證的運動定律也就是支配歷史事變的貌似偶然性之定律；這些定律想一條紅線一樣穿在人類思想的發展史上，漸漸地侵入能思想的人類之意識中；黑格兒第一個把這些定律發展成爲包羅一切的（雖然是神祕的）形態，我們却想着——這也就是我們的任務之一——從神祕形態中把這些定律解放出來，恢復其單純性與一般性而交給意識。當然了，舊的自然哲學雖然也包括很多眞正的好東西，雖然其中有頗爲豐滿的萌芽，然而我們却不能滿意他。我們看到在這個著作中（指黑氏的自然哲學——譯者）他以黑格兒的形態犯了錯誤，他不承認在自然界中有時間上的發展，沒有什麼『一個跟一個』的東西，而只有『一個挨一個』。其原因有二，一方面由於黑格兒系統之本身，這系統只承認『精神』有歷史的發展，另一方面則由於當時自然科學之狀況。由這一點說來，黑格兒在這種關係上遠不如康德，康德曾用他的星雲說說明了太陽系之發生，發現了海潮對地球自轉加緩之影響而預言地球之死滅。最後一句，我的任務並不是從外部把辯證定律送給自然界，而是從他自身上找出他們，從他身上把他們發揮出來。

但是想在一般關係中把各方面都做到這樣，實在是個不容易的工程。不但他所包括的門類是幾乎無邊的，並且自然科學本身也被一個強有力的蛻變過程所包，甚至於把一個個人的空閑時間完全消耗了也不能捉摸到這個過程。自從馬克思死後我的時間又都耗之於更切要的職務上了，於是我就不得不中斷我的工作。於是我現在就不得不暫以這本書中所包含的暗示自慰；我要等待，或者，到了將來我能找個機會把我研究的結果與馬克思死後所留下的一些很重要的數學手稿整理出來出版。

也或者，理論自然科學的進步把我工作之大部或全部都變作了贅疣的。因爲理論的自然科學受了單純必然的支配，不得不把從前所積壘下的許多純經驗的發現加以系統化而歸結到革命，這個革命會使最古板的經驗也來承認自然界一切現象之辯證性。陳舊的，互相矛盾的，尖銳的，刻板的界限一天一天地漸趨消滅了。我們已經能把液體變成眞正的氣體，我們已經證明了物體可以變到分別不出液體或氣體的狀態，從此之後，物體之原有的絕對性都失掉了。根據現在動的氣體論之定律，在同等溫度之下，在一個完全氣體中，氣體每一分子之運動速度之平方與分子之重量成反比例。這個定律把熱也變成了我們能直接測量的運動形態。十年之前重新發現了偉大的，根本的運動定律，那時大家只把他看作簡單的能量不滅定律，看作運動不生與運動不滅的簡單表現，也就是只簡單地看到了他的數量方面；到了現在，這狹隘的，消極的肯定已漸漸讓位於積極的——即能互變論，此中已清清楚楚地表現出了進步之性質上的內容，這時就把超世界的造物主置之腦後了。當運動（即所謂能）從動能（即所謂機械力）變成電，熱，勢能，……

等等，或是反轉過來的時候，我們再也不必來證明他是個什麼新東西了；有一個偉大的根本過程，對自然界的一切認識都可包含於對這個過程的認識中，而這個大過程之轉變過程之深刻的研究都永遠要以上述這個發現為基礎。自從用進化論來研究生物學之後，有機世界中之固定的分類界線也逐漸消滅。不能歸入分類的中間環逐日擴大，更確切的研究往往把一些有機物從這一類劃入另一類，而作為信仰象徵的許多特識也失去了其無條件的意義。我們現在知道有產卵的哺乳動物，而且假若不是撒謊，還有四足的鳥。在多年之前，維爾霍夫被迫於細胞之發現不得不把有機個體之一統解作細胞國家之聯邦。——這種見解自然是很進步的，但是卻不大合乎科學的與辯證的觀點。現在又發現了在高等動物的身體中有一種行動上像變形蟲的白血球，因為有了這個發現，所以對於動物（自然其中也有人）個體的概念也鬧得越複雜了。正是這些貌似不能調協不能解決的極端矛盾，正是這些強制劃定的類之界線與類之差異使現代的理論自然科學得到了狹隘的玄學性質。承認這些矛盾與差異雖存在於自然界中然而只有相對的意義，承認自然界中的固定性與絕對性都是我們的觀念給他的，這個承認是辯證自然觀的基點。自然科學中所積壘下來的事實日漸證明了辯證觀之正確。如果拿這些事實的辯證性與辯證思攷定律兩兩對照一下就更容易接受這種見解。無論如何，現在自然科學的發達程度已經使他無法逃脫辯證法的藩籬。自然科學家如果還記得他們從現成經驗中得到的結果只不過是一些概念，那時他們就可使這過程更容易進行。運用概念的藝術不是天生的，也不在乎通常的健全思想，而在乎實際的思攷，這思攷也同實驗科學一樣，自有其長期的經驗的歷史。只有把兩千五百年來哲學發展所得到的結果都採納之後，自然科學才能在一方面擺脫了一切古怪的，身外的與身上的自然哲學，而另一方面也能擺脫了他自家的，從英國經驗論所世襲下來的劣等的思攷方法。

一八八五年九月二十三日於倫敦。

辯證法與自然科學

布希涅爾派別之產生。在唯物哲學中去解決唯心哲學的問題。科學上的支配沒有了。冒牌唯物論的通俗著作突然間與旺起來，其中實無唯物論而只有科學性的缺乏。這次興旺適遇在資產階級的德國之最厲害的衰落時代中，也就是在德國官辦科學最衰微的時代中。一八五〇——一八六〇年。佛希特，莫萊紹特，布希涅爾。互相保險。——現下的達爾文主義又時髦起來，於是來一個新的活躍，於是這些先生們就來和用達爾文主義了。

我們可以不要理他們，讓他們去把哲學，無神論等等東西分散到德國人中去好了，這雖然是件很可憐的事，但是也算不得什麼壞事。（一）但是哲學無論如何總是德意志的光榮，要是想凌辱哲學及（二）打算將自然界的理論應用到社會上而圖謀改良社會主義——凡此種種都使我們不能不注意他們。

（一）他們在他們的份內做了些什麼事情？引證，摘錄。

（二）一七〇——一七一頁上的轉變。爲什麼突然間黑格兒起來了？轉向辯證法了。兩種哲學派別：攜有不變化的範疇之玄學派，攜有一切皆流之辯證法派（亞里士多德，特別是黑格兒）。想證明基礎與結局，原因與效果，同與異，存在與本質之永遠的對立，是禁不得一駁的；分析告訴我們，一極撮要地存在於另一極中，到了某一點時他們可以互相轉變，而全部邏輯也就是從這些向前運動的對立中發展出來。這一點在黑格兒手中是神祕的，因爲他手中的範疇是一種先在的東西，而眞實世界的辯證法反而是他簡單的反映。實際上的情形却剛剛相反：頭腦中的辯證法不過是眞實世界（自然與歷史都是一樣）的運動形態之反映。上世紀（即十八世紀）的，甚至一八三〇年之前的自然科學家在舊玄學的幫助之下還很容易將就從事，因爲那時眞實的科學還沒有走出地上力學或宇宙力學之範圍。但是高等數學已經使他們糊裏糊塗了，高等數學往往把初等數學的永遠眞理看作超絕的觀點，而常常確定一切與這觀點對立的東西，而用初等數學的眼光來看，他們所提出的定理，簡直沒有意思。永遠不變的範疇到了這兒消逝了，數學踏入了另一境界，那兒最簡單的概念如抽象量與無埋的無限數（Schlechte Unendliche）都採取了完完全全的辯證法的形式，使數學家不甘心地而又不能自主的作了辯證的數學家。數學家這時還有個可憐的鬼把戲，可憐的主意，可憐的幻想，他們想把高等數學家與初等數學家調解起來，告訴他們這千眞萬確的結果並不是完全愚蠢的事（Blödsin），想這樣輕輕地解決這個矛盾；並且打算告訴他們無限數的數學家們（Mathematik des Unendlichen）的出發點，及其方法與最後之結果都是很合理的，——像他們這一種把戲眞是最可憐的。

但是，到了現在，一切都變了樣子。化學變了，物理的物體之抽象的不可分割，無理的無限數，原子論等等一切都變了樣子。物理學，細胞（不論是個體的或種屬的有機發展過程都起因於分化，這個結論是合理的辯證法之最可驚異的標本）以及自然力之同一（die Identität）與其互相變通把一切範疇不變的思想都打倒了。雖然是這樣，而就現代自然科學家的全體說來，還未能擺脫舊玄學的範疇；現代科學的許多事實都可以很清楚地證明自然界中辯證法的存在，但是這些科學家却未能合理地解釋說明這些事實，更未能合理地把這些事實加以系統化。但是他們在不知不覺間便不能不作如是想：原子，分子等物是不能用顯微鏡觀察的，而只能用思攷去觀察。試把各種化學著作（紹萊美爾要除外，因爲他懂得黑格兒哲學）與維兒霍夫(Virchow)的細胞病理學(Zellu'arpathologie)拿來比較一下，就可看到，他們那些通常庸俗的文句只能證明著者的沒有辦法。假若自然科學能抛棄不變的範疇，則擺脫了神祕主義之後的辯證法便是他們的絕對需要（這不變的範疇正是邏輯中自有的初等數學）。因爲自然科學抛棄了哲學，所以哲學才起而作報復行動。哲學有了很多的自然科學的成績，這哲學中的成績甚至於超過而且優於科學家自有的成績，這是每一個科學家都不能否認的（如萊布尼茨是無限數數學的創造者，而歸納法的驢子牛頓同萊氏比較起來直是一個抄襲者與損害者；康德的世界起源宇宙開闢論較早於拉卜拉斯；奥根 Oken 是德國第一個提出進化論的人；黑格兒——其自然哲學的綜合與其合理的分組，同其所採用的味同嚼蠟的材料比較一下實在是做了一件大事）。

* * * *

自然科學之辯證法：自然科學之對象是動的物質。物質本身之各種形態與形式也只有經過運動才能被認識。只有在運動中才能看到物體的性質；不動的物體是無甚可說的。因此，運動物體之性質出乎其運動之形態。

(一)第一個，是最簡單的運動形態，是機械的，簡單的移動。

(甲)個別物體之運動是不存在的，一切運動都是相對的。下落。

(乙)相分物體之運動；拋物線運動，天文——目可見的均衡——最後是內部接觸。

(丙)相互銜接物體之運動——壓力，靜力學。氣體之水靜力學。槓桿與力學之別種形態，由於其最簡單形態的接觸而產生了程度不同的形式相異的打擊與摩擦。打擊與磨擦事實上通通是接觸，他們還能產出自然科學家從來沒有指出過的結果，就是在某種條件之下，他們可以產生聲音，熱，光，電與磁。

(二)這些形形色色的力(聲音除外)——都是天體物理學：

(甲)他們互相轉變，同時又互相代替。

(乙)力之發展達到某種數量時(依各種物體而不同，視其化學上簡單複雜的程度)則發生化學的變化。現在我們又談到化學問題了(天體化學。結晶圖學 Kristallographie 也是化學的一部份)。

(三)物理學應該把而且能夠把活的有機體棄置不顧，而化學却只有在研究有機化合的時候才能找到眞正的鎖鑰以求知道最重要物體的眞性；從另一方面看，他可以造成有機自然界中的物體。在這兒化學研究了有機的生命，這算他邁進了很大的一步，可以使我們相信，他自己已經可以說明走向有機體的，辯證法的轉變。

(四)現在，太陽系與地球歷史中之實際的轉變就是有機生命的眞實的前提。可分割性。哺乳動物是不可分割的，但是爬蟲却能夠生出一個新脚。以太波是可以分割到無限小，測量到無限小的。每一個物體都是可分割的，但是在實際上却有一定的限度，例如在化學中。

固結——在氣體中便是消極的——吸引力可以變作排拒力，這排拒力只有在氣體與以太（？）中才是眞實的。

總和狀態（Aggregat）——數量的變化轉變到性質變化的焦點。

賽奇（Secchi）與神父。

牛頓的萬有吸引力與離心力是玄學思攷法的例子：在這兒並沒有把問題解決了，不過把他提出而已，然而大家都當是解決了。——克勞西斯的熱之遞減問題也是這個樣子。

拉卜拉斯的學說只承認動的物質——宇宙太空中之一切運動體都必須作旋轉運動。

* * * * *

根據生存鬥爭來談社會主義與經濟，論這一點：黑格兒「百科全書」第九頁論製鞋。

論通常人對於政治與社會主義之見解。第十一頁（所說的第十一頁是指布希涅爾「力與質」的第十一頁，後仿此）。

相外，相並與相繼。黑格兒「百科全書」第三十五頁，作爲可感覺的與概念之定義。黑格兒「百科全書」第四十頁。自然現象——而布希涅爾却不能思想只能單純地描寫，因此，這是必要的。

第四十二頁。梭倫從自己腦筋中想出法律——布希涅爾也可爲現代社會製出同樣的東西。

第四十五頁。玄學是關於物的科學，而非關於運動的科學。

第五十三頁。對於經驗有相當的意義。

第五十六頁。個人與歷史之平行有如胎生學與古生物學之平行。

* * * *

摩擦與打擊產生了某一物體的內部運動，即分子運動，後者依環境之不同能分化成熱，電等物。但是這種運動只是暫時的：無此因，必無此果（Cessante causa cessa effectus）。到了某種程度時，他們都會變成常住的分子變化，即化學的變化。

Causa finalis（最後之因）是物質及其所具有的運動。這物質絕對不是抽象。在太陽中已有一些物質不喜化合，其行動亦無何等差異。雖然在火霧的氣體球中（即星雲球中）一切物質都各自存在，但是他們可分解成純粹物質，如此的物質，其行動如物質，而不依照其特殊的性質。

* * * * *

（總而言之，黑格兒已經把 Causa finalis——最後的因——及 Causa efficiens——成効的因之互相對立變成了互相作用了。）

* * * * *

自然科學如能運用思想，則假設當爲其發展形態。一個新事實發現了，從前說明這一組事實的舊方法現在不適用了。於是產生了新說明法之需要，這說明要根據這些有限的觀察材料。更進一步的實驗材料慢慢地肅清了這些假設，取消了一些，修正了一些；到了最後才產生了成色十足的定律。如果我們只想等待這些定律之原料之成熟，那末在未成熟之前，我們只有放下理論的研究，如果這樣子幹法，我們永遠都不會求得這個定律。

假若自然科學家缺乏邏輯的與辯證的修養，那末互相排擠的假說，其數之多與新陳代謝之速都會引起他們的一種謬誤觀念，以爲我們始終不能認識物之實質（如海列爾 Haller 與哥德 Goethe）。不但是自然科學家會發生此種錯誤；因爲人類認識之發展沿着一條很迷亂的曲線，所以在一切歷史科學中的理論也是互相排擠而代謝的，雖哲學亦不能免此，因此，任何人都不能武斷地說形式邏輯是「無意思」。這種觀點之最後的形態是『自存物』(Ding an sich)。這論斷以爲我們不能認識自存物 黑格兒「百科全書」第四十四頁），第一，這種見解離開科學而跑到玄想方面去了；第二，他絲毫未曾增多我們的科學認識，因爲我們如果不能研究這些物，則這些物就成了對我們不存在的了；第三，這是赤裸裸的永遠不能實用的空言。抽象地說來，他的聲音聽去好像是很合理的。但是讓我們試一試看看能否實用。例如動物學家，動物學家說狗好像有四隻脚，但是我們不得而知這狗是否會有四百萬隻脚，甚至沒有一隻脚，怎樣辦呢？例如數學家，他們開始說一個三角形有三個邊，但是到後來又說，他是不是有二十五個邊呢，這一點我們不得而知，怎樣處置呢？二乘二，好像是等於四。這些自然科學家並不願意把自存物一語應用到自然科學中去，他們只有談到哲學問題時才用這一句話。這是最好的證據，證明他們對這一句空話是何等的看不起，而這句話本身的意義又何等地藐小。如果他們很重視他，那末『因何故』不來研究他一下呢？如果用歷史的眼光來觀察，那末這問題亦自有其相當的意義：只有在我們時代中的既有的條件之下我們才能去認識，同時，這些條件允許我們認識幾多，我們才能認識好多。

* * * * *

吸引力變成排拒力，或是排拒力變成吸引力，這種轉變在黑格兒手中是神祕的，而實際上，在這一點上，他比晚近自然科學之最新發現還要高明一些。譬如在彗星的尾上的一些細末物質其分子排拒力已經非常的大了，但是氣體的分子排拒力比他還要大些。黑格兒把排拒力看作原本的，把吸引力看作演出的，這也是他的天才過人處。太陽系之形成正是因為吸引力漸次地凌駕了原先佔優勢的排拒力。——經過熱而擴展了排拒力。

* * * * *

普通理解的定義之矛盾性：動的氣體說（Kinetische Gastheorie）。兩極化（die Polarisation）。正如電與磁一樣，思想也兩極化，也在矛盾中運動；同樣地，在第一種情形之下，不能偏執一端，而每一個自然科學家也沒有想去偏執一端，在第二種情形之下也是如此。

* * * * *

據否認因果律的人看來，自然界一切規律都是個假設，星體的化學分析，即光之三棱鏡之分析也是個同樣的假設。只希望如此的淺薄思想有什麼意思！

* * * * *

自存物：黑格兒，「邏輯學」第二卷，第十頁及其後整個一編都是談這個問題。懷疑派向來不說；這是：新唯心論（即康德與費希特）不願意把認識看作對自存物的知識。參看黑氏「百科全書」第一部第二五二頁。但是這懷疑論依然保留着他的一切形形色色的事物之輪廓(Schien)，或是更正確一點說，他的輪廓依然以世界之形形色色與豐富的現象爲其內容。同樣地，唯心論底現象(卽唯心論稱之爲現象的那件東西)也是包含了這些形形色色的德性之全部……。這樣說來，可以不用任何的有(Sein)，任何的物(Ding)或自存物(Ding an Sich)來作此內容之基礎；他自己總是保存着他的本原，他不過從實在轉到輪廓而已。這樣說來，黑格兒同現代自然科學家比較起來，可算是一個較爲堅決的唯物論者。

* * * * *

各種「實質」的眞性(die wahre Natur)已被黑格兒所指出：「百科全書」，第一卷，第一一一節附錄：「在實質中，一切都是相對的」(Im wesen ist alles relativ)（例如正與負，只有在相互關係中才有意思，分開便沒有了）。

* * * * *

所謂數學的定理者不過是一種思想上的規定(Denkbestimmengen)，借以作數學所必須的出發點而已。數學是數量的科學，他的出發點是數量的概念。數學不足以確定數量於是不得不借助於外力，引用了定理，是數量的要素的規定，然而却不是定義。事後看來，他却是不能證明的，在數學上也是不可證明的。然而在分析數量的時候，這些定理又好像是數量之必有的性質。斯賓賽說，這些定理之自證性(Selbverständlichkeit)是世代相傳的，這句話很正確。這些定理並不是純粹的重複語，所以可以用辯證法證明他們。

例如，部份與全體，這個範疇到了有機世界中便有缺陷了。種子之萌芽，胚胎及生出的動物，絕對不能把他們看作『全體』中分出的『部份』，假若如此，便是一種曲解。黑格兒「百科全書」第一部第一編第二六八頁。

*　　*　　*　　*

在有機的自然界中，不能應用抽象的同一律如a＝a同時－a不等於非a。植物，動物，一個單細胞，在其生命之每一瞬間都與其相同，而同時又與自己相異，由於他吸取了外物，又排洩了外物，由於呼吸作用，由於細胞之長成與死亡，由於血液之循環過程——一言以蔽之，由於不停的分子變化的總量，這些分子變化組成了生命，其結果則很顯著地出現於生命之各個階段中——在胚胎生命中，在幼年時，在性的成熟時，在繁殖時，在衰老時，在死亡時。我們暫時放下物種發展一問題。生理學的進步愈多，這些繼續不斷的無限小的變化也就越發重要，而同一事物之內部差異的研究也就越發重要，那舊的，抽象的，形式的同一觀，把有機的存在物看作一種自相同一的，常住不變的東西，這觀點已經過時了。雖是如此，根據此觀點而產生的思攷方式及其範疇却還繼續存在以至今日。但是在無機自然界中，這種本色的同一已自實際上不存在。每一個物體都經常的受一種機械的，物理的與化學的影響，而引起了他內部不斷的變異，修改了他的同一性。抽象的同一及其反題抽象的差異只有在數學中還有一方容身之處——數學是一種抽象的科學，專門以智慧的結構來從事研究——雖然這也是眞實的反映，而眞實則經常地被抽出不用。黑格兒「百科全書」第一部第二三五頁。每一句話都可表示出同一內部含有差異的事實，因爲每一句話中謂詞必然與主詞分離。蓮是植物，玫瑰是紅的：在這話中，或是在主詞裏面，或是在謂詞裏面必然有一件東西逸出了謂詞或是主詞的範圍。黑格兒「百科全書」第二部第二三一頁。不用解釋，自相同一一語有一個必要的先有的附註，就是，和一切其他的不同。

經常的變化，就是抽象的自相同一之取消，在所謂無機世界中也是存在的。地質學便是這種歷史。在地球表面上有機械的變化（如水冲，冰雹），有化學的變化（如風化作用），在地球內部有機械的變化（壓力），有熱（火山的），有化學的（水，酸，膠質），及大規模的變化；如地面上升及地震等等。現在的石板與當年的軟泥不同了，雖然他是出身於他，白堊是很多互不相聯的極小的甲殼所積成；又據幾位學者的意見，石灰岩完全由有機物造成，沙石則由一些各自獨立的海沙所積成，而這些海沙又完全是研碎了的花崗石，諸如此類，更不必去談石炭了。

* * * * *

正與負。又可以反稱之，在電與磁中則稱之爲南北極。又可以把這名稱倒轉過來，把其餘一切名詞也調換一下，則仍不失原來的樣子。那時我們就要稱西爲東，稱東爲西。太陽那時可從西方出來，而行星則從東往西運轉；此時所變者不過一個名稱而已。在物理學中，磁石指向地磁北極的一端我們稱之爲南極，這絲毫都不礙事。

* * * * *

生命與死亡。有種生理學不把死亡看作生命的眞實的一段，這種生理學是非科學的，(黑格爾「百科全書」第一卷第一五二頁，一五三頁)。這生理學不懂得，生命之反題(Negation)實質上包含在生命的本身之中，不懂得生命一事，如不對着他的不可避免的結果而言，即是如不對着他內部所常含的(胚胎形式的)死而言，則生命便是不可想像的。辯證法的生命觀正是如此。什麼人懂得了這一點，那末靈魂不死的街談便再也不會使他相信。死是有機體之瓦解，身後蕭條什麼東西都留不下來，除了組成此身體的化學成份。不然，如果死後還能留下一條靈魂，則不但人應當有靈魂，凡是一切活的體魄都應該有靈魂。這樣已經很清楚了，我們借助於辯證法可以弄清楚生命與死亡的性質，可以結果古代的迷信。生即是死。

* * * * *

無理的無限(Schlechte Unendlichkeit)。黑格兒已經很正確地把真正的無限解爲補充的空間與時間，解爲自然過程與歷史。現在全部自然界都分解了，歸結爲歷史，而歷史(社會史——譯者)却不過是自覺有機體之發展過程，這過程與自然史是同不的。自然與歷史中的無限的形形色色實在包有空間的無限與時間的無限——而所包括的無理的無限不過是攝取的一點，雖然是實在的，然而却不佔優。我們對自然界認識的極邊，直到今日還沒有越出我們的宇宙，而我們宇宙之外的無數宇宙都是我們認識自然時所用不着的。老實講，我們從千百萬太陽中只挑出一個太陽及太陽系作爲我們天文學研究的真實基礎。地上的力學，物理學，化學我們只研究了一部份，而談起有機科學來，則我們只能限制在我們這小小的地球上。然而這並無大害於實際上，現象之無限的形形色色，無大害於對自然之認識，正如編年史，其範圍更爲狹小，只限於地球之某一部份及某一極短的時期，但是並無害於歷史。

*　*　*　*　*

單純的與複合的。這個範疇在有機自然界中已經沒有意義，所以在這裏不能應用。拿骨與血，筋與肌肉，以及纖維質來，不論作什麽力學上的配合以及化學上的配合都不能造成動物。黑格兒「百科全書」第一卷第二五六頁。體魄既非單純的，又非複合的，因爲他不是能配合成功的。

*　*　*　*　*

原初物質(Urmatterie)：『物質自太初已經存在而自身則無形，此種見解在古代的希臘人中已經有了，在開始時，是神話式的渾沌（Chaos），渾沌爲眞實世界的基礎而無形。』黑格兒「百科全書」第一卷第二五八頁。在拉卜拉斯那裏我們又遇到了這渾沌，這就是星雲，已含有形態之萌芽。此後分化便來了。

黑格兒「百科全書」第一卷第二五九頁，並閱其邏輯學。他以極端虛妄的思想造成了虛假的多孔說（Porositätstheorie）（根據這種學說，各種假物質及熱素等物根據其相互的多孔性而排列，而且依然是不能相入的）。

* * * * *

力。假若有某一運動從一個物體移渡入另一物體，那末，這個運動的移渡既然是自動的，我們就可稱之爲運動之因，如果這運動之移渡是被動的，則可稱之爲果。在此種情形之下，這個因，即是這個自動的運動便是力，而這被動的運動則爲力之表現（Aeus-serung）。根據運動不滅律，我們在這兒可以做出一個結論，說力完完全全與他的表現相等，因爲在這兩種情形之下，都是這一個運動。但是移渡的運動，多多少少都可以用數量去規定，因爲他表現於兩個物體中，兩者之中，必有一個可以作爲測量另一運動的測量單位。運動之可量性使力之範疇有了價値。假若沒有這一點，他就沒有絲毫價値了。

運動之測量越是行得通，則越利於力之範疇與力之表現的研究。特別是在力學中，對於力之解析更遠了，把他看作一個複合的東西，因此，有時會得到新的結果；但是我們切不要忘記了，這不過是一種單純的智力的活動。依照力之平行四邊形的定理而得到了複合的力，如果用類比的方法來研究單純的力，就可以知道前者並不是眞正的複合的力。牛頓在分析行星運動時就忘掉了這一點。在靜力學中也是如此。更進一步來看，當一切運動形態轉變爲機械運動時（熱，電，吸鐵之磁）就可以用原來運動所產生的結果來計算原來的運動。我們在這時，同時研究各種形態的運動時，就可發現力之範疇與力之縮寫之有限性。像個樣的物理學家中沒有一個人再單純地稱電，磁與熱爲力，亦不稱之爲物質，也不稱之爲無重物。我們已經知道若干熱的運動可轉變成若干機械運動，但是我們對於熱之本性還未曾知道絲毫，好像是對此種轉變之研究絲毫無益於對熱之本性之研究。把熱看作一種形態的運動，這是物理學中最新的勝利，因此，就使他與力之範疇斷絕了關係。在某種情形之下，即是在轉變的時候，熱也可採用力之形式，因此就成了可量的。這樣子，可以用某一受熱物體之漲大程度來計算熱。如果熱在此時，不從一個物體轉到作爲單位的物體，則單位體之熱也就無法計算，而且根本上也談不上計算，也談不上數量之變化了。乾脆地說，熱使物體漲大了；如果說熱擁有一種使物體漲大的力量，這只不過是一種單純重複語；如果說熱就是使物體漲大的力量，也是錯誤，因爲第一，用別種方法也可以產生漲大，如在氣體中，第二，用這話來表現熱，未能盡其含義。有幾位化學家還說什麼化學力，因爲有這種力，所以化學的化合才能產生，才能維持。但是我們在這兒並沒有看到什麼轉變，這不過是各個物體的運動之相互的拍合，「力」這一個概念走到這裏時算是走他有效地帶的邊境上了。然而人們還是用發生的熱來計算他，所以直到現在沒有什麼很好的結果。爲着要解釋他，所以又編造出一種所謂的力（例如，爲着要說明木塊爲什麼在水上浮起便編造了浮力，以解釋光時的反射力等等之類），這樣子看來，有幾多不能說明的現象，便編造出幾多力，究其實際不過把外部現象轉譯成內部的語言而已（吸引力與排拒力一範疇還是較爲情有可原；這兒把許許多多物理學中不清楚的現象都收集到一個字裏面來，而且暗示出他們的一種內部關係）。假若我們想說什麽化學力，那末，就必須有一個特別的方法來計算各個原素與各個化合物的或多或少的類似關係，例如酸類與鹻族，土族，硫黃以及養化金屬等物——現在的化學家能切實研究這個問題的還少。最後，在有機的自然界中，力之範疇是完全用不得的，然而人們却經常地應用他。當然了，就肌肉之機械的結果而言，我們也可以稱肌肉之動作爲肌肉力，甚至可以把他計算出來。其他可計算的作用亦可當作力——如胃的消化能力。但是如此推演下去，馬上就會走到不通的結論（例如神經力）。無論如何，我們在這裏要說的力，其意思是很有限制的，而且只是一種形容（例如我們常常說：收集力量）。這種假言的結果會使人們說什麽生活力（Lebenskraft）。假若我們想說有機自然界中的運動形態異乎機械的，物理的，化學的運動形態，因爲前者把後者以某種形式包括在一起了。那末這種稱呼的方法更是特別不適用，因爲力——表示運動之移渡——表示從外部導入有機體的一種東西，却不是有機體所自有，不是不能分開的。因此，生活力使成了一些超自然派(Supernaturalist)的最後避難所了。

而事實上：(一)常常把力看作一種獨立的存在物(黑格兒，「自然哲學」，第七十九頁)。

(二)潛伏的靜止的力——要從運動與靜止的關係上(如惰性及均衡)去說明他，而且還要附帶研究力之激動(Sollizitation)一問題。

* * * * *

運動不滅的理論已經包含在笛卡兒的斷語中了，他說，宇宙中永遠保留着同一數量的運動。自然科學家談到『力不滅』時，實際上以不甚完全的方法來表現這個思想。但是笛卡兒純粹數量的表現也有缺點：這樣的運動，是眞實的現象，是物質存在的形態，他是不可毀滅的，有如物質；事物之數量方面也就包括在這裏了。這就是說，自然科學家在兩百年之後才證實了哲學家的理論。

『他的(運動的)本質包含在時間與空間的直接統一中；空間與時間都歸於運動；速

度，運動之計算，這就是空間對某一固定的時間之關係（比例）（黑格兒，「自然哲學」，第六十五頁）。物質塡補了空間與時間。……正如，沒有物質使沒有運動，所以沒有運動也沒有物質。」（同書第六十七頁）

* * * * * *

力（參看前面）。當然了，運動之移渡必有一定的時候，就是當一切各種必要的條件都齊備的時候，這條件有時會需要很多，很複雜，特別是在機器中（例如蒸汽機器，又如鎗支，必有機鈕，頂針，火帽，火藥）。如果還缺乏一個條件，那末，當這個條件還沒安排好時，運動之移渡總也不會發生。我們可以這樣去想像他，好像是只有借助於這個條件，才能激動力，好像力是潛伏着的，潛伏在某一物體內部，這就是所謂載力者（Krafttrӓger）——如火藥與石炭。而實際上單單現有了這一個物體還不夠，必須有一切其他條件，才能發生這個特殊的運動之移渡。

運動之觀念起於我們自身，因爲我們在我們自己身上具有移渡運動的工具。在某種限度之內，我們的意志可以驅使這些工具行動起來；特別是手上的肌肉，我們得了他的助力，就可使別種物體也發生機械的移動與運動，可以提，可以舉，可以擲，可以擊，以及諸如此類的事項，因此，就可得到一種固定的有利的效果。這兒好像是產生了一個運動而非運動之移渡，於是就引起了一種觀念，以爲一般地力可以產生運動。只有到了現在，在生理學上才證明了，肌肉的力也是一種運動的移渡。

*　*　*　*　*

運動與均衡。均衡與運動是不可分開的。在天體的運動裏面，運動即在均衡中，均衡即在運動中。一切特殊的相對運動，在此地，就是在任何一個運動的天體上的較小的個別物體之一切個別運動都趨向於相對靜止與相對均衡之求得。沒有相對的靜止便沒有發展。物體相對靜止之可能，即暫時均衡之可能，是物質分化的眞實條件，亦即生命之必需條件。在太陽上面各個物體之間完全沒有均衡，而只有一切質體，或是只有極其微小的均衡，這是因爲有相當的密度之不同，而在球面上則只有永遠的運動，缺乏靜止，缺乏分解。在月球上面，好像是有完全的均衡，沒有任何相對的運動——死（月球——負性——Mond——Negotivität）。在地球上面，運動則分化爲運動與均衡之輪替，個別的運動趨向均衡，而總和的運動却又破壞了個別的均衡。岩石是靜止了，但是風化過程，海浪作用，河流作用，冰山作用都繼續不斷地來破壞這個均衡。蒸發作用，雨，風，熱，電磁現象物等也是一樣。最後在活的有機體魄中，我們可以觀察出其一切最小分子之不斷的運動，甚至較大的器官也是不斷地運動，在生命之平常的時期中，這運動的結果是全有機體之經常的均衡，却又能經常地保持着運動。由此可見運動與均衡之活的統一。——一切均衡只是**相對的**，**暫時的**。

* * * * *

因果關係（Kausalität）。當我們來觀察運動的物質時，我們首先就要看看各個運動與各個物體之相互關係，他們是**互爲條件的**。我們不但知道在某一運動之後跟隨着一個運動；同時我們又知道，我們如果造成了某些條件，也可以生出某一運動，同時在這些條件之下，在自然界中也能生出同樣的運動；我們又知道，我們也能夠引起自然界中完全沒有的運動（如製造工業），卽令有，也不會取這種形式，我們又可預先地確定這個運動的方向及其大小。因此，因爲有了人類的活動，所以才產生了因果關係的觀念，這觀念以爲一個運動是另一個運動之原因。誠然，某種自然現象的正確的排列也就是因果觀念的開始；熱與光來自太陽；但是這裏沒有什麼切實的證據，這樣說來，抱着懷疑主義的休謨便很正確了，他說，絲毫不爽地重複 Post hoc（過去）並不能建立 Propter hoc（現在）。但是人類的活動却可以證實因果關係。我們用一個火鏡（聚光鏡）把太陽光集中到一個焦點上，則所引起的效果同平常的火一樣，這樣子，我們就可證明從太陽那裏可以取熱。又例如，我們把火藥，引火，彈丸等物放進鎗裏面，然後撥機鈕放射，那末我們根據經驗就可以預先算出其效果，我們能夠詳詳細細地研究全部過程，先是發火，後來繼之以燃燒，由於突然變爲氣體而爆裂，最後是氣體壓迫彈丸。在這種情形之下，懷疑論者就沒有方法來肯定地說，下一次不能完全重複這一次。實際上，有的時候，並不是同一現象的重演，例如，引火與火藥滿可以不發生作用，或是彈道爆裂等等。但是這也能夠證明因果關係，而不是駁倒因果關係，每一個此種脫離常軌的事件，如加以相當的研究便可以尋出他的原因：如引火之化學的分解，火藥的潮溼等等，以及彈道之損壞等等，這樣却是因果關係之雙料的證實。——自然科學家與哲學家直到現在還不注意去研究人類活動對其思想之影響。他們有一半只曉得自然，而另一半却只曉得思想。人類思想之最切實的第一個基礎却是人爲的自然界之變化，而並不是這樣一個本色的自然界，人類理智的發展與其變更自然界的能力成正比例。自然科學的歷史觀——如我們常常聽說的德拉派爾（Draper）及其思想相同的幾位自然科學家的見解，以爲只有自然能影響人類，以爲無論在什麼地方自然條件都可決定人類歷史的發展，這種歷史觀是片面的，他們忘了人類對自然也可以發生作用，可以變化他，可以造成自己生存的新條件。日耳曼人移入時代的德國『自然界』，目下還賸得幾許！地面，氣候，植物，動物，甚至人類本身都變更了，然而這却是由於人類的活動，而德國自然界中非人爲的變化實在是少得可憐。

＊　＊　＊　＊　＊

牛頓的萬有吸引力。關於萬有吸引力，我們可以說，而且最好這樣說，說他並沒有說明，只不過淸淸楚楚地描畫出行星運動的現在情形。運動是有了，太陽的吸引力也有了；用這些已知的作出發點又怎樣去說明運動呢？力之平行四邊形，卽切線力（Tangentialkraft）成了我們必須採用的不證自明的東西；這就是說，如果我們承認了現存秩序之永恆性，那末我們就需要假設一個最初動力，這就是神。但是，一方面，行星世界的現存秩序並不是永恆的，另一方面，運動本來並不複雜，而只是一個簡單的轉動（自轉及公轉——譯者）。在這裏應用力之平行四邊形是錯誤的，因爲他不僅限於指出未知的量，不僅僅要指出X，就是說，他不僅要提出問題，而且應當解决問題。

＊　＊　＊　＊　＊

力。——還要分析他的消極方面，分析阻力，他阻礙運動之移渡。

相互作用。——當我們用現代自然科學的觀點開始來觀察整個的運動的物質時，這是我們應當看到的第一點。我們可以看到很多運動形態，如機械運動，光，熱，電，磁，化學之化合與分解，混合狀態之變化，有機的生命，——這一切的一切（暫時可以把有機的生命除外）都可以互相變通，互爲條件，在這裏都是原因，到那裏都是結果；但是在一切的形態變化中，運動的總和是依舊不變的（斯賓諾莎說：本質是自己的原因——Substanz ist causa sui——把這個相互作用表現得最好）。機械運動可以變作熱，光，電，磁等等，反之也是如此。這樣子，自然科學又證明了黑格兒的話（在什麼地方？），他說，相互作用是一切事物之眞正的最後之因（Causa finalis）。除了這個相互作用之外，我們不能作更遠的認識，因爲在他背後都是不可認識的了。我們既然認識了物質運動之各種形態（因爲自然科學的歷史很短，所以我們的認識還有許多不完備的地方），我們也就可以認物質之本身，而我們的認識也就盡於此矣。格魯維（Grove）對因果現象之一切誤解都由於他不研究相互作用之範疇。他心中也有這個範疇，但是缺乏對他的抽象思想，正是因此才弄糊塗了（第十頁到第十四頁）。我們只以此普泛的相互作用為出發點，才能求得眞實的因果關係。假若我們想了解個別的現象，那末我就應當從總的關係中把他抽出來，單獨地孤立地研究他，而在此種情形之下，我們眼前變化着的運動——一方面表現爲原因，而另一方面則表現爲作用。

*　　*　　*　　*　　*

*　　*　　*　　*　　*

運動不滅。在格魯維書中有很好的一處——在第二十頁及以下諸頁。

機械運動。自然科學家總把運動看作機械運動，看作移動。這是從無化學的十八世紀遺傳下來的觀念，他妨礙了對一般事物之明白的了解。如果把運動用在物質上，這就是一般的變化。由於這個誤會便產生了一個熱烈的追求，想把一切都納入機械運動，——格魯維已經『非常地偏於一種思想，以爲物質之一切性質，九九歸一都可納入運動中』，（第十六頁），這乾脆地抹殺其他運動形態之特性。但是我們又不能否認，每一個高級形態的運動都必須與眞實的機械運動（或是外來的，或是分子的）發生關係，正如，高級形態的運動往往可以同時產生別種運動，沒有溫度的及電的變化，則化學的作用是不可能的，假若沒有機械的，分子的，化學的，溫度的，電的以及其他種種變化，也不會有有機生命。無論在那一次，卽令把這一切形態都齊備了，也還不能竭盡這主要形態的本質。我們可以用實驗的方法把思想『納入』腦筋中的分子運動與化學運動；但是是否能竭盡思想之實質呢？

* * * * *

物質之可分割性。在實際上，對科學而言，這個問題都是一樣的。我們知道，在化學裏面，可分割性是有界限的，到了這界限之外，物體就不能以化學的方式行動了（原子），多數原子總是結合為分子。同樣地，在物理學中，我們也採用一種最小的微粒（為便於物理學之研究），他們的排列可以決定物體之形態與堅固程度，他們的振動表現爲熱，諸如此類。但是我們直到現在還不知道，物理學的分子與化學的分子是相同呢，還是相異。——黑格兒對於這個可分割性的問題輕描淡寫地放過了，他說，物質也是這樣的，也是那樣的，既是可分割的，又是聯續的，同時呢，既非如此，又非如彼，（既非可分割的，又非聯續的——譯者），這簡直不是一個答案（參看後來的動的氣體說Kinetische Gastheorie），但是現在差不多證明了。

* * * * *

……自然科學家的思攷。阿加西斯（Agassiz）的天地開闢說，以爲先從一般的創造起，然後才造部份的，然後才造單個的，開始創造脊椎動物，然後創造哺乳動物，然後創造食肉獸，然後創造貓科，最後才創造了獅，即是說先假形於具體之物而創造抽象概念，然後才創造具體之物！參看黑格兒「自然創造史」第五十九頁。（可參看馬君武譯「宇宙之謎」第二〇九頁及以後諸頁——譯者。）

* * * * *

歸納與演繹。黑克爾書第七十五頁及以後諸頁，那裏有哥德的歸納的結論，他說通常沒有中顎骨的人應該有中顎骨，於是，他就用了那錯誤的歸納法做出了正確的斷語！

* * * * *

奧根（見黑克爾書第八十五頁）的著作中有一點愚蠢無意思的地方，這是由於自然科學與哲學之二元論。奧根以深思的方法發現了細胞與原生質（das Protoplasm），但是什麼人都不願以自然科學的方法來研究這個問題，——思攷應該解決這個問題！原生質與細胞一經發現之後，大家都把奧根忘了！

* * * * *

Causa finalis und efficientes（最後的因與效果）。這些東西到了黑克爾手中（八十九與九十頁）都變成了合乎目的的行動的原因及機械地行動的原因，因爲最後的因即是神！同時，又很簡單地，他的『機械的』即等於康德的一元的，而非力學中的『機械的』之意義。在此種名詞之混亂之下必然產生狗屁不通。黑克爾在這兒所說的康德對判斷力之批評都與黑格兒不相符合。見黑格兒「自然哲學」六〇三頁。

*　*　*　*

信神的自然科學家對於神爲最壞。唯物論者乾乾脆脆的說明事物之眞象，用不到這一類的鬼話。只有那些執迷的信士弟子硬拉着他們與神發生關係時，他們才談一談神，這時他們必以拉卜拉斯的風格簡短地答道：我用不着他，先生（Si e, je n'avais）。或是更深刻一點，用荷蘭商人的神情來答話，當德國的行商硬要把他們那些不中用的貨物批發給他們時，他們說道：Ik kan die zaken niet gebruiken，完結。但是怎樣能使這些神的擁護者放棄神呢！神——無意思(nescio)，但是愚蠢無識並不是理由（斯賓諾莎：ignorantia non est argumentum）。在現代自然科學史上，神的擁護者之對於神好像陰納(Jena)戰役時一般將軍官員對於弗里德里希威廉第三的態度。在科學的猛攻之下，一軍又一軍地繳械了，一壘又一壘地降服了，最後，自然界無邊無際的版圖都變成了知識的領土，而造物主竟至沒有容身的地方。牛頓還把他扶作『第一動力』，但是禁止他此後再來干涉太陽系的事務。神父賽奇把一切聖書上的榮耀都給了他，而同時又誠心誠意地把他送出太陽系，只允許他在原始的星雲中有創造行爲，在其餘各處也是一樣。在生物學中他的那最後一個偉大的唐克梭特（Don Quixote）阿加西斯把他描寫成了一個切實的蠢物：神不但應當創造眞實的動物，還應當創造抽象的概念，例如魚。到了最後丁達爾（Tyndall）把神出入自然界的最後一道門也堵死了，把他放逐到情緒世界去；然而又爲什麼留他一條命呢，這大概是因爲世間應當有一個對此一切事物（自然界）的知識比丁達爾更多的人。眞是不堪回首，當年的神是天與地的造物主，萬物的主持者，沒有他時，一根毫髮都不准從頭上落下，今昔相距，不知其幾千里也！

丁達爾情緒的需要並沒有證明什麼。希佛萊・德・格里（Chevolier de Grieus）也有愛曼儂・列斯攷（Manon Lescaut）的情緒的需要，雖然她曾屢次地賣了自己而且賣了他；而當她喜歡怎樣時，他就是作騙子，作小偷都甘心情願。假若丁達爾想以此責備希佛萊時，他就會用他的『感情的需要』來回答他。

（譯者註）希佛萊·德·格里與曼儂·列斯玫大概是一部小說或戯曲中的兩個脚色，譯者文藝作品的閱讀範圍是很狹小的，所以經過多時的探索，竟找不出這兩人的來歷，讀者如果知道，希望能加以指敎。

*　*　*　*　*

自然界中的。昆蟲的國家（通常地不能越出純自然關係的範圍）的**起首**也可以算是社會的起首。同樣地，能生產的動物也使用工具（如蜂及水獺等等），但是他們的工具只有次要的意義，而無總合的行動。——又如珊瑚羣及腔腸動物的 hydrozoa（水螅原），這裏的個體，最好也不過是個過渡階段，而肉體的團體(die fleischliche community)則爲充分發展的階段。參看尼玫爾森(Nicholson)的著作。同樣的，滴蟲(die Infusorien)也是一個單細胞所能達到的，較高的，而又非常特化的形態。

*　*　*　*　*

自然與精神之統一。自然不能是不合理的，這一點希臘人知道的很淸楚；然而現在最偉大經驗派還用他們的推理（不論這推理是否錯誤）來證明他們早已相信自然界是不能不合理的，而藝術也是不能反自然的。

科學之分類。每一種科學都研究一種運動形態，或是研究一列互相關聯互相轉變的運動形態。這種分類就是合乎這些運動形態本有的秩序的分類或排列。其分類的意義亦正在此。

* * * * *

法蘭西唯物論者的唯物論大部是機械的，在這些唯物論者之後，在上世紀（十八世紀）之末葉，發生了一種需求，就是要把舊有的牛頓林乃派的所有的自然科學加以「百科全書」式的總結算，有兩個最大的天才担負了這項工作，這是聖西門（未完成）與黑格兒。現在呢，對自然的新見解也已經大概奠定了，於是這種需求也來了，也有不少的企圖走向這個方向。現在自然界中發展的總關係已經證明了，因此，這些材料之純外觀的排列是有缺陷的，正如黑格兒巧妙的辯證法的轉變也有缺陷一樣。轉變應由自己完成，轉變應該是自然的。正如每一個運動形態是從另一形態中發展出來，同樣地，這些形態的反映，亦即各種科學也必須一個導源於一個。

* * * *

原生蟲(Protist)。(一)無細胞的(Zellenlose)原生蟲，其發展始於簡單的蛋白質小塊(Eiweissklümpchen)，這小塊伸出或縮回各種不同的假足；即是說其發展始於單蟲(Moneren)。(現在的單蟲與原始的自然不同，因爲他們只以有機物爲營養品，吞食滴蟲或矽藻Diatomeen，就是說，他吞食高於他的，而產生却晚於他的物體，又根據黑克爾之第一表，這物體也有他的發展史，經過無細胞的鞭毛滴蟲而發展來的。)在這裏已經可以看出一切蛋白質的物體都有造形的要求。無細胞的有孔蟲(Foramenifera)的造形趨求已經更進一步了，他從自身中分化出一個巧妙的介殼(其固體對珊瑚已經先事預防)，而且已有了高級軟體動物(Molluska)的形態，有一個管狀的吸水器(Siphoneae)，同時又略具了高級植物的幹，枝，根，葉等等雛形。但是無論如何，他還是個沒有結構的蛋白質。因此，我們應當分清楚變形蟲(Amoeba)與原變形蟲(Protamoeba)的差別。

（二）一方面，形成了皮（Ectosarc 可譯作外肉）及內層（Endosarc —— 內肉）的差異，例如輻線蟲（Actinophrys）（參閱尼玫爾森第四十九頁），皮層就開始伸出假足（Pseudopodien）（例如夜光蟲 Protonyx 已經是個過渡的階段，參看黑克爾的第一表）。蛋白質在這條路上的發展顯然是不怎樣遠的。

（三）另一方面，蛋白質中又特化出了核（Kern）與小核（Nucleolus）。從此之後開始了迅速的造形工程。例如竹粉蟲（Sphaerococcus）與夜光蟲都已分化出了細胞膜，這是個過渡階段，這裏又有了伸縮泡循環作用的開始。最後我們又看到他們用細沙來造成甲（如衣沙蟲 Difflugi ，參看尼玫爾森第四十七頁），好像螞蟻與其他昆蟲的蛹，這才算是真正地分化出了活的介殼。

（四）**有經常細胞膜的細胞**。因細胞膜堅硬程度之不同而發展成了植物與動物，如細胞膜較柔軟，則長生動物（這動物的一般形態如何？是不能確定的），根據黑克爾著作第三八二頁是如此。與細胞膜同時出現的是一種有定的，即有質的形態（Plastische Form）。

這裏，當然了，應當把單純細胞膜與特化出的甲殼分別清楚。但是（這又與第三點不同）隨着細胞膜與此小甲殼之形成而停止了假足的伸出（die Aussendung der Fseudopodien auf）。舊形態（鞭毛）與舊形態之形形色色之重複。Labyrinthularii (?) 形成了過渡階段，他把他的假足伸到外邊，造成了一個網狀，於是在某種界邊之內改變了他日常的紡棰狀態，參看黑克爾三八五頁。簇蟲（Gregarinae）過的是高等寄生蟲的生活方式，他們有時並不是個別獨立的細胞，而是一串細胞（黑克爾四五一頁），包含有兩三個細胞（較幼的細胞發展成了有機體，關於這一點請參看馮德的附錄），這是很可憐的。單細胞有機體之更高的發展則爲滴蟲，因爲滴蟲的確是個單細胞的。這裏已經有了相當的特化（參看尼攷爾森）。現在又談到動植物了（Zoophyte 有人譯作動物植物，我則譯作動植物，我是生物學的門外漢，如果不很妥當，以後當自改去）。這類的例子是 Epistyks 。單細胞植物的形態也有相當的發展（例如 Desmidiaceae，參看黑克爾四一〇頁）。

（五）更進一步的發展是把幾個細胞合爲一體，而非合爲一羣。在黑克爾的變形類中，第一個便是魔球（Magosphaera planula），在魔球中，幾個細胞的結合不過是發展的一階段（參看黑克爾三八四頁），但是這裏已經沒有假足了（黑克爾沒有肯定地說，這是不是一個過渡階段）。另一方面，發光蟲（Radiolarae）也是一羣未曾特化的細胞，然而正是因此，所以他們才保持了假足及幾何上十分規則的甲殼，已有純粹無細胞根足（Rhizopodien）的作用，好像是這蛋白質以其結晶的形態包住了自己。

（六）魔球成了到 Planula 及 Gastrula（原腸胚）的過渡。此後可參看黑氏書四五二及其後諸頁。

* * * * *

個體。這個觀念也瓦解了，變成了一個完全相對的觀念。（Cosmus）是個條蟲羣；另一方面，細胞與 Metamer 在某種意義上才是個體（八類發生學與形體學 Anthropogenie und Morphologie）。

在一切發展的階段上都有形體學形態之重演：細胞形態（在原腸胚中這兩種都包有

了）——Metamer之形成；如輪狀體，節肢動物，脊椎動物。兩棲動物的蝌蚪又重複了海鞘幼蟲（As idjenlarve）的最初形態。有囊類（Marsupialia）的各種不同的形態亦必在下代中重演出來（直到現在的有囊類還是如此）。

在有機體發展的全部歷史上應當應用這個定律：加速與從出發到現在的時間之平方成正比例。在黑克爾「宇宙創造史與人類發生史」（Schöpfungsgeschichte und Anthropogenie）上，有機的形態符合於各個不同的地質時期。地層愈高，則此事之進行亦愈快。

全部有機的自然界都是形態與內同一或不可分離的（Untrennbarkeit）之結實證據。形體的現象，生理的現象，形態與作用都是互相決定的。形態（細胞）之特化決定物質之特化爲肌肉，皮膚，骨骼，表皮等物。而反轉過來，物質之特化又決定了形態之特化。

（譯者註）以上數節的譯名多根據「動物學大辭典」（商務版）間有不同處。

* * * * *

動的氣體說：『在一個眞氣體中，分子與分子的距離是很遠的，甚至可以把他們的相互作用略而不談。』（克勞西斯：「機械熱論」第六頁。）什麼東西塡補這些空隙呢？還是以太。這就是物質的自說，物質是不可剖解的，也不能由分子細胞或原子細胞（Molekular oder-Atomzellen）組成。

*　*　*　*　*

同一律在舊玄學的意義上講來是舊宇宙觀的根本定律：a＝a。每一件東西都與自己相同。一切都是常住不變的——太陽系，星辰　有機體都是如此。自然科學一步隨一步地，在每一次都破壞了這個定律。但是他在理論上依然繼續存在，而古董之擁護者還依然用他來對抗新東西。一件東西在同一時間之內不能是自己又是別的。但是最近的自然科學很周詳地證明了一件事實，說，眞止的，具體的同一之內部必含有差異與變化。而玄學的範疇，抽象的同一只有拿到家常日用裏去用，那裏的關係很小，而且時間很短。同一之運用範圍，其境界是時常變更的，這要依照他所運用到的對象之性質而決定——

例如在行星系統中，以橢圓爲根本形態而作普通的天文學上的核算，往往不致發生什麼顯著的錯誤；但是一個昆蟲，其變形蛻化之過程，總合不過幾個星期，這境界便要狹隘多了（可舉其他的例：如物種之變化往往經過幾千年）。但是在綜合的自然科學中，抽象的同一就完全不適用了，在每一部門中都有缺點。這種同一之觀念，到了現在，在實際上，雖然已經大體上被打倒了，但是在理論上，他依舊統治着人們的頭腦，大部份的自然科學家以爲同一與差異是兩個不可調和的對立物，而不是互相依賴的兩極；其實只有在相互行動中，只有在同異互包中，他才會有意義，然而他們却不這樣想法。

* * * * *

當自然科學家忽略了哲學或是凌辱哲學時，他們以爲擺脫了哲學。但是他們離開了思攷便寸步難行，而邏輯的論斷又是思攷所需要的，向那裏去找這些論斷呢？於是就向所謂受過教育的人們中去借那時髦的流行的理論，而這些人的腦筋中往往只充滿了久已過時的哲學之殘餘；或是借些大學必修的哲學講演的耳旁風（不只斷章取義地弄到一些雜碎，而且是各種人的各種觀點之混合物，而這些人又各自隸屬於各種不同的學派，而且大都是最糟糕的學派）；或是無批評性地，亂雜無章地讀了些五光十色的哲學著作，而從中剽竊一點，——無論如何他們都作了哲學的俘虜，所可惜者大部份作了最蹩脚的哲學的俘虜。這就是了，這些如此暴虐地來凌辱哲學的人們反而作了最蹩脚的哲學學派之最蹩脚的最惡俗的殘餘之奴隸。

* * * * *

取之於歷史。現代的自然科學——只有他能算是眞正的科學——與古代希臘人之天才的猜謎與阿拉伯之零碎的偶然的研究是不同的，他的開端是一個偉大的時代，那時資產階級剛剛擊碎了封建制度的勢力，那時在市民階級與封建貴族鬥爭的後面露面了暴動的農民，隨在他們背後，現代無產階級的革命先鋒隊也上台了，他們手中持着紅旗，他們口中念着共產主義，——他開始的時代正是歐洲君主專制產生的時候，是教皇的神權獨裁破壞的時候，是希臘的古代復活的時候，在這個時代中他伴着他的時代之同伴，伴着新時代藝術之最高度的發展而出現了，打破了舊世界的界線，老實講來，這時才發現了大地（他也是革命的，有如他的時代）。

這是世界上所發生的一切革命中最偉大的革命。自然科學就在這革命之空氣中產生了，他是澈骨澈髓地革命的，這時偉大的意大利人正把他們的殉道者送上火堆與監牢，這時自然科學與這些偉大的意大利之驚世的新哲學是手牽手的。很特別地是新教徒也追隨天主教徒之後來捕殺他們。新教徒火焚了賽爾維（Servet），而天主教徒却燒死了勃魯諾（Giordana Bruno）。這個時代需要巨人，也產生了巨人，學問的巨人，精神的巨人，與性格的巨人，——這個時代，法國人稱之爲再生（die Renaissance），這是很正確的，而新教徒的歐洲則稱之爲改革（der Reformation），這是很片面的，也是很蠢氣的。

這時自然科學也宣佈了他的獨立，誠然，不是一開始就如此，正如路德在原先也並不是一個新教徒。當在宗教的領域內路德火燒教皇的敕書時，在自然科學的領域中就產生了哥白尼的偉大著作，他這本著作，雖然是有些胆怯，經過了三十六年的動搖，最後在死之榻上才發出，但總是向教會的迷信投下的一角戰書。從此之後，自然的研究算是眞實地擺脫了宗教的管束，雖然是一直遷延到現在，在許多人頭腦中還沒有能夠詳盡地弄清楚這個問題。但是從此之後，自然科學的發展邁進了大大的一步。其發展之速與其出發來的平方成正比例。確切地說，他想告訴全世界，在對於有機物質之最高榮華的運動，即是在對於人類的精神，也要像對於無機物質的運動一樣，發生作用的是相反律。

新自然科學的第一時期被牛頓完成了（在無機世界的領域中）。這是個支配已有材料的時期；在數學，天文學，靜力學，動力學的領域中有很大的進步，其進步之多特別由於凱普萊及蓋律雷的工作，牛頓從他們兩人中借用了很多東西。然而在有機現象的領域中還未能走出知識啓蒙的邊界。還未能用歷史的方法研究那些互相繼續互相變化的生命形態，同樣也還未能用歷史的方法研究生命之適合的與變化的條件，——那時還沒有古生物學與地質學。那時還不把自然界看作歷史發展的東西，不知道他在時間中有歷史。

那時只注意到空間的吸引力；各種形態之組成並非一個晚於一個，而是一個鄰近於一個。大家把自然史看作一個不變化的，永世常住的東西，類似行星的橢圓軌道。還沒有來徹底地研究有機生命之形態的兩個根本科學——即是說還沒有化學及主要研究有機構造形態即細胞的科學。於是本來革命的自然科學便遇到那道地保守的自然界，在這自然界中，一切都與宇宙開始時一樣，在這自然界中，一切的一切，直到宇宙終結時，還與宇宙開始時一樣。

很特別的是這種自然界的保守觀念，一開始在無機世界中，後來又到了有機世界中。……

天文學　物理　地質學　解剖學　治療學（Therapeutik）

力學　化學　古生物學　植物生理學　診病學（Di gnostik）

數學　礦物學　動物生理學

第一礮是康德與拉卜拉斯。第二礮是地質學與古生物學：萊葉爾（Lyell），緩進說。

第三毆是有機化學，他可以製造有機體，證明化學定律也可以應用到別的物體上去。第四——格魯維一八四二年的機械熱。第五——達爾文，拉馬克，細胞等等（居維葉Cuvier與阿加西斯的鬥爭）。（指出舊宇宙觀的矛盾：如第一動力，無數有機物之創造行動，目的論。）第六——解剖學中的比較要素。氣候學。十八世紀中葉之科學攷察與科學旅行（等熱線 Isothermen）。動物地理學，植物地理學，及一般的自然地理學（洪保德 Humboldt），材料之匯集。形體學（Morphologie）——拜爾（Baer）的胚胎學。

舊的目的論滾蛋了，現在有一種很堅决的信念以爲物質在其永恆的旋動中，依照某種定律而運動，這個定律在某種程度之內必然發生於能思精神（Denkend Geist）的有機世界之內（但是不一定在什麽地方）。在動物所居住的動物所適應的條件之下，其常態的生存是有了；但是人類剛剛從動物世界（狹義的）中分化出來，他的生存條件還沒有；只有將來歷史的發展才能造成此種條件。人類——這是唯一的，能夠自己跳出禽獸生活的動物——他的經常狀况合乎他的意識，他應當自己造成這些狀况（理論發展的矛盾性：現在從空虛之恐怖 horron vocui 轉到了絕對的，空虛的，宇宙太空，此後才出現了以太）。

* * * * *

平空發生(Generatio aequivoce)。過去一切研究都得到下面的結果：以有機物的溶液露於空氣中，可以產生下等的有機體：如原生物，細菌，滴虫。他們從那裏來呢？他們是起於 Generatio aequivoca 呢，還是起於空氣中攜來的種子呢？這樣，我們的研究已經限於極小的範圍內，限於生質起源(Plasmogonie)這一個問題。

在相信物種不變的時代，的的確確都認為在一個有機體的解體中可以產生另一種新的活的有機體。那時他們必須承認一切東西，甚至最複雜的有機體都可從死物中得到最初的產生。如果那時不願意乞靈於創造的行動，則很容易得到一種觀點，以為這個過程是很容易解釋的，因為可以假設有機世界中自能發生造形的物質。那時也不必想什麼以化學方法製造哺乳動物，因為哺乳動物可以直接地從無機物質中產生出來。

但是這種假設與現代自然科學的現狀是不能並立的。化學對於死去有機體腐化過程加以分析，證明這個過程是一步一步地趨於更死，造成了更接近於無機世界的產物，他對於有機世界越發不適用了；只有當一個已存的有機體適當其時地利用這腐化的產物時，這些產物才能被利用，即是說，這過程才會換一個方向。細胞組織中最主要地的角色，即蛋白質，最先分解，而且想用綜合的方法以求製成蛋白質直到現在還未成功。

不寧唯是。我們所研究的，有機溶液中所最初產生的有機體是一種較爲下等的有機體，但是有相當特化的細菌，酵母等等都已略具生命過程，有各種不同的階段，——而一部份滴蟲則已有十分完備的器官。他們都是單細胞的。我們已經認識了熟悉了無構造的單蟲，這時如果我們希望細胞（甚至一個都不行）從死的物質中直接產生出來，而不是出於無構造的活的蛋白質，想這樣來解釋他的起源，那就豈有此理了；要想強迫自然在一勺臭水中，於二十四小時之內，完成他幾千年的工作，那不是更豈有此理麼？

在這一種關係上，巴斯德（Dasteur）的試驗沒有絲毫益處，因爲，如果有人相信這是可能的，他的試驗中沒有一個能證明他的不可能性。但是這些試驗是很重要的，因爲他們啓發了後來對有機體，對其生命，對其胎芽的研究者不少。

* * * * *

力。黑格兒「哲學史」第一卷第二〇八頁上面講道：『說磁石有靈魂（塔列斯語）實較勝於說他有吸引力：力，這一種特性好像可以與物質分離，是一個賓詞；靈魂却是其自有的運動，同乎物質的本性。』

黑兒爾，「人類發生學」，七〇七頁：『根據唯物論的宇宙觀，物質或物(Stoff)的存在較早於運動或活力；物創造力！』這與力創造物的理論同樣的錯誤，因爲物與力是不能相離的。他把他的唯物論放到那兒去了？

* * * * *

梅葉爾，「機械熱論」第三二八頁：康德已說出過我的思想，說漲潮與退潮有使地球自轉漸遲的作用（根據亞當 Adams 的計算，恆星日的加長，每千年爲百分之一秒）。

* * * * *

對自然界的關係也必須用辯證法的思攷而不能用不變範疇，例如，落物律在物體下落至數分鐘之久時便不正確了，因爲這時再以地球的半徑爲無限大就必然會發生顯著的謬誤；蓋地球的吸引力逐漸增長，而非如蓋律雷落物律所規定的永遠自己相等。但是現在學校裏還是教授這個定律而不加絲毫注解。

*　　*　　*　　*　　*

瓦格涅（Moritz Wagner）「自然科學之爭論問題」（Natuwissenschaftliche Streitfragen　這篇論文載於奥斯堡大時報一八七四年十月六，七，八三日的附刊上面）。

李比希（Liebig）在他晚年的時候，在一八六八年告訴瓦格涅道：『生命與物質本身同樣地古老，同樣地永存，只這一個假定已經夠用了，在這個簡單的假定之下，生命起源的一切爭端都沒有意思了。實際上，如果我們說有機生命與炭素及其化合物(!)一樣的原來就有，或是如一切不可造不可滅的物質，或是如那與宇宙太空中物之運動永遠聯在一起的諸力一樣地古老，這又有何不可呢？』

後來，李比希又講，(瓦格涅以爲是在一八六〇八年十一月)：他以爲，有機生命或是從宇宙太空中『帶到』我們行星上，這個假設也是『可以採納的』。

海爾姆何茨說：『假若我們用無生物製造有機體的一切企圖都遭了失敗，那末我想，我們就不妨問一問：一般地說來，一個生命是否是後起的，他是不是可以與物質一樣古老，他的種子是否可從一個星體攜至另一星體，找到適合的條件而隨處發展呢？』(見湯姆生著「理論物理學講義」Nandbook of Theoritical Physics 德文譯本第二部海爾姆何茨的序言。)

瓦格涅說：『物質是不可毀滅的，是永存的，無論何種力量都不能將他化爲烏有，這一個事實已經足夠使化學家確定物質也是不可創造的……。但是根據現在流行的意見(?)，都把生命看作組成最下等有機體之各簡單原素所必具的性質，這屬性同這些根本物質及其化合物(!!)一樣地古老，一樣地本來就有。』

關於生命力也可作如是觀，如李比希所作，他在化學書簡中認爲，生命力『正是』

造形的本原，行動於物理力範圍之內，經過物理力而行動，就是說這本原並不行動於物質之外。但是，只有某種適當的條件之下，物質的性質才能成爲生活力；這些條件自太初以來即存在於無限的太空中，佔據無數的地點，同樣在各個不同的時間內又常常更換他的位置。這樣看來，在液體的地球上與在氣體的太陽上都不會有什麼生命，但是這熾熱的天氣都有一種十分龐大的氣團，根據最新的見解，以爲這氣團的組成物也與充滿宇宙太空中的極稀薄的物體相同，不過受天體的吸引而已。造成太陽系的旋動星雲，其大直達海王星的軌道，他把『所有的水(！)都以水汽的狀況包含於大氣團內，這大氣團又異常濃厚地充滿了炭酸(！)，這大氣團是萬分厚的。這樣看來，他必然含有最下等有機種子存在所必需的根本物質』；同時，在這旋動星雲中，『各部份的溫度必然相差很多，因此我們非常可以假設在這星雲中必有一地方具有有機生命所必需的各種條件。因此，我們可以把天體的氣團以及旋動的宇宙星雲看作有生形態(der belebter Form)的永久儲藏所，看作有機胚胎的永恆園地』。最小的，活的原生物，及其不可以肉眼看見的種子，堆積起來可以充塞大氣圈，而在赤道上造成一六，〇〇〇尺的高山。波特(Perty)說，他們『差不多到處有』。什麼地方過份的炎熱將他們燒死時，才會斷了他們。因此他們(Vibrioniden etc)『在一切天體的氣圍中，凡是有適當條件的地方，他們的存在都是可想像的』。

『又據攷恩(Cohn)說，微菌是非常細小的，在一個立方米里米突中有633,000,000個，而636,000,000,000個總共重量不過一格蘭姆。球狀微菌還要小些』，而比他們更小的或者還有。但是Vibrionide已有五光十色的形態；『他們有時是球狀，有時是卵狀，有時是桿狀，有時是螺旋狀』，因此，他們的形態已經清清楚楚地表現出來了。『現有一個假設，認為此種或類此的，最簡單的，動搖於動植物之間的，中性的原始存在物，在一個很長久的時期中，因天體上物理條件之變化，以及個別種屬之空間上的特異而產生了個別的變異性及後得特性之遺傳能力，就根據這種種，他們（指中性原始存在物）可以發展為自然中動植兩界的五光十色的高級有機體。——這個假定是很有道理的，所以直到現在還沒有人認眞的來反對他。」

還應當指出一件有趣的事情，就是李比希對於化學的最近的親屬是個何等的愛好者。他在一八六一年才讀到了達爾文的著作，至於晚於達爾文的一些生物學與古生物學的重要著作則讀得更晚。他『始終沒有讀過』拉馬克的著作。『至於一八五九年之前出版的一些古生物學的專門研究，如布希（L. Buch），道比尼（d'Orbigny），蒙斯特（Münster），克里卜斯坦（Klipstein），賀業爾（Hauer），昆特（Quenstedt）等人的關於頭足類（Cephalopoden）化石的著作對於各種生物發生學上的關係啓發了不少，但是他完全沒有讀過這些著作。上面這一切研究者差不多都迫於事實壓迫力，而不得不違背自己的意而走向拉馬克的活物起源的假說』——這還是在達爾文的著作問世之前。這樣已經很顯然了，凡是對於化石有機體加以較切實的比較研究的學者，他們的意見都可證明發展說。布希在他一八三二年的著作「菊石研究」（Uber die Ammoniten u. ihreo Snderung in Fanirlien）中，及一八四八年在柏林學院所宣讀的報告書中『萬分堅定地把拉馬克的有機形態之樣式之相似即爲其同原的標識一個觀念引入化石科學』。他在一八四八年，在「菊石研究」中得到了一個結論：『舊形態之消滅與新形態之出現絕對不是有機類完全毀滅的結果，從較舊的形態中形成了新種，這大概只是生命條件發生變化的結果。』

* * * *

註釋。上面所談『永恆生命』與生命外來的假說承認：

(一)蛋白質的永存性，

(二)原初形態的永存性，從這蛋白質與原初形態中可以發展出所有的有機生命。這兩種都是不可能的。

第一，李比希確定說炭的化合物與炭素是一樣地永存，這句話如果沒有乾脆錯完，也是不很準確的。

(甲)炭素是不是一個簡單的原素呢？如果不是，那末他本身便不是永存的。

(乙)炭素的化合物在摻和，溫度，壓力，電壓等等的相同條件之下，會發生同樣的現象，只有在這種關係上他才是永存的。例如最簡單的炭素化合物 CO_2 或是 CH，如果說他們是永存的，即是永遠地住在一起．而不是經常地由原素化合成功，不是經常地分解爲各種原素，——誰都不會承認這樣地永存性。假若我們像承認其他炭素化合物一樣承認蛋白質是永存的，那末 他不但應當依照實際情形經常地分解爲各個原素，而且應當經常地從這些原素中新生出來，並且毫不假借原有蛋白質的幫助。——這與李比希的結果是極端相反的。

(丙)蛋白質 ，這是我們所曉得的炭素化合物中最無經常性的。他有一種天賦的作用，我們稱之爲生命，他如果失去了完成這天賦作用的能力，他馬上就會分解；而他又爲其本性所限，早晚都會失去他這能力。這就是他們所說的，應當永存的的化合物，並且應當在宇宙太空中担負起溫度與壓力的一切變化，應當忍耐食品與空氣之缺乏，等等之類，……然而他的溫度之最高界限却又這樣低——低於攝氏溫度表一百度！蛋白質存在的條件比起其他已知的一切炭素化合物的存在條件實在複雜到無限倍，因爲這裏不祗要顧到物理性質與化學性質，而且要顧到營養作用與呼吸作用，這兩種作用又需要其環境中十分固定的物理關係與化學關係，——然而他們却要強迫這蛋白質忍受自古迄今的一切變化，而亙古永存！李比希『從兩個假說中一視同仁地(Ceteris paribus)挑選了一個最簡單的』。但是世間有許多東西，看來十分簡單，而實際上却豈有此理地麻煩。假定亙古以來已有了千千萬萬的，前仆後繼的活的蛋白質存在——而且無論在何種環境之下，他們都是依然故我不爽毫髮——這眞是一切假定中最令人頭痛的假定。此外；天體之氣圍以及星雲，在開始時都是熾熱的，簡直沒有蛋白質容身的地方。一言以蔽之，九九歸一，生命之偉大儲藏所還應當是宇宙太空——這裏既沒有空氣，又沒有食品，而溫度呢，無論何種蛋白質到了這種溫度裏，不但不能發生作用，而且不能立足！

第二，我們現在所談的Vibrionide與小蝨 Mikrokokkus)已經是十分特化的物體。這是一個蛋白質的小塊，他已經特化出了膜，但是還沒有核。然而有一些能夠發展的蛋白體變成細胞時便首先造成了核，而後來更進一步的發展才有細胞膜（例如變形蟲與竹粉蟲）。這樣看來，我們這裏所研究的有機體走的是一條死路，不能作爲高等有機體的始祖——這是我們根據已知的材料而作的判斷。

海爾姆何茨說什麽製造人工生命的企圖毫無結果等等的話眞是道地糊塗的小兒語。生命——這是蛋白體的存在形態，與其周圍的外部自然界舉行經常的物質交換是他的根本要點，這種物質交換如果停止，這生命也就隨之而停止，結果是蛋白質的解體。即在無機體之間也可以發生此種物質交換，實際上在各處都發生了，因爲各種都有雖然很慢的化學作用。其差異在乎：無機體之物質交換只破壞了自己，而有機體之物質交換則爲其存在的必要條件。如果在某年某月我們眞用化學的方法構成了蛋白體，那末他們也必然有生命現象，也必然有物質交換，雖然這交換很有限。雖然時間非常短促。當然了，這種物體最好也不過具有最粗糙的單蟲之形態（或者是更低的形態也未可知），但絕對不是一個有機體的形態，因爲有機體（Organismus）經過千千萬萬年的發展才特化出來，才特化出皮膜與肉體，才具有了遺傳下來的形式。總而言之，如果我們對蛋白質化學成份的知識老是像現在這個樣子，再不要妄想什麼人工製造蛋白質，換言之，或者，在最近幾世紀之內而埋怨我們的企圖之不能成功，這埋怨都是很可笑的。

我們上面的斷語是說物質交換爲蛋白體的活動之特徵，但是特勞伯（Traube）的『人工細胞』（Künstliche Zelle）之生長或者可以反對我們這個斷語。然而這不過假內滲透（Endosmos）的作用把某種液體吸進來而已，並未加以任何變化。而物質交換把物質吸收時，將他的化學成份改變了，有機體將他同化了，而其殘餘則排洩出去，有如有機體本身因生命過程而產生的分解產物（我們時常講無脊椎的脊椎動物，同樣地，在這裏也可以把這無機的，無形態的，未特化的蛋白質小塊稱作有機體。在辯證法上這是講得通的，因爲既可以拿脊索 Rückenstrang 作脊梁，則初生的蛋白質小塊中又何嘗不可以包含無限多高等有機體的胚芽呢）。特勞伯『細胞』的意義在乎他能夠證明，在無機自然界中，在沒有炭素的地方，也有內滲透作用與生長。

初生的蛋白質小塊應具一種能力來吸食酸素，炭酸與亞母尼亞及周圍水中所生的些許鹽類。他們還沒有吸取食物的器官，所以他們還不能互相吞食。由此可見他們比現在的無核單蟲還要落後到何等田地，因爲無核單蟲還可以吞食砂藻等物，由他也可以推知許多特化有機體的存在了。

* * * * *

反作用。力學的反作用，物理學的反作用（如熱等等）在每次反作用之後便耗盡了。化學的反作用則改變了捲入反作用的物體之成份，欲求恢復原狀，必待新量之增加。只有**有機體**可以**獨立**地調度此反作用（然而要他的能力範 之內〔夢〕，而且有充分的食品供給的時候，——同時這食品必須在同化之後才能發生作用，不像下等生物之直接），這樣看來有機體具有**獨立的**反作用力：新反作用必須經過他的**中介**然後才能發生。

* * * * *

同一與差異。在微分中已有辯證的關係，在那裏 dx 爲無限小，同時又可以實際上產生一切。

* * * * *

數學問題。世間好像沒有比數學的要素即算術四則基礎更牢的東西。然乘法實爲某一些相同數的簡便加法，除法則爲其簡便減法。在某一情形之下，如果除數是一個分數，則將此分數顛倒乘之可以代除。代數學更進了一步。每一個$(a-b)$的減都可變作$(-b+a)$的加，而$\frac{a}{b}$的除又可改$a\times\frac{1}{b}$的乘。說起冪來則又更進一步了。一切計算方法之不變的差別都取消了，一切都可變作相反的形式。列如冪可作根式$(x^2=\sqrt{x^4})$，根又可作冪式$(\sqrt{x}=x^{\frac{1}{2}})$。一個單位如被冪除或是被根除，則可以寫作分母的冪$(\frac{1}{\sqrt{x}}=x^{-\frac{1}{2}};\ \frac{1}{x^3}=x^{-3})$。

一個冪如果被一個數乘或除，可以變作他指數上的加與減。任何一個數都可作爲任何另一數之冪（對數上$y=a^x$）。這種從一個形態過到另一相反的形態之轉變並不是一種無益的遊戲，而是現代數學知識之最有力的槓桿，如果沒有了他就沒有方法去解決一個複雜的算題。只要指出數學中的負冪與分數冪，便知道無法再進了。（$-\times-=+$，$-\div-=+$，$\sqrt{-1}$ 等等早已展開了）。

笛卡兒的**變數**（Variable Grösse）是數學中的轉向點。**運動與辯證法**因此打入了數學，因此**微分術與積分術慢慢成了必要的東西**，於是不久就產生了微積分，他經牛頓與萊布尼茨之手而全部完成了，然而這科學却不是他兩個發現的。

* * * * *

漸近線（Asymptote）。幾何學一開始就說，直線與曲線是絕對相反的，直線完全不能表現曲線，曲線亦不能表現直線，他們兩個是不能共量的。然而想計算圓時就不得不用直線來表現他的圓周（Peripherie）。在曲線與漸近線的例子中，直線完全化成了曲線，而曲線則化為直線；平行線的觀念也消滅了：兩條線並不是平行的，而是繼續不斷地互相接近的，但是永遠不能相交。曲線之兩端逐漸伸直，但是永遠不能變為真正的直線。在解析幾何中也是一樣，把直線看作彎曲性無限小的一等曲線。但是不論對數曲線的x是何等地大，始終不能使$y=0$。

* * * * *

零冪(Potenzen hoch Null)。其意義在乎下面的對數列：

0 1 2 3 log

10^0, 10^1, 10^2, 10^3

一切變數都要在某一地方經過單位，因此任何一個可變冪，例如$a^x=1$，如果$x=0$，則$a^0=1$，他的常數都可證明一個單位應與a冪列之各員有關係。只有在這種情形之下他才有意義，才能得到有益的結果，$\Sigma x^0=\frac{\omega}{x}$，反之則不可能矣。從此可知，單位之自身（卽一之自身）雖然表面上像是自同的，其實却不然，他內部包有形形色色，因爲他可作任何一數的零冪。這種形形色色(Manigfaltigkeit)並不是杜撰的，在一切地方都可發現他，假若把這單位看作一個固定的單位，如果他是一個過程的可變結果之一，如果他是與這過程有關係的主要數(Momentane Grösse)或是一些變數的形態。

直線與曲線。在微分中他們是完全相同的，相等的。譬如在微分的小三角中，其絃則爲弧上之微分(用切法 Tangentenmethode)，我們可以把這個絃看作「一條小直線，在同時之內，既作弧的一節又作切線的一節」，這個不在乎你把曲線看作無限多直線的組合體，或是看作『眞正曲線，因爲在每一M點上彎曲程度都是無限小的，因此曲線上的一節(L'élément de la courve)與切線上的一節之最後關係爲顯然的相等的關係。』這種關係雖然繼續不斷地接近於相等的關係，但是依照曲線的本性講來這接近是漸近式的 (asymptotisch)，因爲其相切處只是一個無長度的點，而最後的結果呢，却承認直線與曲線的接近是可能的（參看 Bossut「微積分」第一四九頁）。在極曲線中，把微分的想像的橫線（abszisse）看作平行的眞實橫線，而且就這樣發生作用了，雖然這兩條線相交於極上；甚至由此得個結論說這兩個小三角相似，其中有一個三角的角剛好落在二線相交的點上；照這樣說來，什麼都可以相似了（第十七圖）！如果曲線與直線的數學便這樣子山窮水盡了，滿可以另闢一塊新的無邊無際的彊土，這就是將曲線作直線（微分小三角）的數學與將直線作曲線（彎曲性無限小的一等曲線）的數學，嗚呼玄學！

* * * * *

以太。如果以太有阻力，那末就會妨礙光之通過，而且達到某一距離之後，光就不能通過了。旣然以太能傳光，能作光之媒，從此我們就必然得個結論說他對光亦有阻力，假若不是這樣，則光便不能使以太發生波動。這是梅德萊（Mädler）與拉夫洛夫（Lawroff）爭論問題的解決。

* * * * *

脊椎動物。他們的切實特徵在乎，把全體都團結在神經系統周圍。這使他們得到了意識發展的可能。對於其餘的動物而言，神經系統則爲次要的，而他在這兒却是全有機體的基礎；神經系統發展到相當程度的時候（因爬蟲的頭向後伸長的原故）便支配了全身，而且可以依照其自己的需要來支配他。

* * * * *

宇宙太空中熱之消散。拉夫洛夫所說的關於已滅天體再生的一切假說都要承認**運動之喪失**。消散的熱，即原始運動絕大部份都喪失了。據海爾姆何茨計算已喪失453/454。這樣子，到頭來必會使一切運動喪盡而停止。究竟這散失到宇宙太空中的熱怎樣才可二次運用起來呢，曉得了這一點才可以徹底地解決這個問題。運動轉變的學說把這個問題放進了絕對的形態，而且不准延期。但是同時也有了他的解決條件，——C'est autre chose（這是另外一個事）。運動之轉變與其不滅性直到三十年之後才被發現，直到最近才從這發現做了更進一步的結論。究竟怎樣去泡製這已經消失的熱呢，這個問題姍姍來遲直到一八六七年才提出來（克勞西斯）。然而還是沒有解決，這却也並不奇怪；要想用我們現有一點可憐的知識來解決這個問題，或者還需要很多時間。但是他始終是要被解決的，這是千眞萬確的，有如自然中不會有什麼奇蹟，有如原始星雲之熱並非用什麼神怪的方法從宇宙之外取來一樣地千眞萬確。當我們研究個別情形的困難時，**運動**是爲無限與運動量不可竭盡的普通斷語也沒有什麽用途。這樣子，我們也不會走到已死宇宙再生的結論，除非是我們承認了上面的假說，承認力之經常的喪失，然而這都是暫時的現象。當已消失的熱重新利用的可能還未發現時，這大旋動是不會恢復的，而且將來也不能恢復。

* * *

牛頓的力之平行四邊形的定律，必在太陽系的大環分離的時候，他在太陽系中才是眞實的。因爲這時的轉動自己與自己發生了矛盾，他一方面取吸引力之形式，而另一方面則取切線力之形式。但是當這分離發生時，運動又作了辯證過程的證據，作了分化必然發生的證據。

* * *

深水蟲(Bathybius)。他身上的石頭可以證明，蛋白質的原初形態雖未具有任何的形態之特化，但是已經包含了骨骼形成的種子與其能力。

* * * * *

悟性與**理性**(verstand und vernunft)。這是黑格兒所下的區別，照此說來，只有辯證法的思攷才是合理性的，才有相當的意思。至於一切悟性的行動則爲人與動物所共有：**歸納**，**演繹**，以及**抽象**（二足與四足的類似概念），未知物的**分析**（硬皮果實之剖開已經是分析的開始），**綜合**（如動物所要的小狡猾），以及二者合一的**實驗**（當有新阻力的時候，當情形與環境生疎的時候）。凡此一切方法，凡是科學研究法已知的與常有的邏輯都是人與高等動物所共有。不過只有程度之差而已（視某一方法之發展如何）。人與動物所共有的方法其根本要點是相同的，所以結果也相同，這是因爲兩者都乞靈於這根本方法，而且以此種方法爲滿足。——反之，辯證的思想却爲人類所獨有（因爲他是研究觀念本身的本性），但是要有辯證的思想也必待發展到較高程度的時候（如佛教徒與希臘人），其完滿的發展更是遲了，直到現代哲學才算達到。話雖如此，希臘人的成功却不爲不大，在科學研究的許多出類拔萃的著作中都收了很大的成果（化學的研究以分析爲主要的形態，但是如果沒有與他完全相反的綜合也不成功）。

*　*　*　*　*

全歸納派(der Allinduktionist)。世間一切歸納法永遠都不會把歸納過程的本身解釋清楚。只有對這過程加以分析才可以。——歸納與演繹的相互關係是必要的，有如分析與綜合一樣。要想在兩者之中選出一個方法高高地抬到天上去壓倒另一方法，倒不如老老實實地各歸原位地來應用他們，但是要想這樣應用他們又必須看到他們的相互關係，看到他們的相互補充(sichergänzen)。據歸納派說，歸納法是神聖不可侵犯的方法。好像日常的新發現都是他最可靠的結果；這是非常錯誤的。光子(lichtkörperchen)與熱素(wärmestoffe)不都是歸納法的結果麼？而今安在？歸納法又告訴我們說，一切脊椎動物都有脊髓或頭腦是從神經中樞特化出的，這脊髓(rückenmark)則包在軟骨的或硬骨的脊椎中，因此這種動物便取名爲脊椎動物；但是又發現了一種蛞蝓魚(amphiosus)，他是個脊椎動物，却沒有特化出的中樞神經，而且並脊背而無之。歸納法告訴我們，魚類是一生物中專門用鰓來呼吸的脊椎動物。但是又發現了一種動物，差不多所有的人都稱之爲魚，然而他除去鰓之外，還有很發達的肺，而且每一個魚都有他的鰾部氣泡(luftblase)，這就是他的肺位（potentialle lunge）。歸納派自然科學家都感覺到了這一些矛盾，而想擺脫他們，黑克爾則用進化說（發展說）之大胆的應用拯救了這些科學家。——假若歸納法果眞是神聖不可侵犯，那末這有機世界之分類中的無數革命又從那裏跑來？他們（分類）都是歸納法之最老牌的出品，然而他們却互相殘殺。

* * * * *

動能說應該告訴我們一些，分子既然向上追求，爲什麽同時對下還能有壓力，他們又怎樣能夠不顧重力如何而能與地心漸漸遠離呢（姑且承認大氣圍對宇宙太空的關係是經常不變的），然而他們達到某種距離之後，此時重力已依距離之平方而遞減了，然而他們却在此時因重力而不得不入於靜止，甚至不得不轉回去。

* * * * *

克勞西斯（如果是正確的）證明世界是創造的，所以物質(ergo)也是可製造的，所以他也是可毀滅的，所以力卽運動也是可製造並且毀滅的，所以『能力保存』的學說都是狗屁，所以他從這學說中所引伸出的一切結論也都是狗屁。

*　　*　　*　　*　　*

化學上眞正唯一的物質，這觀念自古以來直到拉瓦西止都合乎一個傳佈很廣的幼稚觀念，以爲兩個物體之化學的同質 verwandtschaft）基於他們每個都含有他們兩個共同的第三體(Kopp: 「發達史」第一〇五頁)。

*　　*　　*　　*　　*

硬而牢的線(hard and fast lines）與發展說是不兩立的。脊椎動物與非脊椎動物之間的界線已經不是常住不變的。而魚與兩棲類，鳥與爬行動物之間的界線也一天一天地消滅了。細顎龍（compsognathus）與始祖鳥（archaeopteryx）之間只空幾個中間的位置而已，而有牙齒的鳥喙却在東西兩半球上都有。非此卽彼，這句話已經不適用了。在下等動物中已經不能再有嚴格的個體（individunm）之觀念。不但是因爲不能講什麽個體生活或羣生，問題在乎，發展史中沒有一個個體終結，而另一個體開始這一回事(「乳媽」)。——在自然科學發展的現在階段中，一切差異都交流於中間諸段，一切相反的東西都可經過中間諸節而互相轉變，所以舊的玄學的思攷法便不中用了。辯證法不知有堅而牢的線，自然了也不承認那放諸四海皆準的『非此——卽彼』，他可以把那千古不易的玄學的差異互相調換一下，而且除了『非此卽彼』之外又很正確地看到了亦此亦彼，他把矛盾調和在一起，辯證法——這是唯一的，適合於高級發展的思攷方法。當然了，對於日常應用，對於科學的零售商業，玄學的範疇還保有其相當的意義。

* * * * *

所謂客觀的辯證法實可支配全自然界，而所謂主觀的辯證法卽辯證的思攷只不過是統治於自然界中的運動之反映，這運動必得經過對立，而對立則以其經常的矛盾，以其最後的相互轉變（或轉到較高的形態）來決定自然界的生活。吸引力與排拒力。磁則始於兩極之對立，在這裏兩極之對立可以發現在同一的物體中，而在電中則可以分配到兩個或兩個以上的物體上而使之互相吸引。一切化學過程都可歸到化學吸引與化學排拒的現象中。在有機生命中也應當把細胞核之形成看作活的蛋白質之趨極（polarisierung）現象，發展論可以告訴我們，從一個簡單細胞開始，怎樣一步一步地前進，一方面發展成為最複雜的植物，而另一方面則發展成人，這過程是在遺傳與適應之經常鬥爭的形態中完成的。又可以看出，「積極」「消極」等等之類的範疇是何等不適於此種的發展形態。我們可以把遺傳性看作積極的保守的方面；而適應則為消極的方面，他經常地破壞遺傳性。然而就進步方面來看，則適應實為創造的，自動的，積極的方面，而遺傳則為發生阻力的，不動的，消極的行動。然而在歷史中進步是現存秩序之反面，那末，純就實際講來，最好是把適應看作消極的行動。在歷史中，在一切先進民族的最好時代中，由對立所產生的運動表現得特別顯著。當這個時候，人民眞是要二者之中必擇其一了：非此，即彼！問題之提出往往與各時代庸俗的政客所希望的不同。譬如一八四八年的德國自由派的俗人到了一八四九年時，忽然地，出其不意地，不情願地遇到了一個問題，於是就驚異起來，這問題是：如果不是囘轉到更厲害的舊反動中去，那末就要繼續革命一直達到共和國，甚至是一個有社會主義基礎的統一共和國。他沈思了不久便下手建造了陶曼飛爾的反動（manteufellsche reaktion），這就是德國自由主義的繁花。同樣地，法國的資產階級到了一八五一年也完全出乎意外地走到進退兩難的山谷中：或是帝政與督政制的滑稽畫與騙子的佩刀對法蘭西的剝削，或是社會民主的共和國——結果他拜倒在騙子的佩刀之下了，因爲他想借佩刀的助力以剝削法國的工人。

* * * * *

生存鬥爭。現在的達爾文派在以前只看到有機自然中和諧的通力合作，說植物怎樣以食品與養氣供給動物，而動物則以糞，亞母尼亞與炭酸供給植物。但是達爾文的學說一被公認之後，這些先生們又到處只能看到**鬥爭**。在某種極狹的範圍之內，這兩個概念都是正確不誤的，然而他們兩個又同是片面的，偏執的。自然界中死物體之相互關係包有和諧與衝突，活物體之相互關係則包有有意識的或無意識的合作以及有意識的或無意識的鬥爭。在動物與植物的世界中不能只看到片面的「鬥爭」。要把生命之歷史發展與複雜化的形形色色都納入片面的與單薄的「生存鬥爭」的公式中，眞是完完全全的幼稚。這等於沒有講出個所以然來，甚至更壞。

達爾文的鬥爭論之全部，實際上，乾乾脆脆地是抄襲霍布斯 bellum omnium contra omnes（一切反抗一切的鬥爭）的理論，是抄襲資產階級經濟學上的競爭論以及馬爾薩斯的人口論，不過從社會範圍內搬運到有機自然界中去而已。變了這個戲法之後（他是否完全正確尙待爭論，特別是馬爾薩斯的學說更成問題）也很容易把這個理論從自然史再搬回社會史。如果相信，因這樣一搬弄便把這個理論造成了社會生活永世不易的定律，就未免太糊塗了。

但是for argument's sake（爲着辯論 我們不妨在生存鬥爭的口號上多逗留一會兒！動物，他們最多不過**收集**生存手段，然而人類却可以**生產**他，自然界離開人便不能生出的生存手段（廣義的），人們也能得到。這樣一來，把動物社會的定律搬到人類社會中的一切搬運如果沒有相當的理由是要被禁止的。因爲有了生產，所以生存鬥爭便不能只限於生存手段，而且要包括享樂手段，發展手段。到了這個時候（在發展手段的社會生產之下）動物界的範疇就完全不中用了 最後，在資本主義的生產方法之下，生產已提高到了這種程度，使社會再也不能消費他所生產的生存手段，享樂手段與發展手段了，因爲絕大多數的生產者都迫於狡計或暴力而與此種手段絕緣了；十年一次的工業恐慌要想恢復他的均衡，不但要破滅已生產出的生存手段，享樂手段與發展手段，甚至要破滅生產力之大部；因此，所謂生存鬥爭也者便取了另一形態，在這種形態之下產生了一種保護資產階級資本主義社會的生產品與生產力的必要，要斬除這資本主義的社會制度對他們的掠奪與破壞行動，必須摘去那已經無力領導的統治階級對社會生產與社會分配的領導權而轉交之於生產者羣衆之手——這就是社會主義革命。

* * * * *

光與暗無條件地是自然界中最尖銳的對立，自四福音起到十八世紀的啓明派(lumiéres)止，他們總是作宗教與哲學的舌上蓮花。費克(Fick)在第九頁上寫道：在物理學中久已嚴格證明的斷語……所謂放射熱(die strahlende wärme——radiant heat)這個運動形態與我們所稱爲光的運動形態在實質上是相同的。馬克思威爾在 Theory of Heat 第十四頁上寫道：『這個放射線（放射熱）具有普通光之放射線(rays of light)的一切物理性質；他們也可以反射，等等……有一些熱放射線與光之放射線完全相同，有些熱放射線則對我們的眼睛不生任何印象。』——這樣看來，世間也有黑暗的光線了，而從前所認爲絕對對立的，婦孺皆知的光與暗之對立遂絕跡於自然科學。此外還要指出一點，最深的暗與最明的最尖銳的光在我們眼中只引起一種共同的感覺，目盲之感覺，這樣看來他對於我們是相同的。——事實如下：依其波動長度之不同，太陽的放射線可以產生各種不同的影響；其波最長的放射線攜熱以俱來，中間各放射線則攜光，最短波的放射線則產生化學作用（賽奇的著作第六三二頁及其後諸頁），同時這種作用的最大量是相等的，而放射線的光外組之內最小量是相覆的，如果就其對光組之作用而言。什麼是光，什麼是非光，全在乎眼睛之構造，夜出之動物雖不能看見熱（下紅線），然而卻能看見化學放射（外紫線），因爲他的眼較我們的眼睛能適應於較短波。如果我們不將放射線之三種完全取來，他們都依其波長之差而在一個狹小的範圍內引起不相同的而能相容的作用，如果我們從中只承認他們的一種，則一切困難都解決了（在科學上我們知曉得一種，其餘一切都是急性病的結論）。

* * * * *

功。——熱的機械論把這個範疇從政治經濟學內搬到了物理學中（因爲在生理學的關係上，他還沒有固定的科學上的形式），卻把定義完全改變了，這是很清楚的，因爲經濟學上的功可用米突克羅格蘭姆來表現的只不過是他很有限的很不重要的一部份（例如將重物舉起等等工作）。然而竟有一種傾向想把這個名辭學的概念重新搬囘他的老家，搬囘這個範疇所從出的科學（不過把定義換換而已）。例如，毫無理由地打算使他同於生理學上的功，這就是費克（Fick）與維斯里辛納斯（Wislicenus）所作的浮而豪恩山試驗（Faulhorn experiment），試驗中有一個重六十克羅格蘭姆的人體上升兩千米突高的山，則應當一二〇，〇〇〇米突克羅格蘭姆來表那所生的生理功。要計算這生理功時應當十分注意是怎樣上升的。是重量之積極的舉起麼？是爬一個直立的梯子麼？是走四十五度斜度的路或梯子麼（在軍事上都是很沒有辦法的地方）？是走斜度一比十八的道路麼？如果是這樣便要走三十六個克羅米突長的遠途（而且上升每段的時間是否相等也成問題）。而在一切實際情形中，向前的運動也與功有關係，就是沿着一條筆直的路前進也要費很多功，無論如何不能使這生理的功等於零。好像是有幾個學者想把這個名辭的範疇也搬到政治經濟學中去——好像搬弄達爾文的生存鬥爭一樣——然而結果只是一場胡鬧。讓他們試一試怎樣用米突克羅格蘭姆來表現一種複雜勞動（skilled labour），以便根據這來規定工資！用生理學的觀點說來，人體都具有一切器官，從整個上看來，可以把他們看作一架熱力原動機（thermodynawische maschine），他能把熱吸進來而將轉化爲運動——這是一方面。現在假設身體其他器官之條件都是不變的，來問一問：究竟簡單的米突克羅格蘭姆能否把生理功，甚至舉起功表現得絲毫無遺呢？同時身體之中還有內功，他並不顯現爲外部結果。身體究竟不是一個只能摩擦只能日趨損壞的蒸汽機。只有在身體之內有經常的化學轉化時，才能有生理功，而且生理功必有賴於呼吸過程與心臟的工作。在肌肉的每次縮緊或放鬆時，都有化學的轉化發生於肌肉與神經之中，然而究竟不能把他們與蒸汽機中石炭的轉化看成一樣的東西。當然了，在相等的條件之下所發生的生理功是相等的，但是我們却不能用蒸汽機或其他機器的功來計算人的肉體功：可以使兩個過程的外部結果相等，然而假若沒有很可靠的前提却不能使他們本身相等。

（這一切都還要澈底的審查。）

* * * * *

歸納與分析。有一個很出色的例子，可以證明那些想把歸納法作爲科學發現之唯一形態或根本形態的企圖究竟有若干根據，這就是熱動力學（Themodynamik）。從熱中可以取出機械運動，這有蒸汽機可作絕好的證明。十萬個蒸汽機也並不能較一個蒸汽機證明得更確實，然而他們却一步一步地逼迫物理學家使他們來解釋這個問題。沙地·卡爾諾（Sadi Carnot）首先認眞地研究這個問題，然而他用的並不是歸納法。他研究了蒸汽機，他分析了他，他發現了蒸汽機中的根本過程並不能以純淨的形式而出現，這根本過程被許許多多附帶過程所連累了；於是他肅清了這根本過程所不需要的附帶情形而創造了理想的蒸汽機（或是氣動機）。當然了，我們在實際上並不能建造這個機器，正如幾何線與幾何面之不能實造出一樣，然而他也同這些數學的抽象概念一樣，自具其應有的功績，——他是一個純淨的，無依無靠的，赤裸裸的過程。然而他在熱之機械當量上碰了鼻子（參看其作用之意義C點），這是因爲他相信熱素（warmestoff）所以才不能發現，才不能看見熱之機械當量。從這一點也可以證明謬誤理論的害處。

* * * * *

應當研究自然科學各部門之不斷的發展。首先就是天文學——因爲要定時定曆，所以遊牧民族與農業民族早已絕對地需要他。要想發展天文學，又必需借助於數學。因此就不得不研究後者。——後來，到了農業發展之某一階段，在某幾個國家中（例如埃及的引水灌溉）便發展了力學（機械學），城市與大建築物之建造更是需要他。不久之後，航海術與軍事學也都需要了他。但是他又必需借助於數學，所以他又決定了數學的發展。這樣看來，自從開始以來，科學的興起與發展都決定於生產。

在古代的整個時期中科學的傳授只限於這三種科學，而且到後古典時期（nachklassischen periode）（亞歷山大學派與亞克米德斯）才成爲精確的系統的研究。在這個時期之前，不論是在尚未分家的物理學與化學中（有渾沌論，還沒有化學原素的觀念），或是植物學，動物學與人體及動物解剖學中，都只限於事實之搜集，最多不過將他加以系統化而已。生理學不過只注意到最顯著的事物，如食物消化，分泌等等而已，而且只是一些猜想。他也只能這樣，因爲那時還不曉得血液循環。在這時期的末尾，化學才出世了，然而還穿着錬金術（alchemie）的羽衣。

在中世紀的漫漫黑夜之後，科學以出人意表的大力而驀然再生了，而且以神異的速度發展起來，我們只有到生產中去找這個神異的根子。第一，當十字軍東征時，製造工業浩浩蕩蕩地發展起來，於是得到很多力學上的（織機，鐘錶製造，風磨水磨），化學上的（染業，五金工業，酒類製造），及物理學上的（鏡類製造）新事實，這些事實不但可作觀察之資料，而且由他們可以製出一些迥異從前的實驗工具，能夠製造新式的器具。可以說從這個時候起才能夠有眞正有系統的實驗科學。向來大家都誇揚科學造就了生產，而不知生產之造就科學更多無數倍。——二，這時候全部西歐與中歐（包括波蘭在內）都在相互關係中發展起來，而意大利則因其舊有的文明而繼續作了領導者。第三，爲着追逐財利而產生的（九九歸一還是受了生產利益的影響）地理上的新發現又得到了無數的，從前所沒有的，氣象學，動物學，植物學，生理學（人體）上的材料。第四，印刷術出世了。

這時，除了已經獨立存在的數學，天文學與力學之外，物理學算是從化學中澈底地分封出來了（蓋律雷與道里采里——Torricelli——首先利用工業上的水力器具而研究液體運動）；波義耳（Boyle）使化學成了科學。哈爾維（Harvey）則發現了血液循環而把生理學（人體生理學及動物生理學）變成了科學。動物學與植物學依然是搜集事實的科學——一直等到古生物學（居維葉）之產生，及此後不久的細胞之發現與有機化學之產生。在上世紀（十八世紀）之末已奠定了地質學的基礎，直到最近所謂人類學（Anthropologie 這個名稱實在不大適當）才立下了根基，所謂人類學是從人及人種的形體學（Morphologie）與生理學向着歷史的轉變。更詳細地研究他，並發展他。

* * * *

假若不反對克勞西斯的第二個論斷等等，假若依照他的意思，能這件東西如果在量上不能消失，在性上也要消失。如果用自然的方法不能消滅內熱（entropie），至少也可以創造他。宇宙大時鍰應當先開足發條，然後才能開始運動，除非走到了均衡的時候他才會停止，而這均衡又須得之於神蹟。鍰中所耗費的能是消失了，至少在性質上講是消失了，假若沒有一個外來的推動，他就永遠不能恢復。因此，一起首就需要這外來的推動力，因此，全宇宙中的運動量即能量是不能永遠一致的，因此，可用人工造能，因此，能是可製的，因此，他也是可消滅的，ad absurdum（謊謬絕論）！

* * * * *

古代之末期大約紀元三百年的時候與中世紀之末期——一四五三年時，的兩個世界情勢之懸殊：

（一）地中海沿岸的很狹的一條文化區曾把他的枝柯伸向大陸之內地，直到大西洋沿岸的西班牙，法蘭西與英國，正是因此他才受了北邊的日耳曼人與斯拉夫人的蹂躪與東南方面阿拉伯人的踐踏，然而現在即變成了一個閉塞的地方——而全部西歐以及斯甘地那維亞，波蘭與匈牙利都成了前鋒。

（二）以前是希臘羅馬與蠻人的對立，現在除了斯甘地那維亞等等民族之外也還有六個文化民族，各自具有文化的語言文字，這些語言文字已經十分發達，已經能參加十六世紀的強大的學問之繁盛，比起在古代末期衰微而消滅的希臘語與拉丁語實有更多的形式，更富麗堂皇。

（三）中世紀的市民所建立的工業與商業之不可較量的高度發展；一方面，生產漸漸變成了大批的，完備的，形式衆多的，另一方面通商的關係也頗為發達：自從撒克遜人，弗里斯人（Friesen）與諾爾曼人以來航海術已有很大的進步；另一方面又有很多獨立的發明及由東方輸入的發明，他們不但使希臘典籍的出世與流傳成爲可能的，不但使海外發現成爲可能的，而且使宗教革命成爲可能的，而且使這宗教革命能有絕大的範圍，能有飛快的速度。除此之外，他們供給了很多科學的事實（雖然都很生硬粗陋），這些事實是古代從未想到過的（磁針，印書業，活字，阿拉伯人與西班牙的猶太人在十二世紀所用的蔴紙，棉紙於第十世紀已漸出而問世，到了十三，十四兩世紀已經流傳得很廣，而自阿拉伯人以來，巴比魯斯（Papyrus）草紙已絕跡於埃及）。此外還有火藥，鏡片，機械時計，不但在計時上有了很大的進步，即在機械學上也是個很大的進步。

（關於發明可以參看下節。）旅行遊歷也帶了很多此種材料（如馬可波羅等人）。

因爲有了大學，所以一般教育（自然程度很壞）也普及得多了。

古代伴君士坦丁堡之興起與羅馬之陷落而完結。中世紀的終結則與君士坦丁堡的沒落有密切的關係。返於希臘則爲新時代之開始。——否定之否定！

* * * * *

發明史。滅火機，水漏約在紀元前二百年。石築路（羅馬的）與羊皮紙約在紀元前一百六十年。這都是紀元前的發明。

紀元後：莫賽爾（Mosel）的水磨約在紀元後三百四十年，德國人開始用水磨當在沙爾曼大帝的時代。窗子上第一次用玻璃，安提奥奇（Antiochia）地方之第一次用街燈約在三百七十年。吐絲蠶從中國到希臘約在紀元後五百五十年。羽翎筆頭約在六世紀。

棉紙從中國到阿拉伯約在七世紀，而到意大利則在九世紀。法國之水風琴（wasserorgeln）當在八世紀。哈茲（Harz）的銀鑛開掘於第十世紀。風磨約在第一〇〇〇年。

蓋島亞里曹（Guido von A.ezzo）的鍵與音階約在第一〇〇〇年。意大利的養蠶業約在一一〇〇年。

有輪鐘錶同時。

磁針從阿拉伯人傳到歐羅巴人手中約在一一八〇年。

巴黎的石築路在一一八四年。

佛羅倫斯的鏡片，玻璃鏡，約在十三世紀之下半。

醃魚，水閘，同時。

自鳴鐘，法國之棉紙，亦同時。

十四世紀之初始用破布造紙。

兌換劵則始於同世紀之中葉。

德國第一個造紙廠（在紐思堡）設於一三九〇年。

倫敦的街燈始於十五世紀之初葉。

威尼斯的郵局亦在此時成立。

石印與活字版的印刷事業亦同時。

銅板雕刻術在本世紀之中葉。

法蘭西之馬遞郵政設於一四六四年。

撒克遜礦山中的銀礦於　四七一年開採。

一四　二年始製脚踏風琴。

懷錶，氣鎗，鎗保險機都發明於十五世紀之末。

紡輪始於一五三〇年。

潛水鐘（taucherglocke）製於一五三八年。

*　　*　　*　　*　　*

自然辯證法——參攷。

Nature（英國雜誌「自然界」）第二九四等期上的奧爾曼（Allman）論謫蟲的論文。單細胞，這是不錯的。

克洛爾(Croll)論地質時期。

第三二六期，丁達爾論腐朽與發酵的發生(generatio)。試驗。

* * * * *

梅德萊，恆星論。

哈來(Holley)在十八世紀之初葉，根據希巴爾奇(Hipparch)與弗蘭斯提德(Fl msteed)兩人關於三星紀錄之差異，首先提出了星宿本身運動之觀念，第四一〇頁。弗蘭斯提德的「勃列顛星錄」(British Catalogue)是第一本比較精確，比較廣博的星錄，第四二〇頁。後來大約在一七五〇年時有勃拉雷(Bradley)馬斯凱林(Maskelyne)與拉蘭(Lalande)。

梅得萊關於大物體光線遠射的理論是粗野的，其據此而得的推算也是粗野的，其粗野好像黑格兒自然哲學中的幻想物一樣。四二四頁到四二五頁。

星之最大固有運動（貌似的運動）在一百年中爲七〇一秒，卽等於十一分四十一秒，等於太陽直徑的三分之一。從望遠鏡中觀察的九百二十一個星的固有運動平均爲八分六十五秒，其最小者爲四秒。天河，這是一羣大環，他們都有一個總的重力中心。四三四頁。

昴宿（plejade）及其中的第六星（alcyone）。我們這個宇宙島『一直到天河中最遼遠的地方』，其運動之中心在牡牛宮（tauri）。四四八頁。昴宿內部之轉動所需時間約爲二，〇〇〇，〇〇〇年。四四九頁。在昴宿的周圍有很多環狀的，含星時多時少的星團。賽奇却反對現在已經規定的幾個中心。

又據白賽爾（Bessel）所描寫，天狼星（sirius）與南河第三星（procyon）除了共同運動之外還有一個遶某一無光體而轉動的軌道。四五〇頁。阿哥爾星（algol 卽英仙座之第二星——perseus 之β星）在三天之間總有八小時的黯淡。賽奇光景分析之斷語，第七八六頁。

在天河中，在他深深的內部有一個七等星到十一等星所密結的環，在這個環的外邊，很遠很遠，卽是密集的天河之環，其中我們只能看見兩個。又據海爾希爾(Herschel）講，在天河中，他的望遠鏡所能達到的星，在環內有一八，〇〇〇，〇〇〇，在環外有二，〇〇〇，〇〇〇個。如此，總合起來當有二千萬。此外或者天河中或者還有其他的星沒有把光芒露出來，就是說，或者還有很多很遠的星環，非望遠鏡所能達到。四五一——四五二頁。

從昴宿六到太陽的距離爲五七三光年（一光年等於五，八八〇，〇〇〇，〇〇〇，〇〇〇英里——譯者）。天河中能見諸星之大環，其直徑至少當有八，〇〇〇光年。第四六二——四六三頁。

以太陽到昴宿六的距離卽五七三光年爲半徑而成一大球，則在這大球中運動的天體之總量約爲一一八，〇〇〇，〇〇〇個太陽體。這與兩百萬的星數之最大限度是不符合的。暗體麼？無論如何，總有點錯誤。這可以證明我們的觀察工具是何等不完備。

梅德萊用數千光年去計算天河的最大直徑的長度，或者不是數千光年而是數十萬光年也不一定。第四六四頁。

提出一個很不推板的抗議來反對光之互吞說：『當然了，或者也有他的光線不能達到我們的遠距離，然而那理由完全不同。光的速度是有限的，自創世以來直到現在的時間也是有限的，因此我們所能看到的天體，其距離不會更遠於光在這個有限時期中所跑的路程！』第四六六頁。

光既然依距離之平方爲正比例而漸次減弱，那末必然有一點是人眼所不能望到的地方——不論裝上怎樣的鏡子，——這是很顯然的。只這一點已足夠駁倒那舊式的見解了，這見解以爲只有用那光互吞說才能解釋各方面充滿無限遠的發光星的天上面爲什麼會有黑暗。然而這意思絕對不是說在這樣遠的地方的以太完全不許光通過。

*　*　*　*　*

星雲。他有各種的形態，有的是眞圓形的，有的是不規則的鋸齒形的。其濃淡的程度是不同的，有的能夠被分辨出，有的不能夠，只能看到他是向中心密集。在有些可分辨的星雲中可以看出一萬星辰。其中央多爲密集形，很少有中央的較明的大星。用羅斯(Rosse)的最大的天文鏡可以分辨出很多星雲。海爾希爾第一（老海爾希爾）數出了一七九個星堆(sternhaufe)，二，三〇〇個星雲，此外還要把海爾希爾第二發現的南半球的星堆與星雲（這也加入了星錄）。不規則的星雲應當是遼遠的宇宙島，他們的雲霧體必須在圓的或橢圓的形態中才能求得均衡。星雲的大部份必須用最強的望遠鏡才能看到。無論如何，圓形的星雲能夠是雲霧體。在上引的兩千五百個星雲中應有七十八個是此種星雲。海爾希爾把他離我們的距離定爲二百萬光年，梅德萊假定我們這個大宇宙的眞實直徑爲八千光年。現在我們知道，每一個天文系統與最近天文系統之距離至少當爲本系統直徑之一百倍，那末我們這個宇宙島(weltinsel)與最近的宇宙島之距離，至少也應有八千光年的五十倍，卽四〇〇，〇〇〇光年，假若如此，則此數千星雲之距離必有越出海爾希爾第一所規定的二百萬光年的界線以外，這是無可懷疑的了。第四九二頁。

賽奇，可分辨的星雲有繼續不斷的通常的星光景(sternspektrum)。眞正的星雲『都有不斷的光景，例如仙女座(andromeda)的星雲，其光景大概只由一種或很少幾種光景線(spectrum line)所組成；又如獵戶星座(orion 卽中國參宿所在的星座)，射手星座(sagittarius)與琴星座的星雲，以及許許多多所謂行星式的(圓形的)星雲。』(又據梅德萊說，別的星雲都是不可分辨的(第四九五頁)，獵戶座的星雲則爲不規則的，像綿絮一樣，而且有枝子伸出去。第四九五頁。琴座與十字座的星雲則稍近橢圓形，四九八頁)。海槿(Huggins)在海爾希爾的第四三七四號星雲上找到了同樣的線，『從此可以慢慢推論，這些星雲並不獨立星的堆積，而是眞正的雲霧，是環形的熾燃物』。其光景線屬於窒素線與氫線，還不曉得第三種是什麼。獵戶座中的星雲也是如此。甚至含有發光點(leuchtende punkt)的星雲(如蛇座與射手座中的星雲)也有此種光景線。由此推知這些集聚着的星質(sternmasse)還未成爲剛體，或者說是流體。第七八九頁。琴座的星雲只有窒素線。第七八九頁　獵戶座中的星雲：最稠密的地方是一度，這是就其對四度的擴延而言。

賽奇：『天狼星』：『過了十一年之後（即白賽爾測算的十一年之後，梅德萊四五〇頁）不但發現了天狼星有六等的發光小星爲衞星，並且證明了他的軌道恰合於白賽爾所測算的拋物道。南河星及其衞星的軌道已由奧維爾斯（Auwers）所算定，但是我們現在還沒有能夠觀察到他。』第七九三頁。

賽奇：恆星：『恆星之中，除了三兩個之外，都沒有可以察覺出的視差，由此推之，他們離我們的距離至少也有三十光年。』七九九頁。又據賽奇說，海爾希爾天文鏡所能分辨出的十六等星，其對我們的距離爲七，五六〇光年，而羅斯的天文鏡却可以看到距離二〇，九〇〇光年的星。第八〇二頁。

賽奇自己發了一個問題：當太陽及其他星系凝冷殭硬的時候，『自然中是否能有一種力量來使這死的系統重新返轉到熾燃星雲的原始狀態呢？就是說能否重新驚起他的新生命呢？這是我們所不能知道的』。

* * * * *

極化(polarisatios)。格林(Grimm)已經確信所有德國的方言都可歸入上德意志方言或下德意志方言。但是他完全不曉得將佛蘭克(Frankische)方言安置在什麼地方。我們知道凱洛林(Karoling)之末期的佛蘭克文實即上德意志語(上德意志語音影響了佛蘭克語的東南區),所以他的意見以爲佛蘭克語在有些地方變成了舊上德意志語,而在另一些地方則變爲法蘭西語。假若如此,那舊沙里區的尼德蘭語又從何處飛來呢?這還是完全不可解的問題。直等到格林死後才重新發現了佛蘭克語:沙里語(Salische)新變爲尼德蘭語,里樸爾語(Ripuarische)變成了現在的上萊因與中萊因的方言;他們的一部份以各種不同的程度與上德意志語混合了,而一部份則依然保持其爲下德意志語,由此看來佛蘭克語與上德意志語及下德意志語一樣,本身就是個方言。

極性(polarität)。如果將一塊磁石切斷那末中性的腰也會極化,但是要依照原來的極位。如果將一個蚯蚓切斷,則其陽極必保持一個吸取食物的口,而在另一端,在陰極上必然新生一個有排洩作用的後道；然而原來的陰極（即原來的後道）這時却變成了陽極，變成了口，而切斷的地方則變成了新後道，即是新的陰極。這是陽性的變成了陰性的。

* * * * *

在黑克爾的著作中也有極性的例子：機械論——一元論，活力論或目的論——二元論。在康德與黑格兒那裏，內在的目的即是反二元論的抗議。應用到生命現象中的機械論——是個無用的範疇。如果我們不願完全放棄字義上的講究，倒不如說化學論還要好些。論目的，（黑格兒第五卷第二〇五頁）：『機械論企圖把自然看作一個不需要任何觀念來解釋的整體，所以機械論是向着整體的另一種追求，而這整體並不處在目的中，亦不處在與他有關的，外於世界的理性中。』然而機械論（包括十八世紀的唯物論）竟不能跳出抽象必然的掌心，因此也就不能跳出偶然性的掌心，這眞是件令人捧腹的事。物質從自身中可以發展出能思想的人類的腦子，這件事實據他們看來完全是偶然的，——

雖然這偶然發生時也是按步就班地來。實際上呢，物質的本性上已經包含了發展成爲能思物的可能，因此，在有了適合的條件時這發展必然會完成（然而並非隨時隨地皆有必然）。

此後，黑格兒在二〇六頁上說：「目的論把他的瑣碎東西，甚至於渺小的東西都作爲絕對的東西，大思想在這裏面自然受了無限的束縛，甚至於十分討厭，而機械論在這個地方却給了無限自由的意識。」

在這種情形之下，自然界的物質與運動又漫無限制了。在現在的情形之下，在太陽系中，或者會有三個行星上面能有生命及能思物的存在。而這整個的妖異的法寶也都是爲着他們！

在黑格兒第五卷第二四四頁上說：有機體的內在目的出現於本能中。進而言之。本能應當使每一個活物同他的觀念和諧起來。由此推知，這所謂內在的目的也者是一個何種的思想的定語。拉馬克就在這個定語中。

康德自存物的絕妙的自批評：談到有思想的『我』時，康德就沒有方法收拾了；因爲在那裏也有個不可認識的自存物。黑格兒第五卷第二五六頁及以後諸頁。

當黑格兒從生命，經過配合（繁殖）而走到認識時，那時已經含了發展論的胚芽，他的學說認爲既然有了有機生命，那末他就應當發展下去，一代一代的發展，直到產生能思物的種屬爲止。

（一）據黑格兒說無限過程只不過是空洞的次序，因爲他不過是一個相同物的永遠重複：1＋1＋1等等。

（二）而實際上這並不是重複，而是發展，是向前或向後的運動，因此，他成了運動之必然形態。他並不是無限的，這一點更不必說了，現在我們已經可以預想到生命的終結。誠然，地球並不是全宇宙。在黑格兒的系統中，自然在時間中的歷史應包括一切發展，因爲假若不是這樣，自然就不配作精神的異身(aussersichsein)。而在人類史中，黑格兒却把無限過程看作『精神』之唯一的眞實的存在形態，——雖然他以幻想的形式承認黑格兒哲學的建立爲這個發展的終了。

(三)世間也有無限的認識（黑格兒第三卷第二五九頁，天文學）：Questoinf iito che le cose non hanno in progresso lo hanno in giro（級數中所沒有的無限，圓中必然有）。這樣看來，運動形態之變化定律是無限的，是自相閉的。然而無限的本身又載於有限中，其出現與表露只是局部的。$\frac{1}{r^2}$也是如此。

* * * * *

數量與質。數是我們所知道的數量之最純粹的。但是他却充滿了性質上的差異。黑格兒：多與一．乘與除，作冪與求根。然而黑格兒却沒有指出來因此而得到的性質上的差異；得到了本數，積，簡單的根與冪。十六不簡單是十六個一的總和，而且是四的二次方與二的四次方。本數亦可表他同其他一數相乘的數，一個新的有定的性質：只有偶數才能用二除，如四與八。假若要用三除六除九，也彷彿有偶數的性質，亦自有其法則。——七有特殊的定律。數目的遊戲就建立在這上面，不懂算術的人是莫明其妙的。所以黑格兒在第三卷第二三七頁上所說的算術無意思的話是不正確的。不妨同『尺度』(mass)比較一讀。

數學家在談無限大與無限小時，談的只是數量上的差異，同時也是一定而不可移的性質上的對立。兩個數量，其相互的差別太大了，其間割斷了一切的合理關係，割斷了一切的比較，不可再用數量來計算。平常的不可用直線量的圓周與直線也是一種辯證法的性質上的差異，——這裏也是相同數之數量上的差別使性質上的差別也不可以量計了。

* * * * *

數。個別的數在數的系統中已有了某種性質。九不但是九個相同的一之總和，同時也是九十，九十九，與九十萬的基礎。一切數法都依據於他在數之系統中所佔的地位，而且他本身亦決定了於數的系統。在二進法或三進法中，二乘二並不等四，而等於一百，或十一。凡是以奇數作基礎的數之系統中都沒有奇數與偶數的差異。例如在五進數系中，五等於十，十等於二十，十五等於三十。同樣地，在這個系統中 3n 可作三或九的積（六等於十一，九等於十四）。這樣看來，基本數不但可以決定自身的性質，而且可以決定其他各數的性質。

談到冪的時候，又要更進一步了，每一個數都可作任何其他一數之冪，——有幾多整數與分數，便有幾多對數表。

* * * * *

數學。頭腦健全的人以爲把一個固定數（例如二項式）分作一個無窮級數，即是分成一個不定數，是件最無聊的事。但是如果我們沒有無窮級數，假若我們沒有二項定理，我們能做什麼事情呢？

* * * * *

能之不滅。運動之**數量上的**不變已被笛卡兒所指出，其所說的話也同現在克勞西斯與梅葉爾所說的差不多。而直到一八四二年才發現了運動形態之互相轉化變通，這並不是什麼數量不變的定律，而是一種全新的東西。

*　*　*　*　*

自然之永恆定律一天一天地變成了歷史的定律。例如水在攝氏零度與一百度之間時是液體，這是自然界中千古不易的定律，然而這定律要想發生作用，必有(一)水，(二)一定的溫度，(三)常態的壓力才可以。在月球上是沒有水的，在太陽上只有水的原素，到了這些天體上時我們的定律就不中用了。氣象學也是千古不易的，然而只有在地球上才是如此，或是有一天體其大小，密度，星軸傾斜，溫度都與地球相等，其大氣中酸素窒素之比例，及所含的水蒸汽都與地球相等，在這種天體上也是如此。然而月球上却沒有大氣，而太陽上的大氣則由熾熱的金屬汽所組成，所以月球上完全沒有氣象學，而太陽上的氣象學則完全與我們的不同。我們現下所有的一切物理學，化學，生物學都是絕對以地球為中心的(geozentrisch)，完全從地球上着想。我們完全不知道太陽上面，其他恆星上面，星雲上面，甚至密度不同的其他行星上面的電磁吸引的形態如何。各原素之化學關係的定律到了太陽上面完全變了樣子，因爲太陽上的溫度過高了，在太陽的大氣圈的邊上也會有臨時的化學行動，但是一到接近太陽時，這些化學化合物馬上就會分解。太陽上的化學是成立了，但是他必然與地球上的化學完全不同。在星雲上面，或者根本沒有這六十五種原素，因爲他們本身是複雜的。這樣說來，如果我們想談那能應用於從星雲到人類的一切物體上的自然大法（總定律），只有談到重力，或者，能力互變說也可以較泛泛地談一談——機械熱論。但是如果繼續不斷地將這個理論應用到各種現象上，那末這個理論的本身就會變成某一宇宙系統自產生到消滅的時期中所發生的一切變化的歷史圖畫，這就是說他本身會變成歷史，而支配這歷史的各個階段的却是另一些定律，卽是某一宇宙大運動的另一些形態，——這樣看來，只有一個運動才具有絕對普泛的意義。

*　　*　　*　　*　　*

凡是以**奴隸制度**作主要生產形態的地方，都以勞動爲奴隸的行動，以爲是自由人的羞辱。因此，這種生產方法便沒有出路；並且在另一方面却需要肅清這種生產方法，因爲奴隸制是生產發展的障礙。一切停止在奴隸制上的生產，一切建立於這個基礎上的社會都因這個矛盾而死滅。他的解決往往是由另一較強的民族對此將死的社會加以暴力的征服（希臘先被馬奇頓征服，後被羅馬人征服）。而後來依然停頓在奴隸勞動上，這不過是一種中心的轉移，而全部過程則在更高的程度中重演一遍，最後（羅馬），用新的生產方法代替奴隸制的民族又把他征服了，事情才算了結。不論是用暴力或是自願地取消了奴隸制，這時**舊的生產方法**必然死滅。例如在美國，客戶（squatter）的小農經濟就代替了大規模的耕作。還有一層，希臘之亡，亡於奴隸制，亞里士多德說過，同奴隸來往交遊使市民的道德淪喪了，奴隸制之剝奪了市民的工作更是不用說了。東方的家庭奴隸却是另外一回事。他們在這裏並未能直接形成生產的基礎，他只是間接的家庭之一員，就是不知不覺地成了家庭之一員了（例如婢妾—— haremsklavinnen）。

* * * * *

（譯者註）這些短小的札記實在是本書中最重要的珍品，他們的身體雖然短小，他們的排列雖然沒有秩序，但是他們每一個都是一顆珠，一片玉，雖然已過了五六十年却依然是光彩射人，輝煌可愛。

當然了，昂格斯寫這些東西時，正是十九世紀的八十年代初葉，距現在已將近六十年，在這六十年中自然科學的進步之速度更超過了昂格斯那時所看到的速度，六十年中科學研究的收穫更有些昂格斯所意想不到者。所以昂氏這些札記中所寫的東西似不免有陳舊過時的地方。然而過時者只是昂格斯所引的幾許事實，至於他所做的結論則並未過時，並未陳舊，而且永遠不得過時，永遠不會陳舊。

這就是他從自然科學的事實中所做的辯證法的結論。他一方面用自然科學的事實來證明辯證法之正確，另一方面又介紹自然科學家用辯證的方法來研究自然科學。直到現在還沒有自然科學家能認眞地用辯證方法來研究自然科學，這時，誰能說昂格斯的結論與介紹不是新鮮的呢。

時間以成批的新事實贈與了辯證法，却沒有人去，理他。自然科學家中有人能應用辯證法麼？辯證的哲學家有人出來切實地研究自然科學麼？你們假若如此，你們會得到比昂格斯更多的收穫。

昂格斯在這些札記中所談到的問題自然很多。哲學，歷史，天文學，數學，力學，物理學，化學，生物學，……都談到了，而談得最多的要算物理學與生物學。

譯者是個自然科學的門外漢，所以專門名辭的翻譯方面雖然費了一些氣力，然而仍然不免有錯誤的地方，所以儘可能地將原文註出，以便讀者核對。

生物學上的譯名大都根據商務出版的「動物學辭典」與「植物學辭典」，間有自譯或採用他人的譯名——當譯者認為較妥當時。

其他各門科學上的譯名則中國沒有標準的辭典，翻譯家與著作家往往各人有各人自鑄的譯名，所以譯者也只有照着自己的意思譯了。

qualität 與 quantität 中國的社會科學書中往往譯作質量與數量，有人則譯作質與量。譯者過去也未曾十分注意這個問題。現在覺得質量與數量的譯名最無道理，而質與量亦不妥當。例如質量一名，讀者看到他時會起一種與qualitat完全不同的概念，望文生義會有一切別種解釋，然而却不會有性質的解釋。同時中國一般物理學書中都把masse譯作質量，如果把qualitat也譯作質量，就有很容易引起名辭上的淆混。單用量這個字也不妥當，因爲這個概念不能包含數的概念，也把這名辭弄糊塗了。把qualitat譯作質也是糟糕，讀者看到質字會以爲是materie，以爲是masse，以爲是stoff，却無論如何不會以爲是qualitat。所以對於這兩個名辭不得不譯作性質與數量。

再者昂格斯在寫這些札記時，再也夢想不到會用這樣的形式而出版，這本來是一本大著的原料，所以有些非常簡略的地方。寫一個人名或一個名辭便是一句或一段，引證別的著作時只寫出人名與頁數。譯者不便塗改，只好照原樣譯出。

作者是十九世紀的一位偉大的，澈底的，激進的革命家，然而却以如此清晰冷靜的頭腦來研究這些試驗室中的問題，中國的革命靑年們，我們應當效法昂格斯，趁着這個沉悶時期，爲將來打下一個牢固的理論基礎。

讀書雜記

——一八八一——一八八二年——

認識。螞蟻同我們的眼睛不同，他可以看到化學線（一八八二年六月八日「自然界」，勒保克——Lubbock——的論文），但是我們對這些我們所看不到的光線的知識却比螞蟻還多，同時我們又可以證明螞蟻可以看到我們所看不見的光線，而這種證明又根據我們眼睛的受象，——這些事實可以證明人類眼睛的特殊構造並不是人類認識的絕對邊界。

不但別種感覺可以幫助我們的眼睛，還有我們思想的活動也可以幫助他。說到思想這個問題，也同我們的眼睛一樣。假若我們想知道我們的思想能達到何種境界，那末在康德的一百年之後我們再也不需要以理性批評來劃定他的疆界，就是說，再也不能以知識工具的研究來劃定他的疆界。我們的眼睛是有缺點的（而且也必須如此；能看見一切光線的眼睛必然看不見任何東西），我們眼睛的構造使我們的目光受了一定的界限，而且只有這個界限之內我們的目光才會正確；海爾姆何茨却用這些事實來證明我們的眼睛對所見物之性質之報告是假的，是不確的，這實在是海氏的大大錯誤。思想過去達到了什麼地方，現在依然日有進步，我們由此卽可推知究竟他能夠前進達到什麼地方。無論就數量上講，或是就性質上講，這都是完全不會錯的。反之，思想形態與思想命題之研究却是個十分有結果而且十分必要的任務，在亞里士多德之後，只有黑格兒一人有系統地完成了這個任務。

當然了，我們永遠不會知道究竟螞蟻把化學線看成什麼樣子。誰要來死扭着個問這題，他就是最不可救藥的人了。

* * * * *

辯證邏輯與舊的純粹的形式邏輯完全相反，只把各種的思想運動形態，卽是只把判斷與推理的各種形態數了一遍，或是只互不相關地排列起來，是不會使他滿足的。反之，他從這個形態中抽出那個形態，確定他們的關係並不是平列，並不是同級，而是互相隸屬的，從下級的形態中發展較高的形態。黑格兒是不會違背其邏輯的劃分的，他把判斷分爲下列數組：

（一）現有存在的判斷，這是最簡單的判斷形態，在這裏，無論關於何種事物，只肯定地或是否定地說出一個普泛的德性（肯定的判斷：玫瑰花是紅的；否定的判斷：玫瑰花不是藍的；無限判斷：玫瑰花不是駱駝）。

（二）反映的判斷，這裏必然論到主詞的若干關係（個別的判斷：這個人是會死的；局部的判斷：有些或很多人是會死的；普泛的判斷：一切人都是會死的，或是，人是會死的）。

（三）必然的判斷，這裏必然要說出主詞實在的涵義（範疇的判斷：玫瑰花是植物；

假設的判斷：當太陽升起時就是白晝了；相離的判斷：肺魚（lepidosiren）不是魚類便是兩棲類）。

（四）概念的判斷，在這裏，必然要說出主詞對他的一般本性（用黑氏的話講是對他自有的概念）符合到何種程度（確定的判斷：這所房子是壞的；疑問的判斷：如果這所房子能夠這樣建造，那末他就是好的；誠然的（apodiktisches）判斷：如此這般建造的房子是好的）。

（一）個別判斷，（二）局部判斷，（三）特別判斷，（四）一般的判斷。

這些東西的形式雖然是很乾燥乏味的，驀然看來，好像這樣的判斷的分類有不少任情取棄的地方，但是凡是讀過黑格兒在大邏輯中關於這一點的天才論斷者都會知道這種分組法之內在的眞理，與內在的必要（黑格兒全集第五卷第六十三頁到一百一十五頁）。這種分組法不但根據思想的定律，而且根據自然界的定律，從別種部門中也可以取出很顯著的例子來證明這一點。

有史以前的，當他們發明了摩擦取火的方法時（這大概是十萬年以前的事亦未可知）；或是在更早以前他們用摩擦的方法使他們凍冷的肢體生熱時，已經在實際上曉得了摩擦生熱的道理。但是從此時起，誰也不曉得又過了若干千年，人們才發現了摩擦為一切熱的總來源。但是無論如何，在某一個時候，人類的腦子已經如此發展，已經能夠發表一個判斷說：**摩擦是熱之源泉**——這就是個現有存在的判斷，同時也是個肯定的判斷。

又過了若干千年，到了一八四二年時，梅葉爾，儒列與古爾丁又從這個過程與這時發現的其他類似過程的關係中來研究這個專門過程，就是說，從其切近條件的關係中去研究他，結果得到了這種判斷：一切機械運動都能借助於摩擦而變成熱。從此可知要經過幾許時間，要經過幾多經驗的知識才能使問題的認識從上引的實有存在的肯定判斷走到反映的普泛判斷。

但是從此之後事物之進行更快了。又過了三年之後，梅葉爾已經能夠（至少在實質上已經能夠）把反映判斷舉到他現在所處的高度。

在每一次的固定條件之下，任何一種運動形態都能夠，而且必然直接地或間接地變成其他任何一種運動形態：這概念判斷，也就是誠然的判斷——就是一般的高級的判斷形態。

這樣看來，黑格兒手中判斷之邏輯形態之發展到了我們面前時就作了我們的，關於一般運動的本性的，基於經驗的基礎的，理論的研究之發展。由此可見，假若我們能夠正確地認識自然定律與思想定律，他們必然是互相符合的。

我們可以把第一個判斷看作個別的判斷，因爲他支配着個別的事實：摩擦生熱。第二個判斷可以看作特殊的判斷：運動的特殊形態，機械的運動形態在特殊的情形之下（如摩擦）有變爲其他特殊運動形態（例如熱）之屬性。第三個判斷是一般的判斷：任何一種形態都能夠而且應當變爲任何其他的運動形態。定律在這種形態中算是達到了最高的表現。又因爲許多新的發現，使我們可以找一些他的新證據，給他一種新的，更豐富的內容。但是如此表現的定律，本身上已經無以復加了。在總和中，他的形態與內容都是同樣地普遍，所以他（這定律）在總和中能夠有更進一步的擴展：他是自然界的絕對定律。

所可惜者是談到蛋白質的運動形態時，卽談到生命的運動形態時却碰了釘子，因為我們現在還不能夠製造蛋白質。

* * * *

個別，特別，總和——這是三個範疇，一切『概念學說』都運動於這三個範疇的圈裏。同時，從個別到特殊，從特殊到一般的過渡並不完成於一個方法，而是完成於很多方法，黑格兒時常用過渡的例子來說明他：個體，種（Art），屬（Gattung）。這時許多歸納法的黑克爾們便出現了，他們出來反對黑格兒，並以此為極大的功勞，他們的思想以為應當從個別過渡到特殊，然後從特殊再過渡到一般。應當從個體過渡到種，然後再過渡到屬，——並且由此做出演繹的推理以為應當從此更進一步地過渡下去！這些先生們只依靠歸納與演繹的對立，把一切邏輯的推理形態都納入這兩種裏面去，但是完全沒有看到他們自己(一)在這些名目之下，不自覺地應用了完全另一種推理形態，(二)沒有能利用推理形態的一切富藏，因爲他們不能把這一切富藏都強納於這兩種形態之中，(三)因此他們把歸納與演繹兩個形態的本身也弄成了純粹的『沒意思』。

同時，以上各點又可證明，不祇康德的『判斷能力』是判斷所需要的，而且一般的判斷能力也是他所需要的。

* * * * *

何夫曼（在其著作「何思曹侖以來百年中之化學」一書中）引妄人羅辛克蘭茨(Rosenkranz)的話來形容自然哲學，其實眞正的黑格兒派中沒有一個人肯承認他。想使自然哲學爲羅辛克蘭茨負責任，眞是一件最無聊的行動，好像說何思曹侖對馬克拉爾所發明的甜菜糖製造法應負責任一樣地無聊。

* * * * *

黑克爾的狗屁不通：用歸納反演繹。確切地，演繹不等於推理，因此歸納就是演繹。這是由極化得來。黑克爾：「宇宙發生史」第七十六到第七十七頁。推理極化而成爲歸納與演繹。

* * * * *

在一百年之前，用歸納的方法發現了螃蟹與蜘蛛都是昆蟲，而低於他倆的一切動物則爲爬蟲。現在我們還是用歸納的方法，然而發現了這種分類法是一種純粹的胡鬧，曉得有更多的等級存在。這種所謂歸納法的推理同所謂演繹法的推理是同等地虛假，所謂歸納法的優點也者又在什麼地方呢？他的基礎就在分類啊。

歸納法並不能證明世間絕對沒有無乳腺的哺乳動物。從前都以乳囊爲哺乳動物之特徵，然而現在知道有喙獸（schnabeltier）却完全沒有乳囊。

凡此種種歸納法的鬼把戲都是惠威爾（Whewell）以來的幾個英國人造出來的，他們只會用數學的方法，所以結果造成了歸納法與演繹法的對立。舊邏輯與新邏輯都不曉得這些玩意兒。從個別判斷起的一切推理形態都是實驗的，都基於經驗。歸納的推理也從A不等於B開始（一般的判斷）。

當歸納法的結果——分類法——在各處都成了問題時（例如里母拉 Limulus 是蜘蛛，海鞘是脊椎動物呢還是原索動物 chordatum，本來肺魚類dipnoi的定義是兩棲類，現在却說是魚），當每日都有新事實能夠推倒全部舊有的歸納法的分類時，黑克爾不早不晚偏偏在這個時候懷着滿腹妄想來擁護歸納法，我們這些自然研究家思想力之優劣如何由此可知。黑格兒說過，歸納的推理實際上只是疑問的（problematischer）推理，這論斷是何等地高妙！還有：自發展論（進化論）日漸進步以來，已經使有機體的全部分類都脫離了歸納法而入於『演繹法』，入於起源的學說，任何一種種別都是確確實實地經過另一種起源而演繹出來，而引伸出來。想用簡單的歸納法來證明發展是不可能的，因爲發展論是完全反歸納的。因爲有歸納法，所以概念才類分爲種，屬，類；因爲有了發展論，所以他們又變成了流動不拘的，即是相對的；而相對的概念却是不能走向歸納法的。

* * * * *

黑格兒：「哲學史」。希臘哲學（古代的自然觀）第一卷。

亞里士多德談到最初的哲學家時說道（「玄學」第一卷第三章）：這些哲學家確定『有一個東西，萬有都從他裏面出來，萬有都以他爲始而起生，萬有又都以他爲終而歸宿，他是本體（ausia），他永遠如此，所變者只是他的品性（pathesi），這就是萬有的太樸（stoicheion）與太始（archei）。因此他們就固執了一種見解，認爲沒有一件東西是發生的，沒有一件東西是變化的，因爲這一個自然是永遠保有的』。一九八頁。這樣看來，這完完全全是一種原始的，樸素的唯物論，他在一興起時便自然而然地承認了自然現象之無限的形形色色之統一是理所當然的，於是他就在一個有固定形體的東西中，在一個特殊東西中去找這個統一，譬如塔利斯（Thales）便在水裏去找。

西塞羅（Cicero）論塔利斯道：『這位米利提派……確定水爲萬物之始，而神——理性則用水創造萬物。』西氏「自然論」（De Natura Deorum），一，第十頁。黑格兒很正確地指出這一點是西采羅加上去的，並加附註道：『此外，塔利斯是否信神這個問題我們不必過問；這裏所談的不是假設，不是信仰，不是國民宗教……假若他也相信神爲用水製造萬物的創造者，那並不能因此而使我們得到關於這個實在的更多知識……這是毫無內容的空話。』第二〇九頁（大概在六〇〇——五年的時候）。

最古的希臘哲學家同時也是些自然科學家 塔利斯是個幾何學家，他規定了一年之長爲三百六十五天，據說他還預言過一次日蝕。——安納西曼德製造過日晷，製造過一種陸圖與海圖（perimetron），製造過各種天文儀器。——皮塔果拉斯是個數學家。

據樸魯塔爾克（Plutarch）在他的著作「同代問題探討」（Quaeit Convivol）第八章說，這個米利提的安納西曼德以爲『人由魚變成，從水中跑出，到陸地上來』，二一三頁。他以爲太始與太樸是無定（archei kai stoicheion to apeiron），但是他却不規定這無定究竟是氣呢，是水呢，還是其他東西。見 Diogenes Laert 第二章第一節。黑格兒在「哲學史」第二一五頁上用『無定的物質』（die unbestimmte materie）幾字來譯無定（apeiron）是很正確的（約在五八〇年）。

米利提的安納西門（Anasimenis）把氣作爲本源與基礎要素，他以爲氣是無限的。西呆羅在「自然論」上說道：『萬物皆出於他，萬物亦皆返歸於他』（樸魯塔克的「哲人傳」Placitis Philos 第一章第三節）。那末這個時候，氣＝精神（aer＝pneuma），『我們的靈魂是氣，正同這一樣，某種精神與氣握有全宇宙。精神與氣是二而一的』（樸魯塔克）。這裏把靈魂與氣都看作總的媒質（大約是紀元前五五五年時）。

亞里士多德已經指出過，這些古代哲學家都從物質中去找最初實在：如氣，如水，（而安納西曼德則尋之於氣水之間）；後來黑拉克里塔斯又到火裏面去找，但是沒有一個人到土裏去找，因爲土的成份是複雜的（dia tein megalomereian）。亞里士多德「玄學」，第一卷第八章第二一七頁。

關於這一切哲學家，亞里士多德又很正確地指出他們不能解釋運動之起源。二一八頁。

撒莫斯的皮塔果拉斯（約在五四〇年）。他的本原是數：『數爲萬物之本質，總之，宇宙的組織就其屬性講來，都是數與數之關係之和諧的系統』（亞里士多德：「玄學」，第一卷第五章）。黑格兒很正確地注意到『此種觀念的勇氣，他這樣子馬上就消滅了觀念所認爲實有的，本質的（眞的）一切東西，淸除了感覺的實在』，在邏輯範疇中找實在——雖然他的邏輯範疇是很狹小的，是很偏於一面的。數要受某一有定的定律的支配，同樣，宇宙也要受他的支配。這是第一次發表的關於宇宙規律性的思想。皮塔果拉斯把音樂的和諧歸之於數學的關係。同時，『皮塔果拉斯派把火放在中央，而把地看作遶此中心體而運動的一顆星』（亞里士多德「玄學」，第一章第五節）。但是他們所謂中央火却並不是太陽；然而無論如何，這是地行說的第一次破謎。

黑格兒關於行星系統發表了下面的意見：『……和諧定於同太陽的距離，但是數學家不能解釋此種和諧。我們確切地知道這些經驗數，但是他們都是偶然數，而不是必然數。我們知道距離有一種規則性，因此我們能預先想到火星與木星之間必然有行星存在，後來果然在兩星之間發現了穀神星（ceres）灶神星（veste）與保安神星（pallas）等等小行星。但是直到現在天文學在這裏還不能安排一個相繼的合理的順序。反之，甚至鄙視關於此種順序正確情形的思想。但是這一點的本身是萬分重要的，是不應當忘記的。』二六七頁。

雖然古代希臘人的宇宙觀全是樸素唯物論的，但是那時已經有了最近爭論的種子。塔利斯以爲靈魂並不是個特別的，可以離開體的東西（他承認磁石有靈魂）；安納西門則認靈魂爲氣（萬物發生論）；皮塔果拉斯派則承認靈魂是不死的，可以從這個體遷居到那個體，他們看體是有純粹偶然性的。同時皮塔果拉斯派又以靈魂爲以太之細末（apospasma aitheros）（Diog nes Laert 第八章第二十六到二十八頁），那裏拾以太是氣，而密集的以太則爲海與水。

亞里士多德很正確地用下面的話來責備皮塔果拉斯派：只用他們的數『他們不能解釋運動怎樣生出，缺乏運動與變化的時候生成與死滅又怎樣完成，也不能解釋天體之情形與活動』。「玄學」第一章第八節。

有人說皮塔果拉斯發現了啓明星與長庚星是一顆星，發現月球受光於太陽。最後他又發明了皮塔果拉斯定理。『據說，當皮氏發明了這個定理的時候，他舉行了一個百牢祭(hecatomb)。妙極了，他關於這件事情的喜樂之大竟使他排了大宴，把富室與平民全都請去了；這也是值得的。這是精神(知識)的快活與喜樂——然而牛們却遭了殃。』第二七九頁。

埃利亞派。

* * * * *

留西巴斯(Leucippus)與德莫克利塔斯(Democritus)。留西巴斯與其同志德莫克利塔斯承認實(pleres)與空(kenon)爲萬物之樸。前者爲有，後者爲無。實與稠密(卽原子)爲有，而空與稀薄爲無。因此他們斷言：有絕對不能優於無……。兩者都是原料，是萬物之原因。有人認爲統一是本體的實質，其餘一切皆從其屬性中引出，他倆也同這些八一樣，斷言他們（卽原子）的分異（diaphoras）爲其餘一切的原因。他們確定了三種分異：按形態的（schema），按序列的（taziu）與按地位的（thesin）。……A與N的分異是按形態的，AN與NA的分異則爲按序列的，Z與N的分異却是按地位的。亞里士多德「玄學」，第一卷，第一章第四頁。

（留西巴斯）是第一個設想原子爲太始的人……。他說，無限的宇宙都由他們生出，而且要重新解化於他們裏。宇宙生成的情形如下：因爲無限起了裂痕，所以窮極形態的無數物體都流入太空（mega kenon）。他們集攏到一起時便造成了旋渦，他們在旋渦中互相衝擊，經過多樣的運轉，於是相似的物體都分化到一處了。他們因爲數量過多，所以不能運轉於均衡（peripheresthai）之中。於是最精細的原子便飛出了太空的邊界，有如經過篩子漏下一樣。其餘的都留在一處，互相溶合，互相聯結，於是就形成了第一個球形系統（Diogenes Laert 第一卷第九章第六頁）。

以下是關於伊壁鳩魯的。因爲空不但能侵入最輕的，同樣也能侵入最重的，所以原子要不停地運動（下面他又說他運動的速度是相同的）。原子們除了形態，體積與重量之外沒有任何別種的性質上的區別……。但是他們並不能具有一切的體積……。向來沒有一個人看見過原子(Diog. Laert 第一卷第十章四十三，四十四節)。同時，當原子飛過太空而遇不到任何的障礙時，又必然要有相同的速度。因爲假若沒有東西干涉他們，則重的原子並不能比小的與輕的運動得更快，而小的也不能比大的更快，這是因爲一切他們都自有其相符的通道，——假若沒有東西妨礙他們的時候（前書第六十一節）。

這樣子看來，已經很清楚了，統一是每種物之已知本性，但是只就一物而言，則這種統一便不能算是他們的本性（亞里士多德：「玄學」，第一卷第九章第二節）。

* * * * *

自然科學家雖然不來求助於哲學家，然而哲學家總是支配他們。問題在乎，他們究竟希望一個下流的時髦的哲學家來支配他們呢，還是希望接受各種理論思攷的指導——熟悉思想史與思想收穫的各種理論思攷的指導。物理學家，你提防着玄學家啊！這是完全正確的，然而意思却完全不同。

自然科學之摭拾舊玄學的垃圾而沾然自喜者，不過尾隨哲學之後而苟延其名義上的殘喘而已。只有自然科學食而化了辯證法之後，只有那個時候的哲學買賣（除了純粹關於思攷的學說）才能全部地變成廢事，才能溶解於實證的科學之中。

＊　＊　＊　＊

偶然與必然。另外還有一種對立也是玄學所不能逃脫的，這是偶然與必然的對立。還有什麼東西的相互矛盾能更甚於這兩個邏輯範疇呢？他倆那裏會相同呢，偶然的怎能是必然的，而必然的又怎樣也是偶然的呢？通常的健全頭腦以及大部份的自然科學家都把偶然與必然看作絕對不能相容的兩個範疇。無論何種東西，無論何種關係，無論何種過程或是偶然的，或是必然的，然而絕對不能兼而是之。這樣看來，他倆是肩並肩地立足於自然中；自然中則包有各種各色的事物與過程，裏面也有偶然的，也有必然的，而且還有最重要的一點，就是他們不能互相混雜。例如，某屬的主要特徵都是必然的，而任何一屬之個體之其他變異則為偶然的；對於結晶體，對於植物與動物都是如此。同時，把較下等的與較高等的加以比較時，又把較下等的看作偶然的。例如：不論在科裏面有多少屬，不論在門中有多少綱與目，不論在某一有定區域中有多少種動物，不論在一國中的全體植物(flora)與全體動物(fauna)的現狀如何，都可以把每一大類中之較小的分類當作偶然的。然後宣佈必然的是唯一的值得加以科學研究的，而偶然的則無足輕重。這就等於說：凡是能夠範以定律的，卽是凡是他們**知道了**的都值得研究，凡是不能範以定律的，卽凡是不知道的都是無足輕重的，都是可以棄而不顧的。不過在這種觀點之下，一切科學都要壽終了，因為科學的任務正是要研究我們所**不知道**的事物。這就是說，凡是可就範於一般定律的都是必然的，凡是不就範的都是偶然的。顯然地，像這一號科學只能把他所能解釋的事物當作自然的，而將他所不能了解的一切事物都送交了超自然的原因。這時，我把不可解的一切現象的原因呼作偶然也可以，呼作神也可以，實際上是無甚差別的。橫直這兩個稱呼都是我不知的表白，因此他們與科學的研究是毫無關係的。凡是必然關係之威力所不能達到的地方，都絕了科學的足跡。

從法蘭西唯物論來到自然科學中的有定論（determinismus）完全採取相反的態度，他總而言之地否認了偶然，打算這樣子結果他的性命。據這種見解說來，支配自然界的只有一個單純的，直接的必然。這一個豌豆角中只有五粒豌豆，不是四粒也不是六粒；這條狗的尾巴是五寸長，一絲一忽也不能多，一絲一忽也不能少；這朵苜蓿花今年結子由於蜂子，而且是在一定的時候由個一定的蜂子來作媒，另一朵則不是如此；這裏生出的一顆獅牙菜（löwenzabu）是從一粒一定的風力所帶來的種子生出的，而那一顆則不然；昨夜晚四時有一匹跳蚤咬了我一口，是四時，不是三時也不能五時，而且是咬了我的右肩並不是咬了左腿，——凡此種種事實都由一種固定不變的因果連鎖所造成，都與那堅定不搖的必然有關係。造成太陽系的氣體大球，他的結構决定了事變只能如此發生而不異乎此。我們如果採用這種觀點，依然不能跳出目的論的自然觀之手心。我們學步奥古斯丁與卡爾文名之曰神之永恆的規定也好，我們跟着土耳其人名之曰天數（kismet）

也好，或是名之曰必然也好，然而據科學看來這是完全一樣的。在這兩種情形之下都談不到因果關係之研究，在這兩種情形之下我們都不能移動一步。所謂必然者只不過是一句空話，因此偶然也還是故我依然，舊觀未改。在我們不能弄明白豌豆角之粒數何由而定之前，他總規是偶然的；如果有人告訴我們說，在太陽系造成的時候已經決定了這件事情，那也不能使我們更進一步。此外，假若有一門科學祇就每一個豆角，在其因果聯系中去探求這偶然，那他就算不得什麼科學，而是一種簡單的遊戲，因爲這豆角還有無數我們視爲偶然的，個別的屬性：如色彩，角皮之密度與硬度，豆粒之大小，更不必再說那些顯微鏡下的個別特點了。這樣一來，把全世界的植物學家通通請來也不能夠研究完一個小小豆角中的因果關係。

這樣看來，不但不能從必然中求得偶然之解釋，反之，却使必然降身作純粹的偶然。一個豆角中有六顆豆粒，而不是五粒，也不是七粒，假若把這種事實看作與太陽系運動定律及物能變通的定律爲同等同級的現象，那在實際上並沒有提高偶然到必然的水平，反使必然降格到偶然的水平。不只是如此。我們又可以隨隨便便地斷言並處於某一區域中的有機的與無機的種屬與個體之形形色色都受制於那不可破壞的必然，然而對於個別的種屬與個體而言則依然未改，還是偶然的。對一個個別的動物而言，他生在什麼地方，他周圍的環境如何，他的什麼樣的敵人，他有好多可怕的敵人完全是偶然的。一個老植物的種子被風吹到什麼地方去了是偶然的，如對幼苗而言，則此種落在什麼地方及從何處生長出來也是偶然的，勉強相信這裏有什麼不可破壞的必然只是一種極可憐的自安自慰。某一區域中，甚至全球上的自然物，自從洪荒以來初次佈定之後，其結分離合總規是照舊的，即是偶然的。

黑格兒逆乎這兩種見解而出台，展出他那前所未聞的斷語，說偶然是有根據的，因爲他是偶然的，同時他也是沒有任何根據的，因爲他是偶然的；偶然是必然的，必然本身亦自定爲偶然，然而從另一方面講來，偶然也正是絕對的必然（「邏輯」第二卷論實際之部）。自然科學却沒有把這些論斷看在眼中，把他們看作異端的文字遊戲，看作自相矛盾的胡鬧，而他自己則在理論上殭化於佛爾夫玄學的空洞中（無內容），以爲或是偶然，或是必然，然而無論如何不會在同一時間內兼而是之，不然便是殭化於空洞的機械有定論中，在口頭上一籠統地否認了偶然，而在實際上却每次都承認了他。

自然科學還是繼續作如是觀，然而假手於達爾文做了些什麼事呢？

達爾文的劃時代著作之出發點卽是那十分廣泛的偶然事實。正是個別種屬之內部各個體的隱而不現的偶然差異，這種差異使加強變化以致改變了本屬的特點，而這種差異的最近原因也只在十分罕見的偶然裏，正是這些差異使達爾文懷疑了生物學一切規律的舊基礎，使他懷疑了那舊有的，玄學地經常不變的物種概念。但是沒有了種屬的概念全部科學都沒有意思了。科學的各個部門都需要種屬的概念：人類解剖學，人類學，地質學，古生物學，植物學等等一切若是沒有種屬的概念還成個什麼門堂呢？那時這些科學的結果不但要成問題，簡直要消滅。依舊觀念講來，偶然毀滅必然。關於必然的原有觀念再也不中用了。將他保留起來——等於用一個自相矛盾而又與實際矛盾的任意的邏輯結構來勉強作爲自然的定律，等於否認了活的自然界中之一切內在的必然，等於總而言之地將偶然之混亂的統治宣佈爲活的自然界之唯的一定律。於是各派的生物學家都一個跟一個地喊將起來——難道這樣沒有王法麽！

這個時期中所積下來的材料都是屬於偶然的，於是肅淸了，消滅了關於必然的舊觀念。

* * * * *

第一個是凱庫列(Kekulé)。並且：自然科學的系統化日趨於必然，然而只有在各現象的關係中才能求得此種系統化。任何行星上的小質量的機械運動都會以兩物體之接觸而終止，接觸可表現爲程度兩異的兩個形態，即是摩擦與打擊。因此我們首先要研究摩擦與打擊之機械行動。我們發現這機械行動並未因此而竭盡，摩擦可以生熱，光與電，打擊可以生熱與光，有時也可以生電。這樣看來，物體運動可以轉變爲分子運動。我們已踏進了分子運動的領域，踏進了物理學，我們還要繼續這種研究。於是我們又發現分子運動並不能結束我們的研究。電可以轉變成化學現象，化學現象亦可產生電，熱與光也是一樣，於是分子運動又變成了原子運動——進了化學的領域。化學過程的研究開闢了有機世界作他研究的領域，他把這世界看得同無機世界一樣，其中化學過程所遵守的定律是相同的，不過各自的條件不同而已，化學足能夠解釋有機世界。有機界之一切化學研究到了最後都歸結於一個物體：就普通化學過程的結果看來，這個物體與其他各種物體是不相同的，他是一種獨立的，經常的，化學的過程，這就是蛋白質。如果化學能製造一種蛋白質，能有他生成時那樣的固定形式，能有所謂原生質的形式，能有隱含着蛋白質一切形態的固定形式或（更正確點說）無定形式（這時不必注意到原生質只有一個形式的問題），到那時，辯證的轉變算是眞正的完成了，也就是說，完結了。然而直到現在我們還沒有走出思攷與假設的邊界。假若化學能夠製造蛋白質，那末他就走出了他原有的機械過程的範圍。他踏進了有機生命的廣大境界。當然了，生理學就是有生物體的物理學與化學，因此他也不只是一種特別的化學，一方面因爲勢力範圍是有限定的，另一方面因爲他升高到了較高的程度。

* * * * *

傅立葉（工業的與社會的新世界）。不平等之要素：『人類好像在本能上便是平等的敵人』，第五十九頁。

『這欺騙與狡獪的機關就是那所謂的文明』，第八十一頁。

『我們現在只派婦女去做下賤的工作，使他們做奴隸的事情，好像一種哲學已經預定了這些事，相信婦女是生來爲着刷洗碗盆，修補舊衣的，我們以後再也不要這樣子了』，一四一頁。

『文雅的道德是商業之短小而潔淨的女友』，第一六一頁。「道德批評」，第一六二及以後諸頁。

『在文明的機關中』。在現代的社會中統治着『一個行動上的雛二(duplicité)，個人利益與團體利益之間的矛盾』，可以看到『個人反抗羣衆的普遍戰爭。而我們的政治科學只敢說行動上的統一！』第一七二頁。

『現在的學者在研究自然界時總是失敗的，因爲他們不懂得例外論，或轉變論，不懂得雙關論』(théorie de l'ambigu)(雙關的概念如木瓜，似李桃 le brugnon，黃鱔，蝙蝠，一九二頁)。

* * * * *

在絕對零度之下任何氣體都是不可能的。分子的一切運動都停止了，然而有一種很小的壓力，因此他們自有的吸引力也可使他們一塊兒移動。因此永久不變的氣體是個不可想像的東西。

* * * * *

因爲有動的氣體論，所以證明 Mv^2 也適用於氣體分子。這樣看來，同樣的定律既可適用於物體運動，亦可適用於分子運動。兩者的差異在這兒消滅了。

* * * * *

$\sqrt{-1}$。代數學上負數只有對正數而言時才是實數，就是說，只有在與正數的關係中才是實數；離開了這種關係，祇就其本身來說是個虛說。在三角學中，在解析幾何以及由此而上的高等數學中，他可以表示運動之一定方向，反乎正的方向。不論第一象限中或是在第四象限中，在計算 sinus 與 tangens 時都可得到同樣的成功，這就是說可以將加與減顚倒一下。在解析幾何中也確是如此，我們可以從圓上去計算橫坐標線，從圓周上之任何一點開始或從圓心上開始都是可以的，因爲一般地說來，曲線的方向往往都是負號；我們從這裏得到關於曲線的正確的，合理的方程式。在這個地方，加不過是減的補充，反之亦然。但是代數却在他的抽象中去研究加與減，把他看作眞實的獨立數，和其他較大的積極數不發生關係。

* * * * *

黑格兒把力與表現，原因與效果看作相同的東西，這也可以用物質形態之變化來證明，他們的等價是可用數學方法證明的。在計算中早已承認了這一點。用表現來計算力，用效果來計算原因。

* * * * *

思想史中某一觀念或某一關係（如正與負，原因與效果，本體與變體——akzidenz）之發展對於他們在一個辯證家頭腦中的發展的關係有如某一有機體在古生物學中之發展對於他在胚胎學中的發展之關係（不如說是對個別胎生史的關係）。這是黑格兒首先對觀念而發明的。偶然在歷史的發展中自有其作用，他不論在辯證的思攷中或是在胚胎的發展中都表現於必然之中。

抽象與具體。運動形態變化之總定律比他的每一個個別的『具體的』例證還要具體得多。

* * * * *

意義與名稱。在有機化學中，一個物體的意義以及他的名稱不簡單地依據他的成份，而大部應依據他所隸屬的列。因此，假如我們發現了一個物體屬於某一個列，那時他的舊名稱就會變成了明瞭他的障礙，而應代之以能指出所屬之列的名稱（例如矯質等等）。

* * * * *

數量至性質的轉變——『機械的宇宙觀』，數量的變化變化了性質。這些先生們從來沒有聽說過這囘事！

* * * * *

同一與差異——必然與偶然——原因與効果——這都是矛盾中的二要員，假如分開來看，他們是可以互相變通的。那時候又必得來求援於『根據』了。

* * * * *

正如傅立葉是一首數學詩而且也不無用途，同樣地，黑格兒就是一首辯證詩。

* * * * *

數學的應用：在剛體力學中是絕對的，在氣體力學中是差不多的，然而在液體力學中就頗感困難了；在物理學中只是一種嘗試，而且是相對的；在化學中只有性質最簡單的一元一次方程式；在生物學中——零。

* * * * *

正與負是二而一的，不論取那一方作正，那一方作負，都是沒有差別的，不但在解析幾何中如此，卽在物理學中也是如此……。參看克勞西斯第八十七頁。

* * * * *

只有微分才使自然科學有想像數學過程的可能，而不祗能想像他的情形；運動。

* * * * *

黑格兒「百科全書」第一卷第二〇五，二〇六頁，關係原子重量有先見之明，較之當時的物理學觀點自然高明，說到原子與分子時承認他們是一種思想的有定，思攷有資格來參與他們問題之解決。

* * * * *

普通都把**重量看作物質性**(materialität)之**最一般的標識**，這就是說物質之必然屬性不是排拒而是吸引。但是吸引與排拒也同正與負一樣是不能相離的，因此我們根據辯證法的原則可以預言，物質之眞確理論應該把排拒與吸引看得同等重要，只是根據吸引的物質理論是假的，是有缺點的，是不澈底的。而實際上已經有很多現象可以證明這一點。因爲光的關係我們已經不能否認以太了。但是以太是否是物質的呢？假若一般地說他是**存在的**，那末他就應當是物質的，就應當隸屬於物質概念之下。但是他完全沒有重量。彗星尾應當是物質的。然而他們有很強的排拒力。熱在氣體中可以產生排拒力，等等。

* * * * *

打擊與摩擦。力學家把打擊效果之**發生**看作形式純粹的，而事實上的經過則並不如此。在打擊的時候，一部份機械運動變作了熱。摩擦也不是別的東西，是打擊的另一形態，他不斷將機械運動轉變成熱(自從皇古以來人們已經知道摩擦可以生火)。

笛卡兒發現潮漲與潮落都是由月球之吸引所喚起。他又與斯涅留斯(Snellius)同時發現了折光之根本定律，但是他所用的方法却與斯涅留斯的方法不同。

* * * * *

理論與實驗。牛頓在理論上確定了地球兩極的縮短。又過了很多年之後，卡辛尼及其他幾個法國人，根據他們實驗的測量而確定地球是橢圓的，確定極軸最長。

* * * * *

撒莫斯島的亞里斯達克(Aristarch)在耶穌紀元前二百七十年已經有了哥白尼的太陽理論與地球理論。梅德萊第四十四頁，佛爾夫第三十五至三十七頁。

德莫克里塔斯已經猜破天河送給我們的是無數小星的聯合之光，佛爾夫第三一三頁。

* * * * *

自然辯證法還有一個很好的樣本：依據現代的理論，相同電流之吸引可以說明相同磁極之排拒。古特里（Guthrie）第二六四頁。

實驗家對古希臘人之蔑視有了很別緻的說明，譬如你去讀一讀湯姆生的「論電」（Thomson, On Electricity），你就可以見到，像達維（Davy）與法拉第（Faraday）這種人都誤入歧途了（如電花等等），他們的實驗完全類乎亞里士多德與卜林尼斯（Plinius）兩人關於物理事實與化學事實的神話。這些實驗家之再蹈古人暗中摸索的覆轍也正是在這些新起科學中。但是當天才的法拉第尋得了正確的足跡時，庸人湯姆生却又起來反對了（第三九七頁）。

* * * * *

吸引力與重力。一切關於重力的學說都歸結於一個斷言，以吸引力為物質之實質。這必然是謬誤的。凡是有吸引力的地方，都有排拒力產生。所以黑格兒所指出的是完全正確的，他說，物質之實質是吸引力與排拒力。而實際上我們一天一天地不得不承認物質分散之界線，在這界線上吸引力會變成排拒力，反之也要承認排拒的物質之濃化也是有界線的，在這界線上排拒力要變作吸引力。

最初的，不甚清楚的概念往往比最近的玄學概念要正確些。倍根早已說過（後來波愛爾，牛頓與差不多所有的英國人都跟着他說）熱是運動（波愛爾已經知道這是分子運動）。然而到了十八世紀時法國人才來把熱看作熱素（calorique），並且這見解在大陸上還是比較風行的。

* * * * *

天文學中的地球中心說是不高明的，而且也很公道地被打倒了。但是當我們的研究一天一天的進步時，他又慢慢地出頭了。太陽服役於地球（見黑格兒「自然哲學」第一五七頁）。（全部大的太陽都是爲着小的行星。）我們只能有以地球爲中心的化學，物理學，生物學，氣象學等等，這些科學只有在地球也有用，因此他們是相對的，但他們並不因此而有絲毫的損失。假若我們認眞地要求一種無中心的科學，那末我們就會停止一切科學的運動。我們只要知道一點便夠了，就是相等的東西在相等的情形之下無論在什麼地方都是相等的。

* * * * *

孔德只抄襲了聖西門的自然科學之「百科全書」式的整理，他並不是個創作者。這是很顯然的，因爲孔德的整理只是一種教材的配合，目的是在教學，因此便走入了那瘋癲的一總教學法（enseignement intégrral），這教學法不到把某一門科學完全教完之後不教別種科學，這種教學法會把根本正確的思想訓練成數學的荒謬。

* * * * *

自然學（Physiograprophie）。當從化學到生命的轉變完成之後，就有了生命所從出的許多條件，這才出現了地質學，氣象學與其他科學。此後生命之各種形態都出現了，這些東西離開了這種轉變都是不可解的。

* * * * *

化學中的新時代是由原子論開始的（所以現代化學的始祖不是拉瓦謝，而是道而頓），同時物理學中的新時代則從分子論開始（雖然採取另一形態，而其實只這一個過程的另一方面，同運動互轉的發現是在一起的）。新原子論與一切舊有的不同，因爲他（在這兒要把那些蠢驢們除外）不斷言物質是單純地可想像的，而說其可想像的部份只不過是一般物質之各種不同的階級（如以太原子，化學原子，質量，天體等等），各種不同的聯結點，決定於物質之各種不同的性質的存在形態，一直推演下去，直到失掉重量時爲止，直到排拒力爲止。

* * * * *

黑格兒只用思想去建立他的光學理論與色彩理論，然而他卻墜入了家產庸俗試驗的最蠢的實驗裏，雖然他的理論也有若干根據，因爲那時還沒有弄清楚這一個問題。——例如，他用美術家之調色來反對牛頓，見一一四頁及以下諸頁。

* * * * *

零雖爲一切有定量的否定，但是不能因此說他毫無內容。反之，零却擁有十分固定的內容。他是介乎正數與負數之間的界線。他是唯一的，眞正的中立數，他是一個不可加減的數，因此他不祇是一個十分固定的數，而且他本身比其一切相鄰數都要重要。實際上，零比其餘一切數都有更豐富的內容。他同任何一數拼在一起而在他左邊時，在我們現在的數系中總是加大了這數的十倍。這時我們也可用任何一記號來代替零，但是要有一個條件，就是要他本身與零的意義相等。因此零的本性被決定於他之能否覓得此種附屬地位，而且也只有他能取得此種附屬地位。用零乘任何一數，都可以將這個數消滅；用零除任何一數都會使這個數變爲無限大，被任何一數除時也會使這個數變爲無限小；只有他這一個數能與任何一數有無限的比例。$\frac{0}{0}$可以表現正無限與負無限之間的任何一數，而且在任何情形之下他都是一個實數。任何一個方程式的眞實意義都在乎把他所有的項都移到任何一邊時能等於零，例如在二次方程式中往往遇之，若在高等代數中就經常地運用他了。任何一函數，例如$f(x,y)=0$，都可以等Z，又可以微分

Z，雖然Z是一個等於零的數，把Z當作一個通常的從變數（abhängige variable 或作依變數）而微分之，並可得出微商（differentialquotent 或譯作微係數，不甚妥）。

由任何一數量得出之無有（nichts）在數量上都是有定的，而且只有這樣才能去運用零。這些數學家們，當其照上述的情形運用零時，把零看作一個完全固定的數量概念而使之與其他數量概念發生數量的關係時，他們都是很安靜的，但是當他們看見黑格兒的來自某一既有的無有是一個固定的無有之普遍論斷的時候就其勢汹汹地吵鬧起來。

現在要談到解析幾何了。在這門科學中，零是一個固定的點，從此點起，依一條直線而進行的方向被設爲正，而相反的方向則爲負。這樣看來，零點不祇是與正或負的任何一固定點同樣地重要，而且要比他們重要的多。一切點都依據於這個點，一切點都與他有關係，一切點都決定於這一點。在許多情形中他又可以任意顚倒他們。此點既經取定之後，他就永遠作一切活動的中心點，他又常常可以決定其他各點與橫坐標終點所在的線之方向。例如，在圓的方程式中，如取圓線上之任何一點爲零點，那末橫坐標線便應當穿過圓心。在力學中也是如此，當我們計算任何運動時都要用零點作爲一切活動的支點。溫度計上的零點是溫度中一個完全固定的低界線，可用任何數去分割度數，因此他就可以作本身的溫度計算，又可計算較高或較低的溫度。因此他在這裏也是一個十分實在的點。並且溫度計上的絕對零並不是一個純粹抽象的否定，而是物質之十分固定的狀態，或是說他是物質分子之獨立運動最後絕跡之界線，到了這個界線時物質只能採取塊體的形式。這樣看來，我們無論在什麼地方看到了零，他總是一個十分固定的東西，而他在幾何學與力學等等科學中的實際應用又可以證明他這個界限比其他一切受他限制的眞數都要重要些。

* * * * *

單位或一。世間沒有比數上的一更簡單的東西，但是也沒有比他更多形的東西，只要我們在一之產生的各種方法上來着眼從一與多數的關係上來研究他便知道是如此。第一，一是一切數系中一切正數與負數的根本數，因此將他繼續自相增添下去便可得出任何數目。——一又是一之正冪負冪與分數冪的表現：——1^2，$\sqrt{1}$，1^{-2}都等於一。——凡是分子與分母相同的分數都等於一。——一又可表現一切數之零冪，因此無論在什麼數系中他的對數都相等，都等於零，只有他這一個數是如此。由此看來，一是[illegible]個對數系的分水線：如果根大於一，則一切大於一的數目之對數都是正的，而一切小於一的對數都是負的。如果根小於一則適相反。由此看來，任何一數皆含有一，因爲他只不過是一一相加的結果，因此，一自身也就包含了其他一切數。不只是潛隱地，不只是因爲一一相加可得任何一數；而是眞實的，因爲是一其餘任何數之固定冪。這些數學家們，當他們在必要的時候，當他們計算的時候，他們都萬分甘心而情願地引用$Z=1$，或分子與分母相等的分數，即等於一的分數，這樣看來，這些數學家在數學的方式中運用了含於一中的多。但是假若有人用普泛的方式告訴他們說一與多是不能分離的相互容納的兩個概念，說多藏於一中而一藏於多中，他們就會把眉頭縐起來做個難堪的樣子。這一點是非常正確的，假若我們跑出了純數目的疆域就馬上會看到這一點。當我們量長，量面積與體積時，我們可採用性質相符的任何一數來作爲單位，卽作爲一，在測量時間與重量時也是如此。要量細胞時，米里米突與米里格蘭姆太大了，假若要量太陽的距離與光的速度，反嫌克羅米突太小。同樣要量行星的質量時，克羅格蘭姆又太小了，用以量太陽的質量更小了。顯而易見多與雜皆包於初次看來十分簡單的一的概念中。

* * * * *

靜電與動電。靜電或摩擦電是自然中原有的**現成的**電，本來是在均衡狀態與中性狀態中，現來却轉入緊張的狀態了。假若這電有分佈的機會，這緊張狀態就會馬上消滅，會發生電花，而重新轉回中性的狀態。

反之，動電卽伏達電（voltásche elektrizität）是從化學運動到電的轉變中得到的。在某種一定的條件之下，從鋅，銅等物的分解中可以得到這種電。這時的緊張的性質不是尖銳的，而是綿延的（chronisch），繼續不斷的。在每一時刻中，從另一運動形態裏都可以產生新的正電與新的負電，而不是將原有的中性電分裂爲正與負。全部過程帶有流動不居性，他的結果告訴我們電並不是一瞬息間的緊張與鬆弛，而是經常的流，這電流又能重新轉變爲他所從出的化學運動，這就是所謂電分解(elektrolyse)。在這個過程中，這化學化合之電的取得中（這時電代替了熱而被放出，在從前放出幾多熱現在也放出幾多電），我們可以在液體中去追踪這個電流（相鄰分子之原子交換——這就是電流）。因爲這電在本性上便是個流，所以不能把他轉變爲緊張電。但是我們用誘導的方法，可以使現有的，如此這般的中性電棄中化(deneutralisiert)。就各物的性質說來，被誘導的電應跟隨誘導電，這就是說他也應當是流的。由這兒已經可以看出有把他轉化爲緊張電的可能，即轉變到電流屬性與緊張二者聯結一起之更高形態。龍玫夫(Ruhmkorff)的電機便可產生這一種電。他能生出有此種性質的誘導電。

* * * * *

庫倫(Coulomb)說『電之細塵互相排拒時以距離之平方爲反比例』，湯姆生便信以爲眞而悄然採用了（見湯姆生所著「熱與電」之第三五八頁）。他自己也有一個假設（見三六六頁），說電『由二流組成，一個正流，一個負流，他們的細塵是互相排拒的』，又說從荷電體中所以能取回原電單是由於大氣的壓力（三六〇頁）。法拉第將電納入一個原子的兩個相反極（或者說分子也可以，不過那更是麻煩了），這就是說電並不是什麼流體，而是運動形態，是『力』（見三七八頁），法氏算是第一個發表此種思想的人。但是這個思想始終鑽不進老湯姆生的腦子，他說：無論如何電花總是個物質的東西。

法拉第在一八二二年時已經發現暫時的誘導電流，不論是第一種還是第二種，都『更類似於來頓瓶所放出的電流，而少類似於伏達電槽（voltaic battery）所放出的電流』，全部的奧妙也都在這個地方（三五八頁）。

關於電花——有各形各色的玄想史，現在已經公認這些東西爲特殊的情形或妄想。譬如，有一種意見以爲陽性的（即正的）物體所生出的電花是一支『光筆，是刷子或是錐體』（pencil of rays, brusch or cone），其尖頂處爲放電點；反之陰性電花却是星子（star），見三九六頁。短電花總是白的，而長電花往往是微紅的或深紫的（這是法拉第所發表的關於電花的出類拔萃的不通，見四〇〇頁）。用金屬球從第一導體中所得出的電花是白的，用手所得的電花是紫的，用水所得的是紅的（四〇五頁）。穿過空氣所得到的電花『並不是電所本有的，而純粹是空氣緊縮所得的結果。當電花穿過空氣時，空氣就驀然地而且劇烈地縮緊了』，根耐斯雷（Kinnersley）在費羅達費（Philodelphia）的實驗可以證明這一點。據這實驗說，電花『引起了管中空氣之突然的稀薄』因此把水驅入管內（四〇七頁）。在德國，在三十年之前，文特爾（Winterl）等人都以爲電花或電光『與火的本性是相同的』，他的產生由於兩電之創造。湯姆生則認眞地反對這一點，以爲二電相遇的地方正是光度最弱的地方，其三分之二爲正極，三分之一爲負極（見四〇九——四一〇頁）。很顯然地，這裏所謂火者還是個十分怪誕不經的東西。

狄山耐（Dessaignes）的試驗也是很認眞的。根據這試驗我們知道：當氣壓表上昇而溫度下降時，如以玻璃，火漆，蠶絲等物投入水銀中則得負電，當氣壓表下降而溫度上昇時則得正電。夏天的時候投之於不純淨的水銀中得正，投之於純淨的水銀中則得負。

在夏天的時候，如將黃金與別種金屬加熱則得正，加冷則得負，在冬天則相反。當氣壓高而吹北風的時候則感電頗強（highly electric）：溫度上昇時得正電，溫度下降時則得負，等等（四一六頁）。

熱能發生什麼影響呢？『要生熱電的作用，並沒有再加熱的必要。一切能夠變更電環一部之溫度者亦必能引起磁石偏角之變化。』例如用冰或醇精（ether）的蒸發使某一金屬體變冷（見四一九頁）。

在四三八頁上把電化學的理論（Die elektrochewische Theorie）看作『至少是十分機巧，十分言之有理』的東西。

法勃朗（Fabron）與渥拉斯頓（Wollaston）在很早之前，法拉第在最近發表了一種思想，以為流電（伏達電 voltaic electricity）只是化學過程的單純結果，同時法拉第已經正確地解釋了液體中所發生的原子易位（Atomverschiebung），斷言可用電解物之量來計算電量。

他(湯姆生)借了法拉第的助力引出了下面一個定律：『每一個原子必自然而然的被一定的電量所包繞，因此，在這種關係上熱與電是相同相似的！』

* * * * *

電。黑格兒在「自然哲學」的三四六——三四七頁上也談到湯姆生的玄想史，所說的同這差不多。然而黑格兒已經把摩擦而生的電看作有壓電，這是與電流體與電物質的理論極端相反的。

* * * * *

黑格兒(最初的)所分的機械體，化學體，有機體(mechanismus, chewismus, crganismus)在他那個時候算是無以復加了。機械學，這是物體運動；化學，這是分子運動(物理學也歸到這裏來了，因爲他們兩個所研究的是屬於一列的)與原子運動；有機體則爲不能相分相離的諸體之運動；因爲有機體當然是合力學，物理學及化學於自身之中而成爲較高級的統一，這個三位一體是不能更加分割的。在有機體中，物理變化與化學變化可以直接引起機械運動，而營養，呼吸，分泌等等也與純粹的肌肉運動完全一樣。

這三種分類中之每一種又可分為二組：

力學：（一）天力學（二）地力學。

分子運動：（一）物理學，（二）化學。

有機體：（一）植物，（二）動物。

* * * * *

電化學。維德曼(Wiedemann)在論述電花影響於化學分解與新化合時說：這是乾脆的化學問題。在同一情形之下化學家却說這是物理學的事。這樣看來，在分子科學與原子科學接壤的地方，物理學家與化學家都承認了自己的無力過問。然而就**在這個地方將來**必有最大的成績出來。

* * * * *

在過去的實際中所用的舊的，方便的，適合的方法如移到其他知識領域中必然會變成障礙。譬如在化學中，物體成份之百分計算法是阻礙化合物經常比例與倍數關係之求得的最便利的方法，而且在實際上他在很長的時期中都阻止了這種關係之求得。

* * * * *

(一)一般的運動。

(二)吸引與排拒。運動之轉移。

(三)此地物能不滅律的應用。排拒加吸引減排拒附加物等於物能。

(四)重力，天體，地力學。

(五)物理學，熱，電。

(六)化學。

(七)總結。

* * * * *

對湯姆生，克勞西斯，勞施米德（Loschmidt）的結語：**周轉在乎排拒力之互相排**

拒，因此就由媒介物轉化爲死的天體。然而從這句話中可得出一個結論，證明排拒力是運動之眞正積極方面，而吸引力却是消極方面。

*　*　*　*　*

分子與微分。維德曼在「流電論」（Galvanismus）第三部第六三八頁上把終極距離與分子距離看作相互對立的東西。

*　*　*　*　*

力與力之永存。在梅葉爾的初年的兩本著作中可以找出反對海爾姆何茨的地方。

*　*　*　*　*

三角術。綜合幾何就三角的本身上去研究三角的屬性，而且把他們研究完了。此後却又開拓了一個更廣大的境界，卽是發現了非常簡單的，完全合乎辯證的方法。已經不從自存或自在（an sich）及自爲（für sich）上去研究三角，而是從他與其他各形（例如圓形）的關係上去研究他。我們可以把每一個直角三角看作某一圓形的附屬品：如果把

r，則勾＝Sin，而股＝Cos，假如勾或股＝r，則另一股或勾＝Tang，而弦＝Secant。

（註）r 爲圓之半徑。

因此，邊與角得到了一種完全另樣的固定的相互關係，假若不把三角形移到圓形中去，就永遠不會發現不會利用這種相互關係。因此，就發展了一種完全新的，遠勝於舊者的三角理論，這理論可應用於一切地方，因爲所有的三角形都可分割爲兩個直角三角形。這種從綜合幾何中跑出來的三角術之發展是個很好的例證，可以表明辯證法怎樣在事物之關係中去研究他們，而不是孤立地去研究他們。

* * * * *

動能之應用。本來面目的動能（kinetische energie）如在動力學（Dynamik）的範圍中應用起來必是雙合性的，因此也必有雙合的結果：（一）第一是產生的動功（kinetische arbeit），這是相當量勢能之產物，而他呢，總是較大於動能之消耗量。（二）是磨擦阻力等等之克服（重力除外），這磨擦等等把所耗能之殘餘轉化爲熱。——反囘的轉化也是如此：因爲此種轉化之方法與形式各自不同，因此由摩擦等等而耗失的能之一部就散而爲熱——這都是老生常談的事。

* * * * *

在氣體運動中，在蒸發過程中，物體運動直接變爲分子運動。這兒當然是成就了一個轉變。

* * * * *

達爾文學說是黑格兒關於必然與偶然之內在關係的概念之實際的證明。這是應當設法表白的。

* * * * *

黑格兒所稱呼爲相互關係的那件東西亦可應用於有機體中，這有機體因此造成了走向意識的過渡，這就是說從必然走向自由，走向概念。參看黑氏「邏輯」第二部之結論。

* * * * *

由量到性的轉變。最簡單的例子是酸素與臭氣。在這裏，二與三竟決定了一些完全相異的屬性，甚至氣味都不同了。如在化學中想說明別種同素異性體（allotropischer korper）也只有用一分子中原子數目之不同去解釋他。

* * * * *

黑格兒把自然看作永恆『觀念』在異身中的表現，如果他這種看法是個重大的罪過，那末對形象學家里查奧文（Richard Owen）又該怎樣呢？他說：『遠在各種動物種屬之存在與實地表現此原型觀念（archetypal idea）之前，他（這原型觀念）已經以各種的方法體現於（manifested in the flesh）此行星之上了。』（見奧氏一八四九年發表的「肢體原性之研究」。）這位神祕論的自然科學家在說這話的時候胸中並無明確的意見，然而大家却把他平安放過；然而另一位哲學家發表了同樣的眞理，並且胸中有點明確的意見，並且這意見在實質上是正確的雖然在形式上是塗改過的——然而大家却把這個神祕論看作曠古未有的罪過。

單單用一個實驗的觀察永遠不會對必然加以充分地證明。後此，而非當此（post hoc, aber nicht propter hoc 黑氏「百科全書」第一卷第八十四頁）。這正確的程度有如，不能由早晨的太陽之經常昇出而斷定明早也是如此。而且實地上我們現在知道了，在某一個吉日良晨必然會太陽不昇出，這個時候遲早要來的。然而必然之證據却包含在人類的活動中，在實際經驗中，在勞動中：如果我們能夠造成若干post hoc，那末他們必然是與這 propter hoc 相似的。

* * * * *

耐格里（Nägeli）：無限之不可領會性，當我們說物質與運動是不可創造不可毀滅的時候，也就是說宇宙是個無限的過程，即是個無理的無限；這樣子我們就領會了這個過程中一切能被領會的東西。但是無論如何總還有一個問題，這過程是否是一個大循環中之同一事物之永久重復呢，還是這大循環也有上昇的或下落的枝節呢。

* * * * *

生存鬥爭。首先必須將這動植界中人口過剩所生的鬥爭加以嚴格的限制，實際上只有在植物界發展的某一階段上及動物界的較低階段上才有這種鬥爭。但是有一種情形必須與這嚴格地分別開，就是卽令沒有這人口過剩，物種也會變異，其中有些舊種也會絕滅而代之以新的，更發達的物種。譬如在植物與動物遷移到一個新地方的時候，新的氣候，土壤及其餘種種條件都會引起變異。這時因爲有經常變化的適應，所以能適應的個體都繼續生存下去而且形成了新種，而其餘的更健全的個體反而相繼死亡，最後便絕種了，而其餘的不完備的介乎中間的幾種也同他們一道兒絕滅了。在這種情形中完全用不着馬爾薩斯學說，而實際上這種情形是有的。如果馬爾薩斯學說能在此中插足，他也不能改變這個過程的絲毫，最多不過使這過程進行得更快些。關於任何一個地方的地理條件，氣候條件與其他各種條件之漸進的變化（例如中亞細亞之乾燥化）我們也是這種意見。動物人口與植物人口（bevölkerung）在這兒是否有相互排擠呢，這是個不重要的問題。地理條件與其他一切條件所喚起的有機體發展過程是靠自己進行的。對於性的淘汰也是完全一樣，馬爾薩斯學說在這兒也沒有絲毫作用。

因此，黑克爾的「適應與遺傳」可以越過一切淘汰與一切馬爾薩斯學說而獨立地引起發展（進化）之全部過程。

達爾文的錯誤在於他把兩個完全相異的東西混合於他的『天然淘汰或最適者生存』中：

（一）淘汰之由於人口過剩之壓迫者，這時能夠存留的必然是最強的，但是在個體之別種關係上這種存留的或者正是最弱的。

（二）淘汰之由於對變化的環境有更大的適應能力者，這時之存留者必然是最能適應此種環境者，但是這種適應或者是全部進化的，或者是全部退化的（例如對寄生生活之適應總是退化的）。

其中奧妙在乎，有機發展之每一個進化同時又是退化，因爲他固定一個片面的發展而斷絕了其餘各種方向上發展的可能。

然而這正是根本定律。

＊　＊　＊　＊　＊

據我的意見看來，想用一條東西上所耗費的時間來決定他的價值是一件糊塗事。肥律保里(Philipp Pauli)如是說。

一八八二年五月十七日。

(譯者註)在這些札記中有幾段談到希臘哲學。昂格斯隨手抄了些希臘人著作中的文句却又不加以德文的譯註，而出版者也不加註，遂使中國的譯者感到很大的困難。我費了許多時間臨時來學希臘文，才將他們勉强譯出。然而幾天的速成科學生那能譯得好東西呢？舛誤不通之處容後修改。

文中很多名辭有將希臘原文註出的必要，然而爲着便利印刷起見把他改拼成拉丁字母的文字。

還有一點，這些札記昂格斯不是爲讀者寫的，而是爲自己寫的，作爲一本大著作的材料，所以引用書名人名或章數頁數時十分糢糊，譯者儘所知道的詳細註出，其餘只有等到將來。

運動之基本形態

運動一字就其本來的字義說來，就是物質之存在的能力，物質之內在的屬性；他可以包括宇宙中所發生的一切變化與過程、自最簡單的地位移動起到思想止。當然了，要想研究運動之性質，應當從他下級的最簡單的形態研究起，先說明了他，然後才能說明較高級的，較複雜的形態。而實際上，在自然科學的發展史上，我們看到，最先建立的理論是簡單移動的理論，是天體力學與地球力學；後來的便是分子運動的理論，是物理學；後來，差不多與物理學同時，甚至於早過他，建立了原子運動的科學，化學。只有研究了無機世界中各種運動形態之後，才達到了較高的發展，才可以說明生命過程中的運動，而他此後的進步又是和力學，物理學，化學之進步並行的。這樣子，當力學已經能夠以無機世界中之定律來解釋因肌肉伸縮而引起的骨骼槓桿之行動時，其他生命現象之物理化學的解釋不過剛剛開始。因此，當我們來研究運動之性質時，我們就不得不把他的有機形態放在一旁。科學知識的水平既然如此，我們就不得不限於無機世界中運動形態之研究。

一切運動都與移動有關係，——如天體，地球，分子，原子，甚至以太底移動。運動之形態愈高，此種移動亦愈小。移動雖不能包盡某項運動之本性，但是他們是不能分開的。因此，我們應當首先來研究他。

我們所能接觸的自然界是物體的一種系統，一種總合的關係。我們這裏所指的物體是指物質的實在，從天上的星子起到原子或以太微粒止（如果我們承認以太微粒是存在的）。物體是有相互關係的，由此可以引出邏輯的推論，說他們互相行動，而他們這種互相行動正是運動。由此可見，物質離開了運動是不可想像的。更進一步來看，假若我們面前的物質是原來就有的，是不可製造不可毀滅的，則運動亦必然不可製造不可毀滅。假若我們一開始即承認宇宙爲物體之系統，關係與總和，那末如此的結論便是跑不了的。而哲學之達到此點實早於自然科學很久，所以哲學做結論說運動不可製造，運動不滅亦較自然科學早出二百餘年。關於這個學說，哲學的結論實在比現在自然科學所做的結論還要高明得多。笛卡兒的學說認爲宇宙中所有運動之總數是不變的，但是他有形式上不齊全的地方，因爲在實際上他的表現是有限的，然而他的總數却是無限的。反之，在自然科學中，這個定律却有兩種方式：海爾姆何茨的公式說物力不滅，又有一個新的，更正確的公式說能量不滅。但是仔細看一看，這兩個公式却是互相衝突的，而且每一個公式只可表現我們所要研究的關係之一方面。

如果兩個物體互相行動時，則其結果必然是其中有一個移動，或兩者都有移動，而移動的結果又必然是兩者互相接近了，或互相遠離了。他們或是互相吸引，或是互相排拒。或是用力學的術語來講，作用於他們之間的中心性的物力依其聯結中心點的直線爲方向而行動。到了現在，讓我們來看這句話，當然是一個不言而喻的眞理，無論運動如何複雜都是如此。當然了，兩個相互動作的物體假若不遇到第三體的阻礙與干涉，必然依着最短的，最直的道路而行，即依着聯結兩中心的直線而進行，假若以爲不是如此，那就太糊塗了。而我們又知道海爾姆何茨（在他的著作 Erhartung der Kraft. 一八四七年柏林版第一編第二部）曾用數學的方法來證明，中心動作與運動量之不變性是互爲因果的，證明非中心性的動作之假設的結果亦必爲運動可造與運動可滅的學說。由此看來，一切運動之根本形態爲接近與遠離，縮小與擴大，約而言之，還是吸引與排拒之老生常談的極端對立說。

在這裏我們必須指出一點：我們並不把吸引與排拒看作一種所謂「物力」，而是把牠看作運動底簡單形態。而康德已經把物質看作吸引與排拒之統一。而我們在我們的時代也可看出：究竟「物力」這一個概念有什麼意義。

（註）康德說，因爲現在的空間是三次方的，所以吸引與排拒都是與距離之平方成反比例的。

一切形形色色的運動都由吸引及排拒之相互作用所組成。但是這種情形只有在某種條件之下才有可能——即是當每一個吸引力都有他處的一種等量的排拒力相抵償的時候

——假若不是如此，假若一方面的力量漸積而超過另一方面時，運動便會立刻停止。由此看來，宇宙中之所有吸引力與所有排拒力是應當相互均衡的。因此，運動不可造與運動不可毀的定律必然導出一個結論，結論是：宇宙中每一個吸引運動都必然有一個等量的排拒運動來補充，反之亦然；或是，早在自然科學中的力不滅定律或能不滅定律確定之前，古老哲學的一句話，說，一切吸引力之總和等於一切排拒力之總和。

而在這裏，很顯然地，有一切運動都停頓的兩種可能，或是到了結局，到了某時某刻，吸引力與排拒力眞正地均衡起來了；或是，一切排拒力都斷然地集中於物質之某一部份，而吸引力則集中於物質之另一部份。但是就辯證法的觀點看來，這種任意選擇的東西根本不能存在。辯證法是根據我們自然研究之各種結果；他已經證明了，一切極端的對立都由對立的兩極之相互動作所造成，證明了，這兩極之分離與對立只能存身於他們的關係與統一底範圍之內，而他們的關係則存身於他們的對立中；既然如此，就根本談不到吸引力與排拒力之最後的均衡，根本談不到運動之一個形態斷然地分配而集中於物質之一半，而另一運動形態分配而集中於另一半，即是，一不能說兩極之相互混淆，二不能說兩端之相互的絕對的分離。舉個例子來說，第一，要把一塊磁石之南北相極相互中性化，第二，要把這塊磁石從兩極之中間切斷而求其北極的一段無南極，南極的一節無北極，這都是不可能的。從兩極對立的辯證性中已經可以證明這兩種情形都是不可假設的。但是因為自然科學中佔優勢的思想方法，還是玄學的思想方法，所以第二個假設在物理學的理論中還有相當的作用。關於這一點，我們另一地方還要談到的。

至於吸引力與排拒力相互動作中之運動又是怎樣一種情形呢？在這裏我們最好於每種個別的運動形態之例證中來研究牠。到那時，在總結中自然會得到總的結論。

先來研究研究一個行星圍繞其中心體的運動。普通學校天文學和牛頓一樣，用兩種力——中心體底吸引力與切線力 (tangential kraft)，這個力吸引行星依中心體吸引力的垂直線而行——之交錯行動來解釋行星之軌道。這樣看來，學校天文學承認除了中心運動之外，還存在另一種方向的運動，與我們諸天體中心之聯結線即所謂直『力』的成垂直線的運動。然而他因此與上述定律衝突了。上面的定律說，宇宙中的一切運動都依照那互相動作諸體之中心點底聯結直線而進行，或是，照普通話說來，一切運動都由中心行動力所引起。因此，他必然把一種新樣的運動拉入理論，這新樣的運動又必然導出運動可造與運動可滅的學說（因此就不得不乞靈於造物主）。因此，應該把這種玄之又玄的切線力變成一種中心形態的運動才好，而康德拉普拉斯的宇宙形成說正完成了這件事情。根據這個假設，整個的太陽系由極端浩大的星雲逐漸燃燒而成，此時，這星雲球的赤道上（中分線上）的周轉運動自然較他處爲速，因此就漸漸分出一個氣體的環，這環後來便凝結爲行星，行星羣等等，依原有的周轉，環中心體而繞行。這些氣體運動的本身，原有各種方向，周轉運動正可由他來解釋，因爲運動的方向雖有多種，但歸結起來總跳不出一個周轉運動，這種運動隨氣體球之燃燒而加強。但是不論我們對於周轉運動之起源的假說如何，我們都可以從此中擺脫了那神秘的切線力，他成了中心方向運動中所產生的東西之特別變種。行星運動之一個中心的原素是行星與中心體之間的重力與吸引力，而切線的原素則爲氣體球中各部份原始排拒力之變態的，換形的殘餘。這樣看來，任何一個太陽系底歷史都是吸引力與排拒力相互動作的歷史，而此時吸引力却逐漸地得到了優勢，而排拒力却變形爲熱，散於宇宙太空中而逐漸減少，其在一系中的地位亦逐漸失去。

一眼便可以看清楚，我們這裏所談的排拒力不是別的，正是現在物理學中所說的『能』("energie")。因爲有燃燒過程，及由此而來的天體之分立（宇宙系統即由此種天體所組成），所以宇宙系統才損失了『能』，同時根據海爾姆何茨的計算，本來這系統中所含的能已損失了四百五十四分之四百五十三，以排拒及運動量的形態而損失。

試舉我們地球上的任何一個物體爲例。他因爲有重量所以才同地球發生關係，正如地球因有重量而與太陽發生關係一樣；所不同於地球者是他沒有自由的行星運動的能力。他只能因外來的推動而發生運動。但是當這外來的推動消逝時，他的運動也馬上會停止，或是因爲他有重量，或是因爲這物體運動的場所上有了阻力。而這阻力也還是源於重量，假若沒有重量，地球上面便不會有任何發生阻力的物體，地面上也不會有大氣圈。這樣子，在地球表面的純粹機械運動也逃不了下面的情形，他具有重量及吸力，他在取得運動時有兩個階段：一開始時，行星之方向一定是反乎重量的，到後來重量才來行動——一言以蔽之，開始要有一個物體，然後才能下落。

這樣子，我們面前又有了一個相互關係，一方面是吸引力，一方面是反乎吸引力的運動形態，即排拒的運動形態；如單在地上的純粹力學（只依據現有的，不變的，總和的狀態或固結狀態）的範圍中去找他，則自然界中便找不出這種排拒的運動形態。山上的石頭塊能夠崩下，瀑布能夠出現，凡是這些物理條件及化學條件都非此種力學所能知。這樣子，在地面上的純粹力學中，排拒運動與上昇運動都由人工才能造成：用人力，動物力，水力，汽力……等等去造成。此種情形，此種人工地與自然吸力鬥爭的必要引起了機械論者一種信念，認爲吸引力與重量（他們名之曰重力）是自然中最實在的，最根本的運動形態。

如依照時髦的機械觀念來看，例如，有一個重載被舉起了，這重載因其直接的或間接的降落而引起別個物體的運動，那末，這時候的運動非由重載的舉起所引起，而由於重量之力（重力）。例如，海爾姆何茨說：「我們所最熟悉的，而且最簡單的力，重力，便是一個發動力……例如壁鐘，他的運動便由重載所引起。此重載如不能引起鐘錶的全部機關的運動便不能算是重量的衝動。」但是，他如果自己不下墜，也不能引起鐘錶的全部機關的運動；但是當他沒有把繫他的鏈子鬆解完了之前，他總是要下墜的。「到那時，鐘錶就要停了，到那時，這重載就暫時地耗完了他工作的能力。但是他的重量既未消滅，又未減少。他依舊地以同樣的力吸着於地球，但是這重量失掉了他產生運動的能力……。但是我們可用手力來替鐘錶上勁，使此重載又復昇至高處。此後，這重載又得到了他那以前的行動的能力，他又可以維持鐘錶的運動了。」（海爾姆何茨：「通俗講演集」第二卷第一四四頁）

這樣算來，海爾姆何茨以為，引起鐘錶的運動的，不是運動的積極發動，不是重載之昇起，却是重載的消極重量；其實這重量的本身，在升起之時才離開了消極的狀態，而解完繫他的鏈子時，又復回復了他的消極狀態。但是根據最新的見解，所謂能也者不過是排拒力的另一表現，而根據較舊的海爾姆何茨之見解，則力却是與排拒力對立的吸引力之另一表現。我們現在也只能暫時把這件事實加以確定。

但是當地面力學的過程走到了他的終點時，當第一個昇起的有重的物體返轉下落而達到原來的高度時，到那時，造成此過程的運動又將如何呢？依純粹力學講來，這運動是要消逝的。但是現在我們知道，他是完全不能消滅的。他的一小部份變成了發聲的波浪式的空氣之振動，其大部份則變爲熱，這種熱的來源一由於發生阻力的空氣，二由於降落物體的本身，三由於放置鐘錶的那一塊土地。同時又因爲摩擦而生熱，所以這重載才能把運動移交鐘錶機件的輪盤。這樣看來，倒不是下降運動，不是平常所說的吸引力變作了熱（卽是排拒力的一種形態）。恰恰相反正如海爾姆何茨所說，倒是吸引力，重量等等都舊態依然，甚至於更舊了。物體的下降消滅了舉他起來的排拒力，這排拒力後來就變成了熱。於是物體的排拒力就變作了分子的排拒力。

根據我們上面所說，熱是排拒力的一個特殊形態。他把一個物體的分子引入振動，這振動就減少了分子與分子間的聯繫，一直到變成液體爲止。如果繼續加熱，則分子運動亦必有增無已，簡直可以離開物體，以一定的速度(這定於每個分子的化學成份)而自由運動。如繼續加熱，則此速度亦必愈增，而分子之互相排拒亦必愈離愈遠。

但是熱乃所謂「能」之一種；而後者却又是排拒力的同等物。

在靜電學與磁力學的諸現象中有吸引力與排拒力的極端的對立。不論對這兩種運動形態的動作形狀作如何的假設，但是熟悉事實的人必然不懷疑吸引力與排拒力之互相輔助(在靜電學與磁力學中這事實是很顯著的)，而他們極端的分離也是自然界所必須的。如果兩極不能互相輔助則算不得是兩極；因此，自然界中直到現在還沒有這樣的兩極。關於電流學我們暫且不談，因爲這個過程是個化學現象，所以也比較複雜。因此，我們最好來研究運動的化學過程之本身。

假若我們以二重的輕同一五·九六重的養化合起來便成了水汽，這時也就產生了定量的熱，約等於六八·九二四熱單位。反之，當我們把一七·九六重的水汽分成爲二重的輕與一五·九六的養時也必須有一定的條件，必須把等於六八·九二四熱單位的運動量加於水汽——這運動的形態却不一定，或是熱，或是電力運動。其他化學過程也都是如此。大概地說來，在化學的化合時往往產生熱，在化學的分解中則吸收熱。在這裏，排拒力往往是過程的積極方面，他吸收運動，而吸引力則爲過程之消極方面，他產生過剩的熱而把他分出來。因此，現在的學說認爲在原素化合時，就解放了能，而原素分解時則束縛了能。此地，『能』一名詞的運用是代替了『排拒力』。

這樣子看來，並不是只有吸引力與排拒力兩個簡單的根本形態，而是有很多隸屬的形態，在吸引力與排拒力的對立中所開展的宇宙運動的過程便根據這些形態而完成。我們把這些五光十色的形態都總而名之曰運動，這並不是我們理知的先天要求如此。剛剛相反，却是經驗的事實證明他們都是同一運動的各種形態，因爲在某種狀況之下他們都可以互相變通。機械的物體的運動，可以變成熱，變成電力或磁力。熱與電力又會變成化學的分解。同時，化學的化合又會產生熱與電，經過電又可變作磁力。同時熱與電力可以變作機械的物體的運動。而在變化時某種運動態形的數量變爲他種運動形態時也得到相同量。同時在這個時候，測量這運動之數量之計量單位是從何種運動形態借來的，是不必過問的，這單位是否可以量物體運動，是否可以量熱，是否可以量所謂電動力，是否可量化學過程所變成的運動都是不必過問的。

現在我們所站的立足點是梅葉爾(J. R. Mayer)在一八四二年所建造的（註）。從此之後，各國學者關於『能量不滅』的學說都有很大的進步，我們現在只有把這個學說的幾個根本觀念加以研究。這是關於『力』或『能』的觀念，以及關於『功』的觀念。

（註）海爾姆何茨在「通俗講演集」第二卷第一一三頁上把自己也列入梅葉爾，儒列（Joule）與古爾丁(Colding)之林，而自認在笛卡爾的世界之上運動總量不變的名宮之自然科學的證明上也有很大的作用。『我自己並不曉得梅葉爾與古爾丁究竟怎樣，我只有在我的工作快要完竣時才見到了儒列的試

驗，然而我**早已走上了這條自己的道路**。我準備以上面的觀念來特別地研究一切物理過程之一切關係，我在一八四七年卽**公佈了自己的研究結果**，這是一本小著作，書名爲「論物力不滅」。』但是在這本著作中並沒有絲毫高過一八四七年科學水平的東西，除了上面所引的數學的證明（這證明當然也很有價値的），這證明說，物力不滅，與作用於一個系統中各個個體之間的力之中心行動，這兩件事實在是一件東西的兩種不同的表現，同時又對活力總量不變與機械系統中伸張力總量不變的定律加以更確定的述說。其餘種種早已讓梅葉爾一八四五年的第二本著作佔了先着。一八四二年時梅葉爾已確定了『物力不滅說』，而他一八四五年的著作已經根據新觀念更向前邁進，他對於『一切物理過程之關係』已經說出了更天才的東西，較之一八四七年的海爾姆何茨高明萬倍矣。

我們現在可以看出，現代的，已爲大家所公認的觀點把排拒看作『能』，而海爾姆何茨所用的『力』字往往是指的吸引。這好像是一種表面上的，不要緊的差異，因爲在宇宙的系統中排拒與吸引是互相輔助的；因此，這種關係之那一方是正的，那一方是負的，都沒有什麼差別，亦有如我們在一條已知的直線的某一點上引出一條正的橫線，不論是向右或是向左都沒有什麼差異。而實際上却完全不是這樣。

因爲我們此地所談的不是什麼宇宙全系統，而是談的地球上的現象，這些現象都决定於地球在太陽系中與太陽系在宇宙中的特殊地位。而我們的太陽系在每一瞬間都耗費大量的運動於宇宙太空之中，這運動是很特殊的，這就是太陽的熱，也就是排拒。而我們的地球之所賴以生存者也正是太陽熱，而地球自己又把太陽吸來的太陽熱耗散於宇宙太空，這是到了最後的最後，當他把太陽熱的一部份轉變爲別種形態的運動時。這樣子看來，在太陽系中，特別是在地球上，吸引力已相當地超過了排拒力。假若我們不把太陽所耗散的運動吸收來，則地球上便會停止了一切運動。假若太陽在明天冷却了，而其餘別的條件未變時，則地球上所餘的吸引力仍舊還同現在一樣地多。一塊石頭如果原重一百個克羅格蘭姆，假若不移動，則依然還是一百個克羅格蘭姆。然而到了那時，用我們的眼光看來，一切運動，不論是物體運動，分子運動，原子運動，都停止了，而代之以絕對靜止的狀態。這樣可以清楚了，我們如果把吸引或排拒都看作運動之正的方面，看作『力』或是『能』，這對於現在地球上所完成的過程完全不無差異。反之，在現在的地球上，吸引力非常多於排拒力，所以他的作用是完全消極的；而積極的運動則有賴於從太陽流來的排拒力。因此，在實際上，最新的學派是完全正確的，不論就地球上各過程的觀點，或全太陽系過程的觀點來看都是如此，因爲他把能看作排拒，但是他對運動的性質還沒有能夠完全弄清楚。

『能』這一個名詞絕對不能正確地表現運動之全現象，因爲他只能表現他的一方面，——行動，而不能表現出反行動。此外，他可以引起一個誤會，好像是『能』是物質之外的東西。但是無論如何，他同『力』這個名詞比較起來還是差勝一籌。

力之觀念借自人類對外活動的行動上這是大家所公認的（自黑格兒到海爾姆何茨）。我們常講筋肉之力，手的舉起力，脚的支持力，胃與腸的消化力，神經系的感覺力，腺之分泌力等等。易言之，我們的身體各機關往往有各種的作用，這些作用所引起的變化必有一個實在的原因，人們爲着避免尋找這眞實的原因，所以就杜撰了幾個虛假的原因，來解釋這幾種變化，把這些原因稱作力。我們以後又把這同樣的方法應用到外界去，於是，有幾多不同的現象，便杜撰出幾多力來。

在黑格兒的時候，自然科學依然處在渾渾沌沌的發展階段中（天體力學與地上力學除外），他很正確地出來反對當時把一切都歸之於『力』的態度。他在另一處也這樣指出來：『與其說磁石有吸引力，反不如說他有靈魂還要好些』（塔列斯——Thales——曾這樣說過）；『力，這種性質，好像可以離開物質，好像是一個賓詞（pradikat），而靈魂呢，却是自己的運動，同物質之本質是一而二，二而一的』（「哲學史」第一卷第二〇八頁）

現在我們之乞靈於力已經沒有當時那樣容易。試聽海爾姆何茨怎樣講：『假若我們已經完全明白了某一個自然的定律，那末我們就應當無條件的承認他……。這樣子，定律在我們眼中是一種客觀的力量，因此我們名之曰力。例如，我們把光的反射定律客觀化了，把他認爲是某一種透光體的反光力；又把化學愛力的定律客觀化了，認爲是各種不同物質之結合力。我們講到金屬的導電力時，講到粘合力時，講到毛管吸力時，以及其他等等時，也是這同樣的態度。在我們上面所舉的客觀化的定律中，其所包括的不多的物理過程，有些條件還是很不清楚的……。力，這不過是客觀化了的行動定律……。我們之所以有力之抽象的觀念是因爲我們還不能很隨便地編造這些定律，而這些定律只是現象的必然定律。這樣子，我們要了解自然現象的要求，即是尋找諸現象之定律的要求便取了另外的形式，只有去尋找了諸現象之原因的要求，即是只有尋找力的要求。」（海氏在一八六九年在印斯勃魯克自然科學家大會上的報告之第一部第一九〇頁）

我們首先應當指出，他這種萬分特別的『客觀化』的方法，其結果是把關於力的純粹主觀的觀念加之於自然的定律（這定律的確定是完全不依賴於主觀的，因此是完全客觀的）。這些話出之於眞正嫡傳的老黑格兒派的口中還比出之於新康德派的海爾姆何茨的口中要比較好些。一個定律既已確定，我們如果再把一個什麽力來代替他，並不能增加絲毫新客觀性於他的客觀性及其行動的客觀性上；這時不過增加了一些主觀的確定，認爲這個定律之能發生作用得力於一種現在還完全不可知的力。但是當海爾姆何茨引出許多例子，說什麼光之反映，化學變力，導電，粘台力，毛管力等等時，當他把支配這些現象的定律抬舉到力之『客觀的』貴族的階級時，我們立刻明白了這些話的玄妙意思。『在我們上面所舉的客觀化的定律中，其所包括的不多的物理過程，有些條件還是很不清楚的。』——好了，這裏『客觀化』簡直就是主觀化，他的意思是說，我們之所以找『力』作避難所，並不是因爲我們已經完全認識了定律，卻剛剛是因爲我們未曾認他，因爲我們自己還沒有弄清楚這些現象的『很不清楚的條件』。這樣子看來，我們引用『力』的觀念並不是表現我們對定律之性質及其行動之各方的知識，反之，卻是表現我們對他知識之缺乏。在這種意義上，用他作爲關係之未被認識的原因之簡短代名詞，作爲文字遊戲，這還是可以常常用的。假若超過了這一點，那就糟糕了。如果海爾姆何茨可以用所謂反光力，導電力等等來解釋物理現象，則中世紀的學院派用煖力(vis calorifica)與寒力(vis frigifaciens)來解釋溫度的變化，而逃避了進一步研究熱之現象的必要，也是正確的了。

但是就在這個意義上看，這個名詞還是不成功，因爲他只能片面地來表現一切現象。自然界中一切過程都是雙方的，至少是根據兩種行動部份之關係上，根據作用與反作用。同時，力之觀念是發生於人類器官的行動上，然後應用到外界，是原於地上力學，所以他的意思必然是，只有一方面是積極行動的，而另一方面則爲消極的被動的，這是把男女兩性對立的通俗見解應用到無機的自然界去了。力所活動的第二部份，即反作用，在這裏最多不過作了消極的東西，作了阻力。千眞萬確的，這個觀念已應用到各方面，除了純粹力學——因爲純粹力學所講的是運動之簡單的轉移，及運動之數量的計算。但是，當應用到稍爲複雜的物理過程中時，他就不夠用了，海爾姆何茨本人的例子即可以證明這一點。反光力之由於光者與由於透光體者一樣的多。在粘合現象與浸透現象中，硬皮中所含的力與液體中所含的力是無條件地一樣多。說到導電時，則無論如何都可十分確定的說，兩種金屬都有作用。說到『化學的愛力』時，則兩種化合體也都有作用。但是兩個不同的力合組起來的力，不能引起反作用而只能把反作用蘊於自身中的作用中，這些東西在地上力學中絕對不能承認是力，而這力學正是能懂得『力』字作何解的唯一的科學。地上力學之根本條件第一是，拒絕研究衝動之原因（卽每次之力的性質）；第二，是力之片面性的觀念，這力無論在什麼地方都是同與他相等的重是對立的；這樣子，同任何一個物體下墜到地面上時所經過的空間比較起來，地球的半徑都等於無限。

現在讓我們更進一步地來看海爾姆何茨怎樣子『客觀化』他在自然定律中的『力』。在一八五四年，在一個報告中（第一部份第一一九頁）他曾探討過我們太陽系產生時，這原始的星雲球中的『功力蘊量』。『實際上，這個球受了很巨大的天賦，雖然是假形於各部相互的萬有吸引力。』這是不成問題了。但是還有一件不成問題的事情，就是這種天賦的重或重力直到現在的太陽系中還依然保留着而未損失絲毫，除了其中很少的一部份曾失去了一些物質，這些物質一去不復返的被投入宇宙的太空。此外，『這些化學力也應該現成地，準備好去行動；但是，必須有各種不同的份子有最密切的接洽時，這力才能開始行動，因此，在開始工作之前，必須先加以濃化作用』。假若我們同海爾姆何茨同意（見上），而把化學力看作愛力，即是看作吸引力，那末，我們在這兒便應該說，化學吸引力的總量還絲毫未曾損失地保存在現下的太陽系中。

在同一頁上，海爾姆何茨又把猜謎的結果寫出來了，他說，在太陽系中『原始的機械力只餘下四五四分之一了』。這怎麼好同意呢？吸引力，不論是萬有吸引力及化學吸引力都毫髮未損地保存在太陽系中。海爾姆何茨也並沒有指出其他的，肯定的力之來源。誠如海爾姆何茨所說，這力曾做過了巨量的功。但是他並不能因此減少或增加。說到太陽系的每一分子，甚至說到一切太陽系的每一分子，我們都可以用前次看鐘錶的眼光來看他：『其重量既沒有損失，也沒有減少』。一切的化學原素的命運，都同上面我們所談過的炭素與酸素（養氣）一樣，每一種原素之總量都保存着，而且確確實實地『保存着愛力之原來的數量』。我們失去了什麼東西呢？是那一種『力』能夠發生這樣巨量的功，會大過現在太陽系的功至四百五十三倍呢（根據海爾姆何茨的計算）？對於這個問題，海爾姆何茨沒有給我們任何答覆。而他以後卻又這樣寫了：

『我們不知道，究竟是否還有別種的假形於熱的力之蘊藏。』只好對不起海爾姆何茨了，我們必須指出下面一點：熱是一種排拒『力』，因此，他的行動方向逆乎重的方向與化學吸引的方向。如果後兩者是正，那末他就是負。因此，如果海爾姆何茨用萬有吸引與化學吸引來組成他的那原始的力之蘊藏，那末，此外的力之蘊藏便不應當加到第一個蘊藏上，而應當從第一個蘊藏中減去。假若不是這樣，則當太陽熱把水變成汽而將他升入空中時，我們就不得不違反事實而說太陽熱增加了地球的吸引力。或是，當把水汽通過一根熾熱的鐵管時，這鐵管的熱減少了酸素與水素的化學吸引力，但是如果依照海爾姆何茨的話，則應當反乎事實而說加強了化學吸引力。或是換一句話，用較具體的方法來表現這種關係；例如，我們假設星雲球的半徑為r，即是假設$\frac{4}{3}\pi r^3$的體積有一的溫度。更進一步，設有另一星雲球，其體質相等，但是半徑較大為R，體積較大爲$\frac{4}{3}\pi R^3$，溫度較高爲T。很清楚的，只有在第二球的直徑縮減由R縮爲r，溫度降低，由T變成t，而這T與t之差的熱消散於宇宙太空中的時候，他的吸引力（不論是機械的，物理的，或是化學的）才能開始與第一者有相等的行動。這樣子，較熱的星雲球比較較冷的星雲球要凝結的晚些，這樣看來，熱是凝結濃化的障礙。這樣子看來，根據海爾姆何茨的觀點，熱不是『力之蘊藏』的正，而是負。海爾姆何茨以爲可以把一些排拒運動與吸引運動假形於熱而聯結起來，希望增加他們的總量，這無條件地是他猜謎中的錯誤。

『力之蘊藏』在經驗上是可證明的，在理論上是可能的，我們不妨把他作爲一個符號，從此推到更複雜的問題。因爲現在我們還不能轉移熱，還不能以等量的吸引力來代替他的排拒力，那末現在我們只有爲着吸引力的兩種形態而完成這個轉移。這時候，我們應該拿星雲球形成時的排拒運動的總量，即所謂能的總量來代替萬有吸引力，來代替化學的愛力，來代替原始時候可能存在的熱。這樣子，我們可以同意海爾姆何茨的計算，他曾計算過我們的太陽系在從稀薄的星雲氣開始(假設的)原始的凝結濃化時所得的『煖氣』(die erwormung)。這樣子，他把所有的『力之蘊藏』都歸入熱，歸入排拒力了，這樣子，再加上一個『熱力之蘊藏』也是可能的了。在這種情形下面，他所作的計算表現一個事實，就是說，在原始星雲球中所含的能，即排拒力，有四五四分之四五三假形於熱而消散於宇宙太空中了；更精確一點說，就是現在太陽系中全體吸引力的總量與全排拒力之總量，其比為四五四比一。但是他這些猜破的啞謎與這些謎語所屬的報告是互相衝突的。

像海爾姆何茨這樣的物理學家對於力之觀念都鬧得如此混亂糊塗，這可以很清楚地證明力在可計力學範圍之外的一切研究中都得不到科學的應用。力學在論到運動之原因時，只論他現成的，並不注意他的來源與發生，而只注意他的行動。因此，假若呼運動之原因曰力，也不能損害此種力學之絲毫。但是，大家就因此而習於把這個稱呼搬到物理學，化學與生物學的領域中去，就不免發生混亂與糊塗了。我們已經看到過這種糊塗了，現在我們還可以看到很多次。關於功這個觀念，我們到下章再談。

運動之兩種尺度

『反之，我直到現在還是相信，那些未曾學過數學的力學的人，不論他如何努力，不論他如何能幹，也不論他自然科學知識的水平是怎樣地高，他都很難了解這一部份的基本觀念。』（卽功之根本的物理學的觀念及其不變性。）『同時還不要忘記，這個抽象是十分特别的。像康德這樣的大思想家也很費了一番力氣才了解了這一點，他同萊布尼茨的爭論可以證明這一點。』（參看海爾姆何茨「通俗科學」第二卷的序言）

這樣子，我們已經走進了一個最危險的境界，同時，又因爲時間與篇幅的缺乏，不能使讀者馬上來學習數學的力學。但是，或者能夠指出，當談到觀念的時候，辯證的思考比起數學的核算來，至少可以弄出一點比較好的結果。

蓋律雷一方面發現了墜落定律，依照這個定律，落下物體所經過的空間與他下落時間的平方成正比例。此外，他又確定了一個命題（據我們看來，這命題與那定律不是完全符合的），說一個物體的運動量(momento oder impeto)決定於他的質量與他的速度，這樣子，如質量不變，則與速度成正比例。笛卡兒採取了這第二個定理 而承認一個運動物體的質量乘速度是他運動的尺度。直到現在，在一些泰斗中還可以找到這種意見。例如湯姆生與台特（Thomson, Tait ，見他們的「科學論文集」）。

胡根(Huygens)已經發現了，在有彈性的打擊時，不論在打擊之前或打擊之後，質量與速度平方相乘的總積是不變的，不論何種聯結爲一的物體，在其各種運動之下，這個定律都是可應用的。

萊布尼茨看到了笛卡兒的運動尺度與墜落定律是矛盾的。但是，在另一方面，笛卡兒的尺度在許多情形中是正確的，這他又不能加以否認。因此，萊布尼茨就把動力分作死的與活的。例如一個靜止物體之『壓力』或『引曳力』都是死力。怎樣去計算他呢？他把這物體由靜止狀態走入運動態度時速度來乘質量，以其積作運動的尺度。至於活力

——卽物體之眞正運動——的尺度則爲質量與速度平方相乘的積。他這個運動之新尺度是從墜落定律中直接引出來的。萊布尼茨說道：『將四磅重的物體舉起一尺，與將一磅重的物體舉起四尺，所費的力是相等的。但是路程與速度的平方是成正比例的，因爲一個物體如果落下四尺，其速度比較落下一尺的速度要快二倍。不過物體在降落時却取得了一種力量，在這力量的幫助之下，他可以昇至他所從落的同樣高度；所以，這力與速度之平方是成正比例的。』（見蘇特氏著「數學史」第二卷第三六七頁）但是，後來他又證明了運動之尺度 mv 與笛卡兒運動總量不變的定理是矛盾的。因爲，如果這個尺度眞正是可靠的，那末，自然界中的力（卽運動總量）便會經常地增加或是減少。他乾脆的打算製造一個儀器（一六九〇年 Acta Eruditorum）可作永遠運動的物體，能夠經常不斷地產生新的力量，這是很糊塗的。但是在我們這個時候，海爾姆何茨居然還三番四次地來玩弄這個爭辯。

笛卡兒派自然是出其全力來抗戰，於是就爆發了那著名的，延長多年的爭論，康德的第一本著作(Gedanken von der wahren Schätzunrg der lebendigen Kräfte 1746)便參加了這個論戰，雖然他對這個問題還沒有弄得清楚。現代的數學家對於這個『無結果的』爭論是很輕視的。這個爭論延長了四十年，把歐洲的數學家分成兩個互相敵視的營壘；最後，達蘭拜爾的動力學論文(Traite de dynarmique 1743)雖然自命是符咒，但是也沒有鎮壓了這無益的文字的口角。當時，眞是一切事業都荒廢在這口角上了(蘇特氏「數學史」第一卷第三六六頁)。

不過我們覺得，像萊布尼茨這種思想家反對笛卡兒這種人而發生爭論，而康德又這樣子費心力的來參加這個爭論，把他的第一本著作來談這個題目，而且是一本很大的著作——難道這個爭論還是個無益的口角麼？而事實上運動的尺度是有兩個的，一個與速度成正比例，一個與速度的平方成正比例，這令人怎樣去了解他呢？蘇特(Suter)太看輕了這個問題了：他說：『兩者都是正確的，而兩者又都是差誤的；「活力」一名詞直保留到現在；但是現在已經不把他看作力之尺度，而簡單地作了力學中很重要的，大家公認的，質量與速度平方之半二者相乘之積的代名詞。』這樣子，mv 依然是運動的尺度，而活力也者不過是 $\frac{mv^2}{2}$ 的另一表現，而這第二個公式所能告訴我們的只是他在力學中很重要，但是我們究竟不知道他有何種涵義。

現在我們把救世的「動力學論文」拿來，定睛地看看達蘭拜爾在序言中的「符咒」。文中說道，這個問題不值得注意，因爲『他對於力學完全無用』。對於純粹可計力學，完全是如此，關於這一點我們在上面蘇特的話中已經看見了，因爲在純粹可計力學中，這個字只是一個代數公式的特殊表現，特殊名稱，在這名稱之下，你不能思想出任何東西。但是許多大學者都研究這個問題，所以他還願意在序言中稍稍談一談他。假若我們能加以正確的思致，則當我們來思想運動物體之力時，我們只能把他看作一種克服障礙或抵抗障礙的能力。這樣子看來，不能用 mv 來度量力，却只能用 mv^2 來度量他，即是用障礙與他們的阻力來度量力。

但是障礙却有二種：（一）不能克服的障礙，他能夠完全毀滅運動，因此，我們現在不來談他；(二)有一種障礙，其阻力足夠排擠運動，他的來臨是突然的，這種情形是均衡；(三)有一種障礙只能慢慢地阻止運動，這種情形是運動的延緩。『假若有兩個物體，他們的質量與潛隱速度(卽他們將要運動的速度)相乘之積相等，則這兩個物體之間便會有一種均衡存在，這是大家所公認的。因此，在均衡之下，質量與速度相乘之積——或是運動量，意思是一樣的——也就是力。在運動之延緩(卽減速)中，可越過的障礙之數目與速度之平方是成正比例的，這也是大家所公認的。一個物體，假若在某種速度之下可以壓下一個彈簧，那末當速度增加二倍時，絕不是壓下兩個彈簧，而是可以壓下四個彈簧；假若速度增加三倍，則可壓下九個彈簧，依此類推。於是活力論之徒（萊布尼茨之信從者）便從此得到一個結論說眞實運動的物體之力與質量乘速度平方之積成正比例。實際上，假若在均衡時的力之尺度與在減速運動時力之尺度有點差異，這能有何種不便呢？假若想在淸楚觀念之下討論問題，那末就應該把「力」這個字了解成克服障礙或抵抗障礙時的效(L'effect)。』(達氏著作第一版序言第十九至二十頁)。

但是達蘭拜爾太哲學家了，他不曉得，他這漫不經心地來對付那一個力的兩種尺度之間所存的矛盾，是不成功的。因此，他在實際上是重複了萊布尼茨的話——因爲他的均衡（équilibre）不是別的，正是萊布尼茨的『死的壓力』——，但是他突然間又跳到笛卡兒派那邊去了，於是就做出如下的結論：卽在減速運動時，mv 依然可以作力的尺度，『假若在這時不用障礙之絕對數量，而用這些障礙之阻力總和來度量力。因爲，阻力之總和必然同運動量 mv 成正比例，這是無可懷疑的。因爲，物體在每一瞬間所損失的運動量與阻力及無限小的時間相乘之積成正比例，因此，這些積的總和必等於全體阻力。這也是無可懷疑的』。這第二個計算法據他看來是比較自然的，『因爲，無論何種障礙，只有當他發生阻力時，才能算是障礙，而照實講來，阻力之總和也就是可克服的障礙。此外，假若我們這樣來確定力，我們有一種便易，就是，我們得到了一個均衡與減速運動之下的共同尺度』。但是每一個人都有資格依照他所願意的來思想。他想用數學的方法來結束這個問題（蘇特也這樣子承認了），所以他在他的論述的結穴時做了一個很不高明的指示，論到他的前輩的思想之糊塗，他說，在上面諸點指出之後，如果再有討論，那只是一些完全沒有結果的玄學討論，或是更次一等的咬文嚼字的口角。

於是達蘭拜爾的和解企圖便引出了下面的計算：

質量一，具有速度一，在一個時間單位內壓下了一個彈簧。

質量一，具有速度二，壓下四個彈簧，但是因此却要用兩個時間單位，即是在一個時間單位內，依然是兩個彈簧。

質量一，具有速度三，在三個時間單位內壓下九個彈簧，即是說在一個時間單位內壓下三個彈簧。

這就是說，如果我們把行動依他所需要的時間而分開，則我們就會從 mv^2 重新回到 mv 來。

現在還有一個爭辯，這是在更早的時候，卡德崙（Catelan）提出反對萊布尼茨的。他說，一個有速度二的物體，比有速度一的物體，事實上能抗重舉起高出四倍。但是，因此需要兩倍的時間。所以，假若把運動量分配到時間單位內，則 d＝2 而非＝4。這樣子看來，蘇特把『活力』(lebendige kraft) 這個名詞的一切邏輯意義都取消了，而只剩下他的數學意義。這也是很當然的。因爲蘇特想拿 mv 這個公式來作運動之唯一尺度，所以在邏輯上不得不犧牲 mv^2 以求在天國中復活那已經變了形的數學家。

但是，無論如何，卡特崙的辯駁實作了溝通 mv 及 mv^2 的橋梁，所以還有相當的意義。

達蘭拜爾的後繼者，那些力學家，絕對沒有用過他的符咒，因爲他的結語利於以 mv 作運動的尺度。他們都維護他的（實際上是萊布尼茨所分的）死力與活力的分別：在均衡時，即在靜止時，是 mv 發生效力，到了動時，是 mv^2 發生效力。雖然這種分別在大體上是正確的，但是用上面的形式去分他，也不能比一位下級軍官有名的分別更有邏輯的意義：那軍官說，在服軍役時總是『向我』(mir)，在退伍時總是『爲我』(mich)。但是他們默不作聲地採納了這個分別；這分別是存在的，我們不能變更他，但是，當這種雙料的尺度含有矛盾時，我們將怎樣辦呢？

例如，湯姆生與台特在「自然哲學論文」(A Treatise on Natural Philosophy 牛津一八六七年版)的第一六二頁中寫道：『一個不作旋轉運動的剛體，其**運動量**或**動量**(momentum)是與質量乘速度之積成正比例的。兩倍的質量或兩倍的速度必然也符合一個兩倍的運動量。』而馬上又寫道：『一個運動體的「**活力**」(vis viva)或**動能**(kinetic energy)與其質量乘速度平方之積成正比例。』

他們竟以如此蠢笨的形式把兩個互相矛盾的運動尺度並列起來，而且絲毫不打算去解釋這個矛盾，甚至不打算彌縫這個矛盾。在這兩位蘇格蘭人的著作中停止了思攷，只有計算。無怪乎兩人之中台特是個蘇格蘭教派之最忠實的信徒。

在克爾何夫(Kirchhoff)的關於數學的物理學的講演中，我們也遇到了mv及mv^2這個公式，但絕對不是**這個樣子**。

海爾姆何茨或者可以幫我們的忙。他在他那論能量不滅的著作中，打算用$\frac{mv^2}{2}$來表現活力，關於這一點我們以後還要談到的。後來他在第二十頁及以後諸頁中他曾很簡短的計算過過去承認或應用活力（即 $\frac{mv^2}{2}$）不滅的原理的次數及情形。後來第二號的一段也歸到這一點：『沒有無彈性物體之摩擦與衝擊時的不可壓的剛體或液體之運動移渡。在這種情形之下，我們的普通原理便表現爲下述的法則：可因機械力而移渡或變換的運動經常地把得之於速度者，失之於力之強度（kraftintensität）。由此我們可以設想，有一物體 m，在機器（這機器在某一過程中可以均勻地產生功力——arbeitskraft）幫助之下以 c 的速度上昇起來，這時在另一機械力幫助之下也可以昇起物體 nm，但是速度只有 $\frac{c}{n}$，那末，在這兩個情形中我們都可以用 mgc 來計量每一時間單位內機器所生的緊張力（spannkraft）之數量，這時的 g 代表重力的強度。』

這裏我們又遇到一個有內在矛盾的斷語，說以速度爲正比例以遞減或遞加的『力之強度』應該證明以速度平方爲正比例而遞減或遞加的力之強度的保留（不滅）。

此外，在這裏又可以看到 mv 與 mv^2 決定兩個完全不同的過程。但是這一點，我們老早老早已經曉得了，因爲除非是v＝1，mv與mv^2都不會相等。然而我們自己却應該弄清楚，運動怎樣會有兩種尺度，這在科學中是不准有的，正如在商業中一樣。我們現在試試走別的路子可否達到這一點。

這樣子，mv可以度量『可由機械力移渡或變化的運動』。這個尺度可以用到槓桿上去，又可用到槓桿的一切引伸形態上，如輪子，螺旋等等，約而言之，可以應用到一切移渡運動的機械設備。但是只要一個非常簡單的而且頗不新鮮的意見就可以表明，不但mv在這裏可以發生作用，即mv^2也同樣地可以發生作用。試舉一椿機械設備爲例。例如一支槓桿，其支點兩旁長度之比爲四比一，那末，在這槓桿上一克羅格蘭姆就可與四克羅格蘭姆等重。此時我們在這一端如果稍加一些力，則我們可將一克羅格蘭姆舉起二十米突。同一增加的力在槓桿之另一端將四克羅格蘭姆壓下五個米突。這時重物壓下時與輕物舉起時所費的時間是相等的。此時體積與速度是成反比例的，mv，1×20＝m'v'，4×5。現在，將每一件物體個別地提起，然後將他們放下，使他們自在地下落到原來的水平。則一克羅格蘭姆重的物體通過二十米突的空間時（我們爲着簡便起見，把加速的九·八一米突改作十米突）速度爲　十米突；另一個四克羅格蘭姆的物體通過五米突的空間時速度爲十米突。這時 $mv^2=1\times20\times20=400=m'v'^2=4\times10\times10=400$。反之，下落所用的時間則有差異：四克羅格蘭姆通過他的五米突時費時一秒，而一克羅格蘭姆通過二十米突時費時二秒。不用說了，我們這裏應該把空氣摩擦與空氣阻力的影響除外。

此後，當每一個物體落至他原有的高度時，他的運動便停止了。這樣子，在這個地方，mv 是簡單移渡與簡單繼續的運動之尺度，而 mv^2 則爲消滅了的機械運動之尺度。

而進一步來看完全有彈性的物體受到打擊時，其力也是一樣：不論在打擊之前或打擊之後 mv 與 mv^2 的總量都是不變的。在這裏，兩個尺度有一樣的意義。

這次已經不是我們以前觀察過的無彈性的物體之打擊了。現在一般的初級小學生（高等力學是不研究這些小問題的）都知道，無論在打擊之前，或打擊之後，mv 都是不變的。然而却因此而使 mv^2 受了損失，因爲，如果把打擊前的 mv^2 的總量中減去打擊後的 mv^2 的總量，則必有正號的餘數；這個數目（或是他的半數，看各人的觀點如何）便是活力因互擊二體之互入與變形而損失的數量。這第二點是很清楚的。而第一個論斷說在打擊之前與打擊之後 mv 是不變的，這就不很清楚了。與蘇特的意見不同，活力正是運動，他的一部份既然損失了，那末運動自然也損失了。這樣子看來，或是 mv 不能正確地表現運動量，或是上面的論的論斷有了錯誤。總而言之，這兩個定理都是時代的遺產，那時代還沒有運動轉變的觀念，那時代，非到萬分不得已時不願意承認機械運動之消逝。在任何時候都沒有看到損失，在任何地方都沒有看到這份損失，就根據這一點來證明打擊前與打擊後的 mv 是相等的。但是一個物體如因其無彈性而發生了內在的摩擦，因此而耗失了活力，那末也就會因此而損失了速度，果眞如此，則打擊後之 mv 應該少於打擊前之 mv。當我們計算 mv^2 我們很確定地算上了內在的摩擦，假若我們在計算 mv 時而忽略了他，那不是太糊塗了麽？

然而這並沒有什麼意思。卽令我們承認了這個定理，姑且認為打擊後 mv 的總量沒有變化，假若我們這時來計打擊後的速度，則依然可以發現 mv^2 的總量是減少了。這樣子，在 mv 與 mv^2 之間有了衝突，這衝突表現在實際上消失了的機械運動之差異上。而計算本身就可證明，mv 的總量正確地表現了運動量，而 mv^2 的總量不正確地表現了運動量。

上述這些情形差不多都是力學中運用 mv 時的情形，現在我們來看一看運用 mv^2 時的情形。

例如一顆礮彈，當他從大礮中射出時，不論他是否能打着固體的靶，或是因空氣的阻力與重力的關係而停止運動，而他在飛行時的運動量總是與 mv^2 成正比例的。如果一輛火車同另一輛停着不動的火車碰着了，則互擊力與其相當的破壞亦必與其 mv^2 成正比例。同樣地，我們在計算克服若干阻力所必要的機械力時，我們也要應用 mv^2。

但是，老實講來，物理學家用得這樣普泛而又如此方便的話，卽若干阻力之克服一語究竟是什麼意思呢？

當我們舉起一個重物時，我們必須克服重力之阻力，而因此也就耗失了若干運動量，耗失若干機械力之量，等於這上昇物體直接或間接下落至原來的水平時所創造出的運動量或力量。物體下落時最後之速度之平方乘體重，其積之半即 $\frac{mv^2}{2}$ 可以度量這運動量。而重物舉起時之情形究怎樣呢？機械運動，或是那一種所謂力是消逝了。但是他並沒有變作了零。他像海爾姆何茨所說，變成了內蓄的機械力，現在最新的理論家稱之曰勢能(Die Potentielle Energie)，克勞西斯(Clausius)則名之曰愛爾卡爾(Ergal)。他在每一瞬間都可用力學所可能的方法變成等量的機械運動，又可重新變過來，這數量亦必等於勢能產生時所需要的數量。勢能即活力之反面表現，反之亦如是，活力也是勢能的反面表現。

一噸二十四磅重的礮彈以每秒四百米的速度打在一隻裝甲戰艦的一米厚的金屬裝甲上面；這時他對戰艦的金屬甲必然不能引起顯著的影響。這樣子，便消逝了一個機械運動，其量等於 $\frac{mv^2}{2}$ ，二十四磅等於十二克羅格蘭姆，這樣算來，運動量便 於 $12\times400\times400\times\frac{1}{2}=960,000$ meterkilogramm（米突克羅格蘭姆）。這些運動量究竟到那裏去了呢？其很小的一部引起鐵甲之振動，因而生出鐵甲中的分子變動。另一部份把礮彈炸成無數的小片。其最大的一部份則變成了熱，把礮彈燒到了熾熱的溫度。當普魯士八在一八六四年到了亞爾辛（Alsen）時，曾用他們的重礮去轟擊羅夫克拉克（Rolf Krake）的鐵甲，每一礮擊中時，他們就能看在黑暗中看到突然間爆裂的礮彈之火光。惠特屋茨（Whitworth）早已用實驗證明了，打到鐵甲上的開花彈不要另裝引火，因爲熾熱的物體自己可以燒起彈中的炸藥。如果我們以四二四米突克羅格蘭姆爲一熱力單位之機械力等量，則上面所計算過的機械運動量便合成二，二六四個熱單位。鐵之比熱（spezifische warme）爲〇．一一四；則每一熱單位，卽將一克羅格蘭姆的水加溫到攝氏一度的熱力，能將 $\frac{1}{0.1.40}=8.772$ kg 的鐵加溫到攝氏一度。那末，上面的二，二六四個熱單位則可以增加一克羅格蘭姆的鐵以至 $8.772\times2264=19,860$ 度（攝氏表），或是能將一九，八六〇克羅格蘭姆的鐵加温至攝氏一度。假若我們將這熱度平均地分配於鐵甲與礮彈之間，則礮彈的熱度當爲 $\frac{19,960'}{2\times12}$ = 828度（攝氏表），這已經很熱了。但是礮彈之前一半，即擊着鐵甲的一半却自然而然地取得了熱之大部，大約前部的熱兩倍於後部，前部熱度爲一，一〇四度（攝氏表），後部的熱度爲五五二度（攝氏表）。這已經很夠解釋爆裂現象了，即使我們把一部份扣出來歸之於打擊時的機械功（mechanisch werk）也沒有什麽妨礙。

在摩擦的時候，也消逝了機械運動，但是他又假形於熱而出現了。我們知道，儒列（Joule）在曼契斯特，古爾丁（Golding）在哥本哈根都會借助於這兩個過程之最精確的測驗，首先用試驗的方法，大約地確定了熱力的機械等量。

同樣地，我們借助於機械力（例如蒸汽機器）在電磁機器中取得電流時，也完全是這種情形。在某一時間内所產生的電動力之量與在同一時間内所耗費的機械運動之量成正比例——如果能用同一的尺度來量他們，他們就會相等。我們也可以設想，不用蒸汽機來生出電動力，而用受重力支配的重體來生出。這重體所產生的機械力可以用他從那種高度自由下落時所得到的活力去度量，或是用他回轉到原來的高度時所必須的力去量他，就是說要用 $\frac{mv^2}{2}$ 去量他；在這兩種情形之下都是如此。

這樣子看來，一個機械運動在實際上有兩種尺度，但是，我們相信，每一個尺度只能用於某一固定範圍內的現象中。假若有一個現成的機械運動，在轉變時依然變成機械運動，則應依照質量乘速度的公式。如果在運動之移渡時消逝了機械運動，却又假形於勢能，熱，電等等以復起，總而言之，如果他變成了別種形態的運動，則新形態運動之量必與原來運動的質量乘速度平方之積成正比例。總而言之 mv——這是可用機械運動度量的機械運動；$\frac{mv^2}{2}$——這一種機械運動可以用他能夠轉變為一定數量的別種形態運動之能力去測量。這樣就可以看出這兩種尺度並沒有什麼相互矛盾，因為他們的性質是互異的。

這樣子看來，已經很清楚了，萊布尼茲與笛卡兒派的爭論並不是無益的咬文嚼字的口角，而達蘭拜爾的符咒實際上沒有發生任何作用。老實說達蘭拜爾不應當喋喋不休的來取笑他的老前輩，說他們的觀念不清楚，因爲他自己的見解也不見得怎樣清楚。實際上，這個問題永遠是一筆糊塗賬，除非到了弄清楚，究竟消滅了的機械運動到什麼地方去了一問題之後。但是現在的數學的物理學家都像蘇特一樣 死守着他們專門科學的四壁，所以他們的腦筋也同達蘭拜爾的腦筋一樣，永遠糊塗，他們也只能以其空洞的矛盾的言語來答覆我們的誤會。

機械運動變成別種形態的運動時，在數量上成正比例，現代的力學家又怎樣表現這件事實呢？力學家說，這運動產生功，如此這般多的功。

但是在物理學的意義上講來，功的概念並不能包盡這件事實的內容。我們如用蒸汽機，或熱力機，則熱可以變成機械運動，就是說分子運動可以變成物體運動，如果熱可以分解化學的化合物，如果他在熱電堆中可以變作電，如果他在電流中能把水從硫酸液中分出來，反之，如果一個電堆的化學過程中所解放出來的一個運動（卽是能）能夠變成電，而後者又馬上能變成熱——那末，在一切現象中，一個運動形態開始了一個過程，後來又因此過程而變爲別種形態的運動，這就是這個運動完成了功，這功的量亦必與他本有的量成正比例。

這樣看來，所謂功者，就是從數量方面來觀察的運動形態之變化。

那末，當一個被舉起的重停止在高處不動時，他的勢能是否能算是靜止時的運動形態呢？不成問題。甚至台特都相信，這勢能終久會變成實在運動（見其「自然哲學論文」——譯者）。克爾何夫走得更遠了，他說：『靜止——這不過是運動的特殊情形』（見其「數學的力學」第三十二頁），由此可見，他不但能核算，而且能依照辯證法來思考。

這樣子說來，我們在運動的兩個尺度的探討中，隨隨便便地，並不費力地，就得到了功的概念，然而他們却都說，不懂得數學的力學這概念是很難取得的。但是無論如何，我們現在對他的知識較之海爾姆何茲『能力不滅論』的報告（1862）已經比較多了，——他這報告的目的正是『儘能清楚地描出功及其變化之根本的物理學概念』。關於功這個問題，海爾姆何茨說些什麼東西呢，不過是說，功是可以尺磅去表現，或是可用熱之單位去表現的東西，說每一定量的功，其尺磅數與熱單位數是不變的；此後，又說，除了機械力與熱之外，化學力與電力也能產生功，但是當這些力產生了眞實的功之後，他就耗盡了他的工作能力了；由此推論，則無論自然界中發生何種變化，全宇宙中能夠行動的力之總量是永存的，是不變的。功之觀念並不是海爾姆何茨發揮的，而且也不是由他奠定的（註）。功量之不變遮着了他的眼睛，使他看不到一個事實，看不到一切物理功之根本條件是性質的變化，是形態之變換。因此海爾姆何茨才說：『摩擦與無彈性碰擊——在這兩個過程之下，機械功消滅了，熱遂代之而生。』（「通俗講演」第二集一六六頁）恰恰相反。在這兒，機械功並沒有消滅，在這兒，產生了機械功。在這兒，機械運動之消滅，只不過是表面上的情形。但是這機械運動如果在表面上不消滅，他如果不變成別種形態的運動，那末，他無論在什麼地方，無論在什麼時候，連百萬分之一米突克羅格蘭姆的功都不能產生。

〔註〕馬克思威爾的成績也不見得怎樣更好。馬氏說：『當阻力克服之後，功就產生了。』（見「熱學理論」——Theory of Heat——一八七五年倫敦第四版第八十七頁）在第一八四頁，他又說：『一個物體的能，便是他產生功的能力。』完了，這就是我們所知道的馬克思威爾關於功的學說。

我們已經看到，某一定量機械運動內所含的產功的能力，我們名之曰活力，一直到最近大家都用mv^2去度量他。但是，在這兒又生出了一個新的矛盾。試聽海爾姆何茨怎樣講法（「力不滅論」第九頁）。他說：『功之數量可借助於m（一個被舉起的物體）與h（被舉之高度）來表現他；如果我們用g來代表重力，則功之量適等於mgh。假若物體m高舉至h的高度時需要的速度爲v，這速度是他轉回下落時所能得到的，$v=\sqrt{2gh}$。這樣看來$mgh=\frac{mv^2}{2}$。』海爾姆何茨也打算『用$\frac{mv^2}{2}$的量作活力的量，因此他與功量之尺度也是相同的。若依照向來活力概念的見解看來，則這個變動實無任何意義，但是，他對於未來却有一些切切實實的裨益』。

我們很難相信耳朵。海爾姆何茨在一八四七年時，對於活力與功之相互關係一問題，還不大用心去想，他完全不知道他把舊有的活力之比例尺度，變成了絕對尺度，他完全不懂得他這勇敢的一跳造成了何等巨大的發現，他引用了 $\frac{mv^2}{2}$ 的公式，他只說這個公式較之 mv^2 較爲方便。也就是因爲有了這個方便作理由，所以力學家才承認了 $\frac{mv^2}{2}$ 的公民權。後來才慢慢的用數學的方法證明了 $\frac{mv^2}{2}$ 的公式。納曼（Naumann）在「普通化學」第七頁中給了代數的證明；克勞西斯在「力學的熱力論」第二章第十八頁中給了分析的證明，同樣的證明又可遇之於克爾何夫處，不過變了樣子，換個演繹法而已（見前引著作第二十七頁）。馬克思威爾由 mv 演出很漂亮的代數結論 $\frac{mv^2}{2}$（見前引馬氏著作第八十八頁），然而我們兩位蘇格蘭人却仍然毫不在乎，咬死說（見前引兩氏著作第一六三頁）：『活力，這就是一個運動物體的動能，他與質量乘速度平方之積成正比例，假若我們還用上面的質量單位，——以某種速度單位運動之質量單位——那末以質量乘速度平方，以其積之半來決定動能，這是特別方便的。』這兩位蘇格蘭的力學家在這個地方不但不忠於思攷，而且不忠於核算。主要的論據是特別方便（particulor adventage），是公式的方便。

我們相信，所謂活力並不是　的東西，卻是某一些定量的機械運動產生功之能力，因此我們當然承認，他的作功能力在機械尺度中的表現及其所產生的功量應該相等；因此，如果$\frac{mv^2}{2}$可作功的尺度，那末，這同一的$\frac{mv^2}{2}$也就可作活力的尺度。這也正是科學發展所走的道路。理論的力學得到了活力的概念，工程師的實驗力學又得到了功的觀念，而使他與理論家發生關係。但是計算的習慣損害了理論家的思想能力。所以在很多年中，他們都未能了解這兩個概念之相互關係，量這一個時用 mv^2 量那一個時，用$\frac{mv^2}{2}$，只有到了最後，才用$\frac{mv^2}{2}$作兩者的共同尺度，然而這不是因爲了解事實的眞象，只爲了計算的方便（註）。

（註）『功』字(arbeit)的概念是由一個英國工程師造出的。但是在英文上，實際的工作稱作工作(work)，而有經濟意義的工作則稱爲勞動(labour)。因此，只用 work 一字來表示物理上的工作，絕對不與經濟的意義混淆。但是在德文中便不是這樣。因此，在德國最近出版的一些假冒的科學著作中往往

把物理學上的工作與經濟意義的工作用得顚顚倒倒，倒倒顚顚。其實，德文中也有 werk 一字，同英文上的 work 是一樣的意思，很適於物理學上的應用。但是我們的自然科學家往往對政治經濟學一竅不通，因此他們都不願意用他去代替那相處日久，相安無事的 arbeit 一字。只有到了克勞西斯時才打算引用 werk 一字，不過仍然將 arbeit 一字留用不去。

* * * *

(譯者註)(一)本章中所討論的問題雖非十分高深難解的物理問題，但是要懂得這一些物理學常識才能了解他，至於物理學家與自然科學家想了解這一篇則需要依照辯證法而思攷。

(二)本章中把 kraft—— force 譯作力，energie 譯作能，potential energy 譯作勢能，kenetic energy 譯作動能，arbeit werk, work 三字譯作功，effect 譯作效，momento 譯作運動量或動量。

(三)本章中重複多遍的 m.v, mv^2, $\frac{mv^2}{2}$ 等等公式中之m代表 mass（本文譯作質量依現在一般物理學著作中的譯語，雖不甚妥，然不得不用），v代表速度。

(四)文中從用 $mgh=\frac{mv^2}{2}$ 的公式證明運動的尺度是 $\frac{mv^2}{2}$。下面較爲詳細公式可以作他的註脚。

m＝質量

g＝重力加速

h＝高度

v＝速度

t＝時間

現在 $v=gt$ (1)

$h=\frac{1}{2}gh^2$ (2)

所以 $v=\sqrt{2gh}$ (3)

現在 mgh 代表運動量

既然 $v=\sqrt{2gh}$

則 $gh=\frac{v^2}{2}$

所以 $$mgh=\frac{mv^2}{2} \quad (4)$$

因爲$\frac{mv^2}{2}$是本文中最重要的公式，是了解本文的鎖鑰，所以譯者才加上這一個較爲詳細的代數的註脚。

潮汐摩擦

湯姆生與台特，「自然哲學」第一卷第一九一頁（卽二七六節）：

『因受有潮流運動（tidal motion）阻礙的摩擦，所以一切物體都有一種間接的阻力，假若這個物體在他的表面上有液體存在像地球一樣；那時假若這物體對於鄰近物體有了相對的運動時，這液體就會從這相對運動中吸收能。這樣子，如果我們首先來看一看月球對地球的行動（地球附有其海洋與江湖），就可以看到，他是趨向於把地球的自轉週期與環繞這兩個物體之兩重心之運轉週期平均起來，因爲當這兩個週期不相等的時候，地球表面上的潮汐行動總會從他們的運動中借取能。爲着要把這個問題研究得更詳盡，同時爲着避免麻煩起見，我們暫設月球爲一眞球形。月球與地球之間的吸引力之相互行動與相互反動相等於穿過月球中心的一條直線上的力。只要地球的自轉週期較月球繞地的週期爲短，這個力都會阻礙地球的自轉。因此，他的方向，有如這個圖上的 mq 線一樣，是穿過地心的 mo 線的偏線(deviation)——當然了這線差比眞型要大得多。現在，依 mq 直線而作用於月球之力可以說等於依 mo 直線而作用於地球中心之力，同時與 mo 直線成垂直線的 mt 上的力之全部也大概相等，雖然這力並不很大，這 mt 上的力是月球軌道的切線，其相差非常有限，而力之方向也與月球相同。這個力如果忽然行動起來，那末，馬上就會增加月球的速度；但是再過個時期之後，月球就會離地很遠，月球在這時是逆着地球之吸力而行動，所以他在切線加速力上所得到速度會完全失去。順着月球運動的繼續不斷的切線力，其作用很小，因此，他在每一次，在圓形的軌道只能造出很少的線差。結果是慢慢的增加

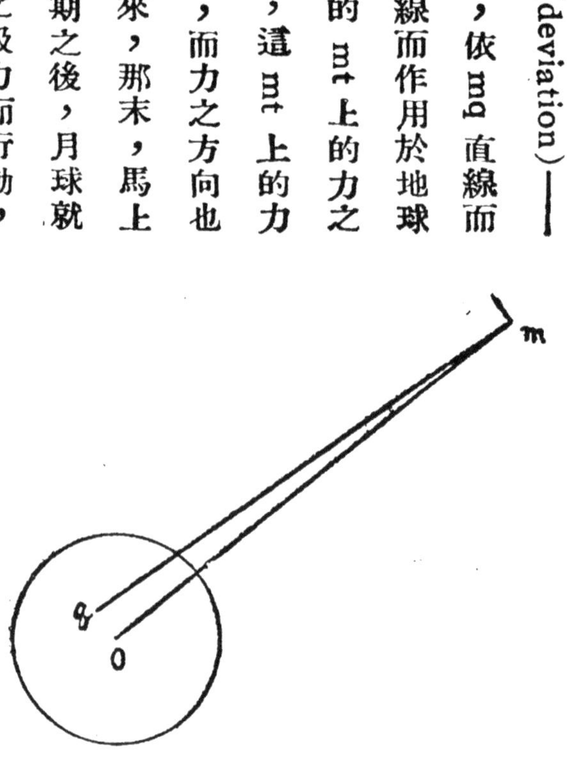

了他對中心體的距離，同時，因爲失去了一切運動的動能，所以就產生了若干量的足以抵抗中心體的吸引力之功。假若能夠假想此種運動爲一環遶中心體而緩緩向外展開的螺旋線，就很容易了解這個問題了。如果我們假設力與距離之平方成比例，那末，反運動方向的較之順運動方向的被干涉 (Disturb) 的切線力要大兩倍。因此，在抵抗反切線力所發生的功中，切線力只產生了一半，而其餘一半則取之於運動本身之動能。現在我們所討論的干涉月球運動之特殊力之總量，很容易利用動量率原理 (the principle of moments of momenta) 去計算。我們看到，月球重心與地球重心對他們共同重心的運動中所得到的動量率又失之於地球的自轉上。現在月球與地球的重心動量率之總量約大於地球自轉動量率四·四五倍。

『前者的平均平面爲黃道，因此兩個動量的兩軸便構了一個二十三度二十七分半的平均角，假若我們把太陽對月球運動之平面的影響撇開，那末，我們就可以承認這個角度爲兩個軸的眞正斜度。總結的，或全部的動量率較之現在地球自轉的動量率約大五·

三八倍，他的軸與地球之軸適構成十九度十三分的角。因此，潮汐的終極傾向必使地球與月球走向均勻的轉動，依照適中的率，環遶適中的軸而轉動，好像一個剛體的兩部份一樣。這時月球的距離逐漸增加，（大約）成一比一・四六，這是現代重心動量率之平方與全部動量率之比，至於轉動週期之增加則爲一比一・七七，也就是這些動量的立方之比。這樣看來，月球之距離尙增至三四七，一〇〇英里（現在的距離是二十三萬或二十四萬英里——譯者），轉動週期當爲四八・三六天（現在月之轉動週期通常是二七・三二天——譯者）。如果在大宇宙中除了地球與月球之外沒有別種天體，那末這兩個天體就會環遶着共同的重心，沿着圓形的軌道，永遠地這樣運動下去，同時，地球自轉的週期也會與這個週期相等，地球也會永遠以同一的方面對着月亮，而地球表面上的液體對於地球上的硬部而言也會保持相對的平靜。但是太陽的存在使這些情形不能成爲經常的情形。在地球遶太陽一周的時間中必有太陽潮（solar tides）——兩次潮漲，兩次潮落（每一太陽日 solar day 有潮兩次，同時每月亦有兩次）。這種液體的摩擦無論如何要損失一些能。由於此種原因對地球與月球運動所生的干涉，詳細情形是不易弄清楚的，然其最後的結果必然是使月球，地球與太陽環遶其共同重心而轉動有如一個剛體之各部。』

在一七五四年的時候，康德首先發表了他的觀點，說地球之自轉因潮汐摩擦而漸緩，而這種影響之停止必在『他(地球)的表面對月能維持相對的靜止時，就是說當他的自轉週期與月球遶地週期相同的時候，也就是說，當地球永遠用他的一個方面向着月球時』。同時，他相信只有潮汐摩擦，只有在地球表面上有液體的時候，地球的自轉才會加遲。『如果地球之全部都是剛體，如果在地球表面上沒有什麼液體，那末，不論是太陽的吸引力還是月球的吸引力都不能干涉他自由自在的自轉，因爲吸引力對於東半球或西半球所用的力是一致的，因此他不能引起任何一半的動作，因此，他絲毫不能妨礙地球之照舊的自由的轉動，好像沒有受到任何外來的影響一樣。』康德應該很滿意這些結果了。對於月球影響地球自轉一問題，其加深研究所必須的科學前提那時一條也沒有，過了一百年之後康德的理論才被大家公認，又過了些時之後才發現了潮漲潮落不過是太陽吸引力與月球吸引力影響地球自轉的表面現象。

湯姆生與台特發揮了這個總的概念。月球吸引力與太陽吸引力不但影響地球上之液體，不但影響其表面，而且影響於地球全體，阻滯其轉動。在地球自轉與月遶地球之轉動週期不相同的時候，（現在只來談月球）月球的吸引力總規是想平均這兩個週期。假若中心體的（相對）自轉週期較之衛星轉動週期為長，那末他就會慢慢地減短；假若較短，如地球一樣，則必然會加長。然而在第一個情形中並沒有產生動能；而在第二種情形中也沒有消滅動能。在第一個情形中，衛星離中心體漸近，轉動週期亦漸短；在第二種情形中，衛星離中心體漸遠，而轉動週期亦漸長。在第一個情形中，衛星所失去的勢能等於中心體在加速轉動中所得到的動能；在第二個情形中，衛星因增加距離所得到的勢能亦等於中心體轉動減速中所失去的動能。在地月系中所有原動能（dynamishe energie）即勢能與動能之總量並沒有加減絲毫，這系統是常存的。

我們看，這個學說完全不依賴於這些物體之物理的化學的成份。這學說出於自由天體之運動大法，這些天體的關係決定於吸引力，這吸引力則與質量成正比例而與距離之平方成反比例。這學說是康德的潮汐摩擦說之一般化，這是很顯然的。而湯姆生與台特則安置下了這個學說的數學基礎。但是，這兩位作家，很奇怪地，竟然不曉得這學說不能包括潮汐摩擦的特殊情形。

摩擦是物體運動的障礙，但是數百年來都把他看做了一個毀滅物體運動的現象，就是說是毀滅動能的現象。但是現在我們知道，摩擦與打擊是動能轉變爲分子運動即熱的兩個形態。在每一次有摩擦的時候，本來的動能便消逝了，重新產生的不是動力上的勢能，而是分子運動，是熱之特殊形態。因此，在摩擦的時候，若就這個系統的動的關係上來看，則動能確是消失了。只有當從熱的形態反轉變爲動能的時候，他才能重新變爲動的，行動的。

在潮汐摩擦時，情形應當如何呢？很清楚地，這裏月球吸引力對地球表面之水所給的全部動能都變成了熱，第一因由水的黏着性而生的水之各個分子相互摩擦而生熱，第二因水與地面剛體相互摩擦而生熱，第三因潮汐攜有石塊相互摩擦而生熱。這些熱中只有很少一部份變成了動能，造成了海洋中水汽之蒸發。就這一點地月系統中地面上所產生的很少很少的動能在地面上也要受定律的支配，在這地面上無論何種能，其命運都是一定的，到了最後的最後，轉變成了熱，而散佈於宇宙太空之中。

因此，潮汐摩擦既然是千眞萬確地阻止了地球的自轉，既然用去了一個動能，就地月系的動的關係上講來，這動能算是絕對地消失了。因此，他也就永遠不能借形於動力的勢能而復現於這個系統之中。換句話說，消磨於月球吸引力上的動能，消耗於地球自轉之阻滯上的動能，也有一部份能變爲動力上的勢能，就是說，能由月球距離之相抵的擴大而補償，不過只是一部份，卽作用於地球剛體上的一部份。其餘的一部份，卽作用於地球上的液體的一部份，其効能僅限於把這液體推向於反乎地球自轉的方向而運動，因爲這運動完全全變成了熱，而最後的結局則爲消散，永不復現於這個系統中。

這段歷史中也有一件趣聞，就是湯姆生與台特完全沒有看到，他們竟默認地球爲完完全全的剛體，就是說，完全沒有潮汐，因此也就完全沒有潮汐摩擦了，然而他們竟用這種理論來建立潮汐摩擦說的基礎，不曉得怎樣能講得通。

熱

我們知道，當機械運動，活力消逝的時候，存在兩種形態。第一——他變成機械的勢能，例如一個重物被舉起的時候。這個形態也有他的特點，就是他不但可以轉變爲機械運動（同時這運動所包含的活力與本來的運動相同）而且他只能變成這樣一個形態。機械的勢能，假若不先變爲實際的機械運動，無論如何都不能變成熱與電。這時可用克勞西斯的名詞，叫「可返過程」（umkehrbarer prozess）。

機械運動消逝時的第二種形態發生於摩擦及打擊時（這兩種的差異不過是程度上的）。我們可以把摩擦看成一列或一行，前後相隨的小打擊。又可以把打擊看作集中於一個地方上一個時間內的摩擦。摩擦是綿延的打擊，打擊是尖銳的摩擦。此地所消逝的機械運動就這樣子消逝了。他再也不能從他自身中恢復了：這過程不能直接轉回。這運動變成了性質不同的運動形態，變成了熱，變成了電，變成了分子運動的形態。

這樣子看來，摩擦與打擊脫離了物體運動，脫離了力學的範圍，而走向分子運動，走入物理學。

我們把分子運動的力學喚作物理學，但是同時不要忘記了，這個名詞絕對不能包盡現代物理學的內容。反之，如光的現象中及發光熱的現象中的以太波動絕對不是我們現在所說的分子運動。但是他們在地上的作用便首先與分子有關。反光與光之向極運動(lichtpolarisation)都與相當物體之分子構成有關。同樣地，差不多所有大研究者現在都承認電是以太運動，而克勞西斯在論熱的時候也說：「存在於某物體內的以太在有重原子（最好說是分子）的運動中是個參加者。」（見「機械熱論」第一部第二十二頁）但是談到電的現象與熱的現象時，大家又把他們看作分子運動：這是沒有辦法的，因爲我們關於以太的知識還太缺乏。不過當我們能夠熟知以太的力學時，那我們現在不得不劃入物理學中的很多東西便應當劃歸他。

下面我們談一談另外一種物理過程，在這種過程之下，分子的結構都要完全消滅。這些過程已經從物理學轉向化學。

只有在分子運動中，運動形態之變化才能得到完全的自由。同時，在力學之境界上，物體運動之採用別種形態——如電與熱——都是零星的；——這兒却是完全特殊的一種形態之變異；熱假位於熱電池（thermosaül）而變成了電，有如發光之某種程度上的光，在自己方面又產生了機械運動；電與磁其爲一對親屬有如光與熱，他們不但可以互相轉變，又可以變作光與熱，又可以變作機械運動。這種變化是依照着一定的比例，我們可用任何一種量以表現一種能，可以用米突克羅格蘭姆，可以用熱單位，可以用弗打(volt)——我們可以把任何一種尺度變成任何一種另外的尺度。

* * * * *

把機械運動轉變成熱，這種實際上的發現是非常早的，早在人類歷史的開始時。在這個發現之前，人類也有許多偉大的發現，——如工具之發明，動物之馴養——然而自從學會了摩擦取火之後，人類才算能夠支配自然界的無機力。現代人民的異端與迷信還可以表示這個偉大的發現在人類思想上留下了一個何等的印象。在銅器與鐵器應用很久之後，人們還慶祝石刀——這最初工具之發現，那時一切宗教上的獻牲還用石刀。據猶太人的傳說，約書亞（Josua）下令，與沙漠中所生男子行割禮時要用石刀。凱特人與日耳曼人在殺人獻神時也用石刀。不過這些事情早已湮沒了，說到那因摩擦而生的火，却不是如此。當人們曉得用別種方法取火之後很久很久，大部份人民的聖火還要由摩擦來取。直到現在，根據歐洲大多數人民的信念，只有用摩擦的方法才能產生魔火（例如我們民間常用的牲畜瘟疫預防火——no＋feuer）。這樣看來，就在我們這個時代，人類征服自然的第一次勝利的紀念還半不自知地繼續存在於人民的迷信中，存在於世界上最文明民族的異端的神話的回憶之殘餘上。

用摩擦來取火，這個過程尚帶有片面的性質。在這裏機械運動變成了熱。想完全這個過程必須返轉過來將熱變爲機械運動，因爲只有在這個時候才滿足了過程之辯證法，過程才合成一個圓周——至少在一開始時是如此。但是歷史有他自己特殊的運動速度，不論他的歷程採取何種辯證法的形式，而辯證法總要以很長的時間來等待歷史。或者在人類摩擦取火發現之後的若干萬年，亞歷山大利亞的希羅（Hero Von Alexandrien）才發明了蒸汽機（此事約在紀元一百二十年），用他所產出的水蒸汽來作旋轉運動。而且差不多又過了兩千年之後，才建造了第一個蒸汽機，第一次把熱變作了實際上有用途的機械運動。

蒸汽機是第一個眞正國際上的發明，而這個事實又轉而證明很大的歷史進步。蒸汽機是一個法國人巴品（Papin）發明的，然而却是在德國發明的。德國人萊布尼茨總有很多天才的念頭，至於這個功績是屬於他，還是屬於別人的，他却不甚介意——我們現在從他與巴品的來往信件（格爾蘭Gerlandt所出版的）中可以看出，是萊布尼茨告訴巴品這個機器的根本思想——卽汽箱（zylinder）與活塞之應用。此後不見，英國人沙維利（Savery）及紐孜門（Newcomen）想出了同樣的機器，最後，他們的同國人瓦特（Watt）

增加了一個凝汽櫃，遂製造了大體上是現代式的蒸汽機。這個發明的履歷算是完結了：變熱爲機械運動算是成了功。此後種種不過都是小節細目的改良而已。

於是，實際依照了自己的方法解决了機械運動與熱之關係一問題。他開始把第一個變成了第二個，以後又把第二個變成了第一個。但是理論在這裏面又發生了何種作用呢？可憐的很！在十七十八兩世紀中有無數的旅行筆記描寫野蠻民族除了摩擦之外不知道別種生熱方法，而物理學家對這件事情却毫不注意；在整整一個十八世紀，及十九世紀之初期，他們對蒸汽機都是很冷淡的。他們往往只把這件事情註册登記了便算完事。

最後，在二十年代的時候，沙底·卡爾諾（Sadi Carnot）很注意這個問題，他用很巧妙的方法來研究這個問題，他的核算（後來克拉伯朗 Clapeyron 把他弄成幾何的形式）一直到現今還有他的意義，克勞西斯與馬克思威爾的著作都曾利用了他的計算。他差不多把事情的眞象弄清楚了；他之所以不能澈底解决這一個問題不是因爲材料缺乏，而是因爲受了假理論的束縛，束縛物理學家的這假理論並不是什麽惡作劇的哲學，却是他們自己借助於自家的自然科學的思想方法，亦卽超人一等的玄學的思想方法所想出的理論。

在十七世紀時，大家說熱是物體的一種性質（至少在英國是如此），湯姆生在熱的機械說之發現的兩年之前還說熱是『一種特殊的運動，其本質究竟如何迄無令人滿意的說明』（見「熱與電之科學綱要」——Outline of the Sciences of Heat and Electricity——一八四零年倫敦第二版）。但是在十八世紀中有一個見解已經慢慢地佔了勢力，這見解說，熱與光，電，磁都是一樣，是一種特殊的物，這些特殊的物之所以異乎物質者，在乎他們沒有重量，他們是無重的。

（譯者註）文中說蒸汽機之第一發明者爲法國人巴品，以後英人沙維利才根據巴品的機器而加以改良。但根據另一科學史，則沙維利之改造蒸汽機實在一六九八年，是早於巴品若干年矣。然後巴品始依據沙維利的機器而加以改造，事在一七〇五年。這兩個事實是衝突的，不知道那一個比較正確。

從猿到人

經濟學者說，勞働是一切財富的泉源。實際上，勞働是財富的泉源，勞働得了自然所給與的材料，而後變之爲財富。然而勞働的意義，實大於此無數倍。它是一切人類生活之首要的根本條件，甚至於我們可以說，勞働創造了人類。

數百萬年之前，在地質學稱作第三紀（又稱近生代）的地球發展世紀之尚未十分確定的時代中，大概是這紀的（近生代的）末期有一種非常進步的類人猿住在熱帶上——那裏大概有一個很廣大的大陸，其地位適在現在印度洋的洋底。達爾文對我們的這些祖先曾有一個簡略的近似的紀述：他們自首至足叢生着毛，有鬚，有尖的耳朵，結羣住在樹上。

他們受生活條件的影響，他們的手，在前行時（抓握時，攀援時）之功用往往與足不同，因此在地面移動時逐漸可無需於手的支助；因之，逐漸養成了立行的習慣。這是人類祖先之所以進化爲人類的一個重要的步驟。

現在的類人猿，能直立，又能以兩足前行；但他們直立的移動，非常的困難。他們天然的步行是半直立行走而且大抵需要雙手的助力。先用拳支在地面，再舉足向前伸展到手旁後，才能移動，恰像跛者的扶杖行走一般。就一般的看來，現在猿類中尚有四肢行動與二肢行動間之過渡的情狀。但是靠二肢行動的猿類，仍然是極少數。

我們披毛的祖先，如果直行是先由習慣而後成爲必要的話；那末手必然先在其他的作用上專門化了。猿類曾有手與足的分工。前面說過，用手攀援時，手的功用與足就迥然不同。他們又以手攫取食物正和許多下等哺乳動物以前肢攫物一樣。有的猿類，如黑猩猩，靠着手力建築樹窠，用樹枝編成屋頂，以防不測。又有的用手執棒抵禦敵人；有的以樹枝碎石擲人；不幸爲人所獲，亦能以手勢學人之行動。但是這種，十分像人的猿類，較之數百萬年經過勞働過程的人類，雙方的前肢，相去仍不可以道里計。手的骨格筋骼的構造及眞數目雙方是一樣的；可是最低等的野蠻人的手，能有無數的簡單的動作，而猿類則無一能之者。從來沒有過用手製造工具的猿類，卽使很粗糙的石刀，他們也是不會製造的。

我們的祖先，在數百萬年由猿類進化爲人類的過程中之活動漸使手的動作，適應於生活條件的需要；當然，這動作在開始時是很簡單的。低等的野蠻人，雖尙在動物的狀態，其軀幹雖亦有退化的現象，但是同過渡時代的猿類比較起來，還是高出很多倍。須知人類的手，能創製一柄很簡單的石刀，那它已經過一個很悠久的歷史了。手能解脫出來，是人類一個很重大的進步，因爲從此以後，手能進行新的敏捷奇巧的動作，且得傳遞於後代。

這樣看來，手不僅是勞働的器官，並且是勞働的產物。有了勞働，手就能適應於一切新的工作，由遺傳的作用　形成一種特殊的構造；然後更有新的功用，繼續產生。人類的手，只能循此進化之過程，始能達到高度的熟練，因此才能產生Raphael之繪畫，

Thorwaldsen 之雕型，以及 Paganini 之音樂，好像一種魔力一樣。

但手並不是一種單獨存在的器官。它是整個的複雜的有機體的一部份，凡有利於手部的，亦能影響及於全部的有機體，此種影響的方向，有二：

第一是達爾文所稱的相互助長律的作用。根據這定律的見解，有機生物之一部份的器官的形式，與其他各部份的器官的形式，具有經常的聯繫，雖則表面上，是毫無關係似的。有紅血球而無血核的動物，其頸骨兩關節與脊骨相聯結；——像這一類的動物，都有乳腺以營養其幼子，哺乳動物的偶蹄類，通常是與複雜的反芻的胃囊相聯繫的。所以某一部份的器官的形式有了變化，就會引起其他部份的器官的形式的變化，這兩種變化的關鍵，我們還不能十分知道得清楚。純白毛而碧眼的貓，往往是聾的。人類手的進化，足的直行的習性自然會使其他各部份的有機體受相互助長律的影響。但是這種影響的研究，此時尚無多大的造詣，所以，我們不能以此事實之簡單的確定自限。

比較重要的還是手部發展對於其他各種有機體的影響。我們說過了，我們的與猴類相近似的祖先是一種社會動物。自然我們這最富於社會性的人類，我們的祖先自然他不是社會的動物。自手部發達以後，人類對於自然的統治，日有進步，人類之眼界自然日趨擴大了。他在自然的萬物中，不斷地發現前所未聞的新的性質。另一方面，勞動的發展，在必要時，能使社會的組成員，緊緊地結合，因爲這樣，人類互助之機會得以日密，而共同協作之利益，人人都能親切地感覺到。總之，由動物形成的人類，漸覺得有相互通達語言的需要了。

有了需要，然後有相當的器官：猿類不發達的喉管，逐漸地進步了，能由一種音節，轉而爲他種比較複雜的音節；口部的器官，亦漸習於有音節的發音了。

這樣的解釋言語的由來，是真確的方法。他們之相互的達意，是不必有語言的幫助的。自然狀態中，沒有一個動物覺得有不能言語或是不懂得人類說話的痛苦的。若是被人類馴養的動物，那情形就不同了，犬與馬，對於人的言語，聽覺至爲靈敏，在動物所有的想像的範圍內，對於一切言語，經過習練以後，都能懂得的。有時，他們甚有對人表示敬意和謝意的感覺力，這種牠們向來所沒有的能力，也可以由訓練得來。這是在愛好此種動物常同起居的人，大抵誰都有這同樣的感覺，在現在，有的時候這類動物因音帶器官的特殊構造，逐漸感覺到不能言語的缺憾了。在音帶器官比較適合的動物，那就能免除這般的缺點。鳥的喉管的構造，當然比人類的相差得很遠；但是牠們比較得容易學習語言，鸚鵡的喉音，是最惹人厭聞的，可是鳥類中說話最好的，當以鸚鵡爲第一。你們不要以爲牠不會了解牠所說的是什麼。當然，牠能不斷地反覆重說同樣的言語，但牠亦能了解想像所及的說話。若以謾罵的言語，教之鸚鵡，而鸚鵡亦能以同樣的言語相報答，彷彿同柏林的女老板一樣的會罵人。有時，示以美觀的物品，鸚鵡能表示其欣賞的意思。

勞働與言語，是猴腦變成人腦之最重要的主動力。人的腦部發達了，而後有感官的發展。同樣，言語進步了，那聽官自亦隨之而敏捷了。鷹的眼睛比人的強銳得多，然而人的眼睛的識別力，遠強於鷹；犬的鼻子，比人的銳敏得多，然而人的鼻子能辨別各種不同的臭味，這樣，便判然有人禽的分別了。

猿類的感覺，亦隨勞働過程中手部之發達而發達的。腦部的發達，受腦部支配的種種感覺，日在進步的意識，以及抽象思索和判斷的能力，亦能促進勞働與言語之向前的進展。此種進展的過程，不因猿到人類的轉變時期之完成而中斷。各時代的民族也有同樣的情形；發展過程的異同，是以民族的程度及其發展的趨向爲標準的，有時，反有一時的退化和中斷的現象，但是整個地看來，他們是有前進而無後退的。自有人類發現以後，在發展的過程中，又有新的要素——社會，相依而生，社會在一方面有力地推動勞動與言語的發展；在另一方面，能使勞働與言語的發展有一定的方向。

在地球史中的幾十萬年，何異於人類生活史中的一秒；但是在猴羣尙未轉變爲人類社會以前，已經過了這樣的一個長的時期。而後始有人類的社會發現。

究竟猿羣與人類社會的區別，又在那裏呢？——我們的答案是：在於『勞働』。

猿羣只靠着就地的食料，維持其生活，有時因地理的關係或附近獸羣的競爭，盡量取食，直到窮盡，然後，才移殖於新的區域，繼續他們的營生。但他除自然所供給的數量外，再想多得食物如生產，是絕對不可能的事，固然，他們也能無意識地拋棄自己的排泄物，增長食料生產的能力，但我們就猿類與生產的關係看來，這無計及的必要。如果所有的區域，都被佔據了，那猿類的蕃殖反轉會有中斷的危險；能夠維持原有的數量，也算是不幸中之大幸了。我們在動物中，所以看得出，當他們攫取食料的時候，多半是浪費的，他們常常摧毀萌芽時代的食物而毫不知道愛惜。狠不和獵者一樣，對於臨產的牡羊，是毫不加以憐惜的；希臘的牡羊生長在幼嫩的灌木叢林中，竟把許多地帶，化作不毛之地了。此種掠奪的經濟，在動物進化的過程中，頗有重大的作用，因爲有了掠奪的經濟，動物才能傾向於新的食料；新的食料，能使血的化學成份，發生變化，有機體的構造也就逐漸地變化了。同時，物種之不易適應環境的，也被自然淘汰了。

掠奪經濟對於我們的祖先變爲人類的過程，有很大的助長作用，這是毫無疑義的。這一種猿類以其思攷力與適應力勝過其他的動物，他們的掠奪經濟之結果是他們在新植物及其中可食部份中所取得的食料數量逐日增多，換言之，食物之種類日漸繁多，結果在他們身體中漸次產生了日漸繁雜的要素，遂造成了人類化之化學的前提。

但是這些過程中，還說不上勞動，如果就它的本義來講的話。自製造工具的時候起，才有勞働的發端。我們從掘得的人類在歷史以前的遺物，及以古代的民族與近代落後民族的形態看來，那這些原始的工具，究竟是怎麼一類的東西呢？這些都是打獵和捕魚的工具；而且，當時的工具，與武器有同樣的作用的。有了打獵和捕魚所獲的食料，就轉到肉食了。這又形成人類之重要步驟：肉的食料，包涵有機體所必需的元素；這已經是成熟的元素是在有機體中，又可以減消化的困難，增加營養的效果。人類的食物去植物界愈遠，則人類之超越動物界的程度愈高。同樣，野貓與野犬，除肉食外如果能使牠們習於植物的食料，那他們便能成爲人類的服役者；人類方面，除菜食外，能習於肉食，一切的進化就可以加速」。

但是受肉食的影響最大的，還是人類的腦部，腦部得了肉食的營養，發達極速。我們不論蔬食論者怎樣不高興我們，我們還是要承認肉食是人類發展之必要前提。雖然我們所知道的一切民族，有時因肉食而至於食人（柏林人的祖先維拉特人或維茨人在十世紀時還有剝食父母的），但是現在已經沒有這一回事了。

肉食產生了兩種重大的進步：一為火的使用，一為動物的馴育。有了火，就減縮了食物消化的過程，因為食物經過火的作用以後，就成了半消化的物質了；有了馴育的動物，就會有經常的食物的泉源，同時，不啻為人類打開了一條解放與進步的大道。如果我們再把它們分別來說，那未免去題太遠了。綜之，它們對於人類和人類社會的進化是具有莫大的作用的。

人類因能習於各種的食料，所以也能習於任何種的氣候。在地面上蕃殖的，只有他是最能適應於自然的動物。其他動物有的能習居於各種不同的氣候中，並不是出自他自己的意志的，有如家庭的動物，是與人類共居而後可能的，人類由熱帶轉移至寒帶以後，生活上又有新的需求隨之產生，他們必須有禦寒的衣服，有避冷的居室，然後才得安居無慮。這樣必不免有新的勞働和新的工作形式；人與動物之相去，由是更遠了。

在全個的社會中，手部及言語的器官，與腦部，發生了相互的作用以後，人類即能執行比較複雜的工作，向着更高尚的目的前進無已。勞働過程的本身，是多方面的。有狩獵和畜牧，就有農業的經濟，有了農業，就陸續有紡織，冶金，陶器製造，造船等等事業產生。與工商業同時發展的有藝術與科學；有部落以後又有民族與國家之組織。於是就發展了法律與政治，伴之而發展了人類生活在人類頭腦中的虛幻的反映，這就是宗教。所有這許多的情形，似乎完全是腦部活動的產物，在人類社會上，佔極重要的地位，此時手的地位，似已佔在次等。由原始社會的簡單勞働，人類的理智，漸能規定工作的設計，使用他人的手，執行他自己所預定的工作（在原始家族中已能如此）。

這樣看來，腦部的發達及其活動，就是文化發展的過程中之最初的力量了。因之，歷來人都以一切的行動爲思想的產物而非由於需要。唯心的宇宙觀就由此產生。自羅馬帝國覆滅以後，唯心思想，更彌漫一時。即使現在，唯心思想的勢力，還是不少，達爾文學派中的唯物的自然科學家，亦不能明白地說明人種的由來，這是因爲他們在唯心論的影響之下，不易了解勞動在人種發生的過程中的作用呀！

我們反覆地說過，動物同樣能以自己的活動改變外界的自然，雖則不能和人類有一樣的成效；由他們所產生的變化，也能反應到他們的本身。這因爲自然中是沒有特殊的偏祖的，彼此現象，都有相互間的反應，無有已時的。

自然科學家如果不知道注意自然界多方面的活動及相互的反應，那他就不易了解最單純的現象，我們知道，山羊破壞了希臘使不能再變爲森林的國家；St. Helen 河岸自有山羊以後（係第一次到的移民遺下的），從前所有的草木，都被食盡了。遂使後來的移民，能以新的植物在野地上培植。

如果動物能不斷地影響周圍的環境那並不是動物自身的意志而僅是偶然情形。人去動物界的距離愈遠，那人類反應自然的活動愈有計劃，愈加思索而愈有一定的目標了。動物摧拆草木時，不會顧慮到怎樣生產新的產物；而人類之芟刈草木爲的是播種新的種子，或種樹或作爲葡萄園，準備取得新的豐裕的收穫。人將有用的植物與家畜，各地互相交換，使全世界的動植物，都有互相移植的機會。再進一步說，動植物經過手的人工選擇以後，其原形之變化，有的簡直令人不易辨明他們的來源。直到現在，我們還不曾明白我們各色各樣的犬和馬，是從那些種的野獸演化而來的。

另一方面，我們也不要以爲動物的行動是絕對無計劃，不曾加以絲毫的考慮的。事實上凡有原生質的地方，凡有活的蛋白質存在，調度，即完成一種甚至最簡單的動作（這是某種外來的激動之結果）的地方都有有計劃的活動存在，不過略具胚式，不甚完全而已。甚至還沒有任何細胞的時候——更說不到神經細胞——已有「此種反作用。

蟲食植物採取食物的方法在相當的程度上也是一種有計劃的活動，雖則它是沒有意識的。動物隨神經系之發達而後有意識有計劃的活動，至於哺乳動物的活動之發展更是高度了。在英國獵狐的時候每日都可看到狐對地勢的知識是何等的高明，又何等巧妙無誤地來利用他的知識以躲避他的追逐者，他又何等清楚的知道而又能巧妙的利用利於他的地勢情形以泯除他自己的足跡。受過人類薰陶而十分發達的家畜，其一舉一動之敏捷，也常有小孩模樣的智慧。人類胚胎時期的進化的歷程，是重覆了我們動物的祖先之生理進化的歷程；同樣的，童孩的精神演進史，亦是動物祖先之智育的演進史之重演。但所有動物之有計劃的活動，終於不能在自然界中留得他們意志之痕跡。只有人能夠如此。

綜之，動物只能利用外界的自然，只由他的自身，引起自然的變化；而人類則以其變化強迫自然界效勞於他的目的，他統治自然界。所以，人與動物的主要區別仍然是勞働。

現在且莫來吹噓人類之若何戰勝自然，且看看在戰爭中人類力量的弱小。須知我們每一次所得的勝利，自然都有相當的報復給我們的。初時的勝利，當然能得到我們預料的結果，但是以後我們又會得意料以外的影響，把昔日所得的勝利全盤毀滅。在米索波達米亞，希臘，小亞細亞及其他各地的居民，因想利於耕種的事業，就把森林伐盡了；但他們却不曾夢想到他們的國家反因此而變成了不毛之地。因爲森林消滅以後，水分就不容易儲藏積聚了。移植在亞爾卜山的意大利人，把朝南山上所有的樅林鏟除了，可是他們又不曾意想到當地的畜牧事業，將因此而動搖了，同時，他們沒有顧慮到一年中山上雨水的泉源，因爲降雨時，水皆傾注於平地而不能在山中有所積貯了。這樣，我們在每一步的行動中，不能不想及，我們不能和戰勝的民族對付戰敗的民族，或者是站立自然以外的人一樣；我們人類無論如何，是不能完全征服自然的，我們的骨肉膚髮，都是自然的屬有物，我們是在自然中生活的，我們所謂對於自然的統治，僅僅是在我們比較其他的生物，多能夠理解自然的法則，正確地運用而已。

我們的歷史加多一天，我們就逐日地更正確地了解自然的法則，且能達到我們干涉自然界的自然行程之最遠的與最近的效果。從十九世紀機械工業隨着自然科學發達以後，我們在生產方面，所預見到的將來必然產生的自然的影響，範圍也更加擴大，我們就這樣地成爲多種現象的前因後果的支配者了。我們愈是向這一方面進行，那我們不僅感覺到，且又明白了解自身與自然一致，到了那時候，那古典的古代衰微時與基督教高度發展時之歐羅巴所產生的觀念，卽精神與物質，人與自然，靈魂與肉體間之衝突觀，這種無聊的，反自然的觀念再也不會有了。

我們想預見生產活動之較遠的自然的結果，但是費幾千年的功夫方學會；那我們要預見此種生產活動之較遠的社會的結果，自然更加艱難了。我們想起了馬鈴薯及其散植的結果所產生的瘰癧病。但在十九世紀中歐洲各國因了歲收不豐引起一般居民生活之恐慌與乎一八四七年愛爾蘭的大飢年，於是努力種植。後來僅以馬鈴薯爲食物之愛爾蘭人，因受食恐慌之犧牲，飢餓至死者達百萬人。移居於海外者達二百萬人。當亞剌伯人發明蒸酒的時候，他們做夢也想不到那時還未發現的美洲之土人後來竟因酒而漸次絕種。當哥崙布發現美洲時，他不會知道美洲發現以後，會復興歐洲久已絕跡的奴隸制度會建立了黑奴販賣業。十七八世紀發明汽機的人，並不覺得他的發明是使全世界的社會關係傾向於社會革命化之唯一的工具。在歐洲，因少數人財產集中，大多數人貧困的緣故，機械工業開始時，歐洲資產階級乃得處在社會的政治的統治地位，於是就引起了資產階級與無產階級的鬥爭，而後者必至推翻資產階級而將社會的階級衝突一舉而永遠消滅之。這樣，我們在這場合中，逐漸了解我們生產活動之間接的較遠的效果，這必須在長期的鬥爭中，在歷史的事實中，才能預知將來之必然產生的社會的影響。我們也就這樣來調節，支配我們的活動。

要調節我們的活動，不僅對此活動有相當的認識就夠了，我們尙須把現代的生產方法及社會制度有整個的轉變才對。

現有的生產方法，僅求勞働的目前效果；將來的活動及其效果，是不曾加以顧慮的。原始時代的土地公有制，一方面是與當時人類的進化程度相適合，另一方面，又與當時之土地的空曠與剩餘相適合的。然而原始社會經濟之破壞正由於剩餘土地之消滅。故自空曠土地消滅以後，土地公共使用制也就消滅了。此後比較進步生產形式，其結果，分社會爲各種階級，統治階級與被統治階級間的利益時相衝突，統治階級的利益，不需要爲被壓迫者的生活而生產，他們只在促進勞働的效力，多得生產品的利潤。西歐資本主義的生產方法，便是一個很明顯的例子。支配生產和交換的各個資本家，他們僅爲目前的利益而經營。當時的注意力，只在生產的交換的物品之若何有利，而勞働之是否有有利的效力，也就置諸度外了。賣買中所得的利潤，便是資本家慘澹經營之唯一的動機。

（以下是上文的結論）

資產階級的社會科學，古典派的政治經濟學，所研究的是人類經營生產與交換之直接的社會性的效果。各個資本家之經營生產與交換的事業，其目的僅在獲得目前的利潤，所以，他們亦只能注意於最近的和直接的效力。工廠主人或商人能將他們所生產的或批發的商品售之於市場，並獲得普通的利潤，那他們就沒興味注意到商品與購買者的將來了。人類之反應自然的活動亦有同樣的情形：移殖於古巴的西班牙人，焚燒山間所有的林木，取其灰燼，作爲咖啡樹之肥料，但他們何曾注意到熱帶的疾雨，足使肥沃的黑土壤，被急水冲失而化爲荒原呢？人類對於社會的關係，和對於自然的關係一樣，在有現社會的生產方法中，大家所注意的，大部份是在最初的和直接的效果；後來又覺得非常地奇怪，在生產活動上比較遠大的影響，正與他們期望的相反，例如供求間的關係，往往變成一個完全相反的東西，十年恐慌的循環律，與德國所遭受的經濟恐慌，都是彰明顯著的例子。這也是一件無庸置疑的事實，基於工人勞働的私有財產制，必使勞働者的私產完全喪失，財富也就一天似一天地集中於非勞働羣衆的手中了，這樣子……

（下文原稿散失，故缺。）

＊　＊　＊　＊　＊

人類進化過程

人類是在分的路線上發現的，這不僅在個體的意義上是如此，即在歷史的意義上，也是如此的。所謂個體的意義，即是說，單純的細胞之若何在分化的路線上進化爲形體複雜的有機體。手部經過數千萬年的嘗試以後，才和足部分工起來，養成了直行的習慣，這樣，人與猿類的區別，始有形跡可尋、言語與腦部，得有發達的基礎；至是，人猿之相去，一天一天地隔遠了。手有專門的機能，工具始有發明的可能，工具即是人類反應自然與生產的基礎。動物的工具的是狹義的，有如四肢然，這一點我們在蟻，蜂，海狸等動物中，比較有明顯的例子：動物是可以盲目地生產的；但他們對自然環境之生產性的反應，則等於零。只有人類能對付自然的反應；他不唯轉移動植物界的蕃殖，而又能改變居地的自然條件，與動植物的構造，故其活動的成效，將歷萬世而不沒。

人之所以有此成效，全賴手部之力。汽機雖然是一種強有力的工具，但它的基本力，也就靠手的創造而形成的。與手部同時發達的，又有腦的作用。所謂「意識」的，原來是各種實際活動的反映經驗，處境順適的民族就有認識人類在自然界中活動的法則的能力了。人類對於自然法則的認識愈深，那對於自然反應的方法亦愈多；發明汽機，僅靠一手之力是不夠的，同時又需要腦部的發展，始能收雙管齊下之效。

人類與歷史是分不開的。動物的歷史，是他們如何產生及進化至現狀的歷史；但是他們的歷史，是由他們自身被動地參加，而不容有他們的意志左右的。人類的歷史，是有意識的創造，所以有一定的預定的目標，放在歷史前程的。但是我們把人類的歷史，即使現代民族的歷史，仔細研究起來，我們仍然看得出，他們所預定的目標，與其所得的效果，又不免有參差的情形。同時，不受人類支配的力量，又較大於人類有計劃的活動的力量。不過，人類的活動和生產之仍在盲目的摸索中進行，那此種畸形發展的現象，當然是免不了的。在工業發達的國家，自然固已爲人類部份地制服了，生產加增了，但是生產發達的結果，又是怎樣呢？結果便是剩餘勞動之增長，民衆生活之貧困，每十年經濟恐慌之循環的發生。所以，達爾文謂自由競爭，生存爭鬥是生物界之經常的狀態；他却不曾知道有種經濟學家所謂歷史的成績，是不能應用之於人類的社會的，只有社會生產之有意識的組織，才能使人類超越動物的境界，因爲在有意識的組織中，一切生產與交換都成爲有計劃的活動了。社會關係發達，就不難有意識的組織，此時，新的歷史時代開幕了，人類的活動與自然科學所得到的勝利，在先還認爲是一種隱隱約約的影子的，將來就愈有把握了。

精神世界中之自然科學

有一個舊的，普遍於民間的諺語，是個辯證法的格言，這就是極端必相會一語。德意志自然哲學一流的自然科學學派想把客觀世界排擠出他主觀思攷的圈子，假若我們想從這學派中去尋找那絕世的空談，絕世的盲從與迷信，那我們就錯了。我們應該尋之於相反的學派中。這相反的學派只過份誇大了經驗，對於思攷則萬分地輕視，於是其理論上之胡柴亦達到了極點……這個學派在英國頗佔優勢。這個學派的開山祖，那出名的佛郎西斯倍根已經要求人們注意他那新的經驗的歸納的方法。在這個方法幫助之下至少可以求得下列諸事：延年益壽，返老還童，身體與面貌之改變，這個物體可以變成那個物體，可以製造新物種，對空氣之克服，以及風雨之呼喚。他埋怨大家都不注意這種研究，他在他的自然史中編製了黃金製造與別種奇事的正式配方。同樣地，牛頓在老年時又來註解「約翰福音」的第一章。由此看來，在最近時期中，英國的經驗論在他的幾位頗不壞的代表手中作了美國船來品顯靈與扶乩的到地的陪葬物，並不是什麼奇怪事情。

勞苦功高的地質學家與植物學家阿弗里德·華勒斯（Alfred R. Wallace），即是與達爾文同時提出天然淘汰變種論的那位先生也就是這類科學家裏面的一位。他寫了一本書，書名叫作「關於奇蹟及近代精神論」（On miracles and modern Spiritualism），一八七五年在倫敦出版。他在這本書中敍述他在這一門自然科學中的第一次試驗是在一八四四年，那時他聽了斯賓賽·豪爾先生(Spencer Hall)關於催眠術的講演，他聽了這種講演時回來對他的學生作了一些同樣的試驗。『我對這個問題感覺到很大的興趣，於是就用所有的狂熱來研究他了。』他不但能夠催眠以及造成肢體麻木或局部知覺之喪失等現象，並且能夠改變受術者之感覺，以手微觸受術者之感覺器官會引起他的相符合的行動，這行動表現爲各種活潑的相符合的手式與姿態。他又說，當他以手接觸受術者時可以使受術者感覺到施術者之一切感覺；他拿一杯水給他，告訴他這是剛納酒(cognac)，他喝了之後果然醉了。他還可以使一個清醒的人糊塗得忘了自己的名字——然而另外一個教員則不用催眠術也可以得到相同的結果。等等之類。

我在一八四三——一八四四年的冬天在曼奇斯特地方也會到了這位豪爾先生。他是個最平常的老江湖。他在幾位神父的幫助之下來到了外省，對一個少女施行催眠試驗，用以證明上帝之存在，證明靈魂不死，證明當時渦文派在各大城市中所宣傳的唯物論之謬誤。他果然能使這位少女入於睡眠狀態，當施術者以手觸其某一感覺器官時，她就做出各種演劇一般的姿式，以如醉如狂的姿式表示某一器官的行動。例如，以手觸其對子女之愛的器官（organ of philoprogentiveness）她就開始搖動而且吻她虛幻的幼兒，等等行動。這位撒謊的豪爾在這裏又發現了巴瓦台利島（Insel Bavataria），他新添了一個敬神器官，當他以手觸到這位被催眠的少女之敬神器官時，她就跪在地上，張開兩手，在驚奇的俗人觀衆之前做出看到天使的樣子。這就是表演的最高與最終的一點。於是上帝之存在就證實了。

我同我的一位相識也和華勒斯先生一樣對這種現象頗感興趣，於是就囘去計劃重演他的試驗。我們選擇了一個很活潑的十二歲的男孩作我們的受術者。定睛地注視他或撫摩他結果很容易使他墮入催眠狀態。但是我們却不像華勒斯先生那樣地輕信盲從，我們對這件事情所懷的狂熱也沒有他那樣大，所以我們所得的結果也完全與他不同。假若某一部份肌肉發生麻木或是失去知覺，那末我們就可斷言這是由於感覺之過份興奮而引起的意志之完全被動狀態。假若受術者因一種外部的激動而從昏睡狀態中驚醒，要比從清醒狀態中活躍得多。我們沒有看到施術者有絲毫神祕的地方。任何一個人都可同樣地作用於我們這位被催眠者。我們覺得腦殼上的知覺器官是一種乾燥無味的空話，我們所得到的結果更多。我們不但可以使這些器官互相調換，並且可施之於全身，我們還製造了很多別種器官，如歌唱器官，口嘯器官，吹號器官，跳舞器官以及拳擊，縫紉，製鞋，吸煙等等之類之器官，我們想把這器官放在什麼地方便可放在什麼地方。華勒斯的受術者飲水而沉醉，我們却可以指定大脚指爲沉醉器官，只要我們略一撞到他就可引起沉醉之最奇形怪狀的滑稽狀態。但是假若受術者不懂得你要他做什麽事，任何器官都不能引起一個行動，這是很顯然的。我們這個小孩經過相當的實際練習之後更是成熟了，你加以最小的暗示他都會行動起來。這些新生的器官在每次催眠狀態中都永遠做出相同的行動。換言之，我們這個受術者有兩個記憶力，一個記憶力適合於清醒狀態時，另一記憶力則特化而專適於催眠狀態時。你假若不用同樣的催眠方法去改變這器官，他總是如此繼續下去的。至於說到意志之完全被動，絕對服從第三者之意志，也沒有什麽奇怪。因爲這一切現象都原於受術者意志之服從施術者之意志，假若沒有這種服從，什麽都完了。一個催眠家無論如何有魔力，假若他的受術者同他開玩笑時他就無法可想了。

同時，我們只稍稍用了一點懷疑論，便發現了江湖催眠術的許多根本現象與清醒狀態之現象所差者不過是程度而已。我們沒有應用任何神祕的解釋去說明這些事實便得到了此種結果。而華勒斯先生的狂熱（ardour）却把他引到各種自欺的路上，使他詳詳細細地去確定腦殼上的器官分佈，而想在施術者與受術者之間找到一種神祕的關係。在華勒斯先生頭腦簡單而糊塗的敍述中，處處可以看到，他所重視者不是研究這靈學的江湖騙術之事實基礎，而是想無中生有地去再現一切現象。一個自然科學家，因爲有了簡單而輕率的自欺，所以居然在極短時間內變成了這種現象的熟手，也非有這種情緒是辦不到的。華勒斯先生到底還是相信催眠術的奇蹟，他已經將一隻脚踏進精神世界了。

其另一隻脚則於一八六五年始插入這精神世界。當他在熱帶諸國作了十二年的旅行歸來之後，降神術的試驗又把他領進了各種各色『神媒』(medium) 的社會。前面所引過的那本書可以證明他在這條路上的進步是何等的迅速，他對於個中材料的驅遣又何等地純熟。書中不但收集了侯姆 (Home) 達文包爾 (Davenport) 及其他諸『神媒』的奇蹟，並且引了一大套自古以來的，好像是拾分可靠的精神歷史。其實這些『神媒』完全爲金錢而來，而且完完全全是些騙子。希臘的神卜與中世紀的神巫都是一種『神媒』，而閻勃里希斯(Jamblichus)已經把占卦(de divinatione) 看作『近代精神論中最驚人的現象』了。

我們再引出一個例子，足見華勒斯先生對這些奇蹟之科學的審察與確定是何等地輕率。很顯然地，必有很多先入的成見才能相信精神能夠自照相片。當我們沒有看到精神的本身時，我們很難確信這些精神的照片是確實的。我們且看華勒斯先生在他大著之第一百八十七頁上是怎樣敍述的。他說，在一八七二年三月間，大神媒尼改爾斯（Nicholls)的女兒，古比（Guppy）太太在諾丁山，哈德遜（Hudson）先生家裏同他的丈夫與小孩在一起照了一張像片，在這兩張像片中可以看出古比太太令人起敬的丰彩，一個高大的女性的身材，面貌則略帶東方色彩，在白色的氣中顯出精緻的（fine）面貌。『這兒有兩件事，其中必有一件是絕對可靠的。或是一個活的，有理性的，肉眼所不能看到的存在物，或是古比先生與古比太太，攝影家以及另外一個第四位合做的一個無恥的騙局，而且直到現在還堅持着他。然而我同古比先生與古比太太都非常地熟知，我絕對地相信他們不會做出此種騙局，他們不像自然科學中的一位鄭重的眞理追求者一樣。』

由此看來，或是個騙局，或是個精神照片。誠然地。在騙局中又有兩種把戲，或是底片上本來就有了一個情神的影像，或是有第四人或第三人參與其間，被騙者老頭子古比已於一八七五年正月以八十四歲的高齡逝世（算是將他完全騙過了）。我們知道替精神（鬼魂）找一個『模特兒』並不是一件怎樣困難的事。攝影師哈德遜之爲精神照像專門假造家不久之後就被大衆曉得了，華勒斯先生關於這一點只輕輕地一筆帶過，道：『無論如何，有一件事情是清楚的，就是假若有了欺騙，精神自會把他發現出來。』所以關於攝影師已經無話可說了。現在剩下了古比太太。說到古比太太，她的尊友華勒斯先生是『絕對相信』她的，所以也無話可說。無話可說？不，不然。她的話可以證實這位古比太太的絕對誠實可靠。她說，有一天晚上，大概是一八七一年四月初，她不自主的被人攝去，離開了她亥巴里山花園（Highbury Hill Park）的私第，騰空飛越了三英里的直路，直到蘭康杜街（Lambs Conduit Street）的六十九號，她被人放在這六十九號住宅的請神會的棹子邊。房門是關着在，這就是說，這一位倫敦最名貴的夫人古比太太突然門鑽進了這房子，門與天花板都沒有絲毫開啓，她就鑽進來了（倫敦聲回報一八七一年六月八日所登載的談話）。這個時候，如果還有人相信精神照像是眞的，那必然是個最不可救藥的人。

英國自然科學家中之第二個精神論的名手，是威廉・克魯克斯先生（Willian Croo-kes），這就是發明鉛原素與放射尺的那位先生（放射尺英文爲 radiometer，德國人則稱之爲光旋機 lichtmuhle）。克魯克斯先生在一八七一年才開始研究精神現象，他還應用了許許多多物理學的與力學的儀器，以及鋼簧稱，電池等物。我們馬上就可以看到，他是否攜帶了他主要的儀器——懷疑批評的頭腦，他是否能自始至終保持着他適於工作的狀況。可惜不久之後，克魯克斯先生也同華勒斯先生一樣作了精神論的俘虜。他敘述道：不幾年之後，一個年輕的婦女『佛洛倫斯・庫克（Florence Cook）小姐成了一個最出色的神媒。到了最後，她竟能以另一女姓的身影而出現，據她說，她是赤脚從精神世界中跑出來，他穿着白絲的長衣，然而我們的神媒之本人却穿着黑衣服，正酣睡在一間關着的房間內』。這個精神自稱爲愷弟（Katey）。她的面貌非常相似庫克小姐，有一天晚上在門牌的時候，遇到了佛克曼(Volckmann)先生——他現在是古比太太的丈夫——他拉着她問她是不是庫克小姐的再版。精神在這個時候，完全像一個眞實的處女，很勇敢地衞護自己；這時大家都來把他們拉開，瓦斯燈忽然滅了，過了個短期的混亂之後，室內恢復了安靜，燈又明了，而精神呢也無影無踪了。神媒庫克小姐却依然昏昏沉沉地睡在原來的地方。然而佛克曼先生直到現在還肯定地說，他所拉到的並不是別人，正是庫克小姐。一位著名的電學家瓦萊(Varley)先生爲着要用科學的方法來確定這件事情，所以通電流到神媒庫克小姐身上，在電流未斷時，她是不會出現爲精神的。然而精神究竟出現了。這樣就證明了這精神並不是庫克小姐本身，而是另一存在體。克魯克斯先生自己担任這件事實的證明。他的第一個步驟就是對精神小姐要有信任。他從一八七四年六月五號之後變成了精神論者，他告訴我們，他對精神小姐的信任『漸次增加，以至於**非有我將全部請神設備都佈置妥當，她不願意來請神**。她希望我離她更近一些，近在她臥室的附近。這時這種信任已經確定了，她相信**我沒有違背任何一個對她的允諾**，於是各種現象更加顯著了。我自報奮勇地取得這些證據，用別種方法是不能取得這些證據的。她時常同我討論請神會中所到的一些人物及每人的地位，因爲在最後的時期中她對某幾種無意識的暗示常有非常靈敏的感覺，因此除了上述的更科學性的研究方法之外還應當應用更多的努力』。

這位精神姑娘非常嘉獎這樣可喜而又這樣科學的信任。她有一次（這種事情在現在並不能使我們驚奇）還到了克魯克斯家裏，同他的孩子們玩耍，講述『她在印度監牢中的軼事』，告訴克魯克斯先生『她過去生活之痛苦經歷中的幾件』故事，讓克魯克斯摸她的手證明她是個可感覺的眞實的，物質的，要他計算她每分鐘脈跳若干次，呼吸若干次，到了最後還願意同克魯克斯先生合拍一個照片。華勒斯先生說道：『這個形體，既能被人看到，覺到，又可照像片，又可同他討論問題，然而却從一個小小房間中絕對地消逝了，這小房間除了一間關閉着而又塞滿了現象的房間之外再也沒有其他出路了。』這事情是發生於克魯克斯先生之家，這些觀衆都是文質彬彬的君子，其對主人之信任亦有如主入對精神之信任，在這種情形之下，要完成上面所述的事情也並不要什麼特別的本領。

所可惜者，靈學家的先生們並不把這『十分可靠的現象』看作可靠的。我們在上面看到那位十分相信靈學的佛克曼先生居然十分放肆地做出了一些物質的姿態。此外，還有一位精神家（靈學家），是『勃列顛靈學總會』的執行委員，他也到了庫克小姐的請神會，他說精神所出入的那個房間，還有第二個門可以通到外面。這時也親自到場的克魯克斯先生的報告『對我的意見加以最後的，致命的打擊，他證明在這種現象中有值得注意的東西』（莫利司．達維斯所著「神祕的倫敦」——Maurice Davies: Mystic London）。

在美國却把『愷弟』怎樣『物質化』這個問題弄清楚了。有一個女子名叫何爾摩斯，在費拉達費作了一些表演，在表演中也是出現了一個『愷弟』，並且接受了相信者許許多多贈品。然而這位『愷弟』却有一次因得資不多而拒絕了表演，於是挑起了一個懷疑家，他決計來偵察這位愷弟的踪跡，一天偵察不出來，便一天不肯罷休。結果在一個寄宿舍（boarding house）中找到了她，他才曉得了這位少婦也毫無疑義的是個有血有肉的人，而享受了她做精神時所得到的一切禮物。

歐洲大陸也很榮幸地有了他科學的見靈者（geisterseher）。聖彼得堡有個什麼科學團體——是個大學呢還是個專門學校我却記不得——派了政府顧問亞克撒可夫（Aksakoff）與化學家布特列羅夫（Butleroff）這兩位先生作代表來研究精神（靈學）現象，結果自然是毫無所得。假若我們再相信靈學家烘動一時的宣傳，——在德國就可找到一位精神論的英雄，這就是來布齊的大學教授曹爾耐（Zöllner）先生。

大家都曉得曹爾耐先生對於『四度空間』已經研究了多年，並且發現有許多東西在三度空間中所不能發生者到了四度空間中都會自然而然地發生。例如，在四度空間中可以將一個封閉的金屬球翻將過來有如翻一個手套一樣，並且不把這球弄破；一條兩頭都無端的線，或是兩頭都牢縛於二處的一條線都可在中間打結；兩個完整的環子可以套在一起，却不必打破任何一環，以及諸如此類的妙事妙物。現在假若精神世界可以證明上述事物是可靠的，曹爾耐教授先生自然很樂意去找一個或幾個神媒來，以便在他們幫助之下證明四度世界之實有。這時的成績是很驚人的。以臂彎置椅背上，而拳頭則縛在桌上，不能離開桌子，可是精神之後臂與椅子却套在一起了；把一條線的兩端縛在桌子上，精神之後中間却憑空增加了四個結子，諸如此類。總而言之，精神可以耍出四度世界的一切奇蹟。話雖如此，然而我却不相信靈學雜誌上的話是正確的，假若這雜誌中有一些錯誤，則曹爾耐先生應當感謝我指出了這一些錯誤。但是假若他們正確地敘述了曹爾耐教授先生的試驗結果，則他們可以毫無疑義地開闢個精神科學與數學的新時代。精神既可證明四度世界之存在，四度世界又可證明精神之存在。此點一經確定之後，則科學的前面必然展開了一個全新的，其大無邊的活動場所。過去的一切數學與自然科學不過是更高的四度世界數學之入門，是更高的精神度的力學，物理學，化學與生理學之入門。過去克魯克斯先生曾用科學的方法計算一個桌子或其他器具在轉入另一世界（現在我們才知道是四度世界）時損入了多少重量，而華勒斯先生認為在這個世界中火都不能灼傷人體。這些精神的生理學是何等地好玩！他們呼吸，他們有脈搏，這就是說他們有肺，有心，有血管，因此，他們大概也有別種器官，他們又同我們一樣也會死亡。但是要呼吸又必需有炭水化合物，才能使肺工作，而這些東西又必需從外部吸入。這樣又必須有胃，腸及與此有關的東西。既然如此，則其餘各種器官自然也不難有了。但是這些器官既已存在，自然也有得病的可能，這時維爾豪夫先生又要寫他的精神世界的細胞病理學了。同時呢，這些精神之大多數又都是艷麗的女流，恐怕也一定沒有什麼與人間姑娘不同的地方，除了有那超人間的豔麗，這樣說來，他們遲早都要找他們的『丈夫，能夠感覺到愛的』丈夫；同時，克魯克斯先生又根據脈搏而確定有『婦人的心』．那末在自然淘汰中自然也有了四度世界。這時自然不必再怕他（自然淘汰）能與萬惡的社會民主黨混在一起。

夠了。在這兒我們已經看清楚了，從自然科學到神祕主義的路子是這等地直捷了當。這並不是什麼自然哲學的理論，也不是自然哲學的支流別派，而是最老牌的，睥睨一切理論的，不相信一切思攷的經驗論。並不是用什麼先在的必然來證明精神之存在，而是根據華勒斯，克魯克斯諸先生及其羽黨之經驗的觀察所得的結果。我們相信克魯克斯光景分析的觀察，這觀察會發現了鉈，我們也相信華勒斯先生在馬來羣島所得到的豐富的發現，但是要我們相信這兩位學者的靈學研究與靈學發現却有些困難。我們說，這個地方究竟是有差別的，我們可以相信第一種發現，但是第二種發現却不能使人相信。於是靈學家就說道：這是錯了，他們也可以設法證實這些靈學現象而使我們相信。

看不起辯證法的人必然會得到懲誡。無論怎樣看不起一切理論的思攷，但是，假若沒有理論的思攷而想把兩個自然現象聯繫在一起，想了解這兩個事實之間已存的聯繫都是不可能的。在這裏有一點是非常重要的：能否正確的思想。輕視理論是博物家最信任的思攷方法，這是錯誤的。這不正確的思想到了最後依然逃不出大家早已知道的定律，就是說必然走到與他出發點完全相反的一點。這樣子，經驗派看不起辯證法，而結果受了懲誡——使那最急切的經驗派都作了一切迷信中之最粗野的——現代靈學的犧牲品。

對於數學也是一樣。玄學式的普遍數學家都而有驕色地誇耀他們這個科學的結果都是絕對地神聖不可侵犯的。虛數自然也是這種結果之一了，因此虛數也得到了若干的眞實性。他們已經慣於將眞實性給之$\sqrt{-1}$，所以他們也可以把我們腦筋之外的眞實性給與四度，這樣子又可以百尺竿頭更進一步乾脆地也承認了神媒的精神世界。這兒又重覆了凱特萊爾（Kötteler）論道林格兒（Döllinger）的話：『這位先生一生中所維護的愚蠢思想是非常多的，以致要他承認神聖不可侵犯說都是很容易的！』

實際上，純粹的經驗論並不能駁倒靈學家。第一，上述的現象要想出現只有當那負責的『研究者』已經頗爲熟練能夠看到所應看到的或是所想看的東西的時候，就譬如克魯克斯本人，他的敍述是何等地糊塗。第二，雖然幾百件所謂事實都是過份地吹詡、誇大，雖然幾十位神媒都是些江　騙子，但是靈學家並不因此心亂。如果還有一個虛構的奇蹟未被揭穿，那兒就可作靈學家的立足點，如華勒斯先生對於精神照像之假造一件事情的態度。假造照片之存在正可證明眞照片之眞實。

好了，現在來了，經驗論在不得已時，卻不用經驗論的實驗來證明靈學家之荒唐無稽，反而要用理論的話來證明他；看赫胥黎怎樣說：『在現在精神論眞實性之證據中，我看只有一點還算是件好東西，這就是反對自殺的新論據與新理由。實際上，活在世上而作一個清道夫也勝似死而作鬼，經過一個爲領取請神費用而作神媒者之口來叨叨「些囈語廢話！」』

（譯者註）華勒斯是個世界著名的自然科學家，中國已經譯了些他關於生物學的著作，中國人曉得他是個自然科學家卻不曉得他是個靈學家。普通人都以爲自然科學家應當是天然的唯物論者，現在可以清楚了。中國是個神媒（medium）之多如過江之鯽的國度，多年之前靈學也曾烘動上海，此後或可還會再來一次，誰能保證中國的自然科學家不效法華勒斯呢。現在最唯物的郭任遠或者不會變成靈學家？

電學

電與熱是一樣，普泛的存在於各處，不過形式不同而已。地球上面差不多沒有一種變化不與電的現象相伴。在水的蒸發時，在火之燃燒時，在兩種不同的金屬或熱度不同的金屬相接觸時，在鐵與蜜蠟溶液相接觸時，以及在其他等等現象中，除了發生眼睛所能看到的物理現象與化學現象之外還同時發生電的過程。我們越是精細地去研究自然界中之各種過程，越是常常看到電的踪跡。雖然處處都有電，雖然在最後的五十年中他逐日增加其對人類工業的効勞，但是我們直到現在還沒有把這個運動形態之本質弄清楚。電流（galvanisch Strom）的發現比酸素之發現還要早二十五年，這發現對於電學之意義亦有如酸素對化學之意義。但是直到現在這兩門科學的差異還是大得很。在化學中，特別因爲有了道爾頓的原子重量的發現，我們已經取得了既得結果之秩序與相對的牢固性，我們可以有系統的，差不多是有計劃的，向未知的領域進攻，好像是計劃周密地包圍着一　堡壘。而在電學中怎樣呢？依然還是漆黑一團的，舊的，不中用的，既未曾完全確定的又未完全推翻的一些試驗記錄，好像在黑暗中之猶疑的踟蹰；只有很多個別學者們的相互間聯絡很少的探索與實驗；這些學者侵入了這漫無邊際的，不熟的領域，有如一個遊牧的部落。實際上在電學領域中還需要發現一個像道爾頓那樣的發現，這才可以使這門科學得到一個中心與牢固的基礎。因爲關於電的學說都是這樣細小，零碎，所以不能產生出一個普含一切的理論，所以才使片面的經驗論能夠支配這個領域；而這經驗論不但斬絕了自己的思攷力，並且不能正確地追踪事實，甚至不能正確地敍述他們，所以他就變成了與實際經驗完全相反的東西。

這些自然科學家先生們，平日提起德意志自然哲學的糊塗的先驗學說來總是罵不絕口，我們現在却願意介紹他們去讀一讀與這些自然哲學家同時的經驗派物理家的著作，甚至較晚的著作。特別是關於電學的著作。舉例如一八四〇年的著作，湯姆生的「熱與電之科學之大綱」(An Outline of the Sciences of Heat and Electricity by Thomas Thomson)。作者也是一代的權威。此外，向來電學中最偉大的研究者法拉第的大部份著作都被他應用了。然而這書中所包含的糊塗見解同較早於他的黑格兒「自然哲學」關於這個問題的見解還要糊塗一些。例如他關於電花的描寫差不多就等於把黑格兒關於這個問題的意見加以翻譯。他兩位先生都嘮叨一些電花中所發現的一些奇異事物，想從這些事物去認識電花之眞實性質及其繁多的形態，現在我們都知道了，這些奇異事物大都是偶然現象，甚至是走錯了路子的結果。不祇如此，湯姆生在四四六頁上還很鄭重地引了狄山耐(Dessaignes)的故事，認爲在氣壓表上昇而溫度表下降時，把玻璃，松香，絲絹等物浸入水銀裏可得負電；反之如氣壓下降而溫度上昇則得正電。又好像在夏天的時候，加熱於黃金或別種金屬得正電，加冷則得負電，冬天相反。又好像是，在氣壓高而吹北風時，充電較強，此時溫度上昇則得正電，溫度下降則得負電。以及諸如此類的話。湯姆生的書中居然引了這種事實。至於說到先驗的學說，湯姆生却引了下面的關於電花的理論，這理論並不是別人的，正是法拉第的：『電花——就是很多誘電分子之極化的感應狀態之消失或減弱，是由於佔極小空間的此種分子之一部份有了特殊的行動。法拉第以爲放電所發生在的這一部份分子不但相互間有相對的移動，而且有時候還達到了特殊的，十分激昂的（highly exalted）狀態，這就是說，圍繞着他們的一切的力都投向他們，因此他們就走入了強度很高的狀態中，其強度或者同化學化合的原子之強度一樣地大。此後他們又將這些力放出，——亦有如原子之放出自己的力——至於放出時所用的方法直到現在我們還不知道，——這就是整個的結果（and so the end of the whole）。煞尾的行動確切像是有一些金屬分子出現了代替了已經放出的分子，而這兩種情形中之行動方法之相同一也不是不可能的。』湯姆生又附加說道：我在這兒用法拉第自己的話來傳達他的說明，因爲我還沒有透澈地了解他。其餘的人讀到黑格兒時也會說出這樣的話。黑格兒說：在電花中，『緊張體之特殊物質化（materiatur）還沒有走到過程中，他在這物體中已經在本原上與靈魂上確定了』；又說電是『物體之自有的動怒，自有的激揚』，是物體之『動怒的自我』，他『出現於被激動的每一物體中』（見『自然哲學』第三二四節的附錄）。黑格兒與法拉第的根本思想是相同的。兩個人都反對不以電爲物質之狀況，而以他是某種特殊的獨立的物質的見解。在電花中，電好像以獨立的自由的方式而出現，脫離了一切物質的東西之後却還有感覺上可感受的形式，既然如此，則在當時的科學的水平上面必不可免地會有一種思想，認爲電花是在一瞬間離開物質的某種『力』之現象之飛逝的形態。但是我們知道在兩個金屬電端之間發生電花放電時，確實要交擲『金屬分子』，因此，『緊張體之特殊物質化』也確實『走到過程中』了。

我們都知道在原先的時候，人們都把電，磁看作與光及熱相同的，特殊的，無重量的物質。說到電呢，大家都說他是兩種互相對立的物質，兩個『流體』——正的與負的——，假若沒有所謂『電離力』（elektrisch scheidungskraft）時，他們只能相互中和於經常狀態中。因此可以有兩個物體，一帶正電，一帶負電。如果用第三個導體來把他兩個聯接起來，則緊張程度漸趨均一，或是突然間達到均一，或是經過很長的電流以達到均一，這就要看當時的情形如何了。突然間的均一是很簡單的，很明瞭的，然而電流的說明却有許多困難。從前有個最簡單的假設，認爲每一次的流動者不是純粹的正電，便是純粹的負電、然而費希涅爾(Fechner)及維伯爾(Weber——後者更詳細些)所提出的觀點却與此相反；他們認爲在一個完整的電環中，正負兩個相等的電往往以相反的方向在兩個溝道中對流，——這溝道是穿於有重物體各分子之間的。維伯爾對這個理論做了更詳細的數學研究之後，便得了一個結論，就是要用一個函數（至於是什麽函數，在這兒却不甚重要）去乘$\frac{1}{r}$，這時的$\frac{1}{r}$即電單位對米里格蘭姆之比（見維德曼「電流論」第二版第三章第五六九頁）。而對有重質量之比必爲重量比，這也是很顯然的。這片面的經驗論，平時雖以精算自傲，這時居然絲毫不用思想，把無重的電當作有重的東西，而且他的重量居然用進了數學的計算裏。

維伯爾所造的公式只有在一定的界限之內才有用。不幾年之後，海爾姆何茨根據這個公式所求得的結果已經和能力不滅的定律相矛盾了。到了一八七一年的時候，腦曼

（Naumann）又用另外一個剛剛相反的假說來對抗維伯爾的方向相反二流假說。他說：在電流中只有一個電流動，假令這是正電，而另一負電則固着於物體之質量上。關於這個假說，維德曼作過下面的指點：『維伯爾的二流流於質量$\pm e$之兩反的方向中，現在設有一個未有表面行動的中和電流，他牽引$\pm\frac{1}{2}e$的電量走着正流的方向，如果這個電流可以交合起來，則維伯爾的假說當亦可以與腦曼的假說交合起來。』（第三章第五七七頁）

這個論斷正可以表示出片面的經驗論之特點。爲着要使電能夠流動，所以才把他割解爲正電與負電。但是，凡是想用這兩種物質來說明電流的人都碰了釘子。一種假說認爲在電流中只有一種這樣的物質，另一假說認爲兩種物質同時對流，最後一個假說則認爲一種物質流動而另一物質靜止不動，這三種假說都走不通。假若我們採用了最後這個假說，我們怎樣去解釋下面一個事實呢？電機中與來頓瓶中的陰電也是十分活動的，然而他却出現於與物體質量最緊聯的電流中，這是爲什麼呢？這也非常簡單。有一正電

＋e，他在環中向右流，又有一負電－e，他向左流，此外還有一個中和電±e，他也向右流。這樣看來，我們第一次假設兩電互相分離，然後才能流動；後來爲着說明此時所得到的互分的電流現象，我們又來假設說他們不相分離也可以流動。我們開始做一個假說來說明某一現象，等我們遇到第一個困難時，馬上又做出另一與第一假說完全相反的假說。這些先生們所埋怨的哲學又該怎樣呢？

除了這些以電爲物質的見解之外，不久又出現了另一種觀點，據這觀點說來，電只是物體之狀態，是『力』，或是如我們現在所稱的一種運動形態。黑格兒及後來的法拉第都是抱持這種觀點的。已經發明了熱之機械當量，而熱爲特種『熱素』之見解已經克服了，於是確定了熱是一種分子運動；這時自然又想着怎樣用這新方法去研究電，而企圖確定他的機械當量。這算是完全成功了。特別是儒列，法佛列(Favre)，拉烏爾(Raoult)等人的實驗，不但確定了所謂電流之『電動力』之機械當量與熱當量，並且證明了他完全等於電池中化學過程所放出之能及所消耗之能。以電爲特種物質的流體之學說因此而更加動搖了。

但是熱與電之類似說究竟還不甚圓滿。電流與熱在根本點上的差異究還是很大。究竟我們還不能指出到底運動於電緊張體之中的是什麼東西。像對熱的解釋一樣，認爲他是簡單的分子運動，是錯誤的。電的速度是很大的，甚至超過了光的速度，這樣子，好像要很駁倒電是流動於分子之間的物質物的一種觀念。於是馬克斯威爾（一八六四年），漢凱爾（Hankel 一八六五年），琳納爾（Regnard 一八七〇年）及愛德隆（Edlund 一八七二年）等人的最新理論便出台了。這些理論實在符合於法拉第一八四六年已經發表過的假說，認爲電是一種充塞於全空間的，因此可浸入一切物體的有彈性媒質之運動，這個媒質之各個微粒都以距離平方爲反比例而互相排拒。換句話說，電就是以太微粒之運動，而物體之分子則參與這個運動。每個理論對於這個運動之特性都有不同的想像。馬克斯威爾，漢凱爾與琳納爾的理論作了旋渦運動的最新研究，看這裏面也有旋渦運動，不過各人對旋渦運動的觀念亦各自不同。於是老笛卡兒的旋渦到了最新知識領域中又重新估爆了重要職位。我們現在不來詳細地研究這些學說。他們相互間的差異是很大的，因此在將來必然還要發生很多變化。但是在他們的基本概念上已有了很大的進步。以侵入一切有重物體之中的光源以太之微粒行動於物質分子之上的運動爲電，這種見解調和了從前的兩種概念。根據這種見解，在發生電的現象時，必然有一種異乎有重物質的某種物質的東西在運動，但是這種物質的東西却絕對不是電，反之，電却是一種運動形態，雖然他不是有重物質之非間接的、直接的運動。以太說一方面指出一條路子，告訴我們怎樣去克服舊有的蠢笨的電之相反二種流體說。另一方面，他給我們一個希望，去解釋究竟什麼是電運動的物質基礎，這種物質的運動居然能引起電的現象，這種物質到底是什麼東西。

在以太說中還有一個不可否認的進步。我們知道在某一點上，電能夠直接影響光的運動：他能扭轉光之極化面。馬克斯威爾根據上面所引的他自己的理論，計算出任何一物體比誘電常數（specific dielectric constant）都等於其折光指數之平方。包茨曼（Boltzmann）曾研究了很多阻電體以求其誘電常數，結果得到，琉黃松香與膠質之誘電常數之平方根等於他們的折光指數。此時所看到的最大差謬不過百分之四（在琉黃中）。由此看來，特殊的馬克斯威爾的以太說被實驗所證實了。

但是要想借助於實驗而在這些互相矛盾的假說中拾得一個堅實的果子，却還要費去不少的時間，不少的工夫。一天沒有一個全新的理論來代替這以太說，電學就一天不能離開這討厭的狀況，就是，他必須繼續應用他所認爲錯誤的名辭。他的全部名辭依然是根據電之二流說。他依然全不在乎的說什麼『流動於物體中之電質』，說什麼『電在每一分子上之分配』等等的話。這眞是豈有此理，然而這也是科學之現代的過渡狀況中所必不能免的，同時，當片面的經驗論文配着這個知識領域時，這種情形又必然幫助了過去的觀念混亂之繼續。

至於說到所謂靜電（卽摩擦電）與動電（卽流電）之間的對立可以說已經肅清了，因爲我們現在已經能夠用電機取得持繼電流，反之又可從流電流中取得靜電，以及來頓瓶放電等等。我們現在可以暫時把靜電放下不談，也可以把磁放下——我們現在把磁也看作電的變種。這些現象的理論解釋無論如何應取之於流電流的理論，因此，我們主要地是討論後者。

我們可以用很多方法取得持續電流。機械的物體連動是摩擦的方法所能直接產生的，一起頭只是靜電。要想用這種方法求得電流，那就要費去很多的能。要想把這種運動之大部份轉變爲電流，必須經過磁氣才可以，有如在格蘭姆(Gramme)與西門斯(Siemens)的電磁機器中一樣。熱可以直接轉變成電流，特別是當兩種熾熱的金屬接合在一起的時候。化學作用所放出的能在平常狀態之下往往採取熱的形態，他在某種條件之下可以轉變成電的運動。反轉過來，在適當的條件之下，電又可以轉成其他一切運動形態。可以變作機械運動，在相當程度上直接變到動電的吸引與排拒；在經過磁氣，在電磁發動機中又可轉變成大量的機械運動；電流如不作別的變化，則電路之各處皆有熱；在電解器與電壓錶的電池中他又可變作化學能，任何方法都不能分解的化合物，這時電流能夠分解。

ㄉ上面一切的轉變都受等量定律的支配，無論何種變化都是一樣。正如維德曼所說：『根據物力不滅的定律，取得此電流時所消耗的功必然當於此電流之全部行動所產生的功。』當機械運動或熱變作電（註）的時候，並沒有什麼困難就證明了：在機械運動變作電的時候，所謂『電動力者』實等於運動所耗的功；當熱變作電時，則電動力『在熱電池之每一接點上直接與其絕對的溫度成正比例』（維德曼『電流論』第三章第四八二頁），這是說，與每一接點上所有的，又可用絕對單位計量的熱量成正比例。後者又證明這個定律亦可應用於化學能所產生的電上。但是這兒的問題並不是如此簡單，至少用現在理論的眼光看是如此。因此，我們在這兒應該更注意地研究他一下。

（註）我用『電』這個字，意思是指電的運動，我有資格這樣做，有如我們可用『熱』這個字來表現我們感覺所認為熱的那種運動形態。我想這是不會引起何種誤會的，反之，可以較早地，較自覺地擯除了電運動與電緊張程度之混淆。

法佛列有一些很好的試驗，是關於電堆上所發生的運動形態之轉變的（試驗的時間是一八五七，一八五八年）。他在五個電池所聯成的電槽上裝上一個量熱表，在一個小的電磁發動機上裝上另一個量熱表（這發動機的軸與輪盤可以自由配置）。每次取得一格蘭姆之水素時，或是溶解三二・六格蘭姆的鋅（這是鋅之以前的化當量之表現爲格蘭姆者，其當量適等於現在原子量，六五・二之半）的時候電槽中就看出了下列的現象。

（甲）有量熱表的電槽獨立，不與發動機相聯，這時所產的熱是一八六八二，或是一八六七四熱單位。

（乙）電槽與電機聯結起來，但是電機沒有運動，這時電槽中的熱是一六四四八熱單位，機器上的熱是二二一九熱單位，合在一起是一八六六七個熱單位。

（丙）與（乙）相同，只是電機有了運動，不過還沒有舉重；這時電槽中的熱是一三八八八個熱單位，電機上是四七六九個熱單位，合在一起是一八六五七個熱單位。

（丁）與（丙）相同，但電機已能舉重而產生了一三一・二四克羅格蘭姆米突的功；這時電槽中的熱是一五四二七個熱單位，電機上是二九四七個熱單位，合在一起是一八三七四個熱單位。同（甲）段中原有的熱量之差是一八六八二減去一八三七四等於三〇八個熱單位。然而這時所發生的功却是一三一・二四克羅格蘭姆，現在用一〇〇〇去乘他（因爲要把化學結果的格蘭姆變成克羅格蘭姆），再用熱之機械當量四二三・五克羅格蘭姆米突去除他，結果得出三〇九個熱單位，和前面的差異三〇八差得有限，這就是所產生的機械功之熱當量。

這樣看來，一切轉化中的運動之當量在電運動中也確實地證明了——雖然在試驗中也有那不可避免的差誤。同樣也證明了，電池中之「電動力」並不是別的東西，只不過是轉化爲電的化學能。而電池本身也不是別的，只不過是一種方法，器具，借以把解放出來的化學能轉化爲電而已，正是蒸汽機可以將他裏面所產生的熱轉化爲機械運動。然而完成這種轉化的器具，本身並不能產生新能，這在兩個情形中都是一樣。

但是如果以傳統見解爲出發點，則我們在這兒也會遇到困難。這種見解以爲，電池之中的金屬與溶液既然發生接觸現象，則此電池自有一種『電解力』(elektrisch scheidungskraft)，這電解力與電動力成正比例，因此他就成了某一電池之定量的能。據舊的觀點看來，電池中不發生化學作用也可以產生能，然而這個能源，這個電解力與化學作用所放出的能有什麼樣的關係呢？如果他是獨立於化學作用之外的能源，他的能又從何處得來呢？

這個問題取得了較清楚的形態時就成了弗爾特的接觸說及後起的電流化學說的難點。接觸說用電池中金屬接觸溶液時或是二溶液相接觸時所生的電緊張程度來說明電流，或是用他們的求均，即電池中各個分離的相反的電之緊張程度之求均來說明電池。據純粹的接觸說看來，這時所發生的化學變化都是次要的現象。但是李特爾(Ritter)却反對這一點，他在一八〇五年已經確定，只有當電池之激動者在被束縛之前相互間起了化學作用時，電流才會發生。維德曼 在第一卷第七八四五頁上)曾對早期的化學說作個總結說：根據這化學說，『只有當相接物體之相互間發生實際的化學作用的時候，或是當化學均衡破壞的時候（甚至這種破壞與化學過程沒有直接聯繫），即傾向於化學行動的時候，只有在這個時候才能有』所謂接觸電者出現。這種轉變又怎樣發生的呢？電池的行動是否像運動形態轉變之簡單工具一樣呢？他不增加任何的新能麽？蒸汽機只把熱轉變爲機械運動，他也同他一樣麽？或者他還具有一種特殊的能，即所謂『電解力』者，沒有了他就不能把化學能變作電呢？

自從弗爾特以來之一切電學家都以各種的方式研究這個問題，而直到現在還沒有得到最後的解決。弗爾特及跟他一道走的學者在兩個異類物體 至少是兩種不同的金屬）的簡單接觸中看到了電之源泉。弗爾特的偉大發現實得力於蛙足受接觸影響時所發生的收縮。他爲着要說明電流現象，所以就創立了接觸說。但是對於電流形成的研究愈多，則愈清楚有承認電池中化學轉變的必要。

現在已經證明了，電池中之化學轉變是電池電動力之唯一的源泉，因此問題又更深入一層了。首先要研究的是，電池中既已有了（即造成了）接觸的關係，那末電池是否因這種關係而具有異乎化學轉變的，並能將化學轉變轉爲運動的電解力呢？換句話說，他是否在化學轉變之前已作了能之源泉。

我們看到這兩方面對於能之源泉一問題之立論都是採取間接的方式，不過在那個時候也不能有別種立論方式。弗爾特及其後繼者以爲兩種異類物體之簡單的接觸可以產生持續流（或直流——畏）是件很自然的事情，這就說，即沒有相符合的能之消耗也可以產生定量的功，這也是很自然的。里特爾及其同黨也很少注意於電池中的化學作用怎樣能引起電流與電流之功。不過化學說的這一點問題早已被儒列，法烏爾，拉烏爾等人的著作說明過了，反觀接觸說則依然故我。因爲他還維持着原狀，所以他在實際上還沒有拋棄他原來的出發點。這樣看來，在現代的電學中，還有幾種老而不死的見解，這些見解都是屬於腐舊的時代的，那個時代中的人都以指出了任何現象之眼前的原因而沾沾自喜，他們甚至在虛無中能抽引出運動，——就是說直接違背能力不滅定律的一些舊見解還繼續活在世上。這些見解的不好方面雖已刪去，這些不好方面雖已減少了，劉去了，砍去了，剪去了，然而糊塗却因此更甚於從前了。

我們看到，卽令是較老的化學電流說也都承認電池中之接觸現象是形成電流時所絕對必要的。但是他們却確定地說，如果沒有同時發生的化學作用則這種接觸無論如何都不會產生持續電流。現在大家都曉得電池中之接觸裝置是一種能將解放出的化學能轉變爲電的器具，化學能能否實際上變作電運動，其電量有好多，都十分關切地依賴於這種接觸裝置。

維德曼是個片面的經驗論者，所以他總打算儘可能地來拯救接觸說。我們看他怎樣說。

維德曼在他的著作之第一卷第七九九頁上寫道：

『兩種化學上相異的物體——例如金屬——之接觸的行動並不是電堆說所必要的如過去所想像的一樣，奧姆定律雖是從他演出（沒有這個假說也未始不可演出這個定律），但是並不能將他證實。費希涅爾用實驗證明了這（奧姆）定律，他並且擁護這個學說（指接觸說——投）但是也不能將他證實。雖然是這樣子，如果我們還沒有忘了一些試驗，那末我們就不能否認金屬接觸時所得的電之激動；自然了，相接體的表面已經不能保持原來的純淨，所以這些結果在數量方面免不了有些令人失望的地方。』

我們已經看到接觸說是很客氣了。他已經承認了，並不定需要他才能來說明電流，承認，奧姆既未在理論上將他證明，費希涅爾也未在實驗上將他證明。他甚至準備承認，他所依據的那些所謂基本實驗在數量方面也往往只能得到一些令人失望的結果，到了最後他只向我們要求一件事：要我們承認（甚至祇在金屬中！）因爲有了接觸，所以能夠得到電之激動。

假若接觸這樣客氣地自加限制，那連一句反對他的話都很難說出。實際上我們應當承認，在金屬接觸時是發生了一種電的現象，因爲有這種電的現象所以才能使蛙之肌肉收縮，能使驗電器充電，或者引起別種運動。但是還有一個聽候解決的問題：究竟這時所需要的能從何處取來呢？

為着要答覆這一個問題，我們應當依照維德曼的話（第一卷第十頁）：『大概指出下面的幾點攷慮：假若有兩種不同的金屬箔甲與乙，已經相接近到了某種距離時，他們就因一種結合力而開始互相吸引起來。當他們接觸的時候，他們就失去了吸引所給他們的活的運動力（我們假設金屬的分子都處在持續不斷的振動中，如果異類的金屬相接觸，則其不同時振動的分子亦必相接，這時就會失去活力而改變他們的振動）。所失去的活力大部份變作了熱。而另一有限的部份則用異樣的方法把前此所沒有分開過的電分開。已如上面所述，相互接近的兩個物體充塞了同量的正電與負電，這是由於這兩個電有不相同的緊張程度。』

接觸說越發客氣起來了。一開始就承認了那能完全巨功的龐大的電解力並不具有絲毫自有的能，假若沒有外來的能他不會發生任何作用，後來又承認他有小小一點能源——結合之活力，這活力存在於那小得幾乎沒法測量的距離之間，他可以推動物體來走完這一段路程。但是這都無關重要，他的存在是毫無疑義的，他在接觸時的消逝也是毫無疑義的。就是這點無可再小的能源所產生的能我們已經使用不盡了，我們只需要這能的**最小**一部份來變成熱，只需要他**等於無**的一點來甦醒電解力。我們都知道在自然界中有不少的例子可以證明其小無內的因也能引起其大無外的果，話雖如此，維德曼在這兒却感覺到他這一滴就完的小小能源是不大夠用，於是他就打算去尋求第二個源泉，結果得之於兩個金屬接觸面上的分子振動的干涉（interferenz）中。我們更不必來談這裏所遇到的困難了。格魯夫與加蕭（Gassiot）已經證明了並不一定有眞實的接觸才能產電之激動如維德曼在前頁中所講述的一樣。換言之，我越是來尋覓這電解力之能源，他越是日趨涸枯。

不過直到如今我們還沒找到金屬接觸時電激動（或感應）之另外的源泉。據臘曼說，『接觸電動力把熱變作電』（見所著「普通的與物理的化學」第六七五頁）；他說，『這個假設是很自然的，這些力之引起電運動之能力依據於現有的熱量，換言之，他是溫度的作用』，這被列魯（Le Roux）的實驗證明了。現在我們又到了一個生疎的地方了。弗爾特氏金屬列的定律禁絕我們去注意接觸時的化學過程，這兩個接觸面上必然覆有薄薄一層空氣或不潔的水，這是我們目下的試驗方法中所必不能免的，這時必然繼續不斷地發生稍許化學過程，就是說，這定律禁止我們用兩接觸面之間的，看不見的，活潑的電解現象去解釋電感應。電解應當引起直流（持續流）於封閉的電池中；然而假若電池是封閉的則金屬簡單接觸所生的電就馬上會消逝。扼要點正在這個地方。這所謂『電解力』者，維德曼只許他存身於金屬中，承認如無外來的能他就沒有作功能力，到了最後只承認他有小之又小的一點能源；這所謂電解力者究竟能否用化學上同性體之接觸來說明直流之形成呢？如果能夠說明，又怎樣去說明呢？

弗爾特的金屬列的排列法是，於列中任擇一金屬與前一金屬相接時帶負電，與後一金屬相接則帶正電。假若我們把一族金屬依照這個序列而排列起來——例如排列鋅，錫，鐵，銅，鉑——則兩端都有電緊張。假若我們將這一列圍成一環，要鋅與鉑聯接起來，那時緊張程度馬上取得了均一而消逝了。『這樣看來，同屬於弗氏列中的物體如接成一完整的環却不能生出直電流（持續電流）。』維德曼用下面的理論的話把這個論斷更確定了一下，說道：『如果環中果眞起了電流，則他應生熱於金屬導體之中，而這熱又會因金屬接點之冷却而上升。無論如何這時的熱之分佈是不均一的。這樣說來，卽無外部的能源，電流也能使電磁機發生運動，這就是說他做了他所不能做的功，因爲金屬的接合方法不變時（例如用粘合的方法），接觸點上也不會發生任何的變化，然而正是有了這變化才能符合這個功。』

但是金屬之接觸電並不能產生電流，維德曼已在理論上與實驗上把他證明了，但是他並不以此自足，我們看，他還覺得必需提出一個特殊的假說，在他（接觸電）能夠突然出現於電流中的地方也取締了他的活動。

因此我們應當尋覓另一條路子以便離開接觸電而走向電流。姑令我們同維德曼一道兒走走來看：『兩種金屬——設爲鋅條與銅條——一端相接合起來，而不相接的兩端則經過第三個物體而聯接起來，這第三個物體對前兩種金屬不能發生電動的作用，而只能傳導前兩金屬表面所積的相反的電，這時候這兩個電必在第三物體中相互中和起來。這時的電解力必然繼續不斷地恢復以前的緊張差，因此就在熱電池中產生了持續電流，這電流不耗一物而能完成功，這又是不可能的事情。因此，沒有任何物體能只傳電而不對其他金屬發生電動作用。」這樣我們又回轉到老地方來了：運動產生之不可能又重新擋着了我們的去路。我們向來沒有能夠用化學相異體之接觸而製造電流，即是向來沒有能夠用接觸電製造過電流。現在我們再轉回頭來走一走，嘗試去尋覓維德曼指示給我們的第三條道路。

「試取一種含有所謂**二項**化合物的溶液（這溶液自然可以分解爲化學上相異的，能完全互相滿足的兩個組成部份，例如分解爲鹽酸（H＋Cl）等物）而將鋅箔與銅箔浸入這溶液裏。這時，依據第二十七節，鋅充負電而銅充正電。如將兩金屬相聯則兩電必經過接觸點而趨於均一，**因此正電流亦必經過這些點而由銅流向鋅**。不過在兩金屬接觸時所出現的電解力也**帶有方向相同的**正電，所以這些電解力的行動**必不**至互相吞滅如在封閉的金屬熱電池中一樣。於是這裏就產生了正電的持續流，這電流在封閉的熱電池中經過銅鋅的接點從前者流向後者，然後再經過溶液而由鋅流向銅。究竟熱電池中的個別的電解力是怎樣實際地幫助了這個電流之形成，我們不久之後（在三十四節與以後諸節中）還要重新回到這個問題。把幾個導體結合起來而能產生此種電流者，我們稱之流電電池或流電電環。』（第一卷第四十五頁）

　百分之百的怪事。維德曼從前所認爲沒有外來的能源就不能行動的接觸電解力，在這兒却因他而產生了持續電流。假若除了上引的維德曼的話之外再找不來其他的說明，這就當眞要變作老老實實的怪事了。對於上述的現象我們知道什麼呢？

（一）試取含有所謂二項化合物的溶液而將鋅與銅浸在裏面，則依照第二十七節鋅充負電而銅充正電。但是全第二十七節沒有一個字提到了二項化合物。那裏只描寫一個簡單的弗爾特式電池，電池有一片鋅箔和一片銅箔，在兩片箔之間放一薄片某種酸液所浸過的毛呢，這時就看到這兩個金屬上都有了靜電荷，——他在這兒沒有片文隻字提及化學過程。由此看來，這裏所謂二項化合物當是用偷運方法弄來的。

（二）究竟這二項化合物在這兒做些什麼事情，這還是一個完全沒有弄淸爽的問題。說他『可以分解爲化學上相異的，能完全互相滿足的組成部份』（當他們分解之後還能完全互相滿足!?），這也只有在化合物眞正分解之後才能耍出新花樣。但是他又沒有通知我們，所以我們只好還承認他沒有分解。

（三）當液體中鋅充負電而銅充正電之後，我們再把他們接觸起來（在溶液之外）。這時候『兩電必經過接觸點而趨於均一，因此，正電流亦必經過這些點而由銅流向鋅』。我們現在又不懂得了，爲什麼只有一個『正』電流順一個方向而流，而沒有『負』電流順着相反的方向而流。總而言之，我們不知道，到底負電怎樣了；他也與正電同等地重要，電解力的作用也正在乎把他倆解放出來而且把他倆相互對立起來。現在突然間把他排擠掉了，好像是失踪了，擺出了好像是世間只有正電的樣子。來了，我們在第五十一頁上又遇到一樁完全相反的東西，在這兒『兩電合爲一流』了，就是說，正電也流，負電也流！什麼人能幫助我們逃出這個糊塗地方呢？

（四）『不過在兩個金屬接觸時所出現的電解力，也帶有方向相同的正電，所以這些電解力的行動必不至互相吞滅如在封閉的金屬熱電池中一樣。於是這裏就產生了……持續電流』等語。這幾句話說得很帶勁。因爲，我們看到了，維德曼在此後（五十二頁）好幾頁中指示我們說，在『持續電流形成的時候……電解力在金屬的接觸點上……應當不活動』；說，這時他（電解力）並不帶有方向相同的正電，反而逆乎電流的方向而行動，不祇如此，他並不能酬答電池的電解力之一定部份，這就是說，他又不活動了。如果維德曼在五十二頁上承認了他（電解力）在有電流時的活動，他在四十五頁上又怎樣能夠利用專門爲此目的而想出的假說把電解力當作電流形成之必然因子呢？

（五）『於是這裏就產生了正電的持續流，這電流在封閉的熱電池中經過銅鋅的接點從前者流向後者，然後再經過溶液而由鋅流向銅。』在有此種持續電流的時候，『他應生熱於金屬導體之中』，並且因爲有了他（電流）才『能使電磁機發生運動，就是說做了功』，但是如果沒有外來的能源，這都是不可能的。然而究竟有沒有這個能源呢，他是從那兒來的，關於這一個問題維德曼沒有哼過半個字，這樣說來，持續流依然是不可能的，如在上述兩種情形中一樣。

關於這一點任何人都沒有維德曼清楚。所以他才這樣適當地，這樣急急忙忙地想跳過電流形成之這個奇怪說明之無數棘手的地方，他用了好幾頁的各種各色的啓蒙學識來饗讀者，說了這個莫明其妙的電流之許許多多的熱學作用，化學作用，磁氣作用，生理作用等等之類的話，却也有時不免墮入通常說評書人的腔調。後來忽然說道（第四十九頁）：

『在兩個金屬與一個溶液，例如鋅，銅與鹽酸所構成的封閉的電池中電解力怎樣能夠行動呢，這是我們現在應當研究的問題。』

『我們知道，在通入電流的時候，溶液中所含的二項化合物（HCl）的組成部份就分離爲二，其中之一（H）被放出而附着於銅，而同量的其他部份（Cl）則被放出而附着於鋅，此時，後者又與等量的鋅化合而成 $ZnCl_2$。」

我們知道！如果我們知道這一點，那也不是維德曼告訴我們的，他直到現在何曾有一個字提到了這個過程。並且，如果我們對這個過程略知一二，那他也不像維德曼所描寫的這個樣子。

在 HCl（鹽酸）分子由水素與綠素組成的時候，放出的能量——二二〇〇〇個熱單位（根據湯姆生 Julius Thomson）。因此當氫綠化合物中放出綠的時候，HCl之每一分子也都要吸進同樣多的能量。電池到那兒去弄這許多能來呢？在維德曼的敍述中完全看不到這一點。現在我們只好自己來探索這個問題。

當綠與鋅結合而成爲綠化鋅的時候，其所放出的能量頗多於分解綠與氫時所需要的能量。$ZnCl_2$可以放出九七二一〇個熱單位，而2HCl只放出四四〇〇〇個熱單位（根據 J. Thomson）。這就可以說明電池中所發生的過程了。可見事件之進行並不像維德曼所描寫的那樣，說水素只憑白地解放出來而附着於銅，綠附着鋅，而『此時』綠又與鋅很偶然地合化在一起。剛剛相反，綠與鋅之化合是全部過程的首要條件，這件事情沒有發生的時候，水素無論如何是不會附着到銅上來的。$ZnCl_2$ 分子形成時所放出的能量大於 HCl 分子中分出二原子的水素時所需要的能量，其能量之餘數就在電池中變成了電運動，生出了電流中出現的『電動力』。由此看來，分解氫綠的能源並不是什麼神祕莫測的『電解力』。電池中所發生的全部化學過程以迫切需要的能供給了『電解力』與『電動力』。

現在我們又可以說，維德曼對電流的第二個說明也和第一個同等地不中用。現在我們到前面去看看好了。

『這個過程可以證明，二項化合物在兩個金屬之間的作用絕對不只是他全部質量對這個電或那個電的簡單殘餘吸引力（像我們在金屬上所觀察出的一樣），這兒必須加上他的成份之特殊作用。因爲正電通入溶液的地方就分解出了 Cl，而負電通入的地方則分解出H，所以我們可以假設，鹽酸(HCl)中每一價綠必荷某量的負電，又必然受正電吸引力所限制。這是化合物之負電成份。同樣的一價氫必荷正電，所以他就是化合物之正電成份。在氫綠化合時的充電能夠完全像鋅銅接觸時一樣。因爲氫綠化合物之本身並不是電，因此我們應該依照這一點來做個假設，說，正電成份與負電成份之原子都應當含有等量的正電與負電。

『現在，如果將鋅銅兩種箔浸入分解的鹽酸液中，那時我們就可以預測，鋅對鹽酸液中的負電成份(Cl)的吸引力較之對正電成份(H)的吸引力爲強。因此，當鹽酸分子與鋅接觸時，應當如此配置以便將負電成份轉向鋅，正電成份轉向銅。如此配置的成份必以其電吸力影響於鹽酸中的次於他的分子，這時鋅箔與銅箔之間的分子行列便成了第十圖所示的樣子：

－鋅　　　　　　　　　　銅＋

－＋－＋－＋－＋－＋

Cl H Cl H Cl H Cl H C H

＋　　　　　　　　　　－

『如果第二個金屬(銅)對陽性氫的作用也像鋅對陰性綠的作用一個樣子，就更能助成上述配置的成立。如果他有相反的作用，然而程度較弱，則仍舊不能改變原有的方向。

『因爲鋅上附着的負電性的綠之負電有感應作用（或譯誘導作用），所以鋅上電之分配如下：其近於鹽酸最近一分子之綠者充正電，而遠者則充負電。對於銅也是一樣，近於鹽酸分子正電成份（氫）之端充負電，而較遠者則充正電。

『此後，鋅中的正電就與最近一綠原子之負電結合起來了，而綠之本身亦將與鋅結合。正電的氫原子本來是同第一綠原子在一起的，現在却同鹽酸第二分子之綠原子結合起來了，同時這些原子中所含有的電也互相結合。同樣地，鹽酸第二分子之氫原子也要與第三分子中之綠化合起來，以此類推，直到氫原子附着到銅上爲止，這時氫上的正電必與銅上的負電結合起來，這時就走進了中和的無電的狀態。』——這個過程『總是這樣繼續下去，非到金屬箔上所積得的電對鹽酸成份上的電之作用等於金屬對這些成份的化學引力時候不會停止。但是如果用一種導體將兩個金屬箔聯接起來，那時這兩個金屬箔上的自由電亦必互相結合起來，這時會重新開始上述的過程。於是就產生了一種經常電流。當然了，這時必然要經常不斷地損失活力，因為二項化合物之成份在走向金屬的時候必然有相當的速度，後來却靜止起來，有的形成了 $ZnCl_2$ 化合物，有的自由離出而為氯。（註：因為綠氯二成份在分解時所得的活力等於他們同最近一分子之成份化合時所損失的活力，所以這個過程的影響可以忽略過去。）這個損失等於這化學過程中所產生的熱量，——實際上卽是一價的鋅在酸液中溶解時所生的熱量。電分佈時所完成的功應該等於這個數目。因此，如果兩電合為一流，那末當一價的鋅分解與一價的氫從溶液中離出時，這時電池中必然產生一種功，這功或是假形於熱，或是假形於外部行動，這外部行動自然也等於那符於這化學過程的熱量』。

『假設——如果能夠——我們應當假設——我們可以預設——必將分佈——必將充電』……等等之類。好大一堆啞謎與虛擬語（konjunktive），我們從這裏面只能撈出三個事實的直陳語（indikative）：第一，現在承認了綠與鋅之化合是水素離出的條件；第二，我們現在到了最末頭很粗略的知道了，這時所分出的能正是形成電流時所耗的能之源泉——而且是唯一的源泉；第三，這個電流形成的說明與前面引過的四十五頁上的兩個說明是絕對矛盾的，正好像那兩個說明也自相矛盾一樣。此後我們又看到：

『由此看來，在持續電流之形成中只有一個電解力發生作用，這電解力則由於電池中溶液內之二項化合物之各原子受了金屬電解物之不均一的吸力與極化。然而金屬之接觸中並不能有任何的機械的變化，所以電解力在接觸中也應當是不行動的。上面所提到的封閉電池中的全部電解力(與電動力)與化學過程之熱當量完全成正比例，這可以證明，電解力的行動方向如果反乎溶液對金屬之電動的感應(例如將合金與鋅浸在青化鉀的溶液中的時候)，則不能在此溶液中補償定量的電解力。因此他必然以另一種方式來求得中和。這個中和在下面的假設之下可以得到：當激動的溶液與金屬之間發生接觸時，電動力必因下列兩種情形而生出：第一，因為溶液質量之全體對各個電的吸引力不同；第二因溶液之充反電的成份對金屬之吸引力不同……。因為有第一種不平均的吸引力，所以溶液之質量可以依照佛爾特氏金屬列的定律，而在封閉的電池中也可以發生電解力之完滿的中和，一直到零（電動力亦然）；因爲有第二種不平均的吸引力，所以只有化學作用能產出電流形成時所必需的電解力與適宜的電動力。』（第一卷第五十二，五十三頁）

這樣子把電流形成的接觸說的最後一點都肅清了，把維德曼在四十五頁上對電流之第一個說明之最後的一點也肅清了。根據現在這個意見，流電池不過是一個簡單的機關，他把解放出的化學能轉變成電運動，卽是轉變成爲電解力與電動力，好像蒸汽機關可以把熱能轉變成機械運動一樣。不論是電池也好，蒸汽機也好，機關只不過是能之解放與能之進一步轉變之必要條件，他本身並不能產生新能。這一點清楚之後，我們就可以進一步來精細地來研究維德曼電池論的第三種變形了。在封閉的電池中能之轉變是怎樣一種情形呢？

他說，淸淸楚楚地，在電池中『發生一種活力之經常的喪失，因爲當二項化合物的成份向金屬運動時有相當的速度，後來却又轉入靜止，或是形成了化合物 ZnCl，或是自由離出（成爲氫）。這個喪失量等於化學過程中所分出的能量，實際上卽是等於一價鋅在酸液中溶解時所分出的熱量』。

第一，如果這過程是純淨的，那末鋅溶解就不會分出任何的熱。解放出的能完全轉變成電，只到後來，因有封閉電池之阻力才變成熱。

第二，活力等於質量乘速度平方之積的一半。此時上述的情形便有了下面的意義：一價鋅在酸液中溶解時所解放出的能——若干加洛里（熱單位）——等於離子（伊洪）之質量乘他向金屬運動時的速度之積的一半。這樣所造成的斷語顯然是錯誤的。離子運動時所出現的活力遠不等於化學過程中所放出的能（註）。如果他們相等，則封閉電池之其餘部份中就不會再有造成電流的能了。他告訴我們說，離子靜止時『或者形成化合物，或者自由分出』，這也是不正確的。如果活力之喪失可以包括兩個化學過程中所發生的能之轉變，那時我們就沒有方法解決這個問題了。因爲這裏有兩個過程是在一起的，所解放出的能之全部都從他們得來，因此我們在這裏絕對不能說什麽能之喪失，而只能說能之贏利（gewinn）。

（註）在不久之前玫拉希（K..hlrausch）曾計算過在溶液中，離子之移動必需『很大的力』。要一個米里格蘭姆(mg)的重量走　個米里米突(mm)的路程，在氫，需要二二五〇〇克羅格蘭姆（kg）的力，在綠，需要五二〇〇，在HCl，需要三七七〇〇。卽令這些數目是正確的，也並不能推翻上述的論斷。而且這個計算的本身就包含了電學所必需的假設因子，因此，需要實驗的證實。這種證實像是可能的。第一，這個『很大的力』，在用得着的地方，在上述的情形中卽是在電池中，應當以定量的熱而出現。第二，他們所要用的能較少於電池中化學過程所產生的能，而且有一定的量。第三，這個量亦可消用於封閉電池之其餘各部，而且可以加以更確切的數上的確定。上面所引的玫拉希的計算只有在這種實驗證實之後才能算是固定的。在電槽中更容易證實這一點。

當我們閱讀上面所引的維德曼對於電流形成的說明時，好像是讀一種答辯詞，反對施特勞斯，維爾克，保愛爾等人的方言歷史學的聖經批評之答辯詞，又好像是那些半信教或全信教的神學家之答辯詞。兩者所用的方法是完全一樣的。而且這也是必然的，因爲兩者的事業都在於從合理性的知識中救出那舊的傳統。絕對經驗論所用的思攷最多也不過是數學計算式的思攷，這時他們就以爲他們所依據的是些千眞萬確的事實。而實際上呢，他們所依據的大都是些傳統的見解，大部份是前人的思攷之陳腐的產物，像這陽電，陰電，電解力，接觸說。後邊這幾種見解都依據於無數的數學計算，在這些計算中往往因數學公式之刻板性而遺漏了前提之假設性。這種經驗論對同代的科學思想之結果越是採取懷疑的態度，對於前人思想之結果亦越是迷信。甚至經驗上已經確定的事實，在他手中，也慢慢會同相當的傳統的解釋緊聯起來。甚至在描寫最簡單的電氣現象時也要弄些假造的東西來，例如偷偷地引用了雙電論。這種經驗論不能夠想像出正確的事實，因爲他對於這些事實的想像中必然摻入了傳統的解釋。一言以蔽之，電學中的傳統也有神學中那樣發達。但是在這兩門學問中，最新研究的結果，未知的或尚在爭論的事實之確定，及由此二者所得到的必然的理論上的結論都無情地反對這些舊傳統，於是這些傳統的辯護者就陷入最困難的狀況中了。於是他們就不得不乞援於各種的詭計與無指望的證據，不得不來塗抹這不可調解的矛盾，到了最後，他們自己也鑽入了這矛盾之迷宮，無論如何找不到出路了。維德曼也因爲相信電學中的舊學說而迷入了最厲害的自相矛盾，他做了個無希望的企圖，想把以接觸力爲出發點的電流之舊說明與那根據化學能解放的新學說調和起來。

*　*　*　*　*

過去我們只研究了電池中所發生的事情，也就是研究了一種過程，在這過程中，因化學作用而解放出的能之剩餘由電池之特殊裝置而變成了電。然而我們却知道，可以把這過程翻轉過來：電池中化學能所變成的持續流之電又可以在電解槽中變成化學能。這兩個過程好像是互相矛盾的。如果第一個過程是化電過程，那末第二個便是電化過程。這兩個過程在同一的封閉電池中由同一物質所生出。又例如，用氫與氧及金屬箔所組成的電堆，即是因氫氧化合成水而能產生電流的氣電池(gaselement)，可以生出氫與氧，其比例適爲造成水時的比例。普通概念都用電解這個總名來稱呼這兩個相反的過程，而不能分出自動電解與被動電解之區別，不能分出激動的溶液與被動電解物之間的區別。例如維德曼用一四三頁來普泛地研究電解，到了後來，在結論中才稍稍談到了『電池中之電解』，而實際電池中所發生的過程反而在一部中只佔了小小十七頁。而後來在「電解理論」中完全沒有提到電池與電解槽的對立：這裏面還有一章名「電解對於封閉電池中導體阻力與電動力的影響」，然而你要想在這一章書中找到一點關於封閉電池中能之互轉的字句，你就不能不大大地失望。

或者有人說，上面對維德曼電流說明之批評不免有些咬文嚼字，維德曼在一起首時造句用字雖然有些不謹愼，不確切，但是到了後來，到了最後，總算是給了一個正確的，合乎能量不滅原則的說明，他的結果總還算是很好。爲着答覆這些話我們再引出一個例子，引出他對於鋅，硫酸液，銅所合組的電池中所發生過程的描寫。

『假若用一條導線將兩個金屬箔接起來，那時就會發生一種流電流……。因爲有了電解過程，所以從滲有硫酸的水中解放出了一價的氫，附在銅上成了小氣泡的樣子。同

時一價的氧，却附在鋅上，將鋅酸化變成氧化鋅，這氧化鋅又因受了周圍酸液的影響而變成了硫酸氧化鋅。』（第一卷第五九三頁）

在每一分子的水離出氫氣與氧氣時需要的能等於六八九二四個熱單位。上面所講的電池從那裏弄來這許多能？『因為有了電解過程』。而這電解過程又從何處來呢？對於這個問題却沒有隻字的答覆。

後來，維德曼告訴我們說，總而言之『根據最新的實驗，水的本身並沒有分解』，他這話說得不止一次，至少也有兩次（第一卷第四七二頁與六一四頁）。而我們試驗的情形却如下述：硫酸 H_2SO_4 分解成為 H_2 與 SO_3+O，這時的 H_2 與 O 在某種情形之下可以分離出來成為氣體。而因此却把全過程的性質都改變了。H_2 在 H_2SO_4 中的位置被二價的鋅所直接代替了，這時就形成了 $ZnSO_4$。這時一方面剩下了 H_2，而另一方面則剩下了 $SO_3$4O。兩個氣體分出時的比例與造成水時的比例是一樣的。這時 SO_3 又與水結合起來，分解了H_2O，重新變成了 H_2SO_4，即是重新變成了硫酸　但是當 $ZnSO_4$

產生的時候會發出了大量的熱，不但是夠擠出並解放出硫酸中的氫，並且還有相當的剩餘，可以用之造成電流。由此看來，鋅並不有待於電解過程給他的自由氧之後才能氧化，然後再來分解於酸中。反之，他直接加入過程，只因爲有了鋅之加入這過程才是可能的。

在這裏我們可以看到陳腐的化學觀念是怎樣地幫助了陳腐的接觸說。根據最新的見解，鹽也是一種酸，不過把其中的氫換作另一金屬而已。現在我們所研究的過程更確證了這個見解。鋅直接排擠了酸中的氫，這可以完全說明了能之轉變。維德曼所主張的舊見解以爲鹽是氧化金屬與某種酸之化合物，所以不稱之爲鋅礬而稱之爲硫酸氧化鋅。但是在我們這個鋅與硫酸所合組的電池中，要想造成硫酸氧化鋅必需先將鋅加以酸化。而要想很快地將鋅酸化又必需有自由的氧。要想得到自由氧又必需先假設水之分解——因爲銅上早已附上了氫。而要分解水又需要很大量的能。這能從那裏來的呢？只是『因爲有了電解過程』，然而當這過程之最後的化學產物『硫酸氧化鋅』還沒有形成時候，這過程又是不可能的。兒女生了母親。由此看來，維德曼手中的過程是頭脚顛倒的。這是因爲維德曼太不經心了，他把兩個完全相反的過程——自動過程與被動過程——糅雜起來了，總而名之曰電解（參看上面三二五頁從「過去我們」到「大大地失望」一節）。這個所向無敵的『電解過程』，他不要什麼顯見的外來的能源便能解開 H_2 與 O，他在這裏所演的脚色亦有如從前那神祕的『電解力』的脚色。現在我們就來研究研究這個電解過程。

『除了離子分離之首要的，純粹電解過程之外還有很多次要的與他完全無關的純化學過程，這是因爲受了電流分解的離子之作用。這種作用可以達到電極，電解體，而在分解時又可影響到溶液。』（第一卷第四八一頁）現在我們又回到上面所引過的鋅，銅與硫酸液所組成的電池。在這兒，用維德曼的話來說，這時分出的離子就是水之 H_2 與 O。因此，據他看來，鋅之酸化與 $ZnSO_4$ 之形成是次要的，與電解過程無關的純化學過程，雖然只因爲有了他才有了那主要的過程。現在我們且來詳詳細細地研究研究曲解眞實過程所產生的糊塗。我們首先就要研究研究電解漕中之所謂次要的過程。維德曼關於這個問題的例子也還有幾個（註）（第四八一頁四八二頁）。

（註）我在此地應當指出一點，就是，維德曼總是用得舊的化學原子價，而寫 HO，ZnCl 等等。而我現在所用的原子重却是現代的，所以我寫 H_2O，$ZnCl_2$ 等等。

第一，Na_2SO_4 的溶液中的電解。他『分解成爲一價的 SO_3+O 與一價的 Na……，而後者實在遇到了溶體而分出了其中的一價的H，另一方面則形成了一價苛性鈉酸，溶入水中』。其方程式如下：

$$Na_2SO_4+2H_2O=O+SO_3+2NaOH+2H$$

這時又可以把分解

$$Na_2SO_4=Na_2+SO_3+O$$

看作首要的電化過程，而以後的變化

$$Na_2+2H_2O=2NaOH+2H$$

則爲次要的純化學的過程。但是這個次要的過程可在有氫的電極中直接完成，因此這時所放出的大量的能（據鳩里·湯姆生說，溶液中的鈉，氫，與氧應有一一一八一〇個熱單位）就變成了電，至少是大部份變成了電，而只有一小部份在電池中間接變成了熱。但是電池所原產的化學能也可以伴着熱。而由此所得到的轉變爲電的能量要從總能量中減出來，這能應供給Na_2SO_4分解時所需要的電流……。如果鈉轉變成爲水酸在全過程之第一段中是次要的過程，那末到了第二段中這轉變就成了全部過程之最切要的因子，因此再也不作次要的過程。

但是在這電解漕中還有第三個過程：如果SO_3不與正電電極的金屬相化合而重新解放出能，他（SO_3）就同H_2O化合起來成爲硫酸 H_2SO_4。但是這個轉變並不能經常不變地直接發生於電極中，因此，這裏所解放出的能量（據鳩里·湯姆生的計算是二一三二〇個熱單位）之全部或大部都變成了熱，最多只有很少一部份的電變作了電流。然而這硫酸之形成過程在這過程中確是個次要的過程。由此看來，維德曼完全沒有提到這電池中所發生的，唯一的，眞正次要的過程。

第二，『如果在銅正電極與鉑負電極之間將硫酸銅溶液通以電流，這時必然有一價銅附在負極上，同時稀硫酸亦必在同一電流中分解，這時一價的 SO_4 必出現於負極之上，同負極的銅化合又成了一價的硫酸銅 $CuSO_4$，此後這硫酸銅使溶解於通有電流的溶液中』。

現在我們應當用下面的化學語言來表白這個過程，其情形應該如下：銅包在鉑的周圍；這時所解放出的 SO_4 不能自己常住，必然分解爲 SO_3+O，而且後者又可自由逸出；這時的 SO_3 在溶液中借得了 H_2O 又變成了硫酸 H_2SO_4，這硫酸又要分出 H_2 而與電極上的銅化合，於是又變作了硫酸銅 $CuSO_4$。嚴格地說來，我們這兒有三個過程：(一) Cu 與 SO_4 之分離；(二) $SO_3+O+H_2O=H_2SO_4+O$；(三) $H_2SO_4+Cu=H_2+CuSO_4$。這時可以把第一個過程看作首要的而把其餘兩個看作次要的。但是如果我們注意到能之轉變一個問題，那時就可看出，第一個過程完全被第三個過程補償了。銅與 SO_4 是離開了，但是在另一電極上兩者却又結合起來。假若我們撤開銅從這個電極到那個電極移動時所需要的能，撇開那不能逃開的（不能跳過的）因變爲熱能所致的電池中能之喪失，這時我們就可看到一個事實，就是所謂首要過程也者並沒有將電流之能取用絲毫。電流只供給能量以便間接地將H_2與O分離，這分離才是全部過程之眞正的化學結果，就是說，只供給能量以便實現次要的過程，甚至第三重要的過程。

不過在上述兩種情形中和其他各種情形中一樣，首要過程與次要過程之區別亦自有其不可否認的相對的意義。在上述兩種情形中之各現象裏好像是有水之分解，好像水之組成原素各自附在相反的電極上。但是我們根據最新的實驗曉得絕對的淨水是個非導體，也就是絕緣體，由此可以證明直接地，電化地分解者不是水而是酸中分離出了水之原素，因爲在造成酸時必須有水作溶體。

第三，「如果將兩個U形試管中注鹽酸，通以電流，一個試管中用正的鋅電極，一個試管中用銅電極，則在第一試管中所溶解的鋅量爲三二·五三，在第二試管中所溶解的銅量爲二×三一·七』。

現在且把銅放在一邊而拿鋅來研究研究。這時首要的過程是HCl之分解，而次要的過程則爲鋅之溶解。

依據這個觀點把分解氫與綠所需要的能自外而內的輸入電池。在這個分解完成之後綠與鋅就結合起來了，同時却又放出若干能量，補償了氫綠分離時所需要的能。這樣看來，電流所供給的能量不過是這兩數之差。這都沒有什麼。不過當我們仔仔細細地來研究研究這兩個能量的時候我們就可以發現，造成$ZnCl_2$時所放出的能量要多過分解2HCl所需要的能量；由此看來電流不但不需要供給能，反而可以取得能。這時我們所研究的不是什麼被動的電解物而是激動的液體，不是電解器而是熱電池，這電池把電流擴大了。我們以前所認爲次要過程現在却是無條件的首要過程，成了全部過程的能源，不依賴於我們電堆中所得到的電流。

在這裏我們看清楚維德曼理論上的糊塗源泉何在了。維德曼的出發點是電解，他沒有注意到自動與被動，沒有注意到他的對象是熱電池呢還是電解器：老長官告訴哲學博士的新兵道：馬醫者馬醫也。因爲研究電解器中的電解比較研究熱電池中的電解容易些，所以他才在事實上以電解器爲出發點，把這電解器中所發生的過程分爲首要過程與次要過程，並以這些過程作熱電池中相反過程的標尺，完全沒有看到他這電解器究怎樣變成了熱電池。因此他就提出了一個斷語：『分解物與電極之化學愛力絲毫不能影響電解過程之本身』（見第一卷第四七一頁）；這種絕對形態的斷語是完全錯誤。這樣看來他有三種電流形成的理論：第一是根據純粹接觸的，舊的，傳統的理論；第二個理論則完全依據於那完全抽象的電解力，這電解力以神妙莫測的方法爲自己，或是爲『電解過程』取得了在電池中分離氫與綠及造成電流所必要的能；最後，又有現代的化電理論，把這電池中化學作用的代數總和作爲這能的來源。他在這裏完全沒有看到第二個理論打倒了第一個理論，同樣也沒有夢想到第三個理論把第二個理論完全滅絕了。反之，他手中的能量不滅論却與傳統舊理論結合起來了，好像把一個幾何定理加在舊有定理上一樣。

他却完全沒有想到，他這個能量不滅論勢不能不來重新審査這門自然科學以及各門科學的傳統見解。所以維德曼不得不自己節制一下，他只在說明電流時用了他一下，隨後就悄悄地把他扔在一邊了。直到書之煞尾時在陳述電流作用一章時才重新引用了一次。甚至在陳述接觸電感應的理論時（第一卷第七八一頁及以後諸頁），在解釋主要問題時，能量不滅說都未發生何種作用，只有在說明附帶各點時才偶然地用他一次：他自始至終只有個『次要作用』。

我們又要回到前引的第三個例子了。那兒一個同樣的電流通入兩個U形試管中的鹽酸，其中一個用鋅作正電極，一個用銅。根據法拉第的電解根本定律，在電流在每一個電池中總分解出相當量的電解物，而兩個電極上分解物之量之對比亦有如其當量（第一卷第四七〇頁）。事實上，在上述的情形中，在第一試管中溶解了三二·五三的鋅，而在第二試管中則爲二×三一·七的銅。維德曼這時就說道：『但是這並不能證明這些數量之相當。只有在很弱的電流之下，只有一方面……形成綠化鋅，而另一方面……形成綠化銅的時候才能看到這種現象。當電流較強的時候，溶解的鋅之數量雖然還是照舊那樣多，然而溶解的銅之量已降至三一·七了。」

我們知道鋅與綠之間只能有一個化合物，卽綠化鋅 $ZnCl_2$，而銅與綠却可有兩種化合物，卽二綠化銅 $CuCl_2$ 與綠化銅 Cu_2Cl_2。這時的情形如下：弱電流從電極上分出兩個銅原子與兩個綠原子結在一起，這時因爲一對銅原子是結在一起的而每個銅原子又各自與一個綠結在一起：

假若將電流加強，則兩個銅原子亦相互分離，每一個銅原子就與兩個綠原子化合起來：

假若電流不弱不強適得其中，這兩個化合物就會相並造成。由此看來，究竟會造成那一個化合物呢，這完全依靠電流力之強弱，而實際上，全部過程也都帶有電化性質——假若電化一語有若干意義。然而維德曼却十分肯定地說這只是個次要的過程，不是電化過程而是純粹化學過程。

上面所引的實驗是命諾（Renault 一八六七年）做的，他做了許多相似的實驗，在這些實驗中用同樣的電流，一則通入U形試管的煮過的鹽水中（正電極是鋅），而在其他電解器中則用各種不同的金屬爲正極通入各種不同的溶液中。這時溶解一價的鋅時所溶解的別種金屬之數量就大相懸殊了。而維德曼所引的一切實驗的結果只有在化學上是可了解的，沒有別種了解的方法。例如在鹽酸中，只有$2/3$價的金溶解於一價的鋅上。這並不奇怪，只有像維德曼一樣才覺得奇怪，因爲他用得是舊原子價，他以爲綠化鋅是ZnCl，這時綠與鋅在綠化物中只有一個聯繫單位。實際上却是一個鋅原子與兩個綠原子結在一起$ZnCl_2$，從這個公式推來，在上述原子價的決定中不應以鋅爲單位，而應當以綠爲單位。然綠化金的公式却應該寫作 $AuCl_3$。因此，在電池中或通有電流的溶液中之首要過程，次要過程及第三次要過程之下，變爲綠化鋅的一價之鋅必然伴有變爲綠化金的三分之二的金。這是有絕對意義的，假若我們不預設用流電的方法可以取得化合物綠化金 $AuCl'_2$：此時一價鋅上會溶解兩價金，這就是說，因電流强弱之不同，也可發生一種搖動像在上引的例子銅與綠中一樣。命諾實驗的意義在乎他們能證明貌似違反法拉第定律的事實也能證明法拉第定律。但是他對電解中次要過程之說明究竟有何意義呢，這是不清楚的。維德曼的第三個例子已經使我們離開通有電流的溶液而走向電池。而事實上最有趣味也是電池，因爲他在研究電解過程時所用的觀點是這時發生的能之互變。所以我們時常看到一些電池，其化電過程好像與能量不滅律直接衝突，其進行又好像是違反化學愛力律。

根據包根道夫(Poggendorff)的計算，鋅，鉑，濃食鹽溶液三者合組的電池，其電流之力當有一三四·六。我們在這兒所得到的十分道地的電量比起丹尼爾電池所供給的電量要大出三分之一。這兒所表現爲電的能之來源何在呢？這時『首要的』過程是鋅排擠了綠化鈉中的納。而在普通的化學中却不是鋅排了綠化鈉中及別種含鈉化合物中之鈉，反之，却是鈉排擠了鋅。由此說來，這『首要的』過程不但不能以前述的能量交給電流，反之，他之實現方有待於外來的能，我們單單依賴這『首要的』過程依然是不能前進一步。我們現在來研究這過程在實際上的經過如何。我們看，這種轉變的公式不是

$$Zn + 2NaCl = ZnCl_2 + 2Na$$

而是

$$Zn + 2NaCl + 2H_2O = ZnCl_2 + 2NaOH + H_2$$。」

換言之，鈉並不能自由分出到負電極上，而是與水酸結在一起；如在上引的第一例中一樣。爲着計算這種能之轉變，我們在鳩里・湯姆生的確定中可以找得若干支點。根據這些支點，當下列化合物形成時放出了下面的能量：

$(ZnCl_2) = 97210$

$(ZnCl_2 \text{ aqua}) = 15630$

同時爲着溶解了的綠化鋅＝一一二八四〇個熱單位。

$2(Na\,O,H \text{ aqua}) = 223620$個熱單位。

兩者加在一起＝336460個熱單位。

同樣也要從這些能量中減去他們分解時所耗去的能量：

$2(Na,Cl \text{ auqa}) = 193020$，

$2(H_2O) \qquad = 136720$，

———

329740。

這樣子，我們得到了一種自由能之剩餘，其量爲六七二〇。

要用這個能量來供給上引的電流自然不夠，然而要他一方面說明鈉與綠之分離，一方面普泛地說明電流之形成却是足夠了。

現在我們面前是一個很好的例子可以證明，所謂首要過程與次要過程只是相對的，

假若你把他們看成絕對的，那就要鬧出不通了。如果只取一個主要的電解過程的本身，那末他們不但不能產生電流，即他自身也是不可能的。只有這個次要的過程，好像是個純粹化學過程，他却把首要的過程變作了可能的，此外他還供給了電流形成所必要的能之剩餘。由此看來，所謂次要過程者實際上是主要過程，而主要過程只不過是次要過程。玄學家與玄學的自然科學家往往有許多固定的差異與不變的反題，當黑格兒將他們這些東西變到相反的方面時他們就埋怨他曲解了他們的話。如果自然界的行動正像老頭子黑格兒的行動一樣，那就是我們重新注意地攷察事物眞象的時候了。我們現在很有資格來說，這些過程之進行雖然受電池中化電過程或電解器中電化過程之影響，但是他並不依賴於這種影響，他與他還是分離的，就是說這些過程之進行離電極還是有相當的距離，而這些過程究竟還是次要的。因此，在這種次要過程之下所完成的能之轉變並不能進到電之過程；他既不能取用後者之能，亦不能以直接的方式供給後者以能。電解器中往往發生此種過程。前面，在第一例中，我以有一個例子是關於電解硫酸鈉時硫酸之造成的。然而他們在這裏的趣味很少。後來，當他們出現於電池中時，其實際方面的重要性便很大了；因爲，假若他們不以直接的方式取用化電過程的能，或是供給後者以能，那時他們就會變更電池中含能之總量，因爲他們只能用間接的方式作用於這能。

除了最後的，平常的化學轉變之外，還有一種現象可以歸到這裏來，當離子分解於電極上的狀況異乎平常的自由狀況時才能發生這種現象，而他只有離開了電極時才能過渡到自由的狀況。離子在這個時候可以有不同的密度，就是說，他們可以另採一種密集狀態。而且他們的分子構造上可以發生很大的變化，這是個最有趣味的現象。在這一切情形之下，離子們離開電極所發生的，次要的，化學的或物理的變化與變爲熱的類似變化相符合。這時大都是放出熱，只有在少數情形中吸收熱。當然了，這熱之變化首先就要受限於他所發生的地點。電池中或電解器中的溶液熱了或是冷了並不能使封閉電池中的其他部份的溫度發生變化。因此我們稱這種熱爲局部熱。這樣子，要轉變爲電的，解放出的化學能因電池中所生的正局部熱或負局部熱的當量而增減。在過氧化輕與鹽酸的電池中，據法列的計算，被解放的能之全部有三分之二被吸爲局部熱。格維維的電池在封閉之後亦漸次變冷，這樣就吸收些熱，也就是把外部的能引進了電池。我們看到，這樣子一來，次要的過程也就發生了首要過程的作用。不論我們從那一方面來究研這一個問題，首要過程與次要過程之分別總是純粹相對的，在他們相互行動之下，這分別就會消滅的。如果把這一點忘記了，如果把這種相對的對立看成絕對的東西，結果必然墮入不可挽救的矛盾裏，像我們在上面所看到的一樣。

對氣體加以電解時，則金屬極板上必然覆有薄薄一層氣體。因此，當電極板未被氣體覆滿時，電流之力總是減少的，因此減弱的電流就重新變成了經常的。法列與西伯曼(Si berman)證明了，在這種電解器中也起有局部熱，這種局部熱之所以能發生只是因爲氣體分解而附着於極板上的狀況異乎他們平常的存在狀況，是因爲，與熱之分出有關的更進一步的過程使他們離開了極板而重新恢復了他們的經常狀況。但是氣體分解而附着於極板上的狀況又怎樣呢？關於這個問題之態度謹慎誰也不能超過維德曼。他稱呼這種狀況為『某種的』，『同素異性的』，『自動的』狀況，如對氧氣來說就是『臭氧化的』。在氫中這種情況的表現更為神祕。有時又以為臭氧與過氧化氫為此種『自動的』狀況之實現形態。我們這位作家在研究了臭氧之後，他就說，有幾個過氧化合物中或是『含有臭氧狀況的氧氣』，他用這來說明過氧化合物之極端負電性（見第一卷第五十七頁）。當然了，在水之分解時，不但形成了臭氧，而且形成了過氧化氫，不過為量不多而已。在上述情形中，局部熱之形成絕對不經過這少許兩種化合物之形成與分解。我們還不曉得氧之自由原子在形成臭氧 O_3 時的熱量如何。從水上加一氧 H_2O（液體）$+O$ 而形成過氧化氫 H_2O_2 時，據白茨洛（Berthlot）的計算，放出熱量約為二一四八〇。因此，這個化合物之形成必然需要一種很大的能源（約等於分解氫二與氧時所需要的能之三十分之一），這是我們能夠看得出來的。最後，臭氧與過氧化氫只能解釋與氧有關的現象（假若我們不轉移電流，因為假若如此則兩種氣必然都集在同一的極板上），但是不能說明與氫有關的現象；然而在『自動的』狀況中却分出了氫。在用鉑電極板以通電的氮酸鉀溶液中，他又會去同酸液中分出的氮直接化合而成爲阿姆尼亞。

在實際上，並沒有這一切的困難與疑點。電解過程並沒有在『自動狀況』中分解物體的專利權。在每一化學分解中的經過都是一樣的。他分出被解放的化學原素時，一開始只分出自由原子，O,H,N 等等；到後來，在被離出之後，他們才化合成爲分子 O_2, H_2,N_2 等等；當他們化合的時候，就分出了一定的，不過現在還未十分確定的，能量，這能的表現是熱。然而在這一個極短的時間中，當原子自由的時候，他們就成了他們所能夠含蘊的能之担負者。他們既然具有了最多限度的能，所以他們就能夠打入一切近於他們的化合物。因此，他們比起O_2,H_2,N_2來已經處在『自動的狀況』中了。這些O_2,H_2,N_2已經失去了能之一部，假若他們不從外部得到同樣多少的能量，他們就不會同其他的原素化合。因此我們不必求救於臭氧與過氧化氫，這些東西之本身也不過是這自動狀況之產物。然而我們却不妨假設，在上述的例子中，可以通電到氮酸鉀，因而求得阿姆尼亞，然而沒有電池而純用化學的方法也可以完成這一點：將氮酸或氮酸鹽的溶液與一個因化學過程而放出氫的液體加在一起便足夠了。在這兩種情形之下，氫之自動狀況都是相同的。然而在電解過程中也有件很有趣味的事情，就是，我們在這兒可以說，可以用手覺到自由原子之消滅。這過程有下面的兩個階段：因爲充了電，所以原子被解放而附着於電極上，但是他們的化合成爲分子却在離電極相當的遠的地方。不論用我們的尺度講來這個距離是如何的短小，然而他已經足夠阻止那形成分子時所放出的能之轉變爲電了，也就是說，足夠把他們轉化爲電池中之熱與局部熱了。這又可以證明，原素在電池中可以分解成爲自由原子，而且可以用自由原子的形式存在一個相當的時期。在純粹化學中我們只有用理論的演繹法來確定這個事實，然而在這個地方却可以用實驗的方法證明他——假若我們不用原子與分子之感覺受象而也能談實驗的證據。所謂電池中局部熱之巨大的科學意義也正是在這個地方。

*　*　*　*　*

電池中化學能之轉變爲電，這是一個過程，關於這個過程之行歷我們差不多一無所知，我們要想知道他只有當我們已經知道電之運動本身之『行狀』(modus operandi)的時候。

大家都以爲電池有一種『電解力』，其力之大小視每一電池而定。我們在最初時已經看到，維德曼假設這個電解力並不是一種固定的能之形態。反之，他在一開始時。他並不是別的，只是電池在某一時間單位内把定量的解放出的化學能轉變爲電的一種才能與屬性。然而這化學能在全部過程中並不採取『電解力』的形態，只能採用『電動力』的形態，即電運動之形態。我們在日常生活中，說起某一蒸汽機之力來，總是說他能夠在某一時間單位内能夠把定量的熱轉變爲目可得見的運動，然而我們却不能以此爲理由而把這個觀念混淆搬到科學中來。我們也同樣地可以說手鎗之力，馬鎗之力，步鎗之力，因爲當炸藥同樣地多彈丸同樣的重時他們所射遠的距離却不相同。這種說話方法之糊塗是很清楚的。因爲人人知道，彈丸之所以能運動由於火藥之燃燒，而鎗械遠射力之互異則由於耗能之大小，依於彈道之長短，依於鎗膛與其形式。對於蒸汽機與電解力也是一樣的。假若有兩個蒸汽機，其一切條件都是相同的，也就是假設他兩個在相同的時間內能夠放出相同量的能，或是假設有兩個流電池，其條件也都完全一樣，這時假若其所產生的功不相同，是必由各自所耗的能有多有少。無論什麼軍隊中的礮擊術都沒有假設一個大礮之射擊力，假若在電的科學中假設出一個類似射擊力的『電解力』，也是不能允許的，因爲這個力絕對沒有包含絲毫的能，因此要他做出一個米里格蘭姆(mg)米里米突(mm)的百萬分之一的功都是不可能的。

這電解力之第二種形態，即海爾姆何茨所說的『金屬之電觸力』，也是一樣。他並不是別的，只不過是金屬的一種才能，能夠在接觸中將現有的別種的能轉變爲電而已。這就是說，他又是那種不含有絲毫能量的能力。假若維德曼承認接觸電之能源在乎接合能之活力，那末這個能一開始時的存在形式必是物體運動，後來當這物體運動消滅時他才馬上變成了電運動，並沒有在一秒一瞬間採用了『電觸力』的形態。

除此以外，我們還相信，這個『電解力』——他不但不能含有絲毫的能，而且就其本來的實性上看，他根本不能含有能——與電動力是成正比例的，這就是說，他是重新出現爲電運動的化學能！這非能與能之間的比例與『電單位與米里格蘭姆之比』是同屬於一種數學部門的。把簡單的屬性看成一種神祕的力，這種見解就是一種糊塗形態之基礎，這糊塗形態中又藏了最乾脆的複辭(Tauto'ogi)：一個電池之將解放出的化學能轉變爲電的才能用什麽來測量呢？用以電的形式重新出現於電池中之能對電池中所耗化學能之比爲尺度。這就完了。要想得到電解力必須鄭重地來對待那二流論的妄想。要想這兩個流脫離中立而取得極性，要想使他們相互分開，必然需要某種能之消耗，需要電解力。這兩個電既然相互分離之後，則在反轉再合時必然重新分出同樣的能量——電動力。但是我們現在的人，維德曼也是其中之一，沒有一個人肯承認電之兩種形式是眞實的，這時如果我們還來詳詳細細地申述這些見解，那就是來替死人著書了。

接觸說之根本錯誤在乎他仍然被束縛於一個觀念，以接觸力或電解力爲能之源泉。想擺脫這種束縛是很困難的，假若我們把某一機關助能轉變的簡單屬性依舊看作一種力，因爲力只不過是能的一種形態。維德曼雖然已經有了能量不生不滅的概念，但是他依然沒有擺脫了關於力的糊塗見解，所以他必不可逃免地要走到前引的關於電流的無意思的第一號說明，以及此後的各種矛盾。

假若『電解力』一語是無意思的，那末『電動力』一語至少也是多餘的。我們有熱動機，同樣我們也有電動機，然而熱學不要什麼熱動力也可以成立。『熱』這個簡單的名辭中包括了與這個形態的能有關係的一切運動現象，同樣地，在『電』這個簡單的名辭中又何嘗不可以如此。同時在電之現象之各種形態中並不是都帶有直接『發動的』性質。鐵之磁石化，化學分解與其轉變爲熱便是如此。最後，在自然科學之一切部門中，甚至在力學中，如果能夠擺脫了力這個字，都算是前進了一步。

我們看到，維德曼不大高興地採納了電池中過程之化學的說明。他自始至終沒有斷了這種不高興的心理。隨時隨地，假若他能夠把所謂化學說罵一頓，他總是要罵的。例如，他說，『完全沒有證明電動力與化學作用之強度成正比例』（第一卷第七九一頁）。當然了，並不是在每一次都有這種比例。但是，假若沒有這種比例的時候，也只能證明電池之裝置不好，電池中發生了能之耗費。在這個問題上我們這一位維德曼先生依然是正確的，當他做理論上的結論的時候，他並沒有顧全這些塗改純粹過程之附帶的情形，他毫不猶疑地確定說，某一電池之電動力等於一個時間單位內化學作用之機械當量，假若他在一個單位內有了若干的電流強度。

在另外一個地方他寫道：『而且，在酸與鹻合組的電池中，酸與鹻的化合並不是電流形成的原因，這是從第六十一節(Becquerel und Fechner)第二百六十節 (Dubois-Reymond) 與第二百六十一節 (Worm-Müller) 的實驗中所得出的結論，據這些實驗，當酸與鹻等量的時候不會發生絲毫的電流；也是六十二節(Henrici)所引實驗之結論，在這實驗中，如鉀鹻與硝酸之間加入硝酸鉀溶液時，其電流之出現却與沒有硝酸鉀時一樣。』(第一卷第七九二頁)

究竟酸與鹻之化合是不是電流形成的原因呢，我們的作者很鄭重地研究了這個問題。他這種樣子的問題是很難答覆的。酸與鹻之化合首先是形成鹽的原因，然而此時却有能放出。這個能之一部或全部能否變成電呢，這要看放出此能時之情况如何。例如，用硝酸與硝酸鉀溶液及兩個鉑電極所合組的電池中就會有這種事情，不過酸與鹻中是否含有硝酸鉀溶液不能決定電流之能否形成，因爲這只能延遲鹽之形成却不能阻止鹽之形成。例如吳爾姆・木勒（Worm-Müller）的電池，這是維德曼常常引用的，在這電池中酸與鹻溶液都在中間而其兩端則爲其所成鹽之溶液，而且與電池中所形成的溶液一樣的濃，在這個時候，自然不能夠形成電流，因爲兩端各員中不能發生離子。因爲各處所形成的物體都是相同的。在這個時候，我們可以用直接的方法來干涉阻撓被解放的能之轉變爲電，有如在不封閉的電池中一樣。這時我們得不到電流並不是什麽奇怪的事情。但是一般地說來，酸與鹻是可以生電流的，下面的電池可以證明：用炭，硫酸（一分硫酸十分水），加里（一分加里十分水），炭所合組的電池，據拉奧的計算，這電池所發出的電流之力等於七十三（以達尼氏電池電流之力爲一百，後仿此）。又可以證明他們在合適的裝置之下，其所得之電流可以合於化合時所放出的能之巨大的量，所以最強的電池差不多完全由鹼鹽所組成，例如惠茨頓（Wheatstone）的電池：由鉑，綠化鉑，鉀汞化合物所組成的電池，其電流之力爲二三〇；過氧化鉛，稀硫酸，鉀化汞——三二六；用過氧化錳來代替鉛則得——二八〇；同時，在每一次，當用鋅化汞來代替鉀化汞的時候，電流之力差不多要降到一〇〇。柏茨(Beatz)用的個電池是固體過氧化錳(MnO_2)，錳酸鉀溶液，硝酸鉀，鉀——電流之力則爲三〇二；如果用鉑，稀硫酸，鉀，——二九三・八；儒列之電池，用鉑，硝酸，硝酸鉀，鉀汞化合物，——電流之強爲三〇二。這些絕強電流之『原因』爲酸與鹼或金屬鹼之化合及此時所放出的大量的能。

又過了幾頁之後，他又寫道：『不要忘記了，要想度量封閉電池中之電動力，不能應用異性物體接觸時所發現的全部化學作用之直接功當量。例如在倍開列（Becquerel）的電池，用的是酸與鹼（又是一個克里斯平 iterum crispinus），這件東西就化合在一起；另一種電池，用鉑，硝，炭，——炭就會燃燒；在普通的電池中，有銅，不潔鋅，稀硫酸——鋅就會馬上溶解，此時就產生了局部電流，此時化學過程中所做的功（卽是所放出的能）之大部就變成了熱，因此電池就失去了這種能。』（第一卷七九八頁）這一些過程都歸結於電池中能之喪失。這些過程絲毫不能改變下面一個事實：電運動從轉化的化學能中產生出來。這些問題只能關聯到轉化的能之數量問題。

電學家虛耗了無限的時間與精力來裝置各種各色的電池以計算『電動力』。因此就積壘了許多實驗材料，在這些材料中當然有許多有價值的東西，然而也有許多毫無用途的東西，這也是無可置疑的。例如，攷拉希（Kohlrausch）證明過『水』是最不良導體，因此也是最不良電解物，假如以水作電解物來作試驗，結果過程之成立不由於水，而由於我們所不知道的水之混合物，這樣的試驗能有什麼科學的意義呢？又例如，費希涅爾的實驗，差不多有一半是用水，甚至於他的交义實驗（experimentum crucia），他想用這個實驗在化學說的廢墟上建立起接觸說之萬世基業，然而這個試驗依然是用水。從此可見除了少數實驗之外，差不多一切實驗都幾乎完全忽略了電池中之化學過程，忽略了這所謂電動力之眞實源泉。但是還有許多電池，從他們的化學成份中簡直得不到絲毫有指望的，關於電流停止後發生化學轉變的結論。反之，正如維德曼所指出，不能『否認，我們還老實不能在各方面知道電池中之化學吸引力』（第一卷第七九六頁）。因此，用化學的觀點看來，凡此種一切實驗都是無價值的。這化學的觀點逐日取得更重要的意義，當這些實驗未經證實而注意力尙未轉到這一方面的時候。

在這些試驗中注意到電池中所發生的能之轉變者只是少數的例外。許多試驗好像是已經承認運動等量律，但是他們並未經證實，只依照慣性而流行於教科書中。電沒有惰性（這句話的意思也好像『速度沒有比重』一語的意思一樣）這句論斷是正確的，但是在說到關於電的學說時却不能說沒有惰性了。

從前我們都把流電池看作了一種特殊的裝置，在這種裝置中，因爲有了接觸，所以解放出了（至於解放的方法，到現在我們還不曉得）化學能，這化學能就變作了電。同樣地，我們把電解器也看作了一種器具，在這個器具中，發生返轉的過程，在這裏，電又變作了如是的化學能而應用他。此時我們應當把電學家所怕的這個過程之一面提到最首要的地方，因爲只有這樣才能夠擺脫了那陳腐的接觸說，才能拋棄了電之二流說。此後還有一點等待解釋，究竟電池中所發生的電化過程是否同在電池外一樣呢，還是有什麽特殊的，依乎電感應的現象呢？

在任何科學中(假若把觀察上的錯誤撇開不談)，各種錯誤觀念到了最後總是對正確事實的錯誤觀念。卽令解釋這些事實的觀點是錯誤的，而事實依然是事實。假若我們拋棄了接觸說，那接觸說所打算說明的一切確定的事實還依然如故。我們現在來研究研究這些事實，同時也要研究研究電池中過程之電的方面。

當異性物體相接觸時，除了化學變化之外，甚至於沒有化學變化，會有電的激動，用驗電器與電流表都能夠驗出這種電激動，這已經是毫無問題的事實。有的時候，正如我們在一開始時所看到的一樣，很難確定這些十分蔑小的運動現象之能源。然而一切人都已承認了此種外部源泉之存在，只說這一句已經夠了。

攷拉希在一八五〇——一八五三年發表了許多實驗紀錄，他在這些紀錄中一對一對地研究了電池之組成部份，在每一次都確定了他們的靜電緊張度。電池之電動力應當由這緊張度之代數總和所組成。例如以鋅一銅的緊張度＝一〇〇，他以下面的方法計算出達尼氏電池格羅夫氏電池之相對的力。

達氏電池：

$Zn|Cu+amalg\ Zn|H_2SO_4+Cu|SO_4Cu=100+149-21=228$

格氏電池：

$Zn|pt+amalg.\ Zn|H_2SO_4+Pt|HNO_3=107+149+149=405$

這差不多合乎這兩個電池之力之直接尺度。但是這些結果都不是很可靠的。第一，維德曼自己也注意到了，攷拉希只引出了最後的結果，『可惜對於每一試驗之結果都沒有做出數目上的材料』。第二，維德曼自己曾多次地指出過，對於金屬接觸時，特別是金屬與液體接觸時所產生的電激動想加以數量上的確定之企圖總是沒有希望的，因爲這裏有許多不可避免的錯誤之源。雖然如此，維德曼還是常常引用攷拉希的數目字，假若我們不模彷他，自然我們可以有較好的行動；假若我們還有其他的，這些抗議所不能反對的確定方法，那就更好了。

假如將電池之兩箔浸入溶液中，而將兩箔之另一端接於電流表，停止電流，據維德曼說這時『電流表之磁針之原始偏角封閉電池中電動力總和之尺度，也好像化學變化之能變化電之激動力一樣』。這樣看來，電力不同之電池會生出不同的原始偏角，偏角之度數與相符電池中電流之力成正比例。

我們面前好像有個彰明較著的『電解力』『接觸力』能夠不依賴絲毫化學作用而獨立地引起某種運動。一切接觸論者都是這樣想。而實際上呢，我們面前的確有這一種電激動與化學作用之間的關係，不過我們沒有對他加以探討而已。在我們開始研究這個問題之前，我們應當先對所謂電動律者加以仔細的研究。在這裏我們依然相信，傳統的接觸觀念不但不能說明絲毫事物之眞象，並堵塞了一切說明的道路。試舉任何二金屬一溶液所合組的電池爲例，例如用鋅，銅，稀硫酸合組的電池，假如再加上一個金屬箔，設爲鉑箔，然而却不把他與電池外部的導體聯在一起，這時電流表上的原始偏角同沒有鉑箔時一個樣大小。這樣子看來，鉑箔對電感應並無影響。但是在電動理論的國語中却不能這樣平白易解地去表現這個事實。看下面一段怎樣：

「這時鋅與鉑的及鉑與銅的電動力之總和出台了，來代替溶液中鋅銅電動力之總和。因爲加上了鉑之後，電路並沒有什麼顯著的變化，所以從電流表上偏角相等的事實中我們可以得出下面的結論：鋅與銅在溶液中的電動力等於鋅與鉑及鉑與銅在溶液中的電動力相加之和。這合乎那已經確定的，弗爾特氏的金屬間電激動的理論。這個結果應用到任何金屬與任何溶液上都是正確的。可以用下面的話表現這個結果：金屬在受溶液影響而發生電動激動時，是依照弗氏列的定律。這個定律又可稱爲電動定律。」（維德曼第一卷第六十二頁）

我們本來可以很簡單的描寫這個事實，說鉑在這個裝置中根本不能發生電激動的作用。假若我們確定他能發生電激動的作用，而相反方向的力却是相等，因此其作用仍等於零，這只是把事實改爲假設，只是爲着維持『電動力』的尊嚴而已。在這兩個情形中，鉑的脚色都等於一個稻草人。當磁針之第一偏角發生時封閉電池還沒有出世。因爲酸還沒有分解，所以還沒有變成導體，他只有分成離子時才能夠荷電。第三金屬之所以不能影響偏角者只是因爲他還是孤立的。

但是當持續電流已經確定之後及當他行動的時候，第三金屬又怎麼樣呢？

在弗氏的金屬列中，在大部的液體中，鋅總是在鹽化金屬之後而分解於正端，鉑分解於負端，銅則居二者之間。因此，如上所做，將鉑插在鋅銅之間，則對於兩者皆爲負。如果鉑能發生作用，則液體中應當有從鋅與銅流向鉑，就是說，從兩個電極流向無聯絡的鉑之電流，這就是表面上的矛盾 (contradictis in adjects)。在電池中，有幾種金屬之作用之根本條件正是在乎他們在電池中有在外的相互聯絡。電池中之無聯絡的，剩餘的金屬是個非導體。他既不能造成離子，又不能讓離子通過，但是沒有離子我們不能知道一個電解物之導電度。由此看來，這個金屬不但是個稻草人，而且還是個障礙，因爲他使離子多走路以繞過他。

假若我們將鋅鉑聯在一起而將銅孤立無聯的放在中間，則所得的結果也是一樣。在這個地方，如果銅能發生什麼作用，那末他就應當引起一種電流從鋅流向銅，而另一電流則從銅流向鉑。因此銅的作用只是一種次要電極的作用，這時他對着鋅的一面就應當附有分出的氫氣，然而這又是一件不可能的事情。

假若我們放棄了表現電動理論的傳統的方法，則事實就會很平白簡單。前面已經說過，流電池是一種特殊裝置，其中能夠解放出轉變爲電之化學能。這電池大都由一個或幾個液體及二種金屬所組成，二種金屬的作用是兩個電極，這兩個電極應當在液體之外用一個導線聯絡起來。這便是全部器具。假如我們將另一個物件（不論是金屬也可，玻璃也可，火漆也可，別種東西也可）無聯絡地插入這被激動的液體中，如果這第三物體不能用化學方法來改變液體，他就不能參與電池中所發生的化電過程，即是不能參與電流之造成，他最多只能攪亂這個過程。不論這後來插入的，第三種金屬對於液體及電池中之一個或兩個電極之電激動才能是怎樣地大，假若他在液體之外不能同封閉電池聯絡在一起，他就永遠不會發生作用。

據此看來，不但上述的，維德曼的，所謂電動定律的結論是錯誤的，並且他給這定律的意思也是錯誤的。更說不到無聯絡的金屬之補充的電動活動了，因為這種活動已經事前喪失了他之出現所必需的唯一的條件了。同樣地，這所謂電動定律不能從他的範圍之外的事實中引出。老頭子包根道夫 (Poggendorff) 於一八四五年發表了許多實驗紀錄，他在這些實驗中計算了各種電池之電動力，就是說，他在這些實驗中確定了每一電池在每一時間單位內所得到的電量。這些實驗之前二十七個實驗最有價值，在這每個實驗中都把固定的三種金屬依次聯絡於三個不同電池之同樣液體中，這時就以他們所得出的電量為觀點而研究這些電池，比較這些電池。但是包根道夫是個忠實的接觸論者，所以他在每一次都把這第三個金屬除開了，他很得意地確信，在這八十一個電池中，第三金屬總是一個稻草八。但是這些實驗的意義絕對不在這個地方，而在乎他確定了所謂電動定律者之正確的意思。

現在我們來研究研究上面所引的一些電池，在這些電池中，鋅，銅與鉑都成對地聯結於稀鹽酸中。據包根道夫說，假若以達尼氏電池之電力為一〇〇，則此時所得的電量如下：

鋅——銅	七八·八
銅——鉑	七四·三
總和	一五三·一
鋅——鉑	一五三·七

這樣子看來，鋅與鉑有直接聯絡時所給的電量差不多完全等於鋅銅的電量加上銅鉑的電量。在一切其他電池中都是這樣，不論他是用得什麽液體，什麽金屬。如果在同一的液體中，應用一個金屬列來造成此種電池，例如將弗氏金屬列之第一第二第三第四

……等等金屬應用到同一樣的液體中，這時每一金屬對於前一金屬而言都是負電極，對於後一金屬而言都是正電極，這時候，從這一列電池中所得到的電量必然等於這一金屬列兩端的二員所直接組成的電池中所得到的電量。例如，以稀鹽酸及鋅錫，錫鐵，鐵銅，銅銀，銀鉑所組成的許多電池，其所得之總電量等於鋅鉑電池所得到的電量。如總合上列所有的電池而組成電堆，在相同的條件之下再加上鋅鉑電池，則必得中和，因爲後者的電流運動方向是反乎前一列的。

如果這樣子來看，則所謂電動定律者也就有了眞實的巨大的意義了。這定律揭開了電作用與化學作用相互關係之新的一面。從前，在研究流電流之能源的時候，驀然看來，好像化學轉變這一個源泉是過程之積極方面，而所生的電則爲過程之消極方面。現在的關係變了。電池中互相接觸的異性物體之屬性所決定的電激動並不能對化學作用之能有所取與（被解放的能之轉變爲電當屬例外）；但視電池構造之不同他也可以使這作用加速或加遲。如用鋅—稀鹽酸—銅來組成電池，則於一個時間單位內所生的電量只有鋅

—稀鹽酸—鉑電池所生電量之一半，用化學的言語說來，就是，第一個電池在一個時間單位內所得到的綠化鋅的數量只有在第二個電池中所得到的綠化鋅之一半。這樣看來，雖然純粹化學條件保持未變，而化學作用却增大了一倍。電激動成了化學作用的約制器；他現在成了全部過程之積極方面，而化學作用却成了消極方面。

過去有許多過程只被人承認爲純化學的，現在知道是電化的過程，用這個觀點看來，這已經是很清楚的了。稀酸對於化學純淨鋅的作用（假若能有作用）是很薄弱的。但是平常的市場上所發售的鋅浸入酸液時會很快地溶解，形成了鹽，離出了氫。他裏面含有很多別種金屬與炭素之雜質，這些雜質都不很均一地分佈在他的表面上。在酸中形成了這些雜質與鋅之間的局部電流，這時鋅之一部份作了正電極，而其餘金屬則作爲負電極，在這負電極上分離出一些氫的水泡。如將鐵浸入硫酸銅的溶液中，則鐵面上必覆有一層銅，這種現象是電化現象，這一點我們現在也承認了，因爲這是鐵面不同局部之間的電流所引起的現象。

在造鹽族與酸基素（säureradikal）二者與金屬所成的化合物中，金屬往往互相排擠，我們可依其排擠之次序而組成一列，弗氏的應用到液體中的金屬列是與這金屬相符合的，這一點也同前一段的論斷相符合。弗氏列之極左端又大部是金族的金屬，如金，如鉑，如鈀，如銠，這些東西是很難酸化的，酸很難甚至完全不能對他們發生作用，他們在鹽中的地位很容易被別的金屬所排擠。在極右端則爲鹻族的金屬，其性質完全反乎前者：要他們離開他們的酸化物是很困難的事情，要費去非常大量的能；他們在自然界中的存在形式，差不多全是存在於鹽中，在一切金屬中他們是與綠族及酸基素最相近的。在這兩個極端之間排列着其他金屬，一個接續一個，然而整個地看來，他們的電的與化學的表現却是相同的。而每一金屬之排列次序又依液體之不同而變化，並且應用到一個液體上之金屬列之次序也都不十分確定。對於一個液體而言，此種絕對的弗氏金屬列是否存在也還成問題。試取些電池或電解器來看，拿兩片相同的金屬來，一個可作正電極，另一個可作負電極，這就是說，同一金屬可作相反的兩個電極。在能夠變熱爲電的熱電池中，兩個接點上的電流方向會因温度之差異而變易，從前的正極金屬可以變作負極，反之亦然。依所謂絕對金屬列者，金屬在其與造鹽族及酸基素的化合物中互相排擠，現在我們却知道這種絕對金屬列是不存在的。在普通温度之下頗爲合適的金屬列的排列差不多是可以隨意變動的，假若我們能增加一些熱能。

這樣子，我們找到了電與化(chewismus)之間的特殊的相互作用。電池中之化學作用以形成電流所必需的能供給電，反之，在許多情形之下，因爲電池中有了電緊張才引起了化學作用，至於電池中之電緊張可以在數量上限制化學作用，更是處處皆然。以前我們把電池中的過程看作化電過程，現在我們知道他們也是電化過程。用持續電流之形成之觀點看來，化學作用是第一重要點，但是用電流激動的觀點看來，他就成了次要的，附帶的因子。但是相互作用不允許有絕對首要與絕對次要。他是一個兩面的過程，我們可以用兩種不相同的觀點來看他，甚至於，我們必須依次地用這兩個觀點來研究他然後才能整個地了解他，才能懂得他的總結果。如果我們很片面地把一個觀點看成絕對的而與另一觀點對立起來，如果我們因某一時刻的用得着與否而任意去取這兩個觀點，那末我們就成了玄學思攷的片面性之俘虜；那時候全盤的聯繫就離開了我們，那時我們就要失迷於相互矛盾中了。

我們在上面看到，據維德曼的意見，當一個金屬箔直接插入電池之液體而化學的變化尙未能變動電激動力時，這時電流表上的原始偏角『就是封閉電池中電動力總和之尺度』。

以前所謂電動力者，現在據我們看來却是一種特殊形態的能，這能起於等量的化學能中，而在進一步的過程中却又變作了等量的熱，等量的機械運動等等。在這個地方，一方面告訴我們說，『封閉電池中電動力之總量』之存在早於化學變化之解放這種能，又告訴我們說，電動力並不是別的東西，只不過是某一電池之才能，能在一個時間單位內解放出定量的化學能而且能把他變成電運動。電動力在這個地方依然是個電解力，這力之本身中不含有絲毫的能力。由此看來，維德曼把『電動力』了解成兩個完全相反的東面：一方面，只是電池解放某一定量化學能而且把他變成電運動的一種才能，而另一方面，本身便是被產生的電運動量。雖然他們互爲比例，雖然他們能互作尺度，却不能抹煞他們的差異於毫厘。電池中之化學作用，其所產生的電量和封閉電池中由此而起的熱(假若這時不做出別種的功)不但是互成比例，簡直是互爲當量，然而這並不能抹煞其差異之絲毫。例如一個蒸氣機，他有一定直徑的汽櫃，其活塞有一定的行程，他有一種才能可以從這所得到的熱中製造出定量的機械運動，這種才能與機械運動雖然是互成比例，然而其相互差異依然是很尖銳的。在自然科學尚未承認能量不滅的時代中，這種名辭還是可以容忍的，但是現在我們已經承認了這能量不滅爲根本定律，再也不許把某一形態的眞實的活的能(energie)與某一機關產生此種能之才能(kapazität)混在一起了。此種混淆是電解力中力能混淆之結果。維德曼對於電流之三個絕對相反的說明也可以在這兩個混淆中存身了，而推到最後，他們的根本依然是在維德曼對於所謂『電動力』一問題的理論混亂上面。

除了現在所談的電與化之間的特殊的相互作用外，還有另外一種屬性更能表示這兩個運動形態之密切的相似處。他們兩個都只能存在於一個極短時間中。化學過程對每一個加入過程的原子團而言，只在一瞬間便完成了。要想這過程延長下去，必須有新的原料繼續不斷地加入這個過程。對於電運動也是一樣。當他從另一運動形態中變來時，不能停足，馬上又要變成第三種運動形態。只有繼續不斷的新鮮能流來才能產生持續電流（或作直電流），在這持續電流中，在每一瞬間，都有新運動量採用電的形態却又馬上喪失了他。

明瞭了化學作用與電作用之間的相互關係，可以使我們在這兩個研究領域中都獲得很大的成果。此種見解的範圍日漸擴大了。化學家如梅葉爾（Lothar Meyer）及凱庫列（Kekulé）所發表的見解實在都是電化理論之換了新形的復活。在研究電學的物理學家中也有人（孜拉希的最後著作可以證明）十分篤信，只有精確地研究了電池中或電解器中之化學過程才能把他們的科學引出舊傳統之死路。

實際上，只有對那傳統的，不正確的，基於非科學的觀點之上的一切實驗加以化學精確的，總的審查之後，只有精細地研究了能之轉變之後，並且永久肅清了那關於電的傳統的見解之後，動電學，以及磁學與靜電學才能得到穩固的基礎。

（註）昂格斯這篇文字中所引用的事實大都取之於維德曼的著作：Wiedemann, "Lehre von Galvanismus und Elektromagnetismus."

費葉爾巴赫論摘錄

——一八八六年——

德國五十年代的那些廉價唯物論之零售小販並沒有絲毫比他們的教師們更高明的地方。自然科學之一切新進步只能作他們否認宇宙造物主之存在的論據。而且他們也並沒有提到更深遠的理論研究。唯心論的才思到了這個時候已經喪失淨盡了，唯心論同一八四八年革命一樣受了致命的創傷，但是他也有可以自慰的地方，就是唯物論比他跌得更厲害一些。費葉爾巴赫不願承當這**個**唯物論的一切責任，他是很正確的。因此他就沒有把當時唯物論佈道者之學說與一般唯物論混爲一談。

剛剛在這個時候，經驗的自然科學達到了很高的發展而且得到了很多極有光輝的成績，因此，不但能夠完全克服了十八世紀之機械的片面性；而且因爲證明了各研究部門

（力學，物理學，化學，生物學等等）之相互依賴與相互關係是存在於自然界中的，所以自然科學也從經驗的科學變成了理論科學，而且因所集材料之系統化逐使自然科學變成了唯物自然觀的過程。氣體力學；新創的有機化學，這門學問研究怎樣從無機物中取得所謂有機化合物，因此就勾銷了這有機化合物的最後一滴神祕性；從一八一八年之後胚胎學，地質學與古生物學都成了科學的科學；動物與植物的比較解剖學；——這一切新的知識領域都得到了十分繁多的新材料。

從中首先證明的是能互變律，這是因熱之機械當量之發現而證明的（梅耶爾，儒列 攷爾丁）。自然界中無數的動因，過去都把他看作一種假形加所謂力的不可解的，神祕的存在物，——就是所謂機械力，熱，輻射能（光與輻射熱），電，磁，化學之化合力與分解力——現在曉得了這不過是同一種能，即運動之特殊形態與形式。我們不但能夠指出在自然界中常常發生這種能之互變，而且可用人工在試驗室中與工業中再生產這種互變，而且一種形態的能之定量總是符合另一形態的能之定量。這樣，我們可以用克羅格蘭姆來表現熱之單位，以及其他之單位，同時熱之單位又可作電，化學能之單位，反之亦然。一個活的有機體所吸的與所耗的能量亦可計算出來，而且可用任何單位去計算他，例如熱的單位。自然界中一切運動形態之合一到了現在已成了簡單的哲學定論與自然科學的事實。

第二個發現在時間上還要早一些，這就是施汪(Schwann)與施列登(Schleiden)所發現的有機細胞。這是個生命單位，一切有機體的起源與發展都由於他的繁殖與特化，——除了最下等生物。自然界有機的產物與有生的產物之研究（如比較解剖學，比較生理學與胚胎學）都因了這個發現而立穩了脚跟。覆掩於有機體構造與有機體發生與發展過程之上的神祕之幕被撕破了。從前所不能理解的神怪事現在都變成了一個過程，這過程之進行都依照着一切多細胞有機體所實際共守的定律。

但是除此一切之外還有一個重要的空白。假若一切多細胞的有機體（植物，動物與人都包括在這裏面）之每一個都依照細胞分裂定律而從一個單細胞中發展出來，我們又怎樣去解釋有機體之無限的形形色色呢？第三個發現答覆了這個問題，這發現就是達爾文所首先創立而系統化的進化論（發展論）。不論這個學說到了將來在局部上有何種變更，而就整個地說來，他對於我們所談的問題之解決算是最滿人意。有機體的發展從很少幾個簡單的形態以達於最近我們所能觀察到的十分浩繁與十分複雜的形態　直到人類爲止，進化論已將許多此種發展在根本點上指示出來了。不但說明了有機生命之現存的代表，並且安放了人類精神之史前時代研究之基礎，——安放了他各個發展階段研究之基礎，——從下等有機體之簡單的，無構造的，而能感受激動的原生質起到人類的能思想的腦筋止。假若沒有這個史前時代，則人類能思腦髓之存在就成了一個神蹟。

因爲有了這三個大發現，我們已經能夠說明自然界之根本過程，用自然的原因去說明他。現在還剩一點應當求得的，就是說明無機自然界中怎樣產生了生命。就現在的知識程度看來，這問題只是簡單的能否用無機物製成蛋白質的問題。化學離這個任務的解决雖然還有很遠，但是他日漸接近這個解决了。我們記得，在一八二八年的時候，浮萊爾（Wöhler）曾從無機物中取得了第一種有機體，尿素（harn,toff），現在我們用人工的方法，不假借任何有機物，已經能夠取得無數的所謂有機化合物，現在我們當然不敢武斷說蛋白質是化學所不能越過的阻障。在現在這個時候，化學能夠製造其所確知成份的任何有機物。假若能夠確實知道蛋白質的化學成份，那時馬上就能夠製造出活的蛋白質。但是，自然本身在最合適的條件之下，經過了千百萬年，才在幾個少數行星上製造出來的東西，你要化學在轉眼之間便製造出來，那不是要他玩神法麼？

這樣看來，我們現在的唯物的宇宙觀比起前世紀來是較有根柢，這是無可懷疑的。那時候只說明了天體的運動，說明了受重力支配的地球上一切剛體之運動，而且相當地窮其極了。然而差不多化學之全部與有機自然界之全部都依然是神祕的，是猜不透的。而現在我們面前的全部自然界已經是一個關係與過程之系統，至少在其根本諸點上是說明了的，是了解了的。唯物的宇宙觀就是乾脆的本色的自然觀，不要任何枝節的附會，——所以唯物的宇宙觀原來在希臘哲學家那裏是個理所當然的。但是一個實在唯心的宇宙觀隔開了我們與古代希臘人之間的兩千年，因此，想回復到理所當然的宇宙觀遠不如一眼看來地那樣容易。因爲，問題不只在乎兩千年理論內容之簡單的否認，而在乎對他的批評，而在乎從無常的唯心的形態中抽取出有價值的結果，這些結果都要取自那僞的，然而却是有那樣歷史條件的時代中所不能逃免的形態。這無數的自然科學家在其專門科學的領域之內都是個決絕的唯物論者，但是一跳出這個領域的界線時，他們不但成了唯心論者，甚至成了最敬神的最篤信的基督徒，要他們證明匕面的事情眞是難乎其難了。

自然科學之一切開代的勝利都從費葉爾巴赫身邊掠過，對他沒有深刻的影響。其錯誤之責任自然在乎當時德國的可憐情形。因爲有了那種可憐情形，所以不值錢的折衷派的宵小們才完全佔據了當時的大學講座，費葉爾巴赫自然比這些宵小們高出無限倍，所以他才跑到窮鄉僻野，消聲匿跡。正是因爲如此，所以他談到自然科學的問題時總以雜弄些漂亮的文句爲滿足——除了很少幾個天才的論斷之外。例如他說：『當然了，生命並不是什麼化學過程的產物，總而言之，他並不是自然界之個別的力或個別現象的產物像玄學的唯物論者在研究生命問題時所想的一樣；他是全部自然界的果實。〔一〕不錯，生命是全部自然的果實，然而生命之唯一的獨立的担負者——蛋白質雖然是起於全部自然關係所確定的條件之下，却正是化學過程的產物，這兩件事情並不衝突。那時有一些學說專門攷究思想與思想機關，腦髓之關係，譬如施達克（Starck）〔二〕便非常熱衷於這些問題，費葉爾巴赫的孤獨却使他遠離了這些無結果無目的的學說。

然而費葉爾巴赫却反對唯物論的稱呼。這也不是沒有原故的，因爲他並沒有完全脫離了唯心論。在自然的領域中他是個唯物論者。但是對於人類問題……（他却不然了）。

卡爾·紹萊美爾略傳（Karl Schorlemmer）

不但有各國的科學家，而且德國的社會民主黨也要致深切的哀悼於今日曼契斯特南城墓地所新築的坟墓之前。在那兒長眠的偉大化學家實於拉薩爾未出台於德國之先已作了共產主義者。他不能隱藏他自己的信念，他直到死時還是德國社會主義政黨的積極黨員而經常地繳納黨費。

卡爾·紹萊美爾於一八三四年九月三十日生於丹施達德（Darmstadt）。開始在本城的中學中讀書，後來又到吉新（Giessen）與亥特堡（Heidelberg）去研究化學。畢業之後，於一八五八年到了英國，那兒開始了一些李比希學派的天才化學家之事業。此後他的同事大部份都投身於工業了，只有他還效忠於科學。一開始他作私人化學家施米茨（August Smith）的助手，後來又作羅斯攷（Roscoe）的助手，羅氏在不久之前才被任爲新恢復的渦文學院（Owen's College）之教授。紹萊美爾本來是羅斯攷的私人助手，到了一八六一年時被任爲渦文學院的正式的實驗室助理員（Laboratoriums-Assistent）。

他在這個六十年代時完成很多化學發現，開了科學的新時代。有機化學到了這個時候已經十分發達，他從關於有機體成份之零散的，不十分完備的材料中長出來，變成了眞正的科學。紹萊美爾所選擇的研究對象是這些物體中之最簡單的，他確信新科學之基石正應當放在這個地方。這個物體的本來成份中只有炭素與水素。假若用別種簡單的或複雜的物體來代替一部分水素，則可變成新的，十分繁多的，性質十分互異的物體。這就是膠質，石油中便包含了最著名的膠質。從這膠質中可以取出酒精，脂肪酸，醇精……等物。我們現在所有的關於膠質的知識大部份是紹萊美爾的功績。他研究了屬於膠質的當時已知的化合物，把他們一一分辨清楚，有幾種經過他才得了純淨形式。還有別的幾種，在理論上應該有的，在實際上却還沒有發現；都被他發現而且取得了。所以他實在是現代的科學的有機化學之創立人中的一個。

除了這些專門工作之外他還研究了所謂理論化學，卽是研究他這門科學之根本定律及其與相鄰科學之關係，特別是與物理學與生理學之關係。他在這個領域中的地位也是大家所公認的。在當時的出色的自然科學家中只有他不放棄對大家所輕視的黑格兒加以研究，而且非常看重他。這是很對的。無論什麽人，如果想在一般的理論自然科學的領域中做點事情，他就不能把自然現象看作一個不變數（然而大多數的人偏偏要這樣），而應當把他看作變化的，流動的。而直到現在到黑格兒那裏去學習這件事還是最容易成功。

我在六十年代之初認識了紹萊美爾（我和馬克思在很短的時間內就同他混熟了），他到我家來時臉上總帶有青的或紅的顏色。同膠質開玩笑是不容易的。大家都不知道這些物體時時刻刻會炸傷他的手，所以他有很多可敬的傷痕。幸而他戴有眼鏡，所以不致於損害了他的眼睛。

那時他已經是一個十足的共產主義者，那時常常在我們的幫助之下研究他久已得到的信念之經濟學的論據。後來他由我們這裏知道了各國工人運動之進展，他特別注意的是已經邁過純拉薩爾階段的德國工人運動。那時候，我於一八七〇年末遷到倫敦，我們的非常勤的通信，大都是關於自然科學問題與黨的問題。

在以前的時候，紹萊美爾的聲名雖已經溢洋於世界，然而他在曼契斯特的地位還是很卑下的。後來就不同了。一八七一年有人提他作皇家學會的會員（這學會是英國的科學學府），馬上通過了，——這是很希有的事。一八七四年渦文學院專門爲他立了一個有機化學的新講座。此後不久，格拉斯高大學已選他爲名譽博士。這些外觀上的榮耀並不能改變他。他是全世界上最謙遜的一個人，因爲他的謙遜由於自身價值之正確的了解。正是因爲如此，所以他承受這些稱號時把他們當作理所當然的，因此就安然承受。

他在假期時總是跑到倫敦來找馬克思與我，只有一次例外，那一次他跑到德國去了。四年之前他還同我一道兒到美國去遊歷。一八九〇年我們還到那威遊了一次，到了諾德卡卜(Nordkap)。到了一八九一年，在我們預定的同道遊歷剛要開始時他的健康就損壞了，從此之後就沒有來過倫敦。從是年(一八九二年)二月起他就沒有出過屋門，五月之後就臥床不起了，六月二十七日由肺腫而逝世。

這位科學家是親嘗過取締社會主義者特別法的。大概是六七年之前他從瑞士到丹施達德去。剛剛在這個時候警察局弄到了一隻裝滿了阻里希出版的「社會民主」(刊物)的箱子。除了社會民主黨員教授之外誰還能幹這樣的偷運勾當呢？就警察的眼光看來，無論如何這位化學家必是個受過科學訓練的偷運家。閑話少説——他的母親家與他的弟弟都被搜查過了。而教授本人却在海希特(Höchst)。於是飛快地打了個電報去，馬上跑去搜查了，却搜出了一個完全意外的東西——英國的護照。原來在德國頒布了取締社會主義者特別法之後他入了英國籍。警察們看見這英國護照時都怕起來，他們不願意惹起對英的外交糾紛。於是這一齣戲的煞尾就成了丹施達德的大笑話，使我們在這個地方最近一次的選舉中至少增加了五百張新票。

我代表執委將這花圈放到忠實的朋友與同志的墓上，花圈上繫有紅帶，上寫着『德國社會民主黨執行委員會謹獻』。

一八九二年七月一日於倫敦

反杜林論別序

現代社會主義在實際上是從支配當前社會的有產者與無產者，工人與剝削者之間的階級矛盾中產生出來的，雖然是這個樣子，他在理論形態上却仍然是十八世紀的偉大的法蘭西啓明運動者所提出的根本原則之更進一步的更徹底的延續，他最早的代表莫列來(Morelley)與馬勃理(Mably)之列足於這些啓明運動者之間並非徒然。他的根基雖然是物質的事實，但是他同一切新理論一樣應以既有的觀念之寶藏爲出發點。

爲着準備將到的強有力的革命而在法蘭西製造新智慧的一些巨人之本身都是絕頂革命的。他們不承認任何威權。宗教，對自然的見解，國家制度，社會——對一切都加了無情的批評。一切都應該在理性法官之前證明他們的存在，不然便是放棄了存在。能思的理性是一切事物的唯一權衡。這個時候，用黑格兒的話來說，是世界倒置的時候——這話有兩個意思，第一，人類的頭腦要求承認理性所求得的論斷爲人類思想，行動與團結的基礎；第二，如果實際與這些論斷相矛盾了，則勢必將一切顛倒錯置。當時存在的一切國家制度與社會制度，從前代所傳下的一切觀點都因不合理性而被推翻並丟在一堆去了。盲目的偏見支配了過去諸世紀的世界。直到今日，明亮的理性之光才照到了他，而全部過去至多不過贏得若干同情與鄙視。

現在我們知道了：這理性的王國不過是理想化的資產階級王國，而那時所宣佈的永久正義也在資產階級的司法制度中實現了，所謂合理性的國家，盧騷的社會契約亦都體現於資產階級民主共和國中——而且不能有其他的體現方法。十八世紀的偉大思想也同一切前代的思想家一樣，不能越出他們的時代加之於他們的藩籬。

但是除了貴族，專制制度與資產階級之間的矛盾之外還有剝削者與被剝削者之間及無產的勞動者與富裕的遊手者之間的一般矛盾，這樣才使資產階級的代表能作受苦受難的人類之代表。但是資本家與工人之間的對立已經表現出來——不過還不是首要的對立而已。這種對立使幾位卓絕的思想家加深了他們的批評，不但要求政治權利的平等而且要求社會地位的平等，希望能達到階級矛盾之消滅。這兩種傾向都交叉於聖西門一人之身，而在法蘭西的遁世的共產主義之中則以第二個傾向爲主。經過渦文的手，在資本主義生產最發達的，因此也是社會矛盾最尖銳的國家中達到了系統的發展，這自然與法國的唯物論有密切的聯繫。

在很早很早的時候這發展已被這種對立所表露出來，如孟采爾(Thomas Münzer)，水平派(Levellers)，莫爾的烏托邦(Utopia of Thomas More)。

社會的一些新變革重新停留在理性與正義的永久定律之上了，但是這些定律與資產階級啓明派的定律之間有天壤之差。『啓明』及其原則所組織的世界也是不合理性的，也是不合正義的，因此也同過去一切國家制度與社會制度一樣，應當推翻。眞正的理性與眞正的正義直到現在沒有能夠支配世界，原因何在呢，——在乎直到現在我們沒有認識他們。現在需要生出一個有天才的人，到了最後總能夠認識他們。這個人的出世並不是人類發展史上必然的一環，這是純粹的偶然。他在早五百年之前也有出世的可能，果眞如此，則人類就可少受五百年的苦難了。

（譯者註）末段所述的意思並不是昂格斯的，而是法蘭西空想社會主義者的。

辯證法與相對論

（一）論文之旨趣與範圍

（一）相對論之發表實在是學術史上一件最能激動大衆的事件。有人把他比作物理學上的一個大革命，確有些相似。他同一個大的政治革命一樣，不只動搖了古典力學與物理學的基礎，他並且擴大了這個動搖，造成了一切玄學式的哲學思想之恐慌。

一切人們都注目在這個新學說上亦有如注目於一個革命事變上一樣。不祇物理學家，也不祇科學家與思想家注意這件事變，便是社會上一般的俗人也都注意他，喜歡談這個新鮮事件。除了進化論之外還有什麼學說引起過這樣大的激動呢？

也正如一個革命一樣，他得到了大批的擁護者與頑固的反抗者。一切古典的物理學家，一切玄學式的思想家，一切機械論者都捐着牛頓的靈牌作最忠實的衞道者，向相對論作無情的討伐。而一部份狂熱的擁護者則組成了新物理學的革命軍。兩軍的對抗直延至現在，還沒有完全解决，還有不少的古典物理學的老卒固守着殘壘作最後之掙扎。

也同一個革命一樣，反對他的人不一定了解他，擁護他的人也不一定了解他。又同革命一樣，許多反動的思想家跑進了他的營壘，掛着他的招牌，利用他的一字半句的口頭禪來招搖撞騙，來作他反動思想的護符。而他的擁護者之中也往往有不大了解他的眞諦的人，濫用他的原則以致做出許多偏激荒謬的結論。

又同一個革命一樣，他有他的淵源與界限，優點與缺點，光明方面與黑暗方面以及內含的反動性與對舊傳統之不能完全擺脫。

一個辯證唯物論者對這樣的科學界的革命絕對不能袖手。許多人都來探討這個問題了。德國人台爾海瑪爾，蘇聯的斯特般諾夫，齊米拉西夫……等人都陸續發表了不少的論文。

我久已想寫一點關於相對論的東西，却因爲種種關係未能下筆。一九三〇——一九三一年之冬譯了昂格斯的「自然辯證法」，譯後對相對論的興趣更濃厚了，於是決計寫一些關於相對論的文章，這便是第一篇。

然而我苦於沒有參攷的材料。我手中只有台爾海瑪爾的一篇論文及齊米拉西夫的幾篇甚無價值的文字。我既然找不到幾位理論大家的觀點，也只有獨立地直抒我自己對於這個問題的意見，有些意見還沒有完全成熟，尚有待於未來的探索。

相對論是一個大題目，可以用這個題目寫出篇帙浩繁的大書，然而我不能寫一本書，只能寫一篇論文，所以我不得不把我們的題目加以限制。

我這篇論文僅限於物理學上與哲學上相對論之一般的討論，特別注意於時間，空間，物質，運動四個概念的討論，從中指出相對論與辯證法之關係。

我不是來介紹相對論而是用辯證的觀點去審查相對論，所以把數學公式，物理實驗，例證與說明都忽略去了。

(二)自然研究與辯證法

(二)近代自然科學中最有勢力的要算經驗這個名詞。無論何種科學沒有經驗便不能成立，無論何等學理沒有經驗的證明便很難取得人們的信任。自從倍根以來，他漸擴大了他的勢力範圍，泛出了自然科學的境界，侵入了哲學的領域。

然而純靠經驗來建立科學(哲學更不用談了)總是一條走不通的路子。於是經驗科學到處碰壁，產生了許多非跳出純粹經驗便沒法解決的內在矛盾。哲學家與科學家對純經驗與純歸納的批評便是他的反動。

昂格斯在「自然辯證法」一書中曾對他作了很多批評。十九世紀末與二十世紀初也有許多物理學家提出了類似的批評。

這是因爲自從經驗科學產生以來所積壘下來的經驗事實與材料太多了，使這些自然科學家沒有方法去整理他們。他們向來鄙視思攷，看不起哲學，現在知道非跳出純經驗純歸納的圈子而應用思攷與哲學的工具便沒有方法去整理這些亂雜無章的材料。愛因施坦也提過這一點。他說：

『實驗科學之發展……不過一種目錄事業，純爲經驗也。

『然事實上……科學已超過最初級時，則理論之進步決不止於整理排比而已，學者觀各事實，心有所悟……造爲一種思想系統，吾人名之曰理論，理論之用在連貫多數經驗……。』(夏元瑮譯愛因施坦「相對論淺釋」第九十四到九十五頁)

正是如此。科學的任務『決不止於整理排比而已』，還要『觀各事實，心有所悟』『造成一種思想系統』。然而要如此就不得不乞援於哲學的思攷。

(三)然而哲學也有他自己的身價，不是可以招之卽來揮之卽去的。科學家平日太鄙視哲學了，已經自絕於哲學了，所以當他向哲學呼籲時反而無人答應。名貴的哲學都望望然而去之，只有一些惡俗的，無恥的，不値錢的哲學才甘心作奴以效勞於自然科學家。

自然科學家在『造成一種思想系統』時所用的思想既然是惡俗的，不値錢的哲學思想，其所造成的『思想系統』自然免不了惡俗與不通。細檢十九世紀的及二十世紀的自然科學家沒有一個人曾造成了完備的高明的思想系統。其中最好的也不過只造成了比十八世紀法國唯物論還不如的機械的唯物論。等而下之，則爲不倫不類的經驗批評論，各種各色的廉價唯心論，二元論與折衷論，以及生機論，精神論。鄙視哲學的人們得到報應了。

然而用下流的哲學思想所造成的『思想系統』不但不能幫助自然科學的進步反而防礙他的發展。鼎鼎大名的馬黑不是原子論的反對者麼？

(四)有一種思攷方法直到現在還沒有引起自然科學家的注意，然而他却是唯一的能夠拯救自然科學的，能夠幫助自然科學的方法，這就是唯物的辯證法。

唯物的辯證法並不是從外邊走來拯救科學，却是**從自然科學本身的發展中產生出來的**。因爲辯證的定律是自然界中的眞正定律，所以自然科學在研究自然界的時候必然揭露了辯證法，而自然科學的發展也必然促進了辯證法的發展。可惜自然科學家們自己不覺耳。

昂格斯曾費了一番功夫來審查十九世紀自然科學發展之諸結果，表白了他們的辯證性。然而却始終沒有撩起自然科學家的注意。直到現在還沒有自然科學家肯認眞地來研究一下辯證思攷。即使在蘇聯，辯證唯物論最佔勢力的地方，也還沒有很多的成績。自然科學的陣地依然在自稱爲辯證論者的機械論者之手中。

然而這並不能證明辯證法的失敗，這只能證明自然科學家的頑固與可憐。不論自然科學家的態度如何，辯證法的發展總是日進不已的。一天一天地過去，一批一批的新事實都交到辯證法手中了，這並不以自然科學家的意志爲向背。事實愈積愈多，辯證法的勝利更有保證了。任何一個自然科學家如能用辯證法來整理這些事實必然能得到莫大的收穫。

本世紀所發表的相對論是自然科學之最新的果實，其中接近辯證法的觀點亦愈多。我們久已企圖用辯證的分光鏡來攷査攷査相對論。這篇論文便是這種企圖的實現。

(三)歷史的淵源

(五)相對論並不是個物理學中之偶然事件。他是這門科學長時發展的結果。他有他自己的淵源。杜里舒說他是十九世紀下半期物理學之必然的產兒,這話雖然不完全正確,却也有一半眞理、物理學中兩種意見(牛頓物理學代表一種意見相對論代表一種意見)鬥爭之歷史可以追溯到古代的希臘。

皮塔果拉學派便以爲空間與時間都是不依於物體的獨立存在的東西。當時的哲學家大都承認這種意見。如柏拉圖,德莫克里圖等人都承認時空是絕對的東西。然而伊壁鳩魯的意見却剛剛相反。魯克里提在他的長詩 De Natura Rerum 的第四百六十頁上曾寫出伊壁鳩魯對於時間的見解,他寫道:

『時間自身是不存在的,他只能存在於物質的物體中,我們從中取出過去,現在與未來的觀念。離開了事物之運動或靜止而想像時間不是可能的。』

這種意見之對立直到現代還存在，而且更加擴大了。對立中之每一邊都長成爲規模巨大內容豐富的系統，現在就是解决這種對立的時候了。

(六)再生時代產生了新的科學。物理學便是這新科學中之最重要者。牛頓根據歷來的經驗與實驗建立了系統完備的力學與物理學，這就是所謂古典力學，古典物理學，或牛頓力學，牛頓物理學。

牛頓物理學之方法是玄學的，是非辯證的。在他的系統中，運動與靜止都是絕對的，是不相關的，動者常動，靜者常靜的。於是就假定了一個常靜的空間，絕對的空間。時間是這絕對空間的垂直線，所以也是絕對的。絕對的空間，絕對的時間，絕對的運動，絕對的靜止，這便是牛頓物理學的基本概念。

他旣以空間與時間爲先驗的，爲絕對的，所以在沒有宇宙之前，依然有空間與時間，在宇宙消滅之後，空間與時間却依然能夠存留。運動旣然是經久的，靜止旣然是常住的，所以世界便永遠如此，不會有什麼變化。

這同皮塔果拉派的見解不是差不多麼？然而現代也有現代的伊壁鳩魯。

牛頓的同代者，新時代的亞里士多德，德國人萊布尼茨便不滿意於牛頓的觀念，他說：

『空間與時間，擴延與運動並不是事物，只是思索他們的方法』(modi considerandi)。

柏開雷主教也對牛頓力學提出了批評，他寫道：

『要使運動脫離運動體所穿過的空間及穿過此空間所需要的時間是不可能的，運動如果脫離了這些東西就成了與實在不相符合的抽象。』(De Motu(「雜錄」)第四十三節)

又寫道：

『絕對空間是無限的，固定的，不可分割的，不可感覺的，與一切無關係的，本身中沒有部份的分割。所以他的屬性是負的，他只是為有(merumnihil)，不可

分割不可想像的空間算是什麼空間？」（「雜錄」第五十三節）

黑格兒也曾對牛頓力學作過若干的批評。然而這都是哲學家的批評。批評自批評，牛頓的理論在物理學中越發根深蒂固了。這個傳統，從十七世紀，經過十八世紀到十九世紀才開始了動搖。

（七）在牛頓物理學統治一切的時候，在他的影響之下造成了一種思想系統，這就是機械的唯物論。

不論是十八世紀法國唯物論，還是十九世紀的德國唯物論，其眞正的基礎都是古典物理學。

自從進化論發表之後，機械論便受了一個致命的打擊。誠如約德所云，機械論與進化論是不能相容的，既爲機械便沒有方法去進化，既然進化便不能再是機械。

然而進化論或發展論只在生物學，地質學，取得了勝利，他並沒有消滅了機械論，機械論躲在物理學的深穴中仍然是老而不死。

（八）可是物理學也不是長治久安的王國。自然界中新的事實之發現好像火藥一樣恫嚇着古典力學之堡壘。自十九世紀下半期以來，很多物理學家（不是哲學家）對古典物理學之正確性起了懷疑，出來批評牛頓了。

鼎鼎大名的馬黑就大不滿意於牛頓力學。他在他的力學中寫道：

『牛頓把相對運動與絕對運動分開了。……這是因爲他的根據是絕對空間。……而我們根據經驗，曉得只有相對空間與相對運動。……宇宙系統只是一個相對運動。……力學的基礎可以建築在這上面。』

這不是個相對論者反對牛頓的口吻麼！

馬黑是反對相對論的，他直到臨死時還發表了反對相對論的意見。然而他自己對於力學的見解實在培植了相對論。無怪乎杜里舒說相對論是馬黑方法的結果了。

皮曹德（Petzoldt）是馬黑派的最重要的代表，他談到相對論時說道：

『相對論與馬黑之主要見解並無衝突。馬黑的思想埋下了深根，發育而爲大櫥，他（相對論）便是這大樹的果實。』

這話是眞的，他表白了相對論的淵源。相對論的主要根據雖然不是任何一個思想家而是電磁研究中所得到的一些新結果，新事實，然而相對論與物理學中數學方法，函數方法之親屬瓜葛總是沒法否認的。愛因施坦本人向來沒有批評過馬黑的物理學見解，反之，却極其欽佩他，他說：

『在古力學及相對各論，物體較兩種坐標式K及K'態度不同之原因予已久覓未得。牛頓已見及此，苦無解釋。見之最明者爲馬赫，彼意力學基礎必重新建造方可……』（夏譯「相對論淺釋」第五十四頁）

馬黑對愛因施坦之影響由此可見。他在相對論大意中更是常常援引馬黑的話。除了唯能論者之外還有符號論者（Symbolist）也是古典物理學的批評者。法國符號論的大師潘開害便是絕對空間與絕對時間的反對者。

上面的馬黑與馬黑主義者及符號論者都是相對論的前輩，是十九世紀下半期與二十世紀初最有勢力的學說。前兩者揭干發難動搖了古典力學的基礎，後者完成這件事業，建立了新力學之系統。其關係是顯然的。

然而我並不是說相對論是唯能論與符號論之嫡派的承繼者。不是的。相對論不但是牛頓物理學的批評者而且是前舉兩種學說之反對者。相對論之邏輯的終點與唯能論及符號論是不能並立的。馬黑到死還是相對論最堅決的仇敵不是偶然的了。

（九）我前面曾說過，電磁研究中所得到的一些新事實與新結果是相對論之眞正基礎。換句話說，古典力學是天界限象研究之結果，他的根本是遠作用原理（princiyle of the action at a distance），而相對論卻是電磁研究之結果，其基礎爲近作用（action a ta short distance）原理。

然而羅素卻說『相對論最初由天文學，及光傳播於天文學上之空間之研究而』。起（中譯本「原子論發凡」一三二頁）這個意見是錯誤的。

愛因施坦不是個天文學家卻是個物理學家，其專業是電動力學。他最初發表的就是電動力學與光量子的著作。他在一九〇五年發表了「動體電力學」一文，所謂特殊相對論即包含在這個論文中。

愛因施坦自己也說：

「相對論乃由電力學產生，取電力學中彼此獨立之基本假定整齊之推廣之耳。」

（夏譯「相對論淺釋」第三十一頁）

又在同書第十六節上寫道：

「相對各論本由薈萃馬克斯威爾及羅侖子之電磁現象理論而出。證明電磁理論之事實亦均證明相對論。」（同書第三十七頁）

關於這一點不必多說了。

古典力學的基礎是遠作用原理，而相對論的基礎却是近作用原理。我們看一看天界現象研究中的遠作用原理與電磁現象研究中之近作用原理之間有什麼衝突便可歸納出古典力學與相對論衝突之所在了。

古典力學承認一種作用（或力）能以**無限的**速度在空中傳播。萊布尼茨已經出來反對這種立刻的遠作用了，說這種遠作用是不可能的。實際上，無限速度的作用傳播究竟作何解呢？是一種脫離時間的物質過程在空間中移動！

無限速度本身就是不通的。速度是什麼？速度等於時間除距離。在無限速度中時間變成了零，即是退出了速度的公式，這時速度已經不成其爲速度了。然而這個不通却維持了很多年，這就是因爲這個原理符合於牛頓時代及牛頓以後的經驗材料。然而經驗能維持他，經驗亦自能推翻他。物理學的新領土電動力學中所新發現的事實便取締了這個不通。

電動過程在眞空中傳播的速度與眞空中的光速是相同的。這個過程由這一點走向那一點，流通於時間之內。這裏消滅了作用之非時間性與非空間性。這時遠作用的抽象觀念就不得不讓位於近作用的觀念。

電動過程之傳播速度比起地面上一切機械運動之速度自然大得多，然而他究竟還是有限的，是實際的，而不是實際上沒有的無限速度之數學的幻想。

電動現象之研究確定了眞空中的光速是宇宙間一切可能的實在速度之極限。愛因施坦在「動體電力學」中寫道，光速演着『我們理論中之物理上無限速度之脚色』（第三十五頁）。

約而言之，無限速度之否認與最大速度界限之劃定實在是相對論之出發點，他正是電動現象研究之結果。

（一〇）與相對論有關之最重要的試驗要算是邁克爾生的試驗與飛蘇試驗。關於這兩個試驗我們不去多說了，因爲所有的介紹相對論的書上都有這兩個試驗的描寫。邁克爾生的試驗之目的在確定對絕對空間卽以太之運動。然而所得的結果却是消極的，就是說，證明了這種運動是不存在的。證明不論是順着地球自轉的還是逆乎地球自轉的光速都是一樣的。

飛蘇的試驗之結果告訴我們光在管中對管的速度不是光速與水速的相加數，却比這相加數小一點。普通收縮說可以解釋這兩個現象。

一九〇五年所發表的特殊相對論已經把時間與空間的概念加以大大的改變。但是他還承認不等速運動（即加速運動與旋轉運動）之若干絕對性。但是一九一五年所發表的普通相對論把這一點絕對性也否認了。運動之相對化算是走到極端了。

這普通相對論之經驗上的根據就是久已共知的引力場中一切物體之同等的降落這一個事實及重力質量與慣性質量在數量上完全相等的原則。

這重力質量與慣性質量之等價原理把遠作用原理之最後殘餘都取消了，他把近動原理普遍地應用於全部物理學中。到了現在引力之傳播速度也有限了。由此得到很多重要的結論，都大大地有利於辯證唯物論。我們將在以後各節中討論這些問題。

（一一）反作用等於正作用，相對論以莫大的力打擊了古典物理學，則古典物理學家之頑抗自是不可免的。這些物理學中的保守黨目前依然充斥於全世界。

馬黑就是一個相對論的反對者。他直到臨死的時候還說出反對相對論的話。

德國的物理學家林納德（Lenard）與傑克（Gekrke）都不滿意於相對論。『彼等初不爲愛氏學說之光耀爲惑，……寧用舊日複雜之學說。』林納德在他所著的「相對論，以太與萬有引力」一書中提出了『健全思想』作爲反對相對論的立足點。

俄國的齊米拉西夫是著名的物理學家與唯物論者，是戰鬥唯物社的老社員，是個自命爲辯證的唯物論者。他很寫了幾篇關於相對論的文字。然而他却是相對論的的反對者。他純粹站在古典物理學家的舊觀點來反對相對論。

與爾洛夫在「自然科學之邏輯」中把相對論寫成了符號論的嫡子，函數方法的女兒，演繹的學派。他呢，是立在牛頓物理學的及經驗論的，歸納法的立足點上來反駁相對論，却絲毫沒有提到電磁學的研究，時空的觀念等等。

木丹（M'Dam）寫了一本書叫作「愛因施坦的相對論」，其中充滿了反相對論的意見。例如當電子運動的時候，其質量隨速度而增加，這是與對相論完全符合的，然而木丹却胡說道：

『當相對論看見什麽人發現一件奇異事物時，他馬上就把他收到他的集錦中來。」

這是何等無理的謾罵！

羅侖子，這位現代物理學中之巨人，很多人把他看作相對論的建造者之一，他的電磁研究之結果是相對論之一個基礎，愛因施坦也承認他對相對論的功績，在著作中屢次提到相對論與他的關係。任何一本討論相對論的書中都少不了他的名字。相對論著作的涉獵者都會把他當作一個相對論者。他對相對論的意見究竟怎麽樣呢？他在哈列姆（Harlem）的台來學院（Institut of Taylor）所做的關於相對論的講演可以表白出他的態度。他在這講演的煞尾時說道：

『……至於講者自己却是滿意舊見解的，承認以太有一些實體性(substantialität)，承認時間與空間是可以嚴格分開的，可以承認同時性……我們可以想像出任何大的速度……我們很接近絕對同時的觀念。』（羅侖子「相對性原理」第二十三頁）

羅侖子的態度不是很清楚很顯明麽？杜里舒說大部份的物理學家是贊成相對論的，

羅氏的態度可以證明杜里舒的話不確實。愛因施坦自己也說：

「很多數學家不懂得相對論，雖然他們懂得他的分析的計算。」（見愛氏在法蘭西學院的報告，這報告曾公佈於「兩世界評論」第九卷第一期上。）記得一本書上說全世界懂得相對論的人不足一打，雖然太過，却可以表示這種人的不多了。無怪乎反對者之多了。

哲學家之反對相對論更是到處皆是。杜里舒與柏格森便是中國人所熟知的兩個反對者。

哲學家與科學家之所以反對相對論主要的由於他們的反辯證的本能，玄學思攷的傳統與機械論的鎖鏈。

近代自然科學中有兩個偉大的發現都是鞏固辯證法的：一個是進化論，一個是相對論。進化論把辯證法引進了有機世界，確定有機自然界不是個一成不變的圖畫而是個發展，是個過程。相對論不知不覺把辯證觀引進了數學與物理學，加之於全宇宙。從此之

後宇宙不是個靜止的死的了，而是個永動不息的。這兩個利於辯證法的發現都遭了很多人的反對，不過相對論的運氣較好而已。（註）

（註）在大戰之後，相對論成了資產階級之間的最流行的「最通俗的」學理。這有兩個原因。第一，社會生活之諸種問題皆萬分麻煩而討厭，革命危機又迫在旦夕，他們爲着逃避這種不如意，所以才來注意自然界之各種問題，消遣消遣而已。第二，他們從相對論中可以做出實際的詭辯的結論，說什麼一切眞理的客觀性都消滅了，一切眞理都是主觀的；一切眞理都是主觀的，都是相對的，這正是革命狂潮中資產階級所應當做出的，而且應當喜歡的『哲理』。

辯證法不怕任何人的反對。因爲他有鞏固的基礎。他的基礎是自然界。一切對自然界的進一步的認識都會證明辯證法。我們逐步地接近眞理了。

（四）空間與時間之相對化

（一二）相對論最大的功績在乎他對時間與空間之概念所給的變化。

我們在前面曾敍述過自古以來的對於時空的兩種相反的意見之鬥爭，指出過一些哲學家與科學家對絕對空間與絕對時間之批評，然而直到相對論出世之前，這些鬥爭與批評都沒有很大的結果。相對論才將空間與時間澈底地相對化而給絕對空時觀一種最後的致命的棒擊。

空間是絕對的，這個見解從古以來就佔着優勢，很少數的思想家能夠擺脫這種見解。康德的見解就可以作個代表。

康德在純理性批評中寫道：

『空間是先驗的……我們不能想像沒有空間雖然我們可以想像沒有物體充塞這個空間……空間不是事物一般關係之概念，而是純粹的直覺……空間只是一……』

牛頓的意見正是如此。牛頓以爲有個絕對靜止的空間，他是不可分的，不動的，先在的，不論這空間中有無運動的物體，他總是存在的。他說：

『絕對的空間在其性質上，不問外界事物的狀況如何，總是同一而且靜止的。』

「這算是什麼空間呢？」年輕的柏開雷這樣叫着。實際上這種空間，與運動無關係的空間，與物質無關係的空間，與時間無關係的空間，自己又沒有任何屬性……這種空間只是烏有，換言之沒有這種空間。

眞正存在的空間是與時間有關係的，與運動有關係的，與物質有關係的，他是運動的物質之屬性之狀況，不是，他就是運動的物質。

相對論打破了絕對空間的觀念。愛因施坦屢次指出空間與物質的關係。指出沒有物質就沒有空間。他說，假若沒有物質，全部空間就會縮成一個點——；他又說，space is not the vessel of the universe。他屢次，也可以說全部相對論都是指出空間與時間之關係。明攷夫斯基也說，空間自己只是個影子。……

(一三)傳統的觀念以爲時間也是絕對的。時間的絕對性自然是空間的絕對性之相伴的結論。

康德說：

『只有以時間為先驗的，我們才能想像某些事物同時發生或不同時發生……

『……我們不能從一般現象中將時間取出，但是我們可以從時間中取出現象。……一切現象可以消滅，時間却永存。』

牛頓自然是這種想法了。時間是絕對的，不論外界的現象如何。現在的神祕論者，所謂變的哲學家柏格森也說時間是絕對的，而且是唯一實在的東西：宇宙間只有變，只有綿延，只有時間是真實的。

『這樣是什麽時間？』脫立了空間，物質與運動的時間。merum nihil！只是個影子！

相對論取消了這種時間的資格，打破了幾千年來的傳統見解，吞滅了絕對的，獨立的時間帝國，把他併入物質的版圖。

（一四）相對論將時間相對化了，將空間也相對化了，把時間與空間統一起來，這是相對論之最大的，不可磨滅的功績。

時間與空間是不能離開物質與運動的，因爲他們不是別的，却是**運動的物質之狀況**。他們本來是統一的，因爲他們同屬於統一的運動的物質。時間與空間之所以分離是因爲玄學的思想家把他們與物質及運動離開了。其所以離開物質與運動是因爲這些思想家將抽象當作了具體，把他們從物質中抽出來而給了他們一種獨立性，即絕對性。

康德說，我們能夠想像出一個沒有物體的空間，却不能想像出不在空間中的物體。其實不但物體不能離開空間，空間也不能離開物體。康德說，我們可以從現象中取出時間却不能從時間中取出現象。其實兩者都是不可取出的。

愛因施坦在答覆紐約時報的訪員時說道：

「過去以爲**沒有任何物體時**，空間與時間依然可以獨立存在，現在知道不然了。**時間與空間**並不是宇宙之容器，假若沒有內容，他們是**根本不能存在的**。」

可見相對論對於時間的見解完全異乎前代的玄學的思想家了。他這見解是與辯證的唯物論完全符合的，他所謂內容就是我們的物質。

愛因施坦所謂宇宙絕對不是玄學家的空心宇宙。他所說的宇宙是個物質的宇宙，是有「內容」的宇宙。不是物質在宇宙之中，而是物質便是宇宙。愛因施坦說他不能想像出一個沒有物質的空間與時間，因爲這樣的空間與時間必然縮成一個點。點既是全部空間的否定，又是全部時間的否定，是個完全的否定，絕對的否定，即是烏有，無。這不但是辯證的見解而且是唯物的見解。

空間與時間經濟運動統一於物質之中。在活的實際上，即是在物質的實際上，在物質的運動中，沒有單獨的空間關係，也沒有單獨的時間關係。所以任何事體，不同時而同地發生，或不同地而同時發生都是不可能的。因爲時間的變動不是單獨的，時間的變動必然伴着空間的變動。空間的變動也不是單獨的，空間的變動必然伴着時間的變動。所以愛因施坦說：

「兩件不同時的事體而發生在同地是沒有客觀意義的……

「空間中沒有絕對關係，時間中也沒有絕對關係，而空間——時間中却有絕對的

關係。』（愛氏於一九二一年五月在王城大學Princeton University講演的「相對論大意」第三十三頁）

明考夫斯基說：

『從今以後，單獨的時間與空間都成了影子，只有他倆的特殊結合才有獨立性。』（「空間與時間」第五十四頁）

時間與空間是統一了，統一在物質中。經過運動。必須經過運動，不然，不是經過而是在運動中，不然，時與空的統一就是運動。單單提出一個物質的概念是有缺陷的。

所以愛因施坦對紐約時報的訪員說：

『約而言之，他（指相對論）拋棄了絕對時間與空間；他使他們完全關聯於運動的體系。』

時間與空間是運動的兩個要素（more t），時間與空間所以相對是由於運動的相對性。關於運動與靜止的關係及運動之相對化都將在下面討論。

(一五)人類是善於誤會，巧於曲解的動物。相對論出世以後所遭受的誤會與曲解眞是不少。資產階級的俗人聽到相對兩個字之後，就做出一切相對的結論。客觀的眞理沒有了，眞理是主觀的，相對的。一切事變與物體的客觀性都沒有了，因爲他們不過是個主觀量。有一個反對相對論的人說道：

「相對論者祖述孔德的話，說「一切都是相對的，只有這一點是絕對的」。」這不是天大的誤會麽？甚至可說是造謠。而事實上相對論者是不否認絕對性的——至少幾個最重要的代表是如此的。

愛因施坦引進了時空相對與時空統一的觀念，明攷夫斯基將他化成了美麗的，堂皇的，奇偉的數學公式。後者以巨大的奇才建造了新宇宙觀的數的偉構，以數的和諧顯示了宇宙之和諧。他在凱歌聲裏將四度宇宙介紹給人類了。這位絕代的天才在「空間與時間」一書發表不久之後就去世了，然而他留在人類思想史上的光輝却不會泯滅，將永遠伴着人類。

他在坐標系上，除了三個空間軸（x,y,z）之外又加上了一個時間軸（t），這樣他在數學中就求得了空間與時間之統一。他稱呼這時空統一起的四度宇宙為空時續體（space-time-continuum)。

一切都是相對的！這空時續體是不是相對的呢？絕對不是的。明孜夫斯基說：

『……時間與空間……的特殊結合……有獨立性……。』又說：

『這個自說（相對動）確定：在諸現象中時空只是個四度世界，但是在空間或時間上的伸延（投影）還是有相當自由的。所以我甯願名之曰絕對世界的自說。』

愛因施坦在王城大學講演時也說：

『空間與時間的續體是絕對的。』（Continuum spatii et temporis est absolutum.)

這不是相對論者承認絕對的明證麼？

一切事物只有在這個絕對上確定了他的位置以後才能獲得真正的客觀的意義，他的客觀性才能更牢固。有人以為絕對空間與絕對時間是維繫客觀世界的柱石，若把這柱石摧毀了，我們將在何處繫着這個客觀的世界呢？這眞是一種可笑的杞憂。

這些相對論者之承認絕對性是個不能輕輕放過的事實。這裏又是一個辯證法的勝利。相對性與絕對性這一個矛盾的兩個極端統一而且溶解於物質的實際中了。時間也是相對的，空間也是相對的，而時空的合一却是絕對的。兩個相對的拚成一個絕對的。這不是個很有光彩的辯證法的例證麼？

我研究相對論的結論是：

相對性寓於絕對性中，相對性又包含了絕對性，這一個宇宙性質之兩端是相入相容的。

(五)運動與靜止的相對化

(一六)我們在前面陳述了相對論對空間與時間觀念所給的變化即時間與空間之相對

化及統一，並且指出他們統一是統一於運動之中，他們的相對化與運動之相對化有密切的聯係。在以下數節中我們預備對運動與靜止的問題作一個一般的攷察，對運動之相對化作一個大略的陳述，並用唯物辯證的觀點對這種攷察與陳述作出哲學上的結論。

絕對的運動，這不但是傳統的物理學上的意見，而且是一種傳統的哲學意見。因為他是玄學思攷的結果，他是一切非辯證的思想家所必不能逃避的結論。

絕對的運動是對靜止的，絕對的空間而起的運動。

古典力學上的空間就是牛頓所解釋的靜止的而且同一的絕對空間。在這種絕對的空間上一切運動都是絕對運動，因為有一個絕對的靜止作運動的場所。

牛頓還用了水桶轉動的試驗來作絕對運動的證明。當水桶開始轉動的時候，只是桶轉，水並不轉，這時水對桶雖然有相對運動，但是水面却是平的；過了些時，水也轉動起來，隨桶轉動，這時水對桶並沒有相對運動，然而水面却漸趨不平，邊上高起來，涌心的水却凹進去，以致飛出桶外，這是因為水對絕對空間有了絕對運動。

馬黑對這一個證明已經起了懷疑。他說這並不能證明絕對空間與絕對運動。他又說，假令這桶有幾千粁厚，誰又能斷定他的結果呢？

相對論却根本推翻了這種傳統見解而確定一切運動都是相對的。

愛因施坦在論到狹義的相對原理時說道：

「今……取等速前行之火車爲例。此等運動名等速直線運動：等速者，指其速度及方向不變，直線運動者，指火車在軌上，地點雖變換然不作旋轉。設有一鴉，飛空氣中，自軌岸觀之，其運動爲等速的，直線的；自前行之火車觀之，雖速度與方向不同，然運動亦爲等速的直線的。質言之，如有質量M比較坐標式K作等速直線運動，又如有第二坐標式，K比較K'作等速直線運動，則M比較此第二坐標K'亦作等速直線運動。……今更推廣一層，……如K'比較K，其運動爲等速的及不作旋轉的，則自然現象之進行比較K'之通律與比較K之通律完全相同。此等說法，予等名之曰狹義之相對原則。」（夏譯「相對論淺釋」八，九兩頁）

這一段的結語就是，

『無論（甲）用軌岸爲引體，（乙）用火車爲引體全然相同……作自然現象之物理記錄時……』（前書四十五頁）

就是說：

『運動之概念本屬相對。……軌岸及火車之運動，可有兩種說法皆正確者：（甲）車較軌岸爲動，（乙）軌岸較車爲動。』（前引書第四十四頁）

然而這特殊相對論的範圍是很狹隘的，因爲他只將等速直線運動相對化了，而加速運動及旋轉運動却依然逍遙於絕對的樂園裏不受相對定律的支配，這是愛因施坦所不甘心的。

『此基本定律止在彼此有等速直線運動之引體K方有效力，在他種引體K此定理無效力……有論理思想之人見此情形自不能滿意。……』（前引書五十三頁）

『物體較兩種坐標式K及K'態度不同的原因予已久覓未得……』（五十四頁）

在特殊相對論發表之後，愛因施坦就竭其「論理思想」的能力來繼續他的工作。「必急欲將其推廣成爲普通相對原則」。有人說他窮思十年才完成了普通相對論。從一九〇五年到一九一五年這十年中愛因施坦工作的艱苦可以從他的傳上看出。

自從「普通相對論之基礎」一書發表之後，相對論算是走到了邏輯的盡頭。特別相對論所懸而未決的加速旋轉運動之絕對性被他一筆勾銷了。他把一切運動都相對化，沒有留下絲毫。從此之後，

「凡有引體K K'等，不問其運動狀態如何皆可用以記錄自然。」（前引書四十六頁）

普通相對論既把一切運動都相對化，則對引力問題，對時間與空間的問題，對宇宙系統的構造等等問題自然也有嶄新的解釋，不但由此組織了新力學並且組織了新物理學與新宇宙論。

普通相對論的最主要的經驗基礎就是引力場中一切物體同樣下墜的事實。這本來是

大家久已曉得的事實，但是沒有人能從這個事實做出重要的結論，愛因施坦却做出了（四十八頁）：

力＝惰性質量×加速率

式中之惰性質量爲加速物體之特別常數。如發生加速率之力爲重力，則

力＝重力質量×重力區域之強度

此式中之重力質量亦爲物體之特別常數。將兩個公式合起來則

$$\text{加速率} = \frac{\text{重力質量}}{\text{惰性質量}} \times \text{重力區域之強度}$$。

而實驗告訴我們，在同一重力區域中，即重力區域之強度如無變化，則不論物體之性質與狀況如何，即不論重力質量怎樣變化，加速率總是不變的。可見重力質量與惰性質量之間有一個固定不變的比例。假若重力區域之強度等於加速率，則重力質量與惰性質量之比必等於一，就是說重力質量等於惰性質量。然而重力區域之強度與加速率是否

相等呢？於是愛因施坦就以探險家的精神深入了理論思攷的大野。這就是他的加速箱的設想（關於這一點我們不能多說，而且不必多說，一般關於相對論的著作中都有這個設想的敍述）。他的結論是：

『……重力區域之基本性質即萬有同得此加速率也。換言之，即惰性質量與重力質量相等的定理也……』（前引書五十一頁）

『……盒……固有加速率，然吾人亦可視盒爲靜而不動。故相對原則實可推廣至彼此互有加速運動之引體。』（同頁）

『盒中人根據重力區域之理，自謂連盒均在一時間上不變化之重力區域內。……盒實靜懸半空，故雖在重力區域亦不墜也。……彼之所言與理性及力學諸定律毫無抵觸……』（五十，五十一兩頁）

完了，普通相對論的等價原理把惰性質量與重力質量看成相等的，把重力場看成均一加速的體系，把不等速的非直線的運動也相對化」。他對力學的影響與全部物理學的影響都是非常大的。

一切運動都相對化之後，自然也取消了加速運動與旋轉運動的絕對性；這時『凡有引體KK'，不問其運動狀態如何皆可用以記錄自然』；重力場中的物理現象與對某一靜止體系作均一加速運動的運動體系中的物理現象是可以等量齊觀的；這時神祕與妙的重力(吸引力)以及其立刻的作用(momentary action)都沒有立足的地方了，而遠作用原理的餘孽也失去最後的避難所，近作用原理遂混一了全部物理學。這時的引力再也不是『立刻的』無遠弗屆的魔力，他的傳佈的速度也有限了(眞空中的光速)，就是說引力也有時間與空間的決定。這時就澈底的改變了空間與時間的概念。這時空間與時間的測量根據再不是什麽玄妙的絕對的，而要根據物質之運動狀況及其分佈。這種結論不是大大地幫助了辯證的唯物論了麽？

(一七)運動之相對化自然不能不影響到對於靜止的觀念。本來運動與靜止的觀念是互相連帶的。古典力學之所以能想像絕對運動，就是因爲先假定了一個絕對靜止。然而這絕對靜止的是什麼東西呢？牛頓說是絕對的空間。然而空的空間如何能傳達引力，傳達能呢？所以古典的物理學家又假設了一個以太來作能媒。而他們所假設的以太之神妙性與不可捉摸性是使人沒有方法相信他的。

絕對靜止的遭遇好像一個落難的王孫，宇宙雖大却沒有他立足的地方。古代人以爲全部宇宙都是動的，人類所居的大地却是個靜止不動的中心，這眞是絕對靜止之安樂窩。他在這兒住了幾千年，直到再生時代。哥白尼放了一把野火，燬了這安樂窩，地球轉動起來了，絕對靜止於無可奈何時只好出洋了，跑到那火熱的太陽上作寓公。然而人類的知識却是逼人太甚，天文學通知我們說太陽及全部太陽系以及各種所謂恆星都是飛動的。於是絕對靜止的新寓所又成了問題。而悠悠天地，茫茫星海，到處都是永動不息的天體，往那兒去呢？這時物理學家建造一個空中樓閣，叫作以太，絕對靜止在窮極無聊時也不得不來住這個庇寒所了。從此之後他便失掉了一切的實有的根據地，他的最後的命運也就繫在這空中樓閣上面了。然而後者的遭遇也是很坎坷的。

本來所假設的以太是個絕對靜止的膠質物體。他是個非常稀薄的，聯續的充塞乎全宇宙的，不抵抗天體的飛動又不隨着天體飛動的，其性質却又類似固體的物質。這是個何等荒謬而充滿着矛盾的假設！他把許多與物質根本不能相容的性質都給了物質，最荒謬的是說這物質靜止。物質而靜止還成什麼物質呢？

物理學家都想來實驗這『靜止的』『物質』之存在與否。英國的兩個物理學家邁克爾生與莫爾列在前世紀的八十年代作了兩個有名的試驗，這試驗的目的，在證明以太之存在及地球對以太所起的絕對運動。然而結果却是相反的，即是與地球運動方向平行的光與垂直的光有相等的速度。這顯然是有以太風，就是說地球周圍的以太隨地球而飛動，不然便不會得到這種結果。然而以太風的觀念與以太絕對靜止的觀念是根本衝突的。我們雖然不大願意承認以太風，但是我們却很願意利用這個機會推翻那絕對靜止的幻影。

以太沒有了，因爲他失去了他所以爲以太的性質。愛因施坦雖然把以太留養在新物理學中，却把他的內容完全換過了。愛因施坦的以太只是個物理的空間，只是充滿電磁強度與引力強度的場所，沒有任何絕對意義，更不是什麼靜止的東西。

如此這般的以太消滅了，於是絕對靜止就失掉他最後的藏身之處，遂以『無限的速度』逃出了咱們的物質運動的世界，不知所之了，只在物理學史上留下了一個虛無縹緲的名字。

靜止也同運動一樣變成相對的了。

(一八)沒有絕對運動，一切運動都是相對的。沒有絕對靜止，一切靜止都是相對的。沒有運動便沒有靜止，沒有靜止也不會有運動。運動與靜止是緊相關聯的，不像牛頓及一般玄學的思想家所想像的那樣毫無瓜葛的兩個對立物。這一個矛盾之兩端違背了非辯證家的意志，聯在一起，打成一片，溶爲一物了。玄學家以爲他們是不相連的，不相入的，可以相失的，現在知道不然了。對立之互相融合——這不是水淸見底的辯證的結論麼？

更推進一步。以火車爲靜可以，以加速箱爲靜也可以。這就是說可以說動的是靜的，靜的是動的。因爲他們兩個對立合而爲一體了，所以運動是非靜止是反靜止却又可變爲靜止，靜止是非運動反運動却又能變到運動。運動是靜止之否定，却又是他的肯定。靜止亦然。里格兒談到牛頓時寫道：

『根據他的觀念，運動與靜止依同一律而定：』『運動是運動，靜止是靜止，二者無絲毫共同處。』「（百科全書」第一一五節及第二六六節）

到了現在，我們的新物理學已經把『無絲毫共同處』的兩個對立綴在一起了，二者「不可互離了，成爲一體了。由此流出的必然結論是：運動能轉到靜止，靜止能轉到運動，他們是一而二二而一的。相對論者不能做出這樣的結論，或者也不願意做這樣的結論，然而我們却要替他們做出這合理的結論。

再進一步。牛頓承認了絕對靜止與絕對運動是互爲水火的二員，『無絲毫共同處』，所以他的合理的邏輯結論就是：運動的物體永遠運動，靜止的物體永遠靜止，假若沒有外力的干涉，這狀况是不會變的。一在這裏他沒有看到從一種狀况到另一種狀况

的自具的轉變的可能。』（黑格兒「百科全書」第一一五節）

相對論推翻了牛頓的兩個基本概念，所以相對論的邏輯結論也應該推翻牛頓的結論，即推翻動者永動靜者永靜的概念。相對論者或者不願意這樣，但是『邏輯自有權柄』。因爲運動與靜止是相關的，是合一的，是一個矛盾之二員，所以動者不能常動，靜者亦不能常靜。運動是運動，同時又非運動。運動在自身中是運動，運動在異身中，即是否定自身時，就變成了非運動，即變成了靜止。靜止亦然。二者皆含有『自具的轉變之可能』。不但具有轉變的可能，而且具有轉變的必然。如動靜不相轉變而各常住，則其間當無任何瓜葛，各具獨立性，各具絕對性，尙何相對之可言。

這些結對都是辯證法性的結論，却又是相對論之必然結論。昂格斯說，辯證法不是從外邊侵入自然科學，他是從科學的懷中跳出來的，他的發展寓於自然科學的發展中。相對論的辯證結論不是昂格斯的斷語之鐵證麽？

（一九）這裏還有一個應該討論到問題，這就是運動與物質的關係問題。

有些超人的天才能夠想像出一個其中無物的運動，如麥徐柏格森便是一位這種天才。他想只有變異是眞實的，變異獨立存在，不依賴於萬物，萬物皆從變異來。他這種『眞空的』變異或運動是與一切可能的物理學不能並容的。物理學家所能想像的運動只能是『其中有物』的運動，確言之，就是物質的運動。愛因施坦的運動也正是這種物質的運動。他時時刻刻提到物質，他在陳述他的學說時沒有片刻忘了物質。他總是說，時間與空間是不能脫離物質的，不能脫離內容的，又說，時間與空間每時每刻都與運動的體系相關。可見他所說的運動是絕對物質性的。這物理學的斷語又是辯證唯物論的確證。

我們，辯證的唯物論者，以爲一切運動都是物質的，非物質的運動根本不是運動，而且實際上沒有這件東西，他是 merum nihil。又以爲，一切物質都是運動的，死的，不運動的質物是沒有的。所以運動與物質是不可分割的，是一件東西，所以運動就是物質，物質就是運動。同時必須有物質 (as it is) 的否定才能有運動，而否定之否定，又恢復了物質，是物質回歸到自身，已經是運動過的物質，已經完成了一段運動。所以運動與物質是一而實二，是二而實一。否認物質而單承認一個運動是荒謬的，他的結果必然是唯心論；承認了運動與物質而看不出其間的相互關係必然走到二元論。在相互關係，相互轉變及統一中看到了物質與運動才是辯證唯物論的見解。相對論關於物質及能的見解又幫助了我們，我們於下面幾節中要更詳細地談一談這個問題。關於運動與靜止的問題已經談得太冗長了，只好就此結束。

（六）物質，能及空虛

（二〇）法國的天文學家，物理學家羅吉爾斯寫了一本書叫作「能之物質化」，他在一開頭時就指出了舊物理學中的陳腐的，關於物質與能的二元論的見解。他用一個舊物理學家的口胞寫道：

「世界實際上是個雙合的世界，由兩個全不相同的世界所組成：一個是物質世界，一個是能世界。銅，鐵，炭……是物質世界，機械功，熱……都是能的形態。兩個世界各受不滅定律的支配，即物質不滅及能量不滅的定律。……向來沒有物質變爲能能變爲物質。』

這種二元論的見解正是非辯證的思維方法之必然結果。舊物理學家也看到了物質也看到了能，然而看不出他們的相互關係。他們也知道這二元論是不澈底的，也想把兩者統一起來，然而却沒有方法。所以當他們把物質與能二者揑合在一起時也揑合得非常勉強。我從一本中國最通行的物理學教科書中引出下面一句來顯示古典物理學家對於物質與能的關係之不通的理解：

『第一九三節。能之定義。一物體之能即是他作功之才能(capacity)。總而言之，一個死的物體之所以具有能是因爲在從前的時候對他完成過一種功。』(Millikan and Gale: A First Course in Physics p. 148)

原來如此！物體本來是死的，本來沒有能，只「因爲在從前的時候」，於某一個黃道日子，『對他完成過一種功』，他從此之後才『具有能』了。這不是科學中之異蹟麼？而這天外飛來的能是什麼東西呢？『卽是他作功之才能！』這是何等可憐的物理學！物理學家一天不能掉脫這種狗屁不通的二元論便一天不能正確地了解自然。物理學中一元論的傾向就表示這種努力。

（二一）機械的唯物論是這種傾向之一。這裏所說的機械的唯物論是統指法國十八世紀的唯物論與十九世紀的自然科學家的唯物論而言。這個傾向想把宇宙一切都歸結到物質，而其餘一切非物質的東西如運動及能都是次要的，派生的，非必有的。他們雖然沒有明白的否認能，然而他們却承認沒有運動沒有能時物質依然可以存在。反觀他們所承認的運動只不過是機械運動，卽是簡單的移動。他們相信這物質加機械運動就可構成一切。

機械的唯物論雖企圖走到一元論，把一切都歸結到物質，然而因爲他的物質是死的，所以單有他還不能了解宇宙，於是他還不得不乞靈於運動（雖然只是簡單的移動）。

他把運動請來時却沒有方法安置他，於是這位叫囂的客卿遂作了第二皇帝，所謂一元論依然是二元論。

第二個傾向是唯能論。奧斯特瓦德(Wilhelm Ostwald)可以作他們最顯著的代表。他說：

(甲)外部世界只是能之變化，可用能解釋一切現象，只有能是眞實的；

(乙)物體並不是別的，只不過是聯結的能之複合 (only a complex of associated energy)(依據維吉爾斯)；

(丙)物質消滅了，非物質的能可以代替他(依據台爾海瑪爾)。

奧斯特瓦德，馬黑都是這種主張者，他們是十九世紀下半期很有勢力的學派。他們否認物質，所以他們仇視原子論，他們反對這種假設。這種主張必然爲唯心論張目，而且每一個唯能論者都免不掉自成爲唯心論者，雖然他們不大高興這個名稱。

這種議論是不値得一駁的。時間是個最好的教師，不久之後，物理學發展之結果就直接打中了奥斯特瓦德的眼睛，他不得不交出他的劍與盾，他投降了，你看他的「降書」是何等地可憐：

「物質爲粒狀物所構成之思想，其實驗的證明雖經數百年數千年之追究，終於失敗。然由最近之實驗的確證，余今信其爲眞。物質分子說之實驗的證明今日可謂確已成立矣。」（根據竹內潔著「原子構造概論」中譯本第二十五頁所引的文句）

唯能論是個不能立足的理論，是個不攻自破的理論。到了最近數十年，原子構造的研究一日千里，原子再也不是什麼假說，而是個已經證實的實在物，唯物論更像雨後春雪不能久留人間矣。

由上面幾節看來，物理學中兩種一元論的企圖統統失敗了，因此物理學便應該永遠停留在不通的二元論中麼？不然。人類與眞理的距離是漸近的，關於物質與能之正確概念已由最近物理學的進步中產生出來了。

（一一）相對論及與相對論相符的電磁理論及原子論都能幫助我們去較爲正確地了解

能與物質。

愛因施坦說：

「……設有物質點，其質最為M，其運動時之動能不為人所共知之

$$M\frac{V^2}{2}$$

而為

$$\frac{MC^2}{\sqrt{1-\frac{V^2}{C^2}}} \quad (1)$$

……由此及馬克斯威爾電動力學基本方程式……設有一物體，以速度V飛行，吸收放射式之能E_0，其速度不因此而變，物體能之增加之數如下：

$$\frac{E_0}{\sqrt{1-\frac{V^2}{C^2}}} \qquad (2)$$

合（1）（2）兩式則物體之能應爲

$$\frac{\left(M+\frac{E_0}{C^2}\right)C^2}{\sqrt{1-\frac{V^2}{C^2}}}\text{。}$$

這時的質量是$M+\frac{E_0}{C^2}$。故可言若物體吸收能E_0，其惰性質量即增加$\frac{E_0}{C^2}$。物體之惰性質量非永存的，乃隨能之增減而變動者，若干物體之惰性質量即作爲能觀亦無不可。質量永存定理與能量永存定理合而爲一。」（夏譯「相對論淺釋」三十三，三十四，三十五頁。）

愛因施坦又說：

『物體之質量可作其所儲能之尺度……

『如果事實與理論相符，則光放射應在放射體與吸收體之間傳遞惰性。』（一九〇五年論文，「物體之惰性是否有賴於其所儲之能？」）

這是特殊相對論的結果。

在普通相對論中確定了等價原理，這時惰性質量的增加自然與重力質量之增加相符合了。

人類因特殊相對論與普通相對論而完全改變了他對物質與能的理解。

從前的人以爲質量是不變的，是永遠這樣多的。現在知道不然了。他要隨物體所儲之能的增減而變化，就是說，他要隨運動狀況之不同而有所增減。

從前以爲能是非物質的，能與物質是不能互通的。現在知道不然了。一個物體的能如果增加了，質量亦隨之增加，這就是說能也有了重量，能也獲得了物質性與實體性。

質量隨能之增減而增減，能又有了質量，是已經打通了能與質量之間的道路，能與物質已經能夠有互相作用，黑格兒運動變爲物質的斷語不是證實了麼？

輻射是電子的運動，這樣能就成了物質的，同時原子內又儲能極多（羅素「原子論發凡」中譯本第七頁）。然而原子並不是能的寓所或袋子，取盡原子中的能，即不復有原子。能也不是原子中的寓公，取盡了原子中的電子，即不復有能獨留，彼亦將隨其寓所之磚石而被拆散。這樣子，物質與能已取得了共同的單位，運動的電子即是能，而電子又爲一切物質之最後成份（暫時的最後成份）。這樣子，物質就是能，能就是物質，沒有能時就不會有物質，沒有物質時也不會有能。從前的死物質沒有立足的地方了，奧斯特瓦德的物質消滅，非物質的能可以代替物質的胡說也變成了醉漢的囈語。讓這些先生們去尋找好了，假若他們在咱們這個宇宙中能找到一立方寸的地方有『死的物質』或是『非物質的能』，咱們就把這全宇宙讓給他們。

這樣看來，相對論對於物質及能的觀念實在是確證了辯證唯物論。辯證唯物論早已在理論上完成了物質與能的統一，然而直到現在才得到了物理學上實驗的證明。假若自然科學家能早一點使用唯物辯證法作科學研究的利器，他們不就可以省去許多曲曲折折而早一點達到目的地麼？然而直到現在自然科學家還不能夠自覺地有計劃地使用辯證法，雖然他們已經不自覺地，渾渾沌沌地，零亂地使用過了他。

許多相對論者根據對質量之新見而作出實證論，唯實論及唯心論的結論。愛因施坦總是所有相對論者中之最謹慎的一個，他總承認有個實在的物質。他於一九二一年五月對王城大學的學生說道：

"We know that matter is built up of electrically charged particles,"(The Meaning of Relativity p. 56)

『我們知道，物質是由荷電的微粒所構成的。』

這就是愛因施坦對於物質的見解。雖不近不遠矣。

(一三)我們還要討論一個問題，這就是關於空虛即關於無的問題。

這個問題本是遠古以來久懸未決的哲學問題。相對論對於空虛的了解雖然比古典物理學高明些，然而他離哲學的全領悟還遠得很哩。

關於空虛的問題有三種意見。一種意見以爲有眞的空虛，這就是說在絕對的空間中，我們的宇宙之邊際以外的空間是眞空。牛頓就有這種意見（據Nordmann說）。第二種意見根本不承認有空虛，即不承認『非有』（non-being）。埃利亞的巴門尼德斯（Parmenides）便是這種主張者之最老者。他說，只有『有』，無『非有』。何以說無『非有』呢？『非有』本無何能說有？『有』外旣無『非有』……即是實在之外無空虛。無空虛，故無此處彼處容『有』移動，所以說牠不動（陳筑山：「哲學之故鄉」第四十五，四十六頁）。到了近代有笛卡兒，斯賓諾莎承繼這種意見，以爲沒有空的空間，所有的空間都被物質充塞着。柏開雷也說，『沒有人能夠想像一個空虛的空間。』愛因施坦繼續這種思想也否認有空的空間。然而愛因施坦的見解已經大異於他的前驅者，關於這一點以後再談。

第三種意見是留西巴斯與德莫克里圖所發揮的意見，就是除了物質之外還承認空虛的存在，以**空虛之存在爲物質運動之必需條件**。後者說，『有的存在並不優於非有』，即『空的存在並不劣於實』。因爲實本來能運動，要是空不存在，實體自礙如何能運動？（「哲學的故鄉」一七四，一七五頁。）後來亞里士多德也維持這種意見。

我們，辯證的唯物論是維持第三種意見的，雖然我們的見解同德莫克里圖等人的見解不同。德莫克里圖以爲空虛是與原子（物質）對等的一個要素。我們不同意這種意見。我將我「雜錄」中關於空虛的兩條抄在下面以表白我們對這個問題的意見。

『……空虛爲物質之否定，爲非物質，却又是物質存在之必需條件。然而他自己只是無，只是不存在。』（「雜錄」第七十節）

『空虛是物質之否定，不能離物質而自存。……空虛是有的，因爲沒有空虛物質便不會運動；空虛是沒有的，因爲每一個空虛的地方都有運動的物質。脫離物質的絕對空虛是沒有的，因爲假者如此便失去了空虛的本意了；失去了空虛的「如此」物質也是沒有的，因爲假若如此他便不能運動了，不能運動的物質根本沒有。』

（「雜錄」第九十六節）

『……空虛是物質之否定……否定之否定又回到物質，却已完成了一段運動。空虛……物質……二者之統一爲運動。然而我們不說空虛之運動而說物質之運動，因物質爲實有而空虛爲無故。我……不以空虛爲器而物質爲內容。我……不以空虛爲河漕而運動爲河流。我說物質與空虛共成此流（運動）。……我對空虛作如是觀。』（「雜錄」第一四六節）

物理學的研究一天一天證明了空虛的存在。亞里士多德已經說過，『投灰到充水的器中，見那水不溢出，就是表現其中有空虛的存在。』新時代中關於分子及原子的學說更是確定了第三種意見。原子論之最近的進步，即關於原子構造與電子的研究使我們對於空虛有了新的了解。『進而發現一原子係由一太陽與若干行星所成太陽系之一種。此太陽與此行星間之空虛部份，較其所佔之空間廣漠遠甚。』『固體所充滿之體積，其中大部份實屬空虛。』『電子與核之大小……約爲全原子所佔空間十萬分之一。』（羅素「原子論發凡」）這不是空虛存在之進一步的證實麼？然而『電子運行於一軌道上，一瞬間運行於他軌道，不通過於中間之空間。』並且『電子由一軌道不經過中間之空間而至他軌道之語恐不正確，恐無所謂中間之他空間。』這新物理學中之矛盾思想不是更能證明辯證論者對空虛理解之正確麼？而且只有新物理學者正確地學會了辯證法時方能逃出這撲朔迷離的矛盾。

愛因施坦對於空虛的見解怎樣呢？他是否認空虛的。有物質才有空間，空的空間是不存在的。然而他又承認了一個非物質的以太之存在，即承認一個物理空間之存在，其中只有電磁場或力場的強度而無實體性。這樣子他又承認了空虛。他怎樣解決這個矛盾呢？

我們知道物質與空虛聯結於運動之中。離開物質與運動之空虛是不存在的，柏開雷與愛因施坦所否認的空的空間正是這種不存在的空虛。然而由運動所成的空虛呢？這種空虛絕對不是無屬性的空虛，他是個物理的空虛（plysical void），而且其屬性絕對不是永持不變的，因爲他是決定於運動。這正如愛因施坦所說：“Each point in space at a definite time is endowed with certain physical properties, and the same point at a different time is endowed with different physical properties.” 其實電磁場與力場亦由運動所造成，這樣子愛因施坦的以太與我們的空虛就可以得到一致的說明，而愛氏所留養的徒掛虛名的以太也就可以根本剷除了。然而愛因施坦却沒有方法解決這個問題，因爲他不是個辯證家。

(一一四)作者在這裏還要節外生枝地談一個問題，這就是最近原子之研究與辯證法之關係問題。

唯物辯證家很自負地斷言，自然科學之發展必逐日地證明辯證法之正確，而自然科學家如果學會了唯物辯證法也必然能自引於曲折較少的路子而以較大的速度向眞理邁進。這些目無哲學的科學家或者以我們爲有誇大狂，假若如此，我就請他注意地把現代原子論的發展史涉獵一下。

從前的人，甚至現在的普通人都以爲一個物體如果不變更位置便是靜止不動的，然而分子運動說告訴我們不論是氣體液體或固體的分子都以極大的速度作經常的運動。這不是將辯證法的版圖擴大了麼？不是擴大，而是在人類的知識中恢復了他原有的河山。

單拿一個原子來看，似乎他是個實心的粒子，其中當不致再有何種運動了。然而原子構造的研究却駁回了這種意見。原子是一個太陽系，電子以每秒大約一千四百英里的速度繞原子核而運動，電子在此過小的軌道上行此過遠的行程，非在百萬分之一秒間繞行原子核七十萬萬次不可。而在我們常人所用的最小時間單位一秒間，電子應繞行原子核七，〇〇〇，〇〇〇，〇〇〇，〇〇〇，〇〇〇，〇〇〇周。這樣的速度不使非辯證的，否認運動的，斯文的，靜穆的玄學家頭暈眼花，舌橋而不下麼？還有什麼靜止的東西呢？辯證家却用高爾基海燕的心情高呼道：讓運動更快一些吧！

然而這只是運動。變異呢？

米斯特羅素在反對進化論時說道：『我們須得緊記：生物學不是唯一僅有的科學。』

（「哲學中之科學方法」第十四頁）他的意思是說，生物界中有進化，有發展，而自然界的其餘部份却是沒有進化，沒有發展的。不幸現在的最新的科學的事實却告訴我們原子亦處在不斷進化，永遠蛻變與生長住滅的過程中。不知米斯特羅素能否找出一個與原子無瓜葛的科學。我想現在的他免不掉要不同意於一九一四年反進化論的他了。請看：

『原素非獨立之物，鈾綵鐳及其他種種原素，終至於鉛，此種現象稱為物質之蛻變。』

『據天體物理學研究之結果，在幼稚之天體如星雲等，僅有氫氦及星雲素等極簡單之原素。及進為恆星，元素亦次第複雜，終發現有化合物存在。由是觀之，元素次第進化而至複雜，不安定之度逐漸增加，終至於崩潰，此卽放射作用所由生也。』

『生死之事，不限為人類與動植物之現象，最簡單之原子亦不免有此命運。……物質之內，第三變質鐳乙（Rac'）最為短命，其平均壽命不過一秒之百萬分之一。……』（鄭貞文譯「最近物理概觀」第一四三——五頁）

這不是辯證法的嘹亮的凱旋之歌麼？我有功夫時當單寫一篇東西來談談原子論，現在是借紙抒論，不便多寫，只好就此結束了。

（七）幾何學與宇宙論

（二五）相對論與李曼幾何是不能相離的，因爲這新幾何是新物理學的組成部份。談相對論者必談李曼幾何，批評相對論必批評李曼幾何，後者不但是前者的同命鳥，而且是前者的基石。

說到歐克里幾何與李曼幾何，不是那一個正確那一個錯誤的問題，而是那一個比那一個更正確，更能解釋自然現象。用什麼來判斷呢？用經驗。

不少的人以幾何學爲先驗的，即非經驗的科學。康德與新康德派都是這種人。他們以爲幾何學非從經驗所引出，乃人類精神之創造物　昂格斯在「反杜林論」與「自然辯證法」中都曾用很多篇幅來批駁這種謬見。昂格斯說：

『關於數的及關於形的概念完全自外部世界借來，並非起於腦中的純粹思維。每一件東西都自有其一定的形態，毫無疑義地這些形態必然造成關於形的概念。純粹數學與實在世界是有關係的，……只有皮毛的觀察才能因他的極端抽象性而忽略了他的外部世界之出身。』

『數學也同他種科學一樣起於人們之實際需要。……』

愛因施坦怎樣說呢？他說，因爲幾何學的內容皆來自經驗，所以他才能應用於實在世界之中。又說，『幾何觀念多少與天然事物相應』，『幾何定理眞確與否之標準全根於不甚完美之經驗』（夏譯「相對論淺釋」二一，三頁）。愛因施坦的意見不是證明了一個辯證家之斷語了麽？

幾何學是一種經驗科學，不論是歐克里幾何學還是李曼幾何學實皆出身於經驗，不過經驗之範圍有廣狹而已。歐克里幾何學是人類早年經驗中所得法則之象抽的公式化，這些經驗僅限不大的地面與遲緩的機械運動之測量。當人類的經驗未能突破這個範圍時，歐克里幾何總是正確的。然而自從再生時代起，歐洲的生產力便漸漸發展起來，於是人類的經驗範圍就大大地擴大了，其結果——他種科學暫置不談——數學開拓了新的領土，產生了無限小的數學。十九世紀是人類邁開大步向前跑的時代，既以空前的速度發展了生產，提高了技術以至類於神蹟，人類既然如此地擴大了自己的經驗，則科學之結果當亦有驚人的光芒。這些科學與幾何學最有關係者要算電動力學與原子研究。這些『無限小』物理學之發展實給新幾何學以直接或間接的刺激。所謂近幾何學實與物理學中之近作用相應。新幾何學之所以從羣目爲荒誕不經的怪論一躍而爲精微深入的科學亦完全有賴於相對論，電動力學，原子論之提攜與確證。誰說幾何學不是經驗科學？而且這幾何學之發展又可證實昂格斯一句話，他說：

『……數學……爲着要有進步，我們應當引用那從實在物體世界中所取出的實在的相互關係，關係與空間的形態。』

總而言之，幾何學完全是經驗科學，他要隨人類經驗之發展。李曼幾何學是人類經驗擴大之結果，他自然包括了以前的經驗，他對歐克里幾何學加了一個大大的修正，他本身包括了歐克里幾何學。

關於歐克里幾何與李曼幾何的根本概念我們在這兒不能討論，因爲他逸出本文的範圍太遠了。

（二六）相對論繼續發展的時候自然就產生了他自己的宇宙論。愛因施坦在極力擴充他的理論時自然不能忘了這個問題。他在一九一七年發表了一篇論文叫「普通相對論之宇宙攷察」。在這篇論中明白地表白了這位相對論建造者對於宇宙構造的見解，同時也露出了他對這個問題之不能解決。

愛因施坦承認凡有物質存在的空間皆有曲率。物質的總量既然一定，曲率自然是個常數，所以宇宙的空間應該是球空間。這空間的半徑爲地球與太陽距離之10^{12}倍。所以宇宙是有限的。

空間是有限的。時間呢？愛因施坦卻未敢限制時間。時間依然是個無限的，直線的伸長。這樣子，球空間再加上垂直於此球空間的直線的時間就組成了愛因施坦的絕對的空時續體！然而這個論斷中實包括了與相對論不能調和的矛盾。因為這裏必然有個脫離空間的絕對時間，依愛氏這個論斷，人們依然可以在沒有物質的地方想像出一個時間，想像出一個脫離空間的時間。同樣球空間也得到絕對性，因為他就是全宇宙。這表示愛因施坦哲學思致力之薄弱，他在宇宙論中的論斷已經太難立足了，——不論就相對論講，還是就哲學方面來講。

相對論者中也有不滿意於愛因施坦的宇宙論的。荷蘭人戴齊特（De Sitter）曾發表一篇論文來修正他的意見。戴齊特將時間的性質也作成對稱的。他說，距離愈遠，事間(interval）的長度愈短，到了球空間的對向點的時候，事間即化消為烏有，光的速度就等於零了。這樣時間也有限了，因為他也走不出這球空間。這樣子他把愛因施坦的矛盾消除了，然而他的不通性更大。把時間關在一個球空間中，不准時間跑出這有限的球空間。這樣子，時間也成了球形的了。在此球形的時間中一切都有循環重覆的可能，而且一切都在這球上有了固定的位置，一切都成了刻板的，石化了，那裏還有什麼發展可言。這是將時間空間化了，是取消了時間。時間與空間雖然不能分離，但是時間究竟還是時間，是不能任意取消否認的，取消了時間，則唇亡齒寒，也不是空間的幸事。所以把時間鎖在球空間中實在是相對論之可嘆的結論。然則怎樣解決這個問題呢？

我們却以爲不但時間無限，空間亦是無限，無限的空間與無限的時間共成此無限的宇宙。這無限的宇宙是不能用方圓長短來限制的。因方圓都是有限的形容，因爲方必有邊，圓必有周，球必有面，這都是有限的。

我們說宇宙是無限的，同時也是有限的。這並不是我們故作詭辯，而是實有宇宙確是如此。

爲什麼說宇宙是無限的？因爲宇宙是絕對是唯一，宇宙之外即是烏有，無空間，無時間，更無物質，這就是莊子說的『至大無外』。凡是絕對的及無外的都是無限的。因爲有限只是個別物之屬性，他的邊際與端倪都是其他個別物造成的。既是絕對的，則更無他物來限制他，更無造成邊際與端倪的可能。所以說絕對宇宙是無限的。如果承認了他的有限性，如戴齊特一樣，則必然又要承認絕對時間與絕對空間，因爲承認了他的有限性，必然承認他的有限之外更有他物，即承認在他邊外有空的空間，在他以前有空的時間。這種論斷必不與相對論大相逕庭了麼？

爲什麼說他是有限的呢？因爲他在空間上有『無外』與『無內』，因爲他在時間上有無窮久與『現在』。無外，無內，無窮久，現在都是他的界限，爲什麼說他無限呢？無限就是宇宙的界限。所以我們說宇宙是無限的，同時却又是有限的。

宇宙是無限的，絕對的，內運動的，內變化的，活的。無限時間與無限空間是他的兩個要點（moment）。這就是我們的結論。

（八）黑格兒的魔術

（二七）我們說辯證法是自然研究之犀利的工具，而當他是唯物的辯證法時更是加倍。假若讀者能把黑格兒的神祕的，胡謅的自然哲學中對於時間，空間與運動的見解與相對論對照一下，將更信我們的話是正確的。

黑格兒手中的辯證法雖然包着一層神祕主義的外殼，他在自然哲學中運用辯證法之結果雖然是怪誕的，胡謅的，好像見鬼一樣的，然而其中却包藏了奇異的預言。正如煉金術者的水銀變金的夢想實現於現在化學試驗室中一樣，黑格兒的物理的煉丹術居然也在新物理學中得到了經驗上的確證。下面我們只把黑格兒的煉丹術赤裸地呈露出來，不加註解，不加說明，讓讀者看到這位天才的老頭兒的魔術以後自己去做結論。這些材料大部份都是根據台爾海瑪爾的，這位博學的德國人曾懷着上述的目的去耙梳黑格兒的著作而得到一些結果，而我現在却無論如何找不到黑格兒的原著（除了一本簡略的「哲學緒論」），所以只好遷就一下，暫時把台爾海瑪爾的結果借用了。

* * * * *

宇宙來自以太。

『以太並不侵入一切，他自己就是一切。』(Jensener Logik)

『空間與時間是他的要素(moment)。』

『空間是他的自等素，時間是他的無限素。』

『以太是自等與無限之絕對的統一……而兩個要素却是無限的，自相對立的，因此又是自等的，卽是，同一的。空間，這是個原初的，自等的要素，然而實現出來時……却是自己的反面，卽是時間。反之，無限要素時間，實現出來時，卽否定了自己時，也變到自己的反面卽是空間。全體關係之統一就在這裏。從中，空間可變作時間，時間可變作空間。』

出發點是時間。這個無限要素是與自等相反，所以他是否定，是點，是邊際。因爲他是否定，所以就直接地散佈在另一要素上而否定了自己。時間首先變成現在(+a)。現在是活動的，自爲邊界而自代。什麼代替現在呢，是將來(－a)。將來本不是現在，而否定自己時却變成了現在。這是將來，然而同時既非現在又非將來，而是兩者之相互關係是過去$(+a^2)$。過去是無限要素之再定，將來與現在都被否定了。

過去是『自反映，或是實在的時間』。他是自等的。這樣子又成了空間。黑格兒的魔術式的時間變空間就此完成了。『時間走出了自己變成了空間』。現在看空間怎樣變他的把戲。

『空間應該走進自己，自消於點中。』

空間是破壞了的邊界，因此他包含了邊界。空間所包含的邊界卽是他的度量同時，又是他的限制。

空間的第一個限制是面。面的否定是線，這是空間之第二個限制。面之否定的否定是點。點是一般空間性之否定，同時又是直接的整體。點是絕對的否定，點是根本的邊界，所以點變成了時間。

空間走出了自己，逐漸瘦弱了，失去了一切的『體性』，變成了時間。時間本是沒有任何體性的。然而他走出自己時，却逐漸失去了『無體性』，遠離了點的狀況，而其變化（現在，將來與過去）又是自相等的，成了自等的空間。

『在形成的時候，點是個絕對的否定，原初的邊界。這邊界既然存在，必存在於空間之外。正是因此，點在形成時與空間絕對相關，點又否定了自己，而在自否定中又重新肯定了自己。點之否定必然隨之以否定之否定，而後者的新否定是活動的，同時也是被動的。空間在眞正的實現中變到自己的反面，而後者也同樣地變成前者。』

『在時間中，其原素之分異與其眞正實現只是空間。換言之，實現了的時間是直接空間的。』

點是『空間中立定的時間概念，這概念應在空間中實現爲眞正的時間』。

『時間從空間中自生出來，事實上只有在空間中才是實在的，而空間也正是自己所產生的時間。』

『兩者之實在統一……包含了這互代的兩要素。他本身是原初的，即是以太的眞實無限。以太之兩要素，空間與時間之無限不落於兩要素之固定，而落於直接的相代。這實在的無限就是運動。』

黑格兒關於運動與物質有什麼意見呢？

運動『經過時間而與空間連結起來。』

『時間經過點以侵入空間』。

『運動中的點表現運動中時間與空間的關係。』

『而這種轉變（時空互變）卽是自有矛盾之自解除，是二者（時空）直接相同的統一，是物質。』

運動，這抽象的流體固結而爲物質了。黑格兒反對以物質爲有惰性。他說『物質就是運動』。而惰性物質『只是一個玄學的空想，是與實在不符的抽象』。

『這（指惰性原理）只有對個別物體樣的物質是實際的。但是除了是個體之外，還有在實質上也是眞實的絕對物質，在這兒靜止與運動是不能分離的。』

『如此的運動，一般地說來，只有在幾個有相互關係而方向不同的物體之體系中才有意義與存在。』

『在力學中，非物的可以代替物的，反之亦然。』例如槓杆，質量可以代替距離，距離可以代替質量。

『磚石並不能打死人，他發生了一種作用，達到某種速度，這就是說，空間與時間打死了人。』

例如在一個物理公式 $E=\frac{MV^2}{2}$ 中，質量與速度（空間與時間之關係）是可以互代的。

『空間之外存在與時間之內存在聯結爲絕對的統一時，給了物質的概念。』

『物體含有空間與時間之聯繫，這聯繫表現爲運動。』

黑格兒不說：一切在空間中，一切在時間中；他說一切即是空間，一切即是時間，一切即是運動，一切即是物質（見「黑格兒與黑格兒主義」）。

上述的一切便是黑格兒的神祕主義的戲法。

先有一個以太，從以太變出時間與空間，時間與空間又互相變化，他兩個又變成了運動，運動又變成了物質。假若將他神祕之殼去掉而從尾至頭地倒變這個戲法，不就頗有可觀了麼？

我却沒有功夫來倒變這個戲法，我現在要談談另一個問題來結束我的論文了。

(九)相對論與幾個哲學家對他的利用

(二八)哲學與科學的關係這是個常常被哲學家與科學家所討論的問題，而兩邊又往往各執偏見，過份地誇大了自己學業的功能。很多哲學家是看不起科學的，甚至於嫉恨科學，至少也忽略了科學，總而言之，大多數的哲學家都不大注意於科學知識之獲得。科學家也看不起哲學，把哲學看成個無內容的，因此而無價值的學問，所以可以廢除哲學。我並不說一切哲學家與科學家都是如此，然而大部份是如此的。

其實，不論在理論上講，還是在歷史上講，兩者都是不相離的。因爲哲學實爲一切科學之母，一切科學的出發點；反之，科學却又作哲學之內容，之基礎，以各種結果供給哲學。所以許多哲學家雖然忽視科學，然而歷代的哲學家都不知不覺地吸收了，採用了科學研究之各種結果，而科學家也往往以某種哲學爲出發點，或是結局走到某種哲學，或是『創造了』自己的哲學。

本來只有哲學。哲學因自己之發展而逐漸失去了他的各個部份，各部份獨立而爲個別的科學，這時你說哲學貧窮了也可以，其實却是發達了。結果哲學本身中只剩下一個方法論，差不多沒有哲學了，然而各門科學却逐漸地接近於哲學，各門科學都漸次理論化，而且日近於一切科學之理論上的統一，傾向於完備的大系統之組成，這自然是科學的大系統，然而又何嘗不是個新的哲學系統呢？在辯證的觀點之下哲學與科學是分不開的。

這本不是此地應談的問題，只因爲要談相對論與哲學的關係，所以順手表白表白我們對這個問題的意見。

(二九)相對論既然這樣根本地改變了物理學上的同時也是哲學上的時間，空間，運動，物質等等概念，自然不能不影響到哲學，所以各派哲學家都不能不表白對於相對論的態度，或是贊成，或是反對。

這是就被動方面說，至於自動方面，相對論對各派哲學取什麼態度呢？在這一方面却沒有什麼可說，因爲相對論還沒有『創造出』自己的哲學。愛因施坦於一九二二年三月到巴黎時曾同柏格森談到哲學，他說：

『如果相對論是正確的，則每個澈底的哲學都應當與他相符合，然而他自己並不創造任何哲學。』

話雖如此，愛因施坦並不是不想創造哲學。『哲學應當與』相對論『相符合』。不是相對論者的哲學還有什麼哲學可以同相對論相符合呢？愛因施坦對東京帝國大學的學生說：

『相對原理必然要影響到認識論的。』

究竟愛因施坦對哲學與認識論的根本問題有什麼意見，我現在却沒有找到適當的材料，所以沒有法子做結論。同時愛因施坦又是一切相對論者中之最謹慎的，不輕易發表這一類的意見，『然而他一旦觸到這些問題總不免搖搖欲倒到唯心論方面』（台爾海瑪爾）。至於其他的相對論者更不用說了。讀者如有興趣可找維爾的「空間，時間，物質」(Weyl: Raum-Zeit-Materie) 讀一讀，東方圖書館有這本書。

這篇論文之最後一部之目的不在攷察相對論者之『哲學』，而在用辯證唯物論的觀點去批評幾個哲學家利用相對論所做出的哲學上的特別是認識論上的結論。

（三〇）首先要說的就是世界客觀性的問題。

一般人，甚至一部份哲學家都以相對論如果是眞確的，則世界之客觀性即不復存在。蓋絕對空間與絕對時間本爲維繫全部客觀世界的柱子，柱子倒了，那裏還有客觀世界。這個誤解是非常普遍的。

然而誤解者與誤解者不同，誤解者的用心亦相歧異。一種誤解者是蠢才，他們誤解的結果是苦悶的。他們希望有個客觀世界。相對論如果正確，則一切事物都因觀察者而轉移，一切都成了主觀的，還有什麼客觀可言。他們誤解相對論，所以就沒有方法調解相對論與世界客觀性之無中生有的衝突。結果是作了客觀性的衛道者 慷慨激昂地來討伐相對論。我們在前面曾寫過這些物理學中的保守黨。

然而這種誤解者雖是蠢才還不失爲純潔的人，而第二種却不然了。他們不是蠢才却是鬼頭。與其說這些人是誤解相對論，倒不如說是曲解相對論。這些人絕頂聰明，胸中是雪亮的，他們終日物色新顏料來裝璜他們的學說，看到相對論時自然不能輕輕放過。於是用我因引水的方法，把相對論拉來了，然而却改頭換面，斷章取義，不是曲解而是支解了相對論，將他一塊一塊地掛在他們五花八門的唯心論的牌樓上。他的目的只想說：你們看哪，一切都主觀的，世界上並沒有什麼客觀性。

然而這始終是誤解是曲解。據我們看來，相對論並不能動搖世界之客觀性，而時間與空間之客觀性也並不能破壞相對論。剛剛相反。相對論更確定了世界之客觀性。相對論中的事體與物體不但有空間的有定，而且有時間的有定。每一件物體用 x,y,z 三軸來定時還有受觀察者任意解釋的可能，但是用 x,y,z,t 四個軸來決定時，就沒有任何人能夠任意地解釋他了。其實相對論中的空間與時間與世界之物質諸屬性的關係更密切了，再不是什麼先天的，純直覺的東西，而要依賴於物質世界。照相對論講來，空間與時間之決定並不含任何主觀性，反而完完全全依據於客觀的物理的材料，決定於物質運動之分佈與狀況。可見物理學上的相對論之一條直線的結論也是有利於世界客觀性的。只有本來的主觀論者才能做出一切都是主觀的結論。

（三二）我們將更進一步來談一談認識論上的幾個問題：相對論是幫助不可知論還是幫助唯物論的認識論，而各派哲學家又怎樣利用相對論來修飾自己的認識論，來反對唯物論。

我們看羅素怎樣從相對論做他的哲學結論：

『……我們……常識裏頭有一個物質的太陽在我們觀念裏頭。……其實就事實而言，我們所能觀察的事情就是四度世界裏頭某某處自然線寫得很彎曲的區域。我們就把這自然線　古怪的地方叫做太陽。』（在中國講的「物之分析」第五十八頁）

『……我們應該說，所謂地球就是那條自然線。』（五十九頁）

『……近代科學的趨向總是要拘於實驗的材料而不多靠推想……所謂物理的茶杯落是一個複雜論理的組織（logical construction），就是把各人所看見的樣子和聽見的聲音，還有假如有留聲機和照像鏡所留下的印子，把這些原素的事情加起來成爲一組，這個總名就是那茶杯落的事情。』（六十二——三頁）

你看羅素這位聰明人是何等巧妙地利用了相對論來遷就他的哲學。他把相對論所注意的物質的實在的內容完全抽去了。愛因施坦說：因爲有太陽所以才產生了引力區域，因爲是引力區域，所以自然線才有彎曲，這無論如何是不失爲唯物論的。羅素却把內容完全抽去而說太陽只不過是自然線很古怪的地方。這不是個令人噴飯的意見麼？經他這樣一解釋太陽眞變成了一個古怪的地方了。因爲太陽本無是物，他不過是個懸空的虛構，然而自然線走近這地方却不能不彎曲，這不是很古怪麼？當光先生在大世界中遊玩而走過太陽時也同米斯特羅素一樣覺得那是個十分奇怪的地方，因爲他在那兒不能沿着直線前進，却好像碰見了鬼（鬼也是一組特子所組成的論理組織）一樣不能不走彎曲路。然而除此以外他還有比羅素更多的知識，他覺得那個古怪地方燥熱過份，而且光明異常不像資本主義社會這樣黑暗。可憐羅素這位瘦鬼想把宇宙的一切都變得同他一樣瘦，把太陽的光，熱，物質全都拔去了，只剩下一個『古怪地方』，這樣就把太陽的血，肉與骨骼完全取去了，只剩下一個幽靈似的虛影，這才合了羅素的脾味。然而其如實際世界不是這樣何。

羅素提出一個邏輯結構（論理組織）來，却忘了，不是忘了而是故意丟掉了他的物質內容，愛因施坦早已罵過了這種買櫝還珠的舉動。他在法蘭西學院中講演相對論時慨乎言之地說道：

「許多數學家不懂得相對論，雖然他們懂得了他們的分析算式。他們很錯誤地只看到形式上的相互關係，却沒有看到與數學符號相符的物理的實際。」

羅素這位特子組合正是愛因施坦所罵的這種數學家之一。不然，他還要等而下之，因爲他在這裏沒有應用與物理實際相符合的數學符號却用與物理實際不相符合的邏輯結構。這樣來解釋相對論恐怕更逃不了愛因施坦的口誅了。

關於地球與茶杯落地兩事我們在這兒不談了，因爲前者與太陽同例，而茶杯落地一例中正明白地表現了羅素的認識論之基本見解，談起來必致過長，所以只好把他放下以待異日了。

馬黑主義者也利用相對論來闡明『馬黑哲學』，雖然馬黑個人是這樣激烈地反對相對論。馬黑主義者利用相對論時也是很方便的（其實羅素也是個馬黑主義者），所以他們的大將皮曹德說，相對論與馬黑的主要觀點是不相衝突的。

我很想把各個主要哲學家對於相對論的利用都拿來攷察一下，然而事與願違。因爲我太窮了，書架上的書太少了，竟找不到『大哲學家』的材料。沒有辦法時只好來找一找約德，看他對相對論有什麼高見，看他怎樣利用相對論。

這個『哲學小斷』雖然在羅素的影響之下來研究哲學，然而對於數學的知識却貧弱異常，所以在談相對論更是任意地上下其手。他在「心與物」一書寫道：

『相對論之影響……所謂物體者在每瞬息內既各佔一時間內不同之位置，即每瞬間內為另一物體也。故曰物體者非單一之固定體，乃一連之捷飛而過之瞬息體也。……合此種種之結果成所謂物質體。此物質體非實在體。……乃論理的結構或象徵，以代表一連之特子，由吾人之心理為之安排配合。……

『因此生一重要結論，凡一塊物體之外形，自隨其所觀察之地位而變，不相同之觀察者合得一不相同之印象。……

『故物質非固定可捉摸之體，正正相反：

(一)一塊物質因瞬間之不同而不同。

(二)一塊物質非固定體乃一連之瞬息的物體。

(三)此瞬息之物體所以合而為一者由於各部之相似與繼續之原則。

(四)一塊物質云者乃一連特子之論理的結構。

（五）甲乙二人既不能觀察一連中之同一段落，因而甲乙二人不能觀察同塊之物質。故曰，物質隨觀察者之地位而異，是謂物質之相對。』（張嘉森譯本二十六頁至三十二頁）

夠了！這『一連之』胡說八道已足使人噴飯三碗，同時也賣露了自己哲學思攷力之薄弱，他這『哲學』只好在『飯後』來談。然而我們却不願虐待約德，姑且來看看他這段『哲學』有否可取的地方。

我們，辯證唯物論者說，一個物體中是甲同時却不是甲，因爲發展或運動的原故。所以有一物體，就有這物體之否定，又有否定之否定。否定之否定依然是肯定，他雖然不同於第一個肯定。然而也不能脫離第一個肯定，因爲他是從第一個肯定中發展出來。這樣子，我們既然正確地把握了物體，又正確地把握了發展與運動，既了解了物體之自同與自異，又承認了物質運動之聯續性及不聯續性。然而玄學家及形式邏輯家却不能了解這種觀點。他們說，一個物體決不會變成非此物體，所以他們根本否認否定，所以他們不能解釋運動。然而相對論却使這種對辯證法之駁難無法立足，因爲相對論證實了我們的意見，確定了否定之意義，正如約德所說，『卽每瞬息內爲另一物體也』。羅素也說，『現在有個地球，等一刻兒又是另一個地球和前者差不多』。這樣子約德與羅素不是了解辯證法了麼？不然不然。假若如此，他們倒不會做出錯誤的結論了。

羅素與約德依然戴着形式邏輯的手梏。他們在運動中認識了否定，却不認識否定之之否定，不然，他是認識了否定之否定，却不同乎我們的認識，他們的認識正是台爾海瑪爾所說的無政府主義的認識。我們的否定之否定是發展來的或是運動來的第一個肯定，他們的否定之否定却與第一個肯定絲毫無關。所以他們依然不能了解運動與發展。他們的第一個肯定及隨之而來的一串否定都是互不相關的，各自分立的，各個自爲實在的。其所以相互發生關係由於相互的類似。所以他們眼中的運動與發展並不是運動與發展，因爲他們根本不承認那能運動能發展的同一物體，那只不過是一連各自獨立互相類似的特子而已。所以活潑潑的運動與發展到了羅素與約德手中就失去了所有的血與肉，而成爲一串乾燥的，無生意的，蚌殼或念珠。其實他們所了解的否定也與我們不同。他們的了解依然是形式邏輯的了解。不是：甲是甲同時又是非甲；而是：甲是甲，乙非甲，乙是乙，丙非乙……。因爲他們不是辯證家，所以也重復了過去玄學家的錯誤，即是沒有方法解决運動與物質之間的矛盾。當他們企圖解决這個矛盾時他們把兩者矛盾物也都『解决』了，既否認了運動，又否認了物質的物體；那都不過是邏輯結構而已，不過是一個感覺複合而已。這些唯實主義者與唯心主義之所有的派別都殊途同歸了：一切都是虛妄，唯有心靈是眞實的。懿歟休哉！

關於羅素與約德不能多說了，上面的一段已足以打碎他們不通法論之主腦。關於物質與運動之關係及關於這一問題從相對論中能引出何種的可能的結論，我們也不談了，因爲前面曾討論過這個問題。至於羅素與約德怎樣我由引水地濫用了相對論也不說了，因爲讀者看了上面「心與物」中所引出的一段自然可以判斷，我現在只再費幾頁字來看一看唯心論者怎樣利用相對論來反對唯物論。

（三二）一切反對唯物論的人看到相對論與新物理學對於物質的新見解時便奔走相告彈冠相慶以爲又得到了一個反駁唯物論的新論據。於是你也來談新物理學中的物質，我也來談新物理學中的物質，結論都是說：唯物論不能立足了。清白的沒有成見的讀者看到這一類的議論也覺得新物理學果然不利於唯物論，唯物論眞像是不能立足了。事實上是否如此呢？我希望讀者——如果他們眞正沒有成見——把新物理學，唯物論與哲學史拿來，平心靜氣地對照研究一下，必然能發現這些唯心的傢伙之胡柴。

我手下沒有好多材料，只好就瞿菊農的「唯物論與物質」引出些反唯物論的文句以概其餘。我過一些時準備寫一篇「唯物論的防禦戰」以批判反對者的議論，那時當可搜來更多的『哲學家』，現在限於篇幅只好因陋就簡了。瞿菊農這篇文字載在二卷四期的「新月」雜誌上。看他怎樣說：

『在現代的新物理學之下，物質已不是這樣抓得住的一樣東西了。他的行動的規律也不像以前……那樣確定了。現在學者……只能知道原子的影響，並不能眞知道原子的本身。換言之，原子是個假設，所謂物質是論理的結構。……在這種情形之下如何能主張唯物論呢？』（「唯物論與物質」第七頁）

『批評唯物論決不是反對自然科學。……科學的發達正可以證明唯物論之不能成立。……批評唯物論決不是否認物質的存在。說句笑話，說唯物論不能成立，決不是說這講堂裏的桌子板凳都沒有了。如果桌子板凳沒有了，我的口也會沒有的。還講什麽唯物論！』（第十頁）

『世界上所有的不僅所謂物質。』（第十頁）

他既然不否認物質，就應該研究研究物質，就應該談談新物理學。然而他却沒有談，也沒有研究。我想他根本沒有涉獵過新物理學，不然便是不願意讀者眞正知道新物理學對於物質的概念究竟如何。所以他不引摘任何物理學家對於物質的分析，而只引摘『哲學小斷』約德對物質的分析，即前面我引過的那五條，強稱之爲『現代物理學家之分析』。他引了這一段之後說道：

『在這種物的分析之下，物質已極流動•••神祕。唯物論者認爲靠山的靜止的物質觀已不適用。唯物論者不免有兩頭鈎不住的困難。惟物論的衰落固然因爲（我加的兩字）理論上有種種困難，但根本上是新物理學打倒的。』（第十一頁）

唯物論是被打倒了，但是物質依然存在，唯心的帽子又非瞿先生所願戴（雖然他始終沒有脫掉了唯心的帽子）。究竟怎樣主張呢？瞿先生『比較滿意的』『是懷惕黑，亞力山大，羅素，白老特等學者的事素說。』依然是一堆唯心論者。

我要請讀者原諒，我抄得太多了。現在要來分析他了，我却希望用比他還少一些的句子。

他說，物質已不是抓得住的東西。然而瞿先生抓不住物質並不能作物質不存在的理由。他說物質的行動規律已不能十分確定了。這完全是個無科學常識者之胡說。下面我談因果律時還要談這一點。他說，原子是個假設，這更是無常識的囈語。假若他還願意進步，我勸他讀一讀關於原子構造的著作，例如陸志鴻譯的「原子構造概論」，和他比較滿意的學者羅素的「原子論發凡」。我不是個啓蒙講師，我沒有功夫以物理學的基本知識供給這些哲學家。他緊接着就說，所謂物質是論理的結構。這自然是從懷惕黑與羅素那兒抄來的。他這樣輕輕地將物質的公民權剝奪了。物質只是論理的構造，也就是感覺的複合，只不過是用心理原素所造成的虛構。鴉日浴而不白，瞿先生同他所滿意的學者一樣，雖然想洗刷他的唯心色彩然而始終是個烏黑的唯心論者。寫了這一段之後，瞿先生就問我們了，在這種情形之下如何能主張唯物論呢？然而我們還是要主張唯物論。因爲瞿先生雖然掄起兩條細臂把着唯物論的大樹搖了幾搖，却絲毫沒有搖動他。

一切唯心論者都是怯懦的，瞿菊農是其中之尤者。他在前一段中明明白白地用論理結構否認了物質 在後一段中却又說「批評唯物論決不是否認物質」。他的怯懦由於他的愚蠢。他還沒有完全懂得懷惕黑與羅素。於是他說了一句「笑話」說他並不否認「講堂裏的桌子與板櫈」，因爲假若如此，他的「口也會沒有的，還講什麼唯物論！」。這句「笑話」說得十分可憐。十分可憐！他說了物質是論理的結構，假若聽講的學生打破砂鍋問到底，一切都是論理的結構麼？他那時怎樣答覆呢？一個大的中間空的論理結構（講堂）中有一個小的論理結構（講台），上面立着一個姓瞿的論理結構，口（？）講指（？）畫地對着好多排論理結構（板櫈）上坐着的很多論理結構（學生）批駁一個論理結構（唯物論）。假若他這樣說，那必然會惹起一個鬨堂大笑。而且那些學生必然會抗議這個御賜的佳名。於是瞿教授就說了一個『笑話』，很難爲情地，很靦覥地說了一個『笑話』，溜過了這個難關。樸列哈諾夫說，一切唯心論者都是怯懦的，誠哉斯言也。

同時瞿先生又怕引起誤會，所以特別聲明他『批評唯物論決不是反對自然科學』。不幸自然科學却不承情。你不反對他們，他們（特別是物理學）却反對你，反對你批評唯物論。我想大多數的科學家（除了生機論者等等）都同意我的意見。我在這兒對這個問題不能多說，我希望讀者能自己去涉獵一些物理學的著作。我在本文的第二十二節也談過這個問題。

快到煞尾時，瞿先生引了米斯特約德的「物之分析」以後就說道：『在這種物的分析之下，物質已極流動神祕……』等語。這是約德的分析。我們的及物理學的分析之下，物質只流動却不神祕。靜止的物質不適用了，但是運動的物質却萬分適用。這樣看來，唯物論者靠山並沒有倒。他說，唯物論者『兩頭鉤不住』，我不曉得他的『兩頭』是指什麼，但是我敢告瞿先生曰：辯證唯物論者把『兩頭』都鉤住了。既鉤住了物質，又鉤住了運動與發展，其實瞿先生却兩個都沒有鉤住。他既承認了心，又不敢否認物，既不喜歡唯心論的頭銜，又不能作唯物論者，又沒有方法去調解心與物之矛盾，復不能以心釋物或以物釋心，作了個不明不白的二元論者：你還以爲你兩頭都鉤住了麼？呸！

最後他說他滿意懷惕黑等人的事素說，關於這個問題我不說了。我雖然有很多箭是要向這羣人射的，而這裏却不是校場。而且我還要趕路。

（三三）最後的最後，我還談一談因果律的問題。很多人是不大高興因果律這三個字的。這些人開始在科學基礎尚甚薄弱的精神科學中開擴了一塊疆土，於是就採取了門維政策，把大門緊閉對外聲言道：你們天文學，物理學，化學，和一切可能的科學，你們應用因果律好了，然而在我們的國度內（人生哲學，精神科學）却沒有因果律。如果讀者還記得八年前那次玄科戰爭，還可以回想起張嘉森那方面的門羅主義。

可是這些先生們並不願意保守。他們在有機可乘時就放棄了門羅政策，而採用了帝國主義。這些倒霉的人居然找到相對論來作進犯的間道了。

於是你也說物質運行的公律不能立足了，他也說因果律的時代過去了，其中的瞿菊農也人云亦云地說道：這些定律不像以前那樣確定了。當眞麼？你們這些相對論的盜用者和曲解者。愛因施坦要到眞理的法庭上去控告你們了。你們看他怎樣說：

『當可觀察的事實出來作爲原因或結果時，因果律才有記述實在世界的意義。』

(Die Grundlagen der allgemeiuen Relativitatstheorie)

他又說：

『相對論前之物理學有兩種永存定理……二定理互相獨立。有相對論，則二者融合爲一。』（夏元瑮譯「相對論淺釋」第三十四頁）

你們看一看，相對論否認因果律，否認物質的定律麼？你們又說：

「關於物質運用之公例，其神祕，其複雜，猶之物質最終成分之神祕與複雜也。」（約德「心與物」中譯本第三十六頁）

這眞是天字第一號的夢囈。何所據而云然？誰告訴你他是這樣的神祕？我們，唯物論者，在相對論中只看到更明白，更簡單，更確定的定律，却沒有看到任何神祕與複雜。中國有句諺語說，仁者見仁，知者見知。你們這些不喜歡定律的人自然看不到定律，你們這些神祕的傢伙當然只能看到神祕性。然而無論如何，你們不會不知道兩個著名的科學事實：卽水星近日點運動及一九一九年五月二十九日的日蝕觀測都符合於理論上的計算與預測。這雷一樣的事實你們都沒有聽到麼？你們這些無賴漢，你們配談什麼科學！

物理學家中也有反對因果律的人，企圖用函數關係來代替因果關係，如馬黑及馬黑主義者。這實在是物理學中一個錯誤的傾向。他在物理學中並沒有得到勝利，却在現代歐洲的『哲學』中留下了入骨的餘毒。其實函數關係之不能代替因果關係是很顯然的。函數關係只很抽象地表現了與因果之數量的關係，並不能將具體的因果概念反映出來。我們並不是說純粹數量的關係要不得，我們是說，不能用函數關係來代替因果關係。假若想把純數學抽象的函數來代替實際世界中的活的具體的因果，那必然會做出荒唐的結論，像馬黑，馬黑主義者，符號論者及羅素等人所做出的一樣：否認了有血，有肉，有生命的實際世界，從中只看到一個慘白的，無生命的，像幽靈一樣的虛構。

愛因施坦雖然與數學的物理學有密切的關係，但是他却不因數學方程式而忽視實際世界。他罵許多數學家不懂得相對論，因為『他們只看到形式上的相互關係，却沒有看到與這些數學的符號相符合的物理的實際』。

這些神秘論者，玄學家現在應該知道，他們為着侵犯因果律與世界規律性而選出的一個間道是個何等難於飛渡的天險了。

相對論是個大題目，與相對論有關係的附帶問題更是繁多。然限於時間與篇幅，使我們不能盡量的寫出我們的意見。在本文所觸到的諸問題中，作者雖極力地撙節自己的文句，結果依然是這樣冗長，這是要預先向讀者道歉的。

一九三一年，六月十日，上海

（註）在第二十二節中我曾說電子是物質與能的共同單位，這能只是指電。電子只是物質分割之臨時界限，我相信物理學的進步必能將電子加以分割，而從中求得一切能與物質之最後單位。那時我必能完全解釋物質與能之關係。